北京市哲学社会科学"十二五"规划项目
北京市教育委员会专项资助

京津冀现代制造业发展研究报告 2014

李京文　蒋国瑞　等/著

中国财政经济出版社

图书在版编目（CIP）数据

京津冀现代制造业发展研究报告 2014 / 李京文等/著．—北京：中国财政经济出版社，2015.6
ISBN 978－7－5095－6265－9

Ⅰ.①京… Ⅱ.①李… Ⅲ.①制造工业－产业发展－研究报告－华北地区－2014 Ⅳ.①F426.4

中国版本图书馆 CIP 数据核字（2015）第 139812 号

责任编辑：周桂元　　　　　　　　责任校对：张　凡
封面设计：孙俪铭　　　　　　　　版式设计：董生萍

中国财政经济出版社 出版

URL：http：// www.cfeph.cn
E－mail：cfeph@cfeph.cn
（版权所有　翻印必究）
社址：北京市海淀区阜成路甲 28 号　邮政编码：100142
营销中心电话：88190406　北京财经书店电话：64033436　84041336
北京京华虎彩印刷有限公司印刷　各地新华书店经销
787×1092 毫米　16 开　24.25 印张　387 000 字
2015 年 8 月第 1 版　2015 年 8 月北京第 1 次印刷
定价：49.80 元
ISBN 978－7－5095－6265－9/F·5046
（图书出现印装问题，本社负责调换）
本社质量投诉电话：010－88190744
反盗版举报热线：88190492、88190446

《京津冀现代制造业发展研究报告2014》编委会

主　　　任：李京文

执行主任：蒋国瑞

编　　　委：（按姓氏笔画排序）

于　畅　　王　涛　　王庆华　　王思璐　　李京文

邢李志　　邬　龙　　沈　蕾　　姜　伟　　杜君君

禹海波　　饶毓书　　郭　红　　袁永科　　秦　凯

黄　斌　　韩新伟　　曾诗鸿　　谢光亚　　蒋国瑞

臧　维

前言

为了在制造业领域进一步推进京津冀协同发展国家重大战略的有效落实，2014年北京现代制造业发展研究基地（以下简称"基地"）将制造业产业研究从北京市延伸到京津冀区域范围内，讨论"三地"现代制造业的产业结构、产业生成能力、产业销售能力、产业盈利能力等等，并与之前各年度的相关数据进行对比分析；比较分析其他地区（如长三角、珠三角等区域）制造业协同发展的经验；研究京津冀制造产业发展现状以及存在的问题，提出政策建议和相关对策。2014年11月，"基地"与其他单位共同承办了"第二届京津冀制造业协同发展学术研讨会"，来自北京、天津、河北三地的高校学者、研究院所专家和政府机构嘉宾百余人出席参加，围绕"京津冀制造业产业结构调整及产业协同绿色发展研究"主题，进行了广泛交流和研讨，深入探讨了优势互补、互利共赢、区域聚集、产业优化等方面协同发展的有效路径。

《京津冀现代制造业发展研究报告2014》（简称《报告》）包括了基地研究团队2014年以调研报告形成的最新成果，也记录了北京、天津、河北三地专家学者为京津冀制造业协同发展出谋划策所贡献的智慧。《报告》由京津冀现代制造业产业发展报告、专题报告、学术研讨会纪要三部分组成。

《报告》中的产业发展报告包括京津冀生物医药产业、汽车产业、光机电一体化产业、微电子产业、高端制造业产业等五个报告，通过数据比较与分析，对发展现状和存在问题给出了基本判断，探讨了协同发展的发展战略、发展策略、政策建议和实现路径。

《报告》中的专题报告围绕京津冀现代制造业，研究了发展战略重点选择、产业结构优化、低碳升级路径、协同发展模式，制造业与生产性服务业协同路径创新，京津冀现代制造业能源消费及效率、研发投入与创新产出效率等问题并提出了相应对策。

《报告》中的学术研讨会纪要，既包括2014年"第二届京津冀现代制造业协同发展学术研讨会"上莅会专家围绕"京津冀制造业产业结构调整及产业协同绿色发展研究"主题发言的观点综述，也包括了"京津冀制造业协同发展战略与规划"、"京津冀制造业协同发展产业对接、运行机制和保障措施"、"京津冀制造业与生产性服务业融合及污染防治的协同与合作建设"三个分会论坛上演讲论文摘要。同时，将第一届"京津冀现代制造业发展学术研讨会"重要的内容提供在附录中，供读者共享。

《报告》是由京津冀三地专家学者和基地研究团队共同努力的成果。京津冀现代制造业产业发展报告、专题报告是 2014 年 7 月基地招标立项的 12 个项目的研究终稿，作者的名字放在相应报告中，他们都是编委会成员。《报告》由中国工程院院士、基地首席专家、基地学术委员会主任李京文教授整体设计、制定大纲，由基地执行负责人、基地学术委员会委员兼秘书长蒋国瑞教授策划落实、统稿编写，由北工大经管学院科研管理员、基地秘书王庆华博士组织实施、控制管理，由北京工业大学研究生饶毓书同学协助整理文稿、规范格式。

《报告》中的产业发展报告和专题报告经历了立项、开题、中期和验收四个环节答辩，参加评审、指导研究工作的专家有：首都经济贸易大学原校长文魁教授，中国人民大学商学院副院长王刊良教授，北京科技大学经济管理学院原副院长王道平教授，中国科学院研究生院管理学院教授徐艳梅主任，北京信息科技大学经济管理学院院长葛新权教授，北京理工大学工商管理学院副院长何海燕教授，北京信息科技大学信息管理学院主任崔巍教授，中国财政经济出版社经济理论出版中心主任周桂元编审，北京工业大学图书馆馆长阮平南教授，北京工业大学经管学院工商学科部主任赵立祥教授。专家们对每个报告的研究工作在各环节上都提出了很好的指导性建议，对完成好报告有很大的帮助，在此衷心感谢他们。

《报告》中记录的"第二届京津冀现代制造业协同发展学术研讨会"是由基地和北京工业大学经济与管理学院联合承办的，会议交流深入、探讨问题深刻、开得圆满成功，得力于北京市哲学社会科学规划办公室、北京市经济和信息化委员会、天津市工业和信息化委员会、河北省工业和信息化厅等单位的大力支持，得力于北京工业大学、北京联合大学、中国社会科学院数量经济与技术经济研究所、天津财经大学、河北科技大学等单位的联合主办。研讨会记载的观点、形成的共识、交流的成果是大家共同努力的智慧结晶。在此，对形成本《报告》付出努力的专家学者们表示衷心感谢！

北京现代制造业发展研究基地
2015 年 2 月

上篇 京津冀现代制造业产业发展报告

第一章 京津冀现代医药制造产业发展研究报告……………………（ 3 ）
第二章 京津冀汽车产业发展报告………………………………………（ 30 ）
第三章 京津冀光机电（一体化）产业发展研究报告 …………………（ 56 ）
第四章 京津冀微电子产业发展研究报告 ………………………………（122）
第五章 京津冀高端制造业协同发展研究 ………………………………（157）

中篇 京津冀现代制造业发展专题报告

第六章 基于产业生命周期的京津冀现代制造业协同发展战略
　　　　重点选择研究………………………………………………（173）
第七章 京津冀现代制造业产业结构优化研究…………………………（202）
第八章 京津冀现代制造业升级的低碳路径研究………………………（224）
第九章 京津冀生产性服务业与制造业协同发展——嵌入关系及
　　　　协同路径选择………………………………………………（249）
第十章 京津冀现代制造业协同的影响因素及协同模式研究…………（261）
第十一章 京津冀现代制造业能源消费及能源效率研究………………（282）
第十二章 京津冀现代制造业研发投入与创新产出效率评价
　　　　——以生物医药制造业为例………………………………（302）

下篇 两届学术研讨会纪要

2013年京津冀制造业发展学术研讨会纪要 ……………………………（319）
　　会议通知…………………………………………………………（319）
　　会议议程…………………………………………………………（321）
　　专家发言要点……………………………………………………（323）

会议论文摘要…………………………………………………（334）
2014年京津冀制造业协同发展学术研讨会纪要 ………………（338）
　　会议通知……………………………………………………（338）
　　会议手册……………………………………………………（341）
　　专家发言要点………………………………………………（347）
　　会议论文摘要………………………………………………（366）
　　相关新闻报道………………………………………………（373）

上篇

京津冀现代制造业产业发展报告

第一章
京津冀现代医药制造产业发展研究报告

第一节 我国现代医药制造产业发展概况

一、现代医药制造产业的概念界定

根据北京市统计局发布的《现代制造业行业目录及结构分类表》，现代制造业分为五大类：电子类，包括通信传输设备制造、电子真空器件制造等；机电类，包括电光源制造、电工仪器仪表制造等；交通类，包括汽车整车制造、航天器制造等；医药类，包括中成药制造、化学原料药制造等；其他类，包括合成橡胶制造、信息化学品制造等。

现代医药制造产业不仅是现代制造业的重要组成部分，还是按国际标准划分的15类国际化产业和世界贸易增长最快的朝阳产业之一，具有很高的产品附加价值，相比其他产业对技术创新的依赖性更强，有着高技术、高投入、高风险和高回报的特点。

本书所指的现代医药制造产业，是指包括化学原料药制造业、化学制剂制造业、生物制剂制造业、医疗器械制造业、卫生材料制造业、中成药制造业、中药饮片制造业七大子行业在内的现代医药制造产业。

二、我国现代医药制造产业发展现状

随着世界经济的持续增长和全球人口老龄化进程的加快，与人类生活质量密切相关的现代医药制造产业取得了迅速的发展。新的医疗技术、医疗器械、药品产品以及药品生产技术层出不穷。与发达国家和世界水平相比，我国现代医药制造产业整体起步较晚，但改革开放以来，我国已经形成了比较完备的现代医药工业体系和医药流通网络，已经成为世界制药大国。

据 2013 年统计，我国现有医药工业企业 6414 家，是仅次于美国的世界第二制药大国，可生产化学原料药 1300 多种、80 余万吨，其中有 60 多个品种具有较强国际竞争力；可生产化学药品制剂 30 多种剂型、4500 余个品种；在全球已经研究成功的 40 余种生物工程药品中，我国已能生产 18 种，其中部分药品具有一定产业化规模；可生产中成药 60 余万吨，中成药品种、规格达 8000 多种；可生产近 50 个门类、3000 多个品种、11000 余个规格的医疗器械产品。

现代医药制造产业是我国国民经济的重要组成部分，是传统产业和现代产业相结合，第一、二、三产业为一体的产业。医药行业对于保护和增进人民健康、提高生活质量，促进经济发展和社会进步均具有十分重要的作用。

目前世界排名前 20 位的制药企业都已在中国投资建厂。这些企业的设立，不仅引进了资金，还带来了新产品、新技术、新设备和新的经营方式与管理理念，促使国内药企改变以往的经营模式，在产学研协同的基础上加大了对产品、技术的研发力度，促进了我国现代医药制造产业的整体发展，起到了良好的示范作用。目前，我国现代医药制造产业的发展现状是：

(一) 总量规模逐步壮大

我国现代医药制造产业产值规模、销售收入以及利润总额均保持高增长速度。如表 1-1 所示，在总产值方面，2006 年以来我国医药工业保持了 18% 以上的增长速度，年均增速达到了 22.6%，高于全国工业年均增长水平，成为全球发展最快的医药市场之一。在这种高速增长的条件下，我国医药工业的总产值从 2005 年的 4250 亿元增长到 2013 年的 20484 亿元，六年间增长了近 4 倍。医药工业总产值在工业中的增速排在中上的水平，较之规模经济特征较明显的重化工业，医药行业增速更为平稳，年均 20% 以上的增速已经十分可观。相关机构预测，未来十年，我国医药工业的规模增长速度还将平稳上升。

在销售收入方面，2006年以来我国医药工业保持了年均23.3%的增长速度，医药工业的销售收入从2006年的4999.3亿元增长到2012年的17338亿元。医药工业销售收入的高增长，首先得益于医保覆盖范围的持续扩大以及报销比例的上升；其次，政府财政投入的稳步增加也是拉动医药市场需求的重要动因。另外，随着我国人口老龄化加速、城镇化步伐加快以及城乡居民人均收入水平增加，医药市场无疑将继续保持高增长态势。

表1-1　　　　2005年至2013年全国医药行业工业总产值、
销售收入、利润总额情况

年份	工业总产值		销售收入		利润总额	
	产值（亿元）	增长率（%）	总额（亿元）	增长率（%）	总额（亿元）	增长率（%）
2005	4250	—	4020	—	338	—
2006	5378	26.5	4999	24.4	393	16.3
2007	6543	21.7	5967	19.4	606	54.2
2008	8434	28.9	7402	24.1	844	39.3
2009	10008	18.7	9087	22.8	1060	25.5
2010	12427	24.2	11417	25.6	1407	32.7
2011	15694	26.3	14484	26.9	1660	18.0
2012	18255	21.7	17338	19.7	1833	20.4
2013	20484	12.2		18.8	2197	13.1
平均增速	—	22.5		22.7		27.4

资料来源：《中国高技术产业统计年鉴》。

2006年以来我国医药工业的利润总额不断增长，并保持了较高增长速度，虽然2011年和2013年增幅有所下降，但利润增长率仍明显高于工业企业的平均水平。2006年，医药工业利润总额仅为393亿元，此后七年间，这一数值平均每年以27.9%的速度增长，2013年利润总额达到了2197亿元。在利润总额不断增长的同时，我国医药工业的成本费用利润率也逐步提升。同时，我国医药工业的成本费用利润率水平显著高于同时期整体工业利润率的平均水平，而近几年这种差距正在逐步扩大。这说明，我国医药工业经营效益逐步提高，并明显超过了整体工业经营效益提升的幅度。但2011年、2012年和2013年的利润增幅明显低于2010年的水平，首要因素是"安徽版"基药招标模式在全国范围内的扩大实施,其量价挂钩、单一货源承诺的政策使得各医药企业争相低价夺标,在一定程度上压缩了利润空间。除招标政策使得制药企业不得不降价应对以外,2011年以来政府相关部门延续了之前对药品降价的政策,再加上限用抗生素、原材料人工等成本的上升、通货膨胀加大等多重因素的影响,使医药行业的利润总额增幅有所下降。

在我国现代医药制造产业中,化学药、中药规模比重占据主导地位。2006年以来,全国医药工业的各子行业均保持良好的增长势头,无论是按产值计算,还是按主营业务收入或实现利润总额计算,医药各子行业均实现17%以上增长。从生产企业结构来看,化学药品、中药制剂生产企业占比较高,2013年分别达到32.25%和31.88%。从2006年以来,不同生产企业结构发生了变化。生物医药企业占行业内企业数量的比重已从2006年的8.17%上升到2013年的11.94%;同期中成药企业占比从21.51%微降到21.03%;中药饮片企业占比从7.88%上升到10.85%;化学药品生产企业占比则从34.87%下降到32.25%;卫生材料及医药用品生产企业占比从7.14%上升到8.66%;医疗仪器设备及器械制造生产企业占比从12.01%上升到13.89%;专用设备制造企业占比从1.69%微降到1.38%。这些基本情况说明了我国从事高端生物医药的生产企业正在迅速成长。

(二)我国现代医药制造产业已形成鲜明特色

我国现在医药制造产业的发展特点主要体现在以下三点:一是由于现代医药制造产业对技术和资金的高度依赖,造成产业整体存在很高的进入壁垒;二是随着改革的不断深化,现代医药制造产业的生产主体发生了本质的改变,从单一化结构迅速转变为多元化结构;三是初步形成了以京津冀、长三角以及珠三角为主体的空间格局。

1. 产业进入壁垒高。药品行业是高技术、高风险、高投入的产业。一般情况下,药品从研究开发、临床研究、试生产、科研成果产业化到最终产品的销售,技术要求高,资金投入大,并且其间的审批、临床研究环节复杂、周期时间长,新药产品的开发需要投入大量的资金、人才、设备等。所以,进入药品行业对资金、技术都有较高的要求,因此现代医药制造产业具有很强的进入壁垒。

我国药品行业的进入壁垒主要体现在以下方面:

一是技术壁垒。自主研发能力是医药制造企业最重要的核心竞争力之一,对医药企业的发展起着决定性的影响。医药制造行业涵盖了实验室、中试和生产过程,同时具有跨专业应用、多技术融合、技术更新快等特点。因此,对相关企业的全面技术开发能力要求非常高。

二是法规壁垒。除一般性法律、法规以外,医药行业企业还要具备《中华人民共和国药品管理法》规定的经营条件,主要包括:具有依法经过资格认定的药学技术人员、工程技术人员及相应的技术工人;具有与其药品生产相适应的厂房、设施和卫生环境;具有能对所生产药品进行质量管理和质量检验的机构、人员以及必要的仪器设备;具有保证药品质量的规章制度;需要取得药品生产许可证;通过 GMP 认证。由于我国医药行业普遍存在生产企业多、规模小和抗风险能力低的特点,国家目前正在通过新版 GMP、GSP 认证以及推行兼并重组等政策,逐步淘汰弱小企业,以提高行业的市场集中度。

三是资金壁垒。医药制造行业是高投入、高产出行业,其新产品开发投入高、周期长、风险大。重要生产设备多数需要进口,且价格昂贵。产品销售渠道复杂,环节多,资金周转偏慢,销售费用所占比例较高。因此,新进入者通常需要很长的启动时间,资金压力较大。

四是市场壁垒。我国国内制药市场的竞争格局基本形成,数家优势企业正逐步形成各自的技术特色。与行业后来者相比,它们具有一定的品牌优势、技术优势、规模优势和品种优势等。这些无疑加大了后来者进入市场的难度。

2. 产业主体结构由单一化转向多元化。随着改革不断深化,药品生产主体发生了变化。药品生产对民间资本和外资放开后,一批新型制药企业发展壮大,股份制和民营经济发展迅速,形成了国有、民营、外资共同发展的局面。

2012 年,私营企业及其他企业数量占药品制造企业总数的 42.5%,股份制企业占 36.5%,外商及港澳台投资企业占 18.5%,国有及国有控股企业占 1.8%,集体企业占 0.7%;股份制企业、外资企业、私营企业及其他企业的营业收入分别占全行业的 40.6%、27.1% 和 27.4%,利润分别占全行业的 47.0%、27.8% 和 22.4%。可以看出,股份制企业、外资企业、私营企业及其他企业在我国药品制造行业中占主导地位。

3. 初步形成了以京津冀、长三角、珠三角为主体的新的空间格局。经过多年的市场选择和生产力布局调整,我国医药产业集群已初步形成以京津冀、长三角、珠三角为核心,内陆优势地区集聚发展的总体产业空间格局。

从区域分布看，作为医药产业传统优势地区，东部沿海省份发挥资金、技术、人才和信息优势，加大对医药工业的资金和政策扶持力度，培育优势企业，加强生物产业基地和医药工业园建设，促进集聚发展，保持了良好的发展势头，以长三角、京津冀和珠三角三大医药工业集聚区为核心，内陆优势地区加快发展的空间结构格局已基本形成。

京津冀地区现代医药制造业人力资源储备最强，拥有丰富的临床资源和教育资源。各地在医药产业链方面具有较强的互补性，形成了以北京为龙头的创新能力较强的产业集群。

长三角现代医药产业形成了较为完整的产业链，地区专业化程度高，产业竞争力在全国占有优势地位，拥有最多的跨国现代医药企业。在研发与产业化、外包服务、国际交流等方面具有较大优势，已逐步形成以上海为中心的现代医药产业集群。

珠三角地区市场经济体系成熟，医药流通体系发达，毗邻港澳地区，对外辐射能力强，市场潜力巨大。且民营资本比较活跃，围绕广州、深圳等重点城市形成了商业网络发达的现代医药产业集群。

此外，在我国其他地区也有一些具有特色的现代医药产业集群。如长株潭城市群拥有长沙高新区、浏阳生物医药园等多个现代医药产业基地；武汉城市群聚集了各类研发机构及知名企业300余家，形成较为完善的现代医药产业平台；四川、重庆也已经具备较好的产业基础，其中，成渝经济圈在现代医学工程领域创新活跃，是重要的现代医药成果转化基地；以长春市为核心的长（春）吉（林）图（们）地区是亚洲规模较大的疫苗生产基地。

总体来说，我国现代医药产业的生产力布局整体已经初具雏形，基本形成了以京津冀、长三角、珠三角为核心的产业空间格局。从分省的情况看来，传统制药省份增长稳健，产业集聚度相对较高。江苏、山东和广东都是传统制药大省，产值、主营业务收入、利润连续多年全国排名前三位，省内骨干企业创新实力较强，产业集聚程度较高，细分领域优势明显，技术水平居国内领先或国际水平。北京和上海在技术与创新驱动产业发展方面具有一定优势。北京聚集了中国现代医药产业近1/3的智力技术资源，在新药研发各环节的技术服务方面均具有领先优势。上海则聚集了国际化的研发体系，现代医药产业的跨国巨头如辉瑞、阿斯利康、诺和诺德、罗氏等均在张江开发区设立了研发中心或总部机构。

第二节 京津冀现代医药制造产业发展现状

京津冀地区在增强我国国际竞争力和现代化建设中具有举足轻重的地位。2014年7至8月，北京与天津、河北共签署了13项协定，重点聚焦科技创新一体化、生态建设、产业协同发展、科技资源共享等方面。京津冀地区现代医药产业人力资源储备强，拥有丰富的临床资源和教育资源。各地在现代医药制造产业链方面具有较强的互补性，以北京为龙头形成了创新能力较强的产业集群。

一、北京现代医药制造产业发展现状

（一）北京现代医药制造产业发展概况

北京是京津冀地区经济最为发达的地区，该地区现代医药制造产业起步较早，且拥有丰富的技术资源，吸引了众多国内外大型现代医药制造企业落户。北京现代医药制造产业在2005年至2013年8年间实现高速发展，如表1-2所示，主营业务收入从128亿元上涨至628亿元，年均增长62亿元以上，年均增长率超过22%；利润方面，北京地区现代制医药制造产业的利润水平从2005年的20.95亿元增长至2013年的111亿元，增长率高达429%，年均增幅超过50%；2005年北京现代医药制造产业利税总额31.87亿元，2013年利税总额169.45亿元，8年间实现利税增长432%，为北京经济发展发挥了重要作用。

表1-2　　　2005—2013年北京现代医药制造产业主营业务收入、利润总额和利税情况

年份	北京现代医药制造产业主营业务收入（亿元）	北京现代医药制造产业利润总额（亿元）	北京现代医药制造产业利税总额（亿元）
2005	128.29	20.95	31.87
2006	143.25	15.94	28.71
2007	197.93	20.51	36.25
2008	253.26	31.80	52.57
2009	307.60	48.34	75.10
2010	369.20	58.50	91.90

续表

年份	北京现代医药制造产业主营业务收入（亿元）	北京现代医药制造产业利润总额（亿元）	北京现代医药制造产业利税总额（亿元）
2011	437.20	76.00	115.20
2012	525.70	86.10	137.20
2013	628.03	110.86	169.45

资料来源：《中国高技术产业统计年鉴》。

技术创新是现代医药制造产业发展的主要驱动因素，科研资金的投入能够体现现代医药制造产业的发展能力。我国现代医药制造产业的科研资金按来源可分为两类，一是医药产业自身投入的科研经费，二是地方政府投入的科研经费。

北京高度重视现代医药制造产业科研经费的投入，自2005年起至2013年，除2010年外，每年均保持较高的增长速度，8年间实现近7倍的增长幅度（如表1-3所示）。

表1-3　2005—2013年北京现代医药制造产业科研经费及拥有专利数量情况

年份	北京现代医药制造产业科研经费中的企业资金（万元）	北京现代医药制造产业科研经费中的政府资金（万元）	北京医药制造业拥有专利数量（件）
2005	19946	2578	24
2006	18710	1254	34
2007	28494	1367	69
2008	36566	2926	146
2009	42017	2641	260
2010	28068	2896	134
2011	60127	6346	402
2012	92556	4966	709
2013	124115	9298	1136

资料来源：《中国高技术产业统计年鉴》。

政府的科研资金投入对产业发展起到重要促进作用，但政府资金的投入存在较大波动，2008年和2011年政府投入资金增长率分别为114.05%和119.13%。而2006年和2012年投入分别减少了51.36%和21.75%。

北京现代医药制造产业的科研成果卓著，产业拥有专利数量实现跨越式增长，自2005年至2013年，北京现代医药制造产业拥有专利数从24件增长到 1136 件，增长超过 46 倍，反映出北京现代医药制造产业的飞速发展。

（二）北京现代医药制造产业发展的优势和劣势

北京现代医药制造产业的优势主要有五个方面。

第一，北京作为我国首都，是我国的政治中心，具有政策优势，对周边企业的导向作用较大，导致企业的政策敏感度高，对北京的现代医药制造产业有很大的促进作用。

第二，北京云集了各大现代医药制造企业，其中包括大量外企，政府对产业的资金支持较为充裕。

第三，北京是主要科研院所总部及高校所在地，许多跨国公司总部和研发中心聚集于此，有 14 家现代医药上市企业，有 100 多家专注研发服务的企业和机构，发展空间大，就业机会多。

第四，国内最优秀的现代医药产业技术创新、创业人才和一大批海外留学创业人员云集其中，医药产业人才储备充裕。

第五，拥有全国最丰富的临床资源和一大批新药筛选、安全评价、中试与质量控制等关键技术平台，是国内现代医药产业研发服务业的核心城市。现代医药产业园区在疫苗、诊断试剂、抗体药物等现代医药技术领域具有国际先进水平。如万泰生物研制出首个基因工程重组戊肝疫苗和禽流感检测试剂；北京科兴的 SARS 疫苗和人用禽流感疫苗研发实力处于世界前列，同时北京在甲肝、甲乙肝联合、乙肝、乙脑、麻风腮联合疫苗等生物制品研究和生产上居于国内主导地位。

同时，北京现代医药制造产业的发展也受到以下问题的困扰：

第一，资源受限。北京人口众多，生产资料等资源严重受限。交通拥堵、教育资源不均衡等问题亟待解决。

第二，环境污染严重。处理好经济发展与环境保护之间关系的问题被提到日程上。处理好二者关系才能保证北京现代医药企业的可持续发展。

二、天津现代医药制造产业发展现状

（一）天津现代医药制造产业发展概况

如表 1-4 所示，天津现代医药制造产业主营业务收入增长较为稳定，2007—2008 年在金融危机冲击下增长放缓，自 2009 年恢复增长势头，但与北京相比增长幅度较小。从利润总额看，天津现代医药制造产业在 2006 年和 2008 年利润有所减少，但 2009 年之后基本保持增长势头，与全国现代医药制造产业的发展情况相符。天津现代医药制造产业利税波动不大，虽然与2006年和2008年相比有小幅下降，但基本处于比较平稳的增长趋势。从总体上看，天津现代医药制造产业的主营业务收入、利润总额和利税在2005年至2013年的8年间有较高增长，但与北京相比，其增长幅度和速度仍不及后者。

表1-4　　2005—2013年天津现代医药制造产业主营业务收入、利润总额和利税情况

年份	天津现代医药制造产业主营业务收入（亿元）	天津现代医药制造产业利润总额（亿元）	天津现代医药制造产业利税（亿元）
2005	190.83	20.44	31.19
2006	216.78	17.34	29.12
2007	217.66	26.21	38.98
2008	224.88	23.92	37.99
2009	278.90	32.05	50.60
2010	314.70	40.50	62.00
2011	368.90	50.30	78.80
2012	457.50	63.10	100.07
2013	524.01	60.24	106.25

资料来源：《中国高技术产业统计年鉴》。

如表1-5所示，受金融危机影响，天津现代医药制造产业科研经费中的企业资金2008年至2009年连续两年下降。最终于2011年以接近翻一番的数量恢复增长态势。面对经济危机，企业对天津的科研投资处于缩减状态，持观望态势。

天津现代医药制造产业科研经费中的政府资金在2010年下降，并于2011年增至6552万元，增幅达到170.63%。但历年增长并不稳定，波动较大。

天津的医药制造业所拥有的专利数，也于2008年下滑了23.3%，但很快在2009年就翻了两倍，之后持续保持增长，2005年至2013年增幅超过36倍。

天津的现代医药制造产业科研投入和产出明显受到2008年金融危机的不利影响，出现阶段性下滑，直到2010年科研活动才基本走上正轨，转为增长态势。

表 1-5　　2005—2013 年天津现代医药制造产业科研经费及拥有专利数量情况

年份	天津现代医药制造产业科研经费中的企业资金（万元）	天津现代医药制造产业科研经费中的政府资金（万元）	天津现代医药制造产业拥有专利数量（件）
2005	53466	1434	65
2006	57840	2490	90
2007	64545	2785	178
2008	61829	3027	137
2009	42712	3084	431
2010	46489	2421	552
2011	91318	6552	1276
2012	133024	9091	1916
2013	137672	8503	2443

资料来源：《中国高技术产业统计年鉴》。

(二) 天津现代医药制造产业的优势和劣势

天津市现代医药制造产业的优势主要体现在下面四点：

第一，具有地理位置优势。天津港居于天津，为其带来了大量进出口贸易交易，交通运输极为方便。

第二，具有资金优势。由于其地理位置好，且各类资源价格明显低于北京，所以很多大型制药企业选择在天津建厂，而外企投资额尤为巨大，为天津带来大额投资资金。

第三，具有人才优势。天津具有较为良好的硬件设施和发展空间，是离北京较近的直辖市，与北京相比竞争的激烈程度较低，资源相对充沛，且政府在政策上也给予引进人才一定的支持，所以吸引了大量技术性人才涌进。如天津滨海新区的"京津冀生物医药产业化示范区"，目前已吸引海内外 48 个研发团队进驻。

第四，具有科技优势。天津有从事现代医药产业相关的产品生产和研发机构 500 多家，有一批国字号打头的研究机构和技术中心，包括"国家生物医药国际创新园"、"天津国际生物医药联合研究院"、"中科院工业生物技术研发中心"、"国家干细胞工程技术研究中心"，以及被列入首批国家级国际联合研究中心的中意中医药联合实验室等。

天津的劣势主要体现在对外资依赖度较高、受市场环境的影响作用较大、产业整体发展稳定性低、抵御外来风险能力差等方面。

三、河北省现代医药制造产业发展现状

（一）河北省现代医药制造产业发展概况

2005年河北现代医药制造产业全年主营业务收入为219.55亿元，2013年增长至856.87亿元，增长约2.9倍，增幅较京津低，但河北现代医药产业规模大于京津，2013年产业主营业务收入总额为北京的1.36倍、天津的1.63倍。

如表1-6所示，从主营业务收入的历年增长情况看，河北现代医药制造产业主营业务收入平稳增长，在2008年金融危机后的两年中也没有出现类似京津两地的负增长，反映出河北现代医药制造产业的发展有序性良好，势头强劲。

从利润总额上看，河北现代医药制造产业利润总额从2005年的13.17亿元增长至2013年的59.27亿元，增幅为350%。但河北现代医药制造产业2005年利润率为6.00%，2013年增长率6.92%，利润率远低于北京、天津的同期水平，这与河北现代医药制造产业多生产原料药和中成药，缺少生物药等高利润率产品有关。

表1-6　　　　2005—2013年河北现代医药制造产业
主营业务收入、利润总额和利税情况　　　单位：亿元

年份	河北现代医药制造产业主营业务收入	河北现代医药制造产业利润总额	河北现代医药制造产业利税
2005	219.55	13.17	56.00
2006	225.39	15.61	26.08
2007	288.65	29.37	42.50
2008	351.37	45.04	60.57
2009	379.95	47.43	64.13
2010	525.00	55.30	75.60
2011	632.60	48.40	71.60
2012	744.80	49.30	75.60
2013	856.87	59.27	89.00

资料来源：《中国高技术产业统计年鉴》。

如表1-7所示，河北现代医药制造产业科研经费中的企业资金在2006年和2009年有所下降，但在经历了2009年下降10.34%之后，2010年至2012年保持了高速连续增长，增长速率一直保持在30%左右。

河北现代医药制造产业科研经费中的政府资金一直处于增长状态，除2010年与上一年基本持平之外，其他年份都处于较高幅度增长。

河北现代医药制造产业专利数量增速较慢，且数量远低于北京、天津，反映出河北现代医药制造产业的创新发展和研发能力不足。

表1-7　　　　　　2005—2013年河北现代医药制造
产业科研经费及拥有专利数量情况

年份	河北现代医药制造产业科研经费中的企业资金（万元）	河北现代医药制造产业科研经费中的政府资金（万元）	河北现代医药制造产业拥有专利数量（件）
2005	42768	1734	42
2006	39394	1859	61
2007	47437	2747	103
2008	51244	3721	113
2009	45945	4330	360
2010	60211	4373	234
2011	77503	7227	395
2012	100127	9834	615
2013	139539	12721	721

资料来源：《中国高技术产业统计年鉴》。

（二）河北现代医药制造产业的优势和劣势

河北现代医药制造产业的优势主要体现在下面五点：

第一，河北全省环绕着北京、天津两个直辖市，有较强的地理优势，交通运输方便，河北秦皇岛、唐山、沧州临海，具有优质港口，便于进出口贸易。

第二，河北的自然资源丰饶，生产现代医药的原材料较为丰富。

第三，河北的青霉素、7-ACA、可可豆碱、土霉素、维生素、CVB12、链霉素、阿莫西林等药品的产量均居世界第一。化学原料药总产量占全国半壁江山。

第四，在青霉素和半合成抗生素、维生素C等产品的技术工艺、成本控制及生产规模上居国内领先地位。

第五，拥有一批实力雄厚的国有医药企业，取得多项科研成果。如华药集团在生物制药和免疫制剂药物方面获多项具有国际先进水平的科研成果；以岭药业的中药超微粉碎技术荣获国家技术发明二等奖；石药集团获国家创新性企业、国家重点实验室、国家科技进步二等奖等一系列殊荣，研发的"恩必普"为我国原创药物中第一个销售额过亿元的产品；神威药业是全国规模最大、技术装备水平最高的中药注射液、软胶囊等现代中药产品生产企业；石家庄四药为全国产量最大的输液类产品单厂生产企业。

河北省现代医药制造产业的劣势主要体现为高端企业较少，技术水平发展能力受限，资源利用率较低。同时省内各地区资源配置不均衡，各个城市发展水平参差不齐，影响了河北省整体水平的提升。

四、京津冀现代医药制造产业发展总体情况

（一）京津冀现代医药制造产业营收能力不断增强

从整体上看，现代医药制造产业是京津冀现代制造业六大板块中发展最为迅速的板块。如表1-8所示，2005年至2013年，京津冀现代医药制造产业主营业务收入增幅、利润总额增幅分别为272.94%和322.23%，年均增幅分别为17.97%和21.02%，呈现出高速增长的态势。在利税方面，三地政府为现代医药制造产业提供了大量税收优惠政策，促进了产业发展和盈利水平提升，8年间实现利税额200%的增长，为该地区经济发展发挥了重要作用。

表1-8　　　　2005—2013年京津冀医药制造业主营
业务收入、利润总额和利税情况　　　　　单位：亿元

年份	京津冀现代医药制造产业主营业务收入	京津冀现代医药制造产业利润总额	京津冀现代医药制造产业利税额
2005	538.67	54.56	119.06
2006	585.42	48.89	83.91
2007	704.24	76.09	117.73
2008	829.51	100.76	151.13
2009	966.45	127.82	189.83
2010	1208.90	154.30	229.50
2011	1438.70	174.70	265.60
2012	1728.00	198.50	312.87
2013	2008.91	230.37	364.70

资料来源：《中国高技术产业统计年鉴》。

从对三地现代医药制造产业主营业务收入、利润总额、利税额等指标对比分析可以发现，河北现代医药制造产业的规模长期保持了区域内第一的位置，盈利水平在2005年至2010年的6年内也领先于北京和天津。自2011年起，北京地区产业主营业务收入超过河北，跃居区域第一。在利税方面，北京利税总额也在2009年起超过河北和天津。从上述指标的增长情况看，北京地区产业发展3项指标的增长速度最快，8年平均增幅均超过22%，河北整体增长情况略低于北京，天津增长幅度较小。

（二）京津冀现代医药制造产业的研发效率不断提高

京津冀现代医药制造产业对研发的投入始终保持了较高水平，从科研资金经费的构成上看，企业研发资金是产业研发经费的主要来源，但政府对产业研发的支持正发挥着越来越大的作用。表1－9显示，自2005年至2013年，产业科研投入中，企业占比从20%以上逐渐降至15%左右，在2010年，产业科研经费占营业利润总额的比例更是降至2005年的40%，反观政府提供的科研资金占企业利税的比重则保持在0.5%左右，在2008年金融危机期间亦有所提高。天津现代医药制造产业对自身的研发投入水平高于北京和河北，显示出天津医药企业对研发能力的重视。与此同时，河北省人民政府对现代医药制造产业的研发资金支持占产业利税比例多年保持区域内第一，反映出河北省人民政府对现代医药制造产业创新发展的高度重视。

表1－9　　2005—2013年京津冀地区医药制造业技术发展情况

年份	科研经费中的企业资金占企业利润总额的比重（%）	科研经费中的政府资金占企业缴纳利税的比重（%）	单位科研经费产生专利数量（件/亿元）
2005	21.30	0.48	1.07
2006	23.72	0.67	1.52
2007	18.46	0.58	2.38
2008	14.85	0.64	2.49
2009	10.22	0.53	7.47
2010	8.73	0.42	6.37
2011	13.11	0.76	8.32
2012	16.41	0.76	9.27
2013	17.42	0.84	9.96

资料来源：《中国高技术产业统计年鉴》。

在科研投入加大的同时，京津冀地区现代医药制造产业的科研成果数量呈现出跨越式增长，拥有专利数量从 2005 年的 131 件增长至 2013 年的 4300 件，科研投入产出的效率也大幅增加，2005 年每 1 亿元科研经费产出的专利数为 1.07 件，2013 年这一数字增长为每 1 亿元科研经费产出的专利数为 9.96 件，京津冀现代医药制造产业的科研能力大幅提升。

第三节 京津冀、长三角、珠三角现代医药制造产业对比分析

一、长三角现代医药制造产业主要特点

长三角的上海、江苏、浙江紧密相邻，人缘相亲，文化相通，经济相融，是我国最具活力与竞争力的经济区域之一。在长三角这一区域，医药经济发展格局引起了全国医药界的广泛关注。综合来看，长三角现代医药制造产业发展呈现以下特点：

（一）地区专业化分工明显

在长三角地区，各省市现代医药制造产业的发展方向之间存在较大差异，各有优势。

浙江以化学药品原料药制造为主，是全国化学药品原料药生产大省，为长三角及全国化学药品制剂业提供原料；江苏主要以化学药品制剂的生产制造为主；上海的中药饮片加工业规模最大；中成药制造业在三地分布比较均衡；生物、生化制品制造业主要分布于长三角几大核心城市，但以上海实力最强。

（二）产业链集群优势明显

长三角现代医药制造产业链发展全面，增长速度较快，各子行业在全国都占有重要地位，形成相互依赖的产业链衔接体系。长三角地区现代医药制造产业链包括了化学药品原料药制造业、化学药品制剂制造业、中药制造业以及生物生化制品制造业，四个板块之间相互依托，形成基础扎实、产品丰富的产业链。

长三角拥有强大的化学药品原料药和化学药品制剂生产能力，在全国占有的市场份额超过 1/3，为本地区创造了可观的利润，也为产业链上游的高

端医药制造产企业提供了原料保障。依靠产业链下游企业的有力支持，长三角以生物医药制造为代表的高端医药制造产业得到了蓬勃发展。

（三）产业集聚程度高

长三角地区通过基地和园区建设，形成较高的产业集中度，具有明显的规模优势；基地和园区将研究与生产相结合，又提高了企业创新能力和产品竞争力；拥有一定数量的知名大企业和企业集团，在产业发展中发挥了推动作用。

（四）区域内产业低水平同构导致过度竞争

由于发展初期准入门槛低，加上现代医药产业投资回报率高，长三角各地比较优势十分接近，由此导致区内各地产业发展出现低水平同构现象。

江苏沿江六市医药制造企业占全省企业数量一半以上，大多数企业不仅规模小、工艺落后、设备陈旧、管理水平低，而且布局分散，生产集中度远低于发达国家水平。此外，多数企业专业化程度不高，缺乏品牌知名度和特色品种，一个小企业主打产品少的有十几种，多的有几十种，而那些知名跨国公司的主打产品一般不超过10种。产业低水平同构导致重复建设、产能过剩以及过度竞争。

浙江也存在大量中小企业生产相同产品带来恶性竞争的现象，浙江全省青霉素生产企业有10家，激素类药生产企业有13家。

二、珠三角现代医药制造产业主要特点

珠三角是全国经济发展速度较快的地区之一。广东的传统医药产业在国内乃至东南亚地区拥有"南药"美誉。该地区现代医药制造产业发展迅速，各项指标一直位居全国前列，综合来看，珠三角地区现代医药制造产业发展呈现以下特点：

（一）以广州为中心走向国际化的区域发展格局初步形成

广州是国家十二大医药制造产业基地之一，是医药企业的聚集地域，拥有12所与医药研发相关的高等院校，研究院所近40家，医药研发型企业200余家，已形成比较完整的现代医药制造产业体系。随着2009年6月首届珠江国际生物医药产业发展论坛在广州举行，美国华人生物医药科技协会（CBA）旗下的美国华人生物医药科学家带来了"绿藻表达甲型流感病毒H1N1蛋白质制备口服疫苗"、"新型抗癌药品"、"低成本生物医药"、"新型戒烟药物"等25个研发项目，期望建立以广东省为发展中心，面向全国的

投资网络。全球生物医药产业的发展强力推动了珠三角的现代医药制造产业的发展。珠三角地区围绕广州这一区域经济、技术中心形成了具有较好层次化的产业结构，并依托临近港澳的地缘优势迈出了国际化的步伐。

（二）现代医疗器械的研发与生产成为核心业务

现代医疗器械的研发与生产，是现代医药制造业的关键核心技术产业之一，同时也是珠三角地区现代医药产业领域的主要产业之一，更已列入该地区四大领域九大新兴产业的重点发展规划。计划未来5—10年，九大产业产值将达到15000亿元，增加值突破3000亿元。

（三）产业结构逐步合理化

产业结构优化合理程度直接影响到现代医药的发展，推进产业结构优化升级是珠三角现代医药制造产业发展的主要任务。珠三角地区已经完成了从传统的农业经济向现代化制造业中心的转变，并成功实现了第二、第三产业双重主导的经济社会全面联动发展。对一些小的医药制造企业优化重组也正在进行中，并取得了一定成效。

（四）产学研多层次医药研发体系逐步形成

在珠三角区域，先后建立了从大专院校科研院所到企业的研发平台，从不同层面上形成了产学研医药研发体系。如在广州和深圳分别建立了研发集聚区，即高等院校与中科院广州生物医药与健康研究院等科研机构联合设立研发平台，使得高等院校与科研院所的高新技术有用武之地，而企业又为高新技术的应用提供了施展空间，因此该项举措为珠三角区域性现代医药产业发展奠定了良好的基础。

三、京津冀、长三角、珠三角区域现代医药制造产业对比

通过研究发现，京津冀、长三角、珠三角三大区域的现代医药制造产业在发展过程中一方面因为产业的共性而存在相似的发展路径、面临相似的问题或瓶颈，另一方面又因为区域资源配置和客观环境的差异导致三个区域既有独特的发展特点，又面临不同问题的挑战。

从产业发展的共性上看，首先，京津冀、长三角、珠三角现代医药制造产业的发展都受到了政府的高度重视，均被列为区域经济发展和转型的重点方向，各地政府都为产业发展提供了相应的政策和资金支持。其次，京津冀、长三角、珠三角现代医药制造产业的发展都具有良好的基础，产业链内的各个子产业均有较好的发展基础和发展空间，各子产业间也都在市场机制的调节下初步形成了较稳固的产业链关系。最后，各省市在自然资源、地理环境等多方面客观因素的制约下已无法追求在自身范围内实现全产业链发展，只能在与邻近省市合作中寻找位置，实现互利共赢。在市场机制的作用下，京津冀、长三角、珠三角分割我国整个东部地区的产能和资源储备，并已经形成了以三大区域为中心的竞争机制。因此，区域协同发展已经成为了三个地区共同追求的目标。

除产业发展的共性以外，京津冀、长三角、珠三角现代医药制造产业的发展也分别面临着各自的问题。京津冀地区现代医药制造产业所面临的突出问题一是日益严峻的环保压力，二是基础药、原料药等低端产品产能过剩。长三角地区已经建立了较好的产业链，并已经开始走向了区域协同发展的道路，但该地区对外资的依赖性较大，产业发展容易受到外资波动的影响。珠三角地区资本构成具有多样化的特点，特别是民营资本活跃度高，但产业整体布局局限于中低端，高端产品的研发、生产能力有限，制约了该地区进军产业高端的步伐。

通过与长三角、珠三角的对比分析，我们发现京津冀现代医药制造产业在发展过程中已经逐步探索出适合自身条件的独特发展道路，但也面临着很多障碍和挑战。保持自身优势并参与促进区域协同发展将是未来京津冀现代医药制造产业发展的方向。这将有利于京津冀现代医药制造产业发展能力的提升，帮助京津冀作为整体在现代医药制造产业的市场竞争中取得优势地位。

第四节 京津冀现代医药制造产业协同发展战略

现代医药制造产业是典型的资金密集型和技术密集型产业，具有投资大、周期长等特点，鉴于这些原因，资金、技术和高技术人才将是现代医药制造产业发展的关键要素，结合我们前面的分析，利用产业协同发展的关键要素构建产业协同发展体系，将有助于指导京津冀现代医药制造产业的未来发展。

一、基于资源视角的产业协同模型的构建

根据协同学的观点，系统组成要素间的协调作用和协调程度决定了系

统在到达临界区域时的有序度与结构。系统良性运行的基本条件是，各个组成部分或子系统之间的协调发展。为此，可以设定系统协同产生的条件是在开放系统中的各子系统间可以进行资源和能力的自由交换。在现代医药制造产业中，京津冀三地协同发展的主要参与者有如下子系统：现代医药制造企业、科研机构、政府和市场。科研机构是产业发展主体，为产业发展提供内生动力。政府和市场是产业发展外部环境，为产业发展提供有力支撑。

京津冀现代医药制造产业发展协同过程中的产业发展主体和产业发展环境间的资源流动如图1-1所示。

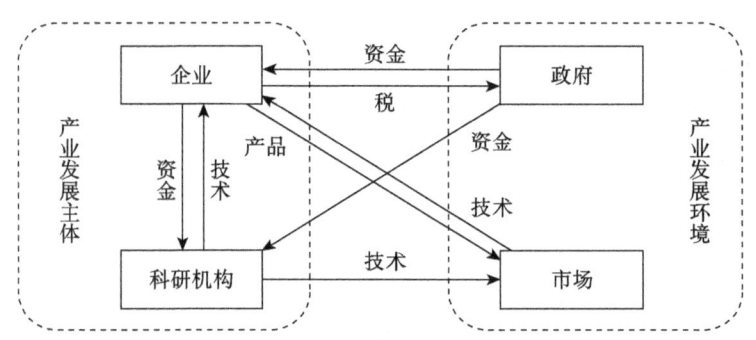

图1-1 京津冀现代医药制造产业协同创新资源流动图

首先，资源的流动是指资金、人力、技术等各类资源在产业发展主体内部的流动。如现代医药制造企业为科研机构提供资金支持、科研机构对企业提供技术支持。

其次，资源的流动也指资源在产业发展主体和产业环境主体之间的双向流动。如政府对企业提供资金和政策支持、拨给科研机构项目经费等。

企业上缴税费则可作为对政府资金支持的一种回馈，同时企业为国内外消费者提供产品，获得收入。

市场则以专利技术的形式为企业提供技术支持。

二、京津冀现代医药制造产业协同发展评价体系

根据基于资源视角构建的现代医药制造产业协同体系，指标不仅应能反映产业发展主体自身的资源流动，而且要体现出产业发展主体与产业环境主体间的资源互换，经过筛选整合，我们得出具体指标（见表1-10所示）。

表1-10　　　　　　　现代医药制造产业协同发展评价指标

系统	子系统	序参量	单位
现代医药制造产业协同发展体系	产业发展主体子系统（S1）	各地区科研机构R&D经费内部支出（x1）	万元
		各地区现代医药制造产业科研经费中的企业资金（x2）	万元
		各地区现代医药制造产业主营业务收入（x3）	万元
		各地区现代医药制造产业利润总额（x4）	万元
		各地区现代医药制造产业新增固定资产（x5）	万元
	产业发展环境子系统（S2）	各地现代医药制造产业拥有专利数（x6）	项
		各地区现代医药制造产业科研经费中的政府资金（x7）	万元
		各地区现代医药制造产业新产品销售收入（x8）	万元
		各地区现代医药制造产业新产品出口销售收入（x9）	万元
		各地区现代医药制造产业利税（x10）	万元

在产业发展主体中，科研机构R&D经费内部支出反映了研发资金的使用情况；现代医药制造产业科研经费中的企业资金反映了企业对研发机构的资金支持力度；现代医药制造产业的主营业务收入和利润总额反映了自身在两个系统作用下的盈利能力；新增固定资产反映了企业自身硬件设备的更新状况。

在产业环境主体中，现代医药制造业拥有专利数体现了市场向企业提供技术支持；现代医药制造产业科研经费中的政府资金体现了政府对产业的支持力度；现代医药制造产业新产品销售收入为企业向市场提供产品的情况；新产品出口销售收入是向海外市场提供产品所获得的收入，反映了现代医药制造业与国外市场需求的接轨状态；利税为医药制造行业获得政府资源之后对其投资的反馈效果。

三、京津冀现代医药制造产业协同发展状况

（一）北京现代医药制造产业协同发展状况

如图1-2所示，北京于2008年和2011年显著加大对现代医药制造产业的R&D投入。2008年北京市人民政府为了应对金融危机，对R&D的投入为2007年的2.14倍，保证了产业发展主体子系统协同度的稳定上升。2010年，经济形势好转并不明显，在投资情况并不明朗的情况下，许多企业撤出了对制药业研发的投资，2010年北京科研经费中的企业资金锐减为2009年的66.8%，导致产业发展主体和产业环境主体协同度下降。为了使产业稳定

健康发展,2011年北京市对R&D的资金支持提高至2010年的2.19倍,并出台了各项扶持政策,最终拉高了产业发展主体和产业发展环境的有序度。说明政府的资金是北京现代医药制造产业发展的重要因素,且政策的制定也对其有明显影响。但产业发展环境对产业发展主体的支撑是根据反馈得来的,因此是具有滞后性的。总体来看,北京现代医药制造产业的发展主体与发展环境的有序度一致性较高。

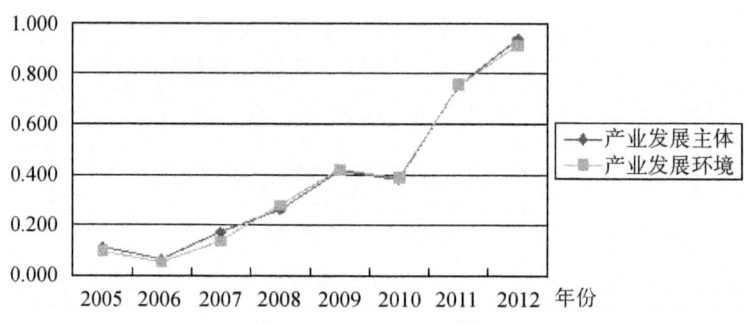

图1-2 北京产业发展主体与产业发展环境有序度

(二)天津现代医药制造产业协同发展现状

如图1-3所示,天津市在2008年金融危机时对产业发展主体和产业发展环境都给予持续支持,但现代医药制造产业新产品的出口销售额锐减为2007年的16.12%,2010年才回升至应有水平。说明天津进出口贸易受到环境影响作用大,政府作用并不明显。并且从2007年至2012年,天津的现代医药制造产业发展环境的协同度一直高于产业发展主体并有逐步趋于稳定的趋势,如果政府给予正向的资金和政策支持,将有可能进一步拉高产业发展主体的协同度。

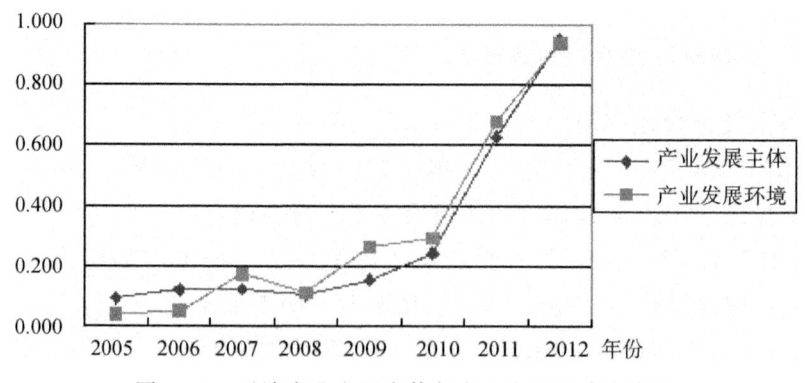

图1-3 天津产业发展主体与产业发展环境有序度

(三) 河北现代医药制造产业协同发展现状

如图1-4所示,河北的现代医药制造产业发展主体和产业发展环境的协同度处于比较稳定交替上升趋势,各自发展稳定,无大幅波动。2010年开始,产业发展主体的协同度大幅超过了产业环境发展主体,说明产业发展主体的能动性加强。由原始数据可以看出,R&D经费内部支出占GDP比重和科研经费中的政府资金都处于稳定上升趋势,没有较大波动。

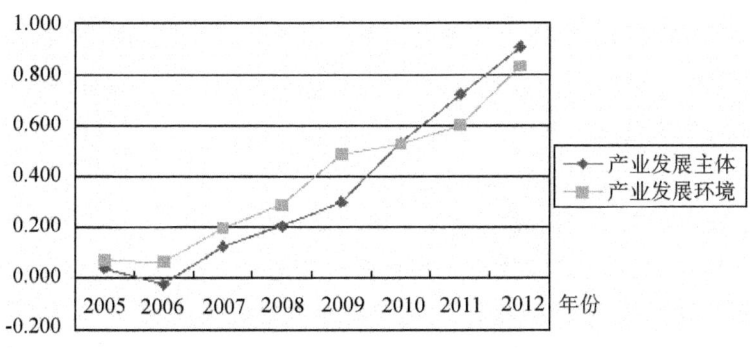

图1-4 河北产业发展主体与产业发展环境有序度

(四) 三地现代医药制造产业协同发展现状对比

如图1-5、图1-6所示,可以看出天津现代医药制造产业科研经费中的企业资金是三地中最多的,2012年为北京的1.43倍,河北的1.33倍。与之对应的是,天津的新产品出口销售收入也在京津冀地区内处于最高水平,2012年,在与北京新产品销售收入差异不大的情况下,新产品出口销售收入达到了北京的6.52倍。说明天津大部分新药品处于外销状态。2008年遭遇金融危机时,天津的产业发展环境子系统波动较大。虽然政府在2008年和2009年加大了对科研经费的投资,但并没有拉高产业发展环境的有序度。整体看来,天津现代医药制造产业的资金和出口优势明显的背后,外资药企的投资起到关键作用,政府支持的影响力有限。

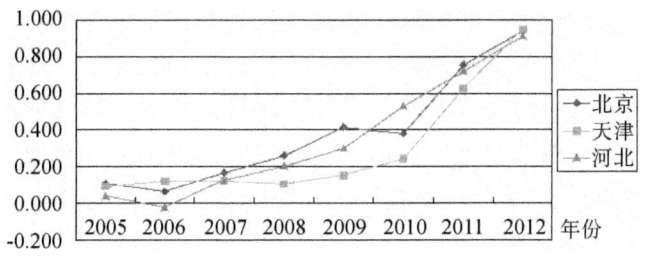

图1-5 京津冀现代医药制造产业发展主体子系统有序度

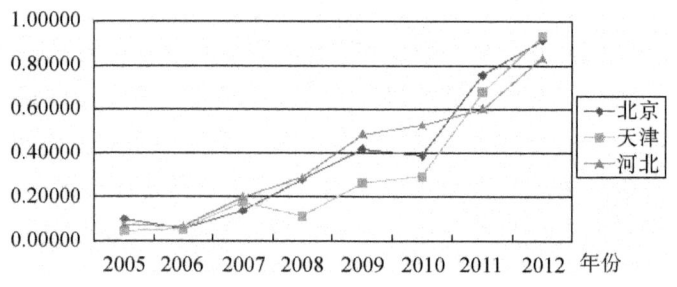

图 1-6 京津冀现代医药制造产业发展环境子系统有序度

河北在资金投入和研发支出与北京和天津基本持平，新增固定资产却一直是北京的 7 倍以上，新产品销售收入却连续低于北京和天津，2012 年的新产品销售收入为北京的 80%，天津的 73%。同时利税与北京和天津相比也处于环比下降状态。说明其资金利用率不高，技术转换率低。

如图 1-7 所示，京津冀三地现代医药制造产业整体协同度 2009 年之前较为稳定，但 2010 年北京和天津的产业发展协同度大幅下滑，并于近几年波动上升，河北虽然波动较小，但一直处在较低水平。近年来，三地整体的产业协同度趋于稳定，但应得到进一步提高。

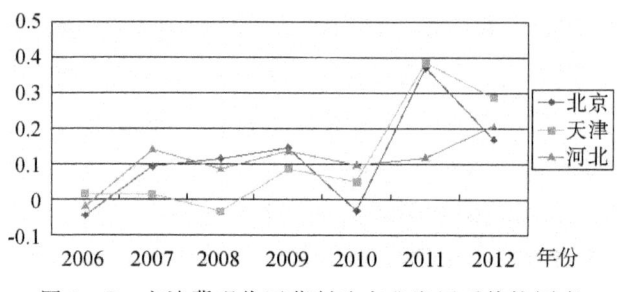

图 1-7 京津冀现代医药制造产业发展系统协同度

四、京津冀现代医药制造产业协同发展的建议

现代医药制造业是京津冀现代制造业发展的重点方向之一，京津冀现代医药制造产业已经走过了初创期，正步入成长期。近年来，随着国家战略的要求和地方发展战略的明确导向，以及京津冀地区日益增大的环境压力和经济发展压力，现代医药制造产业以其高技术、高附加值、高能源效率以及相对较低的能源消耗和污染风险成为适应京津冀社会和经济发展的一个新的出路。

区别于光机电、汽车等其他现代制造业所面临的一家独大或区域内耗性竞争等问题,京津冀现代医药制造产业已经自发形成了较好的产业分层和分工。北京、天津、河北已经初步形成了现代医药制造产业全产业链层面的分层协同。因土地空间、人力成本等限制,北京现代医药制造企业依靠北京高校和科研机构密集的优秀技术背景和高级技术人才储备,从劳动密集型的医药生产型企业转型为知识密集型的医药研发型企业。天津依靠其较为低廉的土地、人力成本以及较为扎实的产业基础,接纳了大量由北京乃至其他地区迁入的企业,实现了药品研发、生产、销售一条龙,成为京津冀高端医药的重要生产和出口基地。河北在原料药、化学药生产方面长期处于区域内领先地位,拥有丰富的原材料资源和足量的产能,在京津政策倾斜和技术转移的背景下将成为京津冀现代医药制造产业的重要生产基地,并可依托未来即将建成的京津冀城际交通网实现生产、物流的高效运转。

因此结合研究成果,对京津冀现代医药制造产业协同发展提出以下建议。

(一)发挥各自的优势,带动区域协同发展

北京现代医药制造产业对政府的资金和政策依赖性较强,产业发展成本很高;天津具有外来资金做科研支撑,但对外资依赖过于严重,在不稳定的宏观环境下的抗冲击能力较差;河北生产资料丰富,产业不易受到外来冲击,但在区域产业协同发展中的贡献不高。

鉴于京津冀三地各自特点,结合前面有关协同度的计算,我们认为,三地应该充分发挥自身优势,在区域全产业链内找准定位,通过资源流转实现区域产业协同发展。具体如北京应大力发展成熟的现代医药制造产业,着力定位于产业链前端的核心技术研发,并为天津提供有关资金或者进出口贸易的政策支持;天津利用自身外来资金和技术的优势,专注于新产品的研发和高端化学药、生物药的生产与进出口业务;河北利用丰富的生产原料,在北京、天津的支持下,优化现代医药制造产业的产能结构,从附加值较低的原料药为主导转变为以原料药、化学药、生物药复合型全产业链的生产结构。

(二)产业发展主体与发展环境互补,促进产业协同发展

产业发展主体与产业发展环境之间存在着正相关。当产业发展主体自身发展状况欠佳时,如企业投资减少,将会影响新产品销售收入、利润等指标,并且导致利税减少、产业发展主体协同度降低。这样就会给政府反馈,使政府在下一年中加大对产业研发资金的投入,提高整体协同度。产业发展

主体的协同度提高、自身发展良好时，可带给产业发展更多有利因素，使得产业发展主体与产业发展环境之间良性互动。

（三）政府和企业间加强协同，提高资源利用率

上述研究表明，由于京津冀三地政府或者产业之间未有内生动力达到一体化协同发展，导致资源流动受阻，利用率没有充分发挥，阻碍了三地现代医药制造产业的快速发展。

京津冀三地应努力实现市场调节为主、政府引导为辅的协同方针，利用三地自身特点和市场调节的作用，将资金、人力和技术等资源在三地高效率地流动起来，避免资源的恶性竞争与资源浪费。市场机制导致的问题由三地政府进行预防和疏导，并对生产过程中产生的有害副产品的处理进行严格监督，同时加强产业合理布局，提高资源流动性。

（四）企业和市场协同发展，促进需求与供给有效结合

京津冀的现代医药制造企业应主动适应三地市场需求，以市场需求为向导，针对明确的目标市场进行生产规划，避免企业间的恶性竞争；同时，对三地以及全国，甚至国际市场的变化要有高度的敏感性，及时根据市场需求调整自身生产。

市场则向企业输送人才和技术，根据三地发展的侧重点不同，在人才和技术方面提供相对应的支撑，并为人才和技术提供配套设施服务。

（五）政府和科研机构加强沟通，明确投资建设目标

政府资金作为科研机构的资金重要来源之一，不仅对科研机构有着支撑作用，更反映政府对科研机构的支持态度。同时，政府通过科研机构可以了解医药制造业最前沿的研究发展现状与成果，对政府向整个产业提供政策有重要导向作用。所以，增强政府和科研机构合理沟通，明确投资建设目标，具有重要意义。

（六）科研机构与市场协同发展，促进技术和专利自由流通

科研机构向市场提供技术和专利，使技术和专利更广泛地在整个产业中流通，有助于打破技术壁垒和避免地区保护政策，促使整个产业健康发展。

技术和专利在京津冀三地，甚至整个现代医药制造产业的市场中自由流通，可以提高技术资源的流动性，使技术和企业间更有效配置。

参考文献

[1] 刘泉红，刘方. 中国医药产业发展及产业政策现状、问题与政策建

议［J］．经济研究参考，2014，32：39－67．

［2］中国高技术产业统计年鉴［M］．北京：中国统计出版社，2006－2013．

［3］中国统计年鉴［M］．北京：中国统计出版社，2006－2013．

［4］盛刚，邵永同．天津生物医药产业发展现状与对策研究［J］．科学观察，2012，6：67－69．

［5］墨玮娇．河北医药产业竞争力研究［D］．河北经贸大学．2014．

［6］穆林，许爱萍，俞会新．制药产业技术创新人才支撑体系问题及对策——以河北省为例［J］．河北学刊，2014，34（2）：209－212．

［7］范纯增，姜虹．产业集群间互动发展的动力机制、合争强度与效应——以长三角医药产业集群为例［J］．经济地理．2011，8：1319－1325．

［8］赵醒村，胡炜，曹蓓．提升自主创新能力推动产业升级发展［J］．广东科技．2009，222：85－87．

［9］董国俊，张萃．珠三角生物医药产业的发展策略与设想［J］．医学信息，2011，9：4603．

［10］林逸玲．珠三角医药企业从业人员培训现状分析及对策研究［D］．广东药学院．2010．

［11］张淑莲，刘冬．京津冀医药制造业产业协同的实证研究［J］．河北经贸大学学报，2011，40（6）：107－112．

［12］陈劲，阳银娟．协同创新的理论基础与内涵［J］．科学学研究，2012，30（2）：161－164．

［13］孟庆松，韩文秀．复合系统整体协同度模型研究［J］．河北师范大学学报（自然科学版），1999，23（2）：177－179．

（作者：臧维、于畅、秦凯，北京工业大学经济与管理学院）

第二章
京津冀汽车产业发展报告

第一节 全球与我国汽车产业发展概况

一、全球汽车产业的发展概况

(一) 全球汽车产业的规模

自汽车工业出现120多年来,先后经历了20世纪20至30年代、50年代、80年代三次爆发式增长,产业规模不断扩大。进入21世纪以来,全球汽车产量持续小幅增长,从2001年的5630.5万辆增长至2007年的7326.6万辆。2008年的全球金融危机对汽车产业产生了巨大的冲击,导致2008—2009年全球汽车产量持续降低,至2010年开始恢复增长,2013年全球汽车产量增至8730万辆,相对于2001年的产量增长了55.0%。2001—2013年全球汽车产量变化趋势见图2-1。

从图2-1可以看出,全球汽车总产量和乘用车产量的变化趋势高度相似,2001—2007年全球乘用车的产量持续增长,从3982.6万辆增长至5320.1万辆。2008年的金融危机导致乘用车的产量从2007年的5320.1万辆降低至2009年的4722.8万辆,降低了11.2%。从2010年开始乘用车的产量开始恢复增长,至2013年已经增长至6543.3万辆,相对于2001年的产量

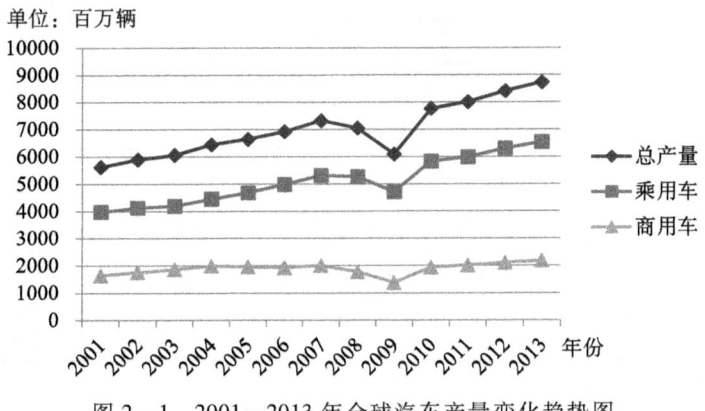

图 2-1 2001—2013 年全球汽车产量变化趋势图

资料来源：中国汽车工业协会网.综合数据.[EB/OL],中国汽车工业协会网（2015-01-31）, http://www.caam.org.cn/newslist/a190-1.html。

3982.6 万辆增长了 64.30%。相对而言，商用车产量除了 2008—2009 年有较大幅度的下降之外，总体上变化较为平稳，直到 2012 年开始出现较为明显的增长趋势。2013 年全球商用车的产量为 2186.7 万辆，相对于 2001 年的产量 1647.9 万辆增长了 32.70%。

（二）全球汽车产业格局

1. 全球整车生产企业格局。21 世纪初，全球汽车产业形成了"6+3"的格局，即通用+菲亚特+铃木+富士重工+五十铃、福特+马自达+沃尔沃、克莱斯勒系+三菱、丰田+大发+日野、大众、雷诺+日产+三星 6 大汽车集团，外加本田、宝马、标致—雪铁龙三家公司。2005 年以后，全球汽车产业格局发生了极大变化。目前，全球汽车产业的格局已经由传统的"6+3"转变为"7+2"：通用+上汽、福特+马自达+长安、丰田+富士重工、大众+铃木、标致雪铁龙+宝马、雷诺+日产+戴姆勒、菲亚特+克莱斯勒+三菱，外加本田和现代+起亚。表 2-1 为 2013 年全球各大汽车企业集团的产量表。

表 2-1　　　　　　　2013 年全球各大汽车企业集团产量

产量排名	汽车企业集团名称	产量（万辆）
1	丰田	998
2	通用	971
3	大众	970

续表

产量排名	汽车企业集团名称	产量（万辆）
4	日产+雷诺	827.0
5	福特	633.0
6	现代	473.2
7	菲亚特+克莱斯勒	442.0
8	本田	429.8
9	起亚	282.7
10	标致雪铁龙	281.8
11	宝马	196.0
12	戴姆勒	146.0
合计		6650.5

资料来源：2013年全球主要大型车企销量地图．[EB/OL]．新京报网（2014-03-03），http://www.bjnews.com.cn/auto/2014/03/03/307132.html。

从表2-1可以看出，2013年全球十二大汽车企业的产量合计达6650.5万辆，占全球汽车总产量的77.8%。其中，丰田、通用、大众处于全球汽车企业集团产量的第一阵营，其中丰田以998万辆的规模位居全球汽车产量的第一名，通用与大众分别以971万辆和970万辆的规模紧随其后。日产+雷诺联盟以827万辆位居全球汽车产量的第四，福特以633万辆的规模位居第五，现代、菲亚特+克莱斯勒与本田的产量在400万辆到500万辆之间，而起亚、标致雪铁龙、宝马和戴姆勒的产量规模都在300万辆以下。

2. 汽车零部件企业格局。汽车零部件是汽车产业链的重要环节，对于汽车产业的发展具有重要的作用。目前全球汽车强国都有实力雄厚的汽车零部件企业，例如德国的博世与大陆、美国的江森自控与德尔福、日本的电装、加拿大的麦格纳等，这些企业的年销售收入都超过了百亿美元。表2-2为2013年全球十大汽车零部件企业的销售额。

表2-2　　　　　2013年全球十大汽车零部件企业的销售额

销售额排名	零部件企业名称	销售额（亿美元）
1	博世（德国）	367.87
2	电装（日本）	342.00
3	大陆集团（德国）	328.00
4	麦格纳（加拿大）	304.28

续表

销售额排名	零部件企业名称	销售额（亿美元）
5	爱信精机（日本）	300.80
6	江森自控（美国）	225.15
7	佛吉亚（法国）	225.00
8	现代摩比斯（韩国）	213.51
9	采埃孚（德国）	186.14
10	矢崎（日本）	158.01

资料来源：2011—2013 全球汽车零部件配套供应商百强排名［EB/OL］．深圳市汽车电子行业协会网，（2014-05-08）．http：//www.szaeia.com/NewsShow/c4bf6e32-411a-4765-8fa6-59cabcfce109.htm。

二、我国汽车产业的发展概况

（一）我国汽车产业的规模

从 1952 年第一汽车制造厂建厂开始，中国汽车工业已经走过了 62 年的时间。在 62 年的时间里，中国汽车工业经历了从无到有的起步与创业期（1952—2012 年），而后进入到从小到大的稳步发展期、直至高速发展期（1983—2012 年）。从 2009 年开始，中国汽车产销量已经连续 5 年位居世界第一，目前中国汽车的产销量已经占据全球总量的 1/4。图 2-2 为 2001—2013 年中国汽车产量变化趋势图，图 2-3 为中国汽车产量占全球产量的比重变化趋势。

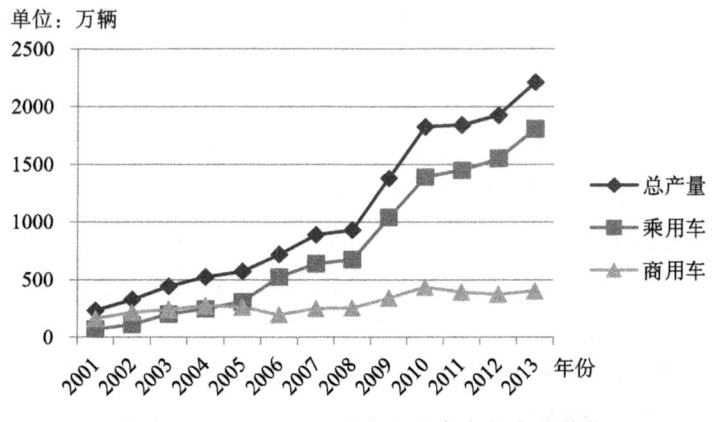

图 2-2 2001—2013 年中国汽车产量变化趋势

资料来源：中国汽车工业协会网．综合数据．［EB/OL］．中国汽车工业协会网（2015-01-31），http：//www.caam.org.cn/newslist/a190-1.html。

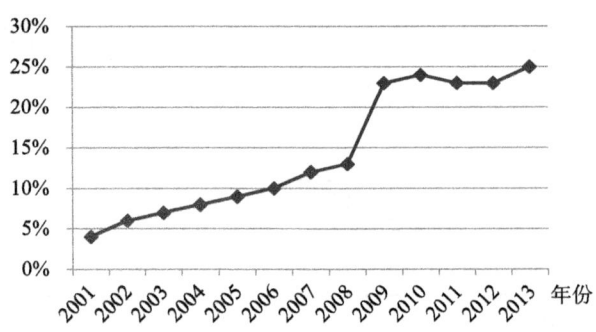

图 2-3 中国汽车产量占全球产量的比重变化趋势

资料来源：中国汽车工业协会网．综合数据．[EB/OL]．中国汽车工业协会网（2015-01-31），http://www.caam.org.cn/newslist/a190-1.html。

从图 2-2 可以看出，2001 年至 2013 年，中国汽车产量呈现持续快速增长的态势。2001 年的产量为 233.4 万辆，至 2007 年已经达到 888.2 万辆。2008 年的金融危机并没有阻挡中国汽车产量的增长态势。在中国政府的鼓励政策支持下，中国汽车产量迅猛增长，从 2008 年的 929.9 万辆迅速增长至 2010 年的 1826.5 万辆，增长了近一倍。2011 年之后，中国政府的鼓励政策退出，汽车产量开始恢复理性增长，至 2013 年中国的汽车产量已经增至 2211.7 万辆，比 2001 年的产量增加了 8.5 倍。乘用车的产量增长速度快于汽车总产量的增长速度，2001 年的产量为 70.4 万辆，至 2013 年已经达到 1808.5 万辆，增加了 24.7 倍。相对而言，商用车产量呈现波浪式增长的态势，从 2001 年的 163.1 万辆增长至 2004 年的 275.4 万辆，在此后的 2005—2008 年保持下降的态势，而后从 2007 开始显现增长的态势，至 2010 年产量增长至 436.8 万辆，而后又开始小幅下降。2013 年商用车的产量达到 403.2 万辆，是 2001 年产量的 2.5 倍。从图 2-3 可以看出，2001 年至 2008 年，中国汽车产量占全球的比重呈直线上升的趋势，从 4% 增加到 13%。2009—2012 年，由于中国政府的鼓励政策，中国汽车产量占全球的比重一直保持在 23%—24%，至 2013 年已经增至 25%。

（二）我国汽车整车生产企业的格局

在汽车整车生产行业中，我国已经形成了六大汽车企业集团以及一些独立的汽车企业。表 2-3 为 2013 年我国各大汽车企业的销量。

表 2-3　　　　　　　2013 年我国各大汽车企业集团的销量

销量排名	企业名称	销量（万辆）
1	上海汽车集团股份有限公司	507.33
2	东风汽车公司	353.49
3	中国第一汽车集团公司	290.84
4	重庆长安汽车股份有限公司	220.33
5	北京汽车集团有限公司	211.11
6	广州汽车集团股份有限公司	100.42
7	华晨汽车集团控股有限公司	77.74
8	长城汽车股份有限公司	75.42
9	浙江吉利汽车股份有限公司	54.94
10	安徽江淮汽车股份有限公司	51.43
11	比亚迪股份有限公司	51.23
12	奇瑞汽车股份有限公司	50.00
13	中国重型汽车集团公司	16.52
	合计	2060.8

资料来源：中国汽车工业协会．中国汽车工业发展年度报告：2014 ［M］北京：中国统计出版社，2014。

从表 2-3 可以看出，2013 年上汽、东风、一汽位列汽车销量的前三名，其中上汽以 507.33 万辆的销量居第一位，远高于东风的 353.49 万辆和一汽的 290.84 万辆；长安和北汽的销量非常接近，分别为 220.33 万辆和 211.11 万辆；广汽的销量达到 100.42 万辆，居第六位。然而在前六位汽车企业销量中，绝大多数为合资企业的品牌，自主品牌所占的份额很少。长城、吉利、江淮、奇瑞、比亚迪是我国自主车企的主要代表，除长城的销量为 75.42 万辆之外，其余四家车企的销量均在 50 万—55 万辆，规模较小。2013 年 13 家汽车企业的销量合计为 2060.8 万辆，占全国总销量的 91.42%，其中前六大汽车企业集团的销量占全国总销量的 76.54%，这表明我国汽车企业的集中度比较高。

第二节 京津冀汽车产业发展状况

一、北京汽车产业发展状况

（一）北京汽车产业的规模

以北汽集团为代表的北京汽车工业是中国汽车工业的重要发祥地之一。2002年以来，随着北京现代汽车公司的成立，北京汽车产业进入了一个新的发展时期。图2-4显示了2001—2013年北京汽车工业的产量变化趋势。

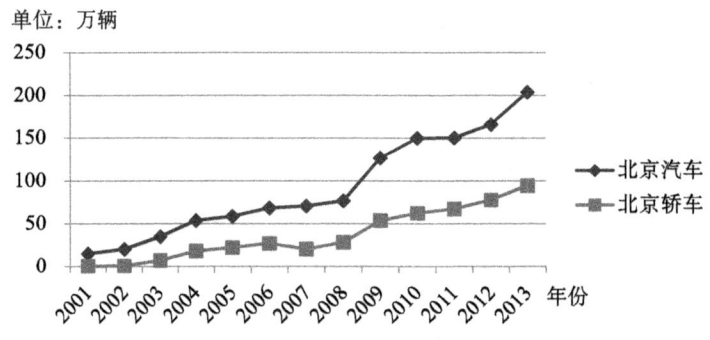

图2-4 2001—2013年北京汽车工业的产量变化趋势

资料来源：《中国统计年鉴》。

2001—2013年，北京汽车工业保持了快速发展的态势。2001年，北京汽车工业的产量为15.27万辆，至2008年增长至76.61万辆；2008年以后，在国家的鼓励政策支持下，北京汽车工业的产量呈现出更高的增长速度。至2013年北京汽车工业的产量已经增长至203.8万辆，是2001年产量的13.3倍。

自2002北京现代公司成立以来，北京轿车产量开始迅速增长，轿车产量占北京汽车总产量的比例持续增加。从图2-5可以看出，2001—2004年，随着北京现代汽车公司的成立，北京轿车产量占北京汽车总产量的比重由2001年的3%增长至2004年的34%，此后除了2007年之外，轿车产量占汽车总产量的比重持续平稳增长。2008年和2012年，北京奔驰汽车公司和长安汽车北京基地相继投产，北京轿车产量在汽车总产量的占比进一步提升，至 2013 年已经增长至 46%。

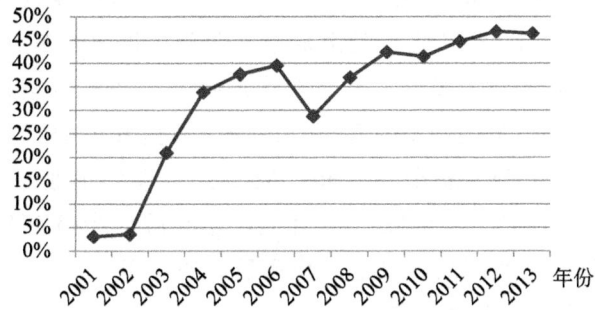

图 2-5　2001—2013 年北京轿车产量占汽车总产量比重的变化趋势图

资料来源：《中国统计年鉴》。

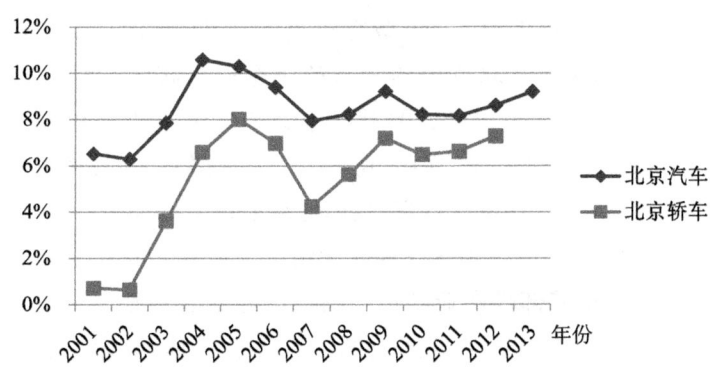

图 2-6　2001—2012 年北京汽车产量占全国总产量比重的变化趋势

资料来源：《中国统计年鉴》。

目前，北京已经发展成为国内主要的汽车产业基地之一。从图 2-6 中可以看出，2001 年至 2004 年，北京汽车产量占全国汽车总产量的比重快速增长，从 2001 年的 6.52% 增长至 2004 年的 10.58%；2004 年之后开始下降，2007 年降至 7.95%；此后除 2009 年之外，2008 年到 2011 年一直保持稳定，2012 年以后比重开始增加，至 2013 年比重增至 9.21%。北京轿车产量占全国轿车总产量的比重也保持了基本相同的变化趋势，2005 年占比为 8.01%，2013 年占比为 7.29%。

（二）北京汽车产业的布局

北京拥有 6 家整车生产企业，分别是北京现代汽车有限公司、北京奔驰有限公司与自主品牌乘用车业务、北京汽车制造厂有限公司、北京福田汽车股份有限公司、福田戴姆勒有限公司、长安汽车北京基地（其中前5家都属于北京汽车集团有限公司），初步形成了"三合资"（北京现代、北京奔驰、福田戴姆勒）"三自主"（北汽股份乘用车业务、福田汽车、长安汽车北京基地）的整车企业格局。其中，北京现代是我国主要的轿车合资企业之一。2013年，北京现代销量达到103万辆，市场份额提升至7%，成为国内第四个突破百万级别的大型合资公司。北汽股份公司乘用车业务拥有"绅宝"、"绅宝D50""E系列"、"威旺"等自主汽车品牌，2013年销量超过20万辆。北京福田汽车是我国品种最全、规模最大的商用车企业。2013年，福田汽车销量66.4万辆，继续排名第一，国内市场占有率达到16.2%。其中，中重型卡车销量12.73万辆，市场占有率达到12%；轻型卡车（含微卡）销量49.6万辆，市场占有率达到20.4%，保持全国第一；大中型客车销量4980辆，市场占有率为2.9%；轻型客车销量2.83万辆，市场占有率达到7.3%。从空间布局来看，北京市的汽车整车企业分布在昌平（福田汽车）、怀柔（福田戴姆勒）、顺义（北京现代、北京汽车）和北京经济技术开发区（北京奔驰）、大兴（北汽新能源）、房山（长安汽车）六大区域。

围绕6家整车生产企业，北京已经在昌平区、怀柔区、平谷区、密云县、顺义区、通州区、北京经济技术开发区、大兴区、房山区等区县和开发区等多地形成了汽车零部件产业基地。其中，在顺义形成了以北京汽车零部件产业基地为核心的汽车零部件产业园，进驻企业达90余家，其中产值达到亿元以上的企业有28家；在南部新区（由北京经济技术开发区和大兴区整合而成）聚集了德尔福、康明斯、江森、李尔、耐世特等一批世界知名零部件生产企业。

北京现有专用车和改装车企业43家，分布在大兴、怀柔、昌平、通州、丰台等区县，其中大兴区建设了"北京专用车基地"。

（三）北京新能源汽车

2009年，北京市建立了以市领导为召集人、13个相关委办局为成员单位的北京市新能源汽车联席会议制度，先后出台了《北京市关于加强自主创新推进新能源汽车产业发展的指导意见》等政策文件。近年来，通过政府支持与市场竞争相结合的方式，北京新能源汽车产业链的各环节——整车、电池及管理系统、电机及控制系统和零部件等不断健全和完善。

目前，北京市已经形成了"一园两基地"的新能源汽车产业布局，包括昌平新能源汽车设计制造产业基地、房山高端现代制造业产业基地和北京新能源汽车科技产业园；形成了较为完整的新能源汽车产业链，拥有新能源汽车相关企业 90 多家。在整车生产领域，北京拥有两大新能源汽车生产商，分别是北汽集团（包括北汽新能源汽车公司和北汽福田）、长安汽车北京基地；在关键零部件领域，北京拥有北汽大洋电机科技有限公司、北京普莱德新能源电池科技有限公司、中信国安盟固利新能源科技公司等新能源电池和零部件生产商。北汽福田是我国最大的新能源商用车生产企业，产品涵盖了混合动力客车、纯电动客车、LNG 客车、环卫车、出租车、LNG 中重卡等多个品种，2013 年销售新能源及清洁能源商用汽车 6896 辆。北汽新能源汽车公司的产品覆盖了新能源汽车的整车与核心零部件，目前已推出 E150EV、绅宝 EV 及威旺 306EV 三款纯电动汽车。该公司已经掌握了电池、电机、电控三大核心技术，成为国内纯电动汽车技术领先、产业链最完整的新能源车企，2014 年销量 5510 辆。长安汽车北京基地最近也推出了 E30 电动车。

二、天津汽车产业发展状况

截至 2009 年底，天津拥有各类汽车生产企业 20 家，其中乘用车企业 3 家、大客车企业 2 家、轻型车及微型客车企业 1 家、专用汽车和挂车生产企业 15 家，各类汽车零部件企业 900 余家。天津的汽车产品主要有四种：天津一汽丰田、天津一汽及长城汽车天津生产基地生产的乘用车（轿车和 SUV），天津伊利萨尔、中天高科特种车辆有限公司、天津星马汽车有限公司生产的商用车，天津市天挂车辆有限公司和天津劳尔工业有限公司生产的挂车，天津清源电动车辆有限责任公司生产的新能源汽车。其中，乘用车在天津汽车产业中居主要地位。

（一）天津汽车产业的规模

天津是我国重要的汽车生产基地，进入 21 世纪以来，随着一汽丰田公司和长城汽车公司天津生产基地的成立，天津汽车产业显示出快速发展的势头。从图 2-7 中可以看出，天津汽车产品以轿车为主。2001—2011 年，天津的汽车产量呈现直线增长的趋势，从 2001 年的 5.89 万辆增长至 2011 年的 75.69 万辆，增长了 11.8 倍；2012 年至 2013 年，天津的汽车产量呈现下降的趋势，至 2013 年汽车产量为 55.68 万辆。

从图 2-8 可以看出，天津汽车产量占全国总产量比重的变化呈现"倒 U"型的态势，从 2001 年的 2.52% 上升到 2005 年的 5.75%，2005 年至 2008 年期间基本保持稳定，2008 年之后开始快速下降，2013 年降至 2.52%，这

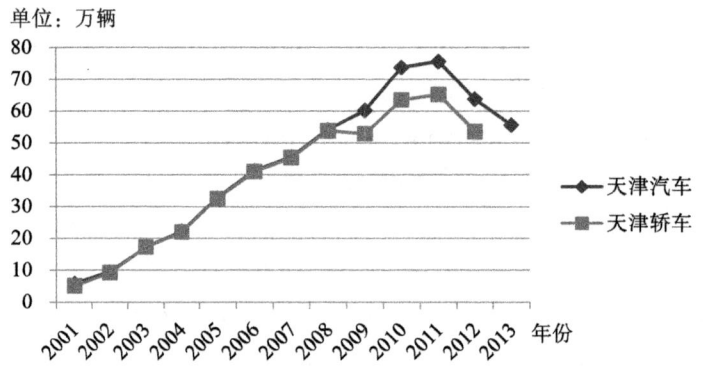

图 2-7　2001—2013 年天津汽车产量的变化趋势

资料来源：《中国统计年鉴》。

与 2009 年之后中国的汽车产量呈现快速增长的态势形成了鲜明的对比，这表明天津的汽车产量增速落后于同一时期全国汽车产量增速。

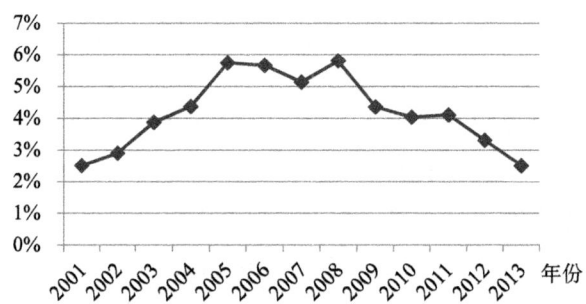

图 2-8　2001—2013 年天津汽车产量占全国总产量比重的变化趋势

资料来源：《中国统计年鉴》。

（二）天津汽车产业的布局

经过多年的发展，天津市已经形成了以天津一汽丰田汽车有限公司、天津一汽夏利汽车股份有限公司及长城汽车股份有限公司天津哈弗分公司等整车企业为核心，集整车、各类改装车、新能源汽车和汽车零部件为一体的汽车产业。2013 年，比亚迪公司和华泰汽车集团公司在天津分别投资建立了比亚迪天津汽车有限公司和华泰汽车集团（天津）有限公司，2014 年中国第一汽车股份有限公司与德国大众汽车股份有限公司发表声明，将在天津建立"一汽大众"生产基地。

围绕天津一汽夏利、天津一汽丰田、长城汽车等整车企业，天津经济技术开发区、武清区和西青区形成了汽车产业聚集区。天津经济技术开发区是天津市汽车产业发展的重要载体，拥有天津一汽丰田泰达工厂、长城汽车天津生产基地等整车企业，逐步构建起从整车制造到零部件配套、研发设计、汽车服务的全产业链条。目前，天津经济技术开发区已经拥有整车企业4家（一汽丰田、长城汽车、天津星马、清源电动车），各类零部件配套企业200余家，其中，一级配套商数量过半，产业附加值高的配套项目达到三分之一。2013年天津经济技术开发区生产整车71万辆，占天津市整车产量的84.2%。西青区是天津市经济型轿车生产基地，有天津一汽夏利、天津一汽丰田西青工厂、天津一汽华利汽车有限公司、天津天汽集团美亚汽车制造有限公司四家整车生产企业。位于天津武清区的天津武清汽车零部件产业园以汽车及零部件制造为主导产业，目前拥有天津比亚迪汽车有限公司一家整车企业，以及法拉达汽车散热器、亚新科汽车零部件等汽车零部件企业。

（三）天津新能源汽车产业

天津是全国的电动汽车研发基地之一，拥有天津清源电动车辆有限责任公司、天津力神电池股份有限公司、天津市松正电动汽车技术股份有限公司、中国汽车技术研究中心、中电集团18所、天津大学等众多生产和研发单位，具备电动汽车整车和关键零部件研发与生产的较为完备的产业基础。天津清源电动车辆有限责任公司主要生产纯电动厢式货运车、纯电动垃圾车和纯电动邮政车。天津力神电池股份有限公司是国内投资规模最大、技术水平最高的锂离子电池生产企业，拥有国家级动力电池工程技术研究中心。天津市松正电动汽车技术股份有限公司是一家新能源汽车动力系统解决方案及核心部件供应商，是国内新能源汽车零部件企业首家获得国家级企业技术中心认定的单位。

三、河北汽车产业发展状况

目前，河北省共有汽车及零部件生产企业1500多家，其中规模以上生产企业有401家。

河北省拥有8家整车制造企业，包括长城汽车股份有限公司、河北长安客车有限公司、保定长安客车制造有限公司、河北中兴汽车制造有限公司、红星汽车制造有限公司、中航长征汽车制造有限公司、上汽唐山客车有限公司、北京汽车制造厂有限公司黄骅生产基地，产品类型包括轿车、皮卡、SUV、各种类型载货车、客车等，其中以皮卡、SUV、微型车为代表的整车产品年产量及市场占有率均位居全国前列。长城汽车是国内规模最大的皮卡及 SUV 生产企业；河北长安汽车有限公司作为长安汽车公司唯一的客车板块，是长安集团小型商用车和出口车的生产基地，其微型货车市场占有率居全国第一；保定长安客车制造有限公司是长安汽车在河北重要的商用车生产基地，2014 年 1—11 月客车销量 1.73 万辆，排全国第 9 名。

河北省拥有 68 家改装车企业，包括客车改装、特种汽车、专用车和各类半挂车企业，其中半挂车、自卸车、水泥搅拌车等产品在国内市场占有率较高，有些企业已经在同行业中处于领先地位。新宏昌重工集团自 2004 年以来一直位居改装行业自卸车销量全国第一，石家庄安瑞科气体机械有限公司生产的压缩天然气和液化天然气运输车在同行业具有领先地位，唐山亚特专用汽车有限公司生产的混凝土搅拌运输车和散装水泥运输车产销位居全国前列。

河北省拥有以内燃机、轮毂、变速器、制动器、安全气囊、安全玻璃、蓄电池、汽车辊压件等为代表的全系列、多品种的汽车零部件生产体系。河北凌云工业集团有限公司是目前国内最大的汽车塑料管路系统供应商，公司的产品汽车辊压件和尼龙汽车压力管的市场占有率位居国内前列；中信戴卡轮毂制造股份有限公司的铝车轮产品销量自 2008 年起居世界第一，在美国《汽车新闻》发布的 2013 年度全球汽车零部件配套供应商百强名单中排第 92 名；东方久乐汽车安全气囊有限公司目前是国内唯一掌握汽车安全气囊系统核心技术、拥有完全自主知识产权并实现产业化的本土企业，其产品已为国内近 20 家主机厂进行配套，填补了国内汽车安全气囊系统核心技术的空白。

（一）河北汽车产业的规模

河北曾经是我国的汽车工业强省，全国第一辆旅行车、第一辆挂车均产自河北省。在 20 世纪七八十年代，河北省的长征汽车、长征太托拉、红星牌旅行车、田野皮卡、胜利牌中型客车等汽车产品在国内具有很大的影响力。但是 90 年代之后河北省汽车工业下降幅度较大。进入 21 世纪以来，河北省的汽车工业在全国的地位开始逐渐回升。

从图 2-9 可以看出，河北省的汽车产量在 2001—2008 年持续增长，从 2001 年的 1.29 万辆增长至 2008 年的 32.15 万辆；2008 年之后，河北省的汽车产量以更快的速度增长，2013 年已经增长至 97.4 万辆。但是，在河北省的汽车产量中，轿车份额较小，2012 年的轿车产量仅为 19.19 万辆。从图 2-10 可以看出，同一时期，河北省的汽车产量占全国总产量的比重也在持续增大。2001年河北省汽车产量占全国汽车总产量的比重为0.55%，2005年迅速提升至3.39%；2005年之后河北省的汽车产量占全国的比重开始持续小幅提升，至2013年达4.40%。

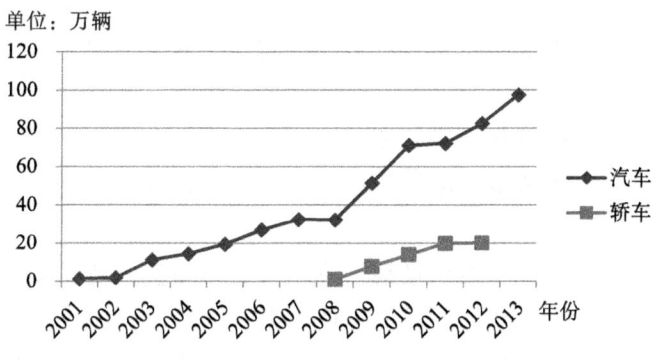

图2-9 2001—2013年河北省汽车产量变化趋势

资料来源：《中国统计年鉴》。

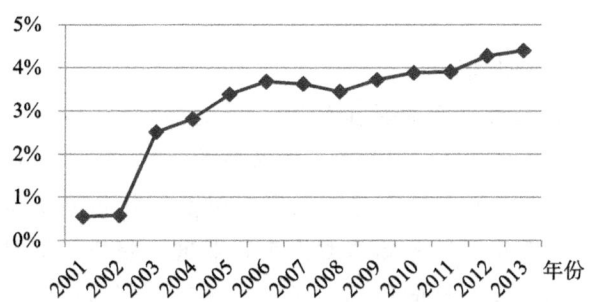

图2-10 2001—2013年河北省的汽车产量占全国汽车产量比重的变化趋势

资料来源：《中国统计年鉴》。

（二）河北省汽车产业的布局

河北省的汽车产业主要集中在保定、邢台、衡水、廊坊、沧州五个地区，其中整车生产企业主要集中在保定和邢台。

保定市拥有长城汽车、河北中兴两家整车生产企业，已经具备了整车、发动机、蓄电池、车轮毂、车架、变速器、底盘、车灯等完整产业链。风帆股份有限公司在国内汽车电池市场占有率达到20%左右，是目前国内实力最强、规模最大、市场占有率最高的汽车电池生产企业。定州市拥有河北长安、保定长客两家整车生产企业，以及62家汽车零部件企业，产品类别包括汽车齿轮、内饰、模具、标准件、弹簧钢板、冲压件、轮毂、座椅、管件、三元催化、消声器等。

廊坊市有汽车零部件厂商主要在经济技术开发区、固安工业园、三河燕郊开发区、香河现代产业园四个产业集群区，以生产制动器为主。2012年，廊坊市有汽车零部件企业300多家，其中规模以上企业76家，全年完成收入190.15亿元。按产品交易情况分，有三分之一的企业主要是为主机厂家配套或直供；近三分之一左右的企业以出口为主，其余主要为国内提供配套。

沧州市渤海新区汽车产业园拥有北京汽车制造厂有限公司黄骅生产基地，主要以整车、改装车、车架车厢、车桥为主，是全国最大的罐式运输车生产基地。

衡水市汽车零部件集中在景县、冀州市、阜城县、故城县、深州市、安平县，主要以胶管、铸造件、机加工件为主。

邢台市拥有中航长征汽车制造有限公司和河北红星汽车制造有限公司两家整车生产企业，汽车零部件生产企业主要集中在清河县、任县、南宫县、隆尧县，主要以操纵钢索、滤清器、铸造件、冲压件、五金件、注塑件、内饰件、车桥为主。

（三）河北新能源汽车

河北省的新能源汽车产业起步较晚，目前拥有10多家整车和零部件生产企业。其中，长城汽车已经研发了长城欧拉、精灵EV、哈弗全混、长城V80 Plug-in混合动力等7款新能源汽车，以及一款新能源概念车型即哈弗E，纯电动C20EV获得了国家新能源汽车企业准入资质。但是目前长城汽车的新能源汽车产品还没有推向市场。保定长安客车制造有限公司已经研制出新能源环卫车。河北洁神新能源科技有限公司拥有自主知识产权的"氧化锂铁磷电池"，公司研发改装了四种纯电动汽车车型，包括纯电动城市客车、纯电动中巴客车、纯电动轿车和出租车，已经通过国家质检中心的车型认证试验。红星汽车制造有限公司与中科动力新能源汽车有限公司合资，将引进中科动力的C3、C5等产品，生产新能源汽车。风帆股份有限公司在国内汽车电池市场的占有率达到20%左右，是目前国内实力最强、规模最大、市场占有率最高的汽车电池生产企业。唐山普林亿威科技有限公司开发的稀土永磁无刷直流电机及智能控制器具有技术领先优势。

目前，河北省实现量产的新能源汽车企业只有上汽唐山客车有限公司一家。位于曹妃甸的上汽唐山客车有限公司是上汽集团在我国北方最大的客车生产基地，于2013年10月投产，目前已经完成10多个混合动力、纯电动等新能源客车产品的研发和1000多辆新能源客车的生产交付。

四、京津冀汽车产业的总体状况

（一）京津冀地区的汽车产业规模

总体来看，京津冀地区是我国重要的汽车产业聚集区之一，2013年京津冀地区汽车产量为356.88万辆，占全国汽车总产量的16.14%。从图2-11中可以看出，京津冀汽车产量占全国的比重在2001—2005年快速上升，从2001年的9.59%上升至2005年的19.43%；2006—2010年比重下降，从2010年起一直维持在16.14%—16.21%的水平上。

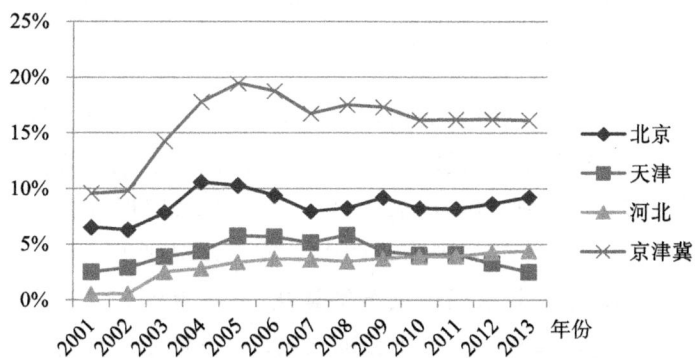

图2-11　2001—2013年京津冀地区汽车产量占全国汽车总产量比重的变化趋势

资料来源：《中国统计年鉴》。

从图2-12可以看出，2001年以来，北京的汽车产量一直高于天津和河北，并且自2008年起北京汽车产量与天津和河北的产量差距越来越大，2013年北京的汽车产量达203.8万辆，超过天津和河北的产量总和153.08万辆，是天津和河北产量总和的1.33倍。2011年以前，天津的汽车产量一直高于河北，但是差距并不大，自2009年起两地的产量差距开始迅速缩小，2012以后，河北的汽车产量开始超过天津。2013年河北汽车产量达97.4万辆，天津的汽车产量为55.68万辆，河北汽车产量是天津的1.75倍。

（二）京津冀三地汽车产业的优劣势

在京津冀三地中，北京汽车产业的研发和生产实力最强。北京拥有完整的汽车产业链，其乘用车与商用车产品都在国内处于领先地位。在北京的6家整车生产企业中，除长安汽车北京基地之外，其余5家都是本地性的整车

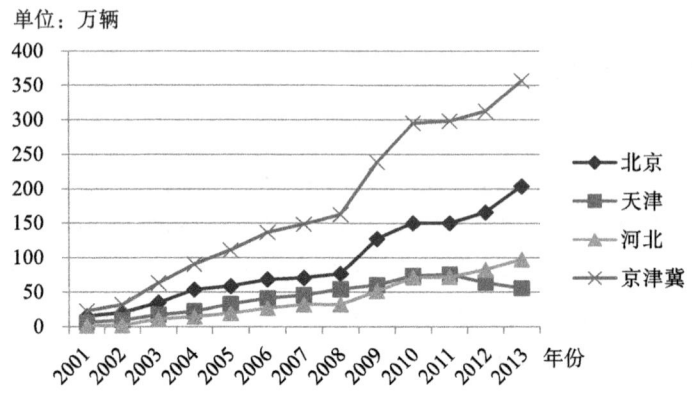

图 2-12　2001—2013 年京津冀地区汽车产量变化趋势

资料来源：《中国统计年鉴》。

企业。北京的汽车产业规模在国内居于前列，2013 年北京的汽车产量达到 203.8 万辆，占全国产量的比重为 9.21%。在乘用车和商用车产品领域，北京都位居国内前列。在乘用车产品领域，2013 年北京现代销量达到 103 万辆，国内市场份额达 7%，是国内第四个突破百万级别的大型合资公司；在商用车领域，2013 年，北京福田汽车销量达 66.4 万辆，居全国第一位，国内市场占有率达到 16.2%。在自主品牌领域，"三自主"企业——北汽股份乘用车业务、福田汽车、长安汽车北京基地 2013 年的自主品牌汽车产量超过 86.4 万辆，占 2013 年北京汽车产量的 42.4%。在新能源汽车领域，北京形成了完整的产业链，新能源商用车和乘用车产品均衡发展。2013 年北京福田的新能源商用车和北汽新能源汽车有限公司的纯电动轿车销量分别达到 6896 辆和 5510 辆，在国内处于领先地位，其中北汽新能源汽车公司已经成为国内纯电动汽车领域技术领先、产业链最完整的新能源乘用车企业。在研发方面，北京的整车企业都具有较强的技术实力。北京汽车集团有限公司下设北京汽车研究总院、北汽集团越野车研究院、北京汽车股份有限公司研究院、北汽福田汽车工程研究总院，北京还拥有众多的重点大学和汽车产业研发机构。位于北京顺义的北京汽车产业研发基地是北汽集团自主创新和自主品牌研发的战略平台。它主要由五大功能中心组成：整车和关键零部件开发中心，新技术和新能源研究中心，自主创新体系协调管理中心，产品战略研究和规划中心，整车及零部件试验验证中心。北京还通过海外并购的方式来提升汽车产业的技术研发水平。2009 年，北京汽车集团有限公司收购了瑞德萨博公司的3个整车平台、2款发动机和2款变速箱,北京京西重工有限公司收购了美国德尔福公司的减振和制动业务。2011年,中国航空汽车工业控股有限公司、北京亦庄国际投资发展有限公司联手收购了美国耐世特汽车系统公司100%的股权。

天津也拥有较为完整的汽车产业链,拥有中国汽车工业技术中心等较为丰富的研发资源,但是天津的汽车产业规模小。自2011年之后,天津的汽车产量开始快速下降,至2013年汽车产量已降至55.68万辆,占全国的比重仅为2.52%。天津缺乏本地性的大型汽车企业,其汽车整车企业以一汽丰田汽车有限公司、天津一汽夏利汽车股份有限公司及长城汽车股份有限公司天津哈弗分公司为主。汽车产品以乘用车为主,商用车产品较少。在新能源汽车领域,天津在锂离子电池生产方面具有国内领先地位,但是目前天津的新能源汽车产品产量比较低,其产品仅限于纯电动商用车,包括纯电动厢式货运车、纯电动垃圾车和纯电动邮政车,目前还没有新能源的乘用车产品。在技术研发方面,天津汽车企业的自主创新能力较弱,优势自主品牌企业数量很少。天津一汽夏利近年来由于产品升级换代不及时,导致市场份额下降,2013年和2014年连续亏损。天津的商用车及专用车企业均为自主品牌企业,但是企业规模较小。内资零部件企业大多围绕整车厂发展,专业化生产水平较低。

河北具有较好的汽车产业发展基础,省内大多数地方都具有发展汽车产业的基础,省内汽车专业技术工人多、配套零部件厂商齐全。但是河北的汽车产业规模较小,2013年河北汽车产量达到97.4万辆,占全国汽车总产量的4.4%。河北的汽车企业规模也比较小,汽车产量主要集中于长城汽车和河北长安、保定长客三家企业。从汽车产品种类来看,河北的汽车产品实现了乘用车和商用车全面发展,微型车、皮卡和SUV产量及市场占有率在国内居于领先地位,但是乘用车产品主要以SUV为主,缺少轿车产品。河北的整车产品主要面向低端市场,售价低。改装车以普通半挂车、厢式车、仓栅车等粗放型产品为主,配套零部件企业也以低价、粗放型产品为主。汽车产业整体集中在中低端市场,利润率低。2011年河北汽车产业的利润总额(包括汽车、改装汽车、车用发动机、汽车摩托车配件)仅为55.8亿元,而北京和天津汽车产业的利润总额分别为246.0亿元和154.3亿元,河北汽车产业的利润仅为北京和天津的22.6%和36.2%。从技术研发方面,河北的汽车企业多为中小型企业,研发投入不足,技术力量薄弱,只有3%的规模以上企业拥有省级以上技术中心，绝大多数企业没有技术中心，不具备自主研发能力。

京津冀三地汽车产业的基本状况如表2-4所示。

表2-4　　　　　　　　京津冀三地汽车产业的基本状况

区域	产业规模	产品类别	技术研发水平与自主创新能力	新能源汽车	产业发展空间	高端人才与研发资源	人工成本
北京	较大，拥有本地性大企业，2013年产量203.8万辆，占全国比重9.21%	乘用车、商用车均衡发展	较强、自主品牌商用车和乘用车产品市场份额高	位居国内前列，拥有完整的产业链，新能源乘用车和商用车实现规模量产	土地资源紧缺，资源环境压力大	多，企业研发中心、高校科研单位多	高
天津	小，缺乏本地性大企业，2013年产量55.68万辆，占全国比重2.52%	主要为乘用车，商用车产品少	弱、产品市场份额低，优势自主品牌少	有一定基础，锂离子电池具有优势，新能源商用车产量小，缺乏新能源乘用车	土地资源较为充裕	较多，企业研发中心、高校科研单位多	较高
河北	较小，本地性大企业少，2013年产量97.4万辆，占全国比重4.40%	乘用车主要为SUV，商用车以皮卡、微型车为主，主要为低端产品	弱，产品主要为自主品牌，其中SUV、皮卡、微型车市场占有率高	刚起步，新能源客车实现规模量产，缺乏新能源乘用车	土地资源充裕	少，企业研发中心、高校科研单位较少	较低
京津冀共性问题	以产业升级为目标，产业规模需要进一步扩大，自主创新能力和自主品牌需要进一步发展，产业链需要进一步完善和提升，新能源汽车与国内先进地区和企业相比有差距						

资料来源：根据相关研究文献整理。

第三节　京津冀汽车产业合作的现状分析

目前，京津冀汽车产业合作的形式主要有两种：一种是产业转移，例如北京的汽车企业转移至河北；另一种是产业对接，例如北京的汽车企业、研发单位在天津或者河北投资建立生产基地或者研发基地。

一、产业转移——北京汽车制造厂有限公司转移至河北沧州的黄骅市

北京汽车制造厂有限公司（以下简称北汽有限）是北京汽车集团有限公司的子公司之一，该公司的产品主要为越野车、卡车和轻型客车。近年来，随着市场需求的快速增加，公司计划建设一个年生产能力达到40万辆的生产基地。由于受制于北京的土地资源，公司决定整体外迁。经过考察，2011年公司决定将新址设在河北省沧州市下属的黄骅市。这是由于黄骅市具有丰富的土地资源，人力成本也比较低，而且具有一定的汽车产业基础，该市专用汽车年生产能力可达到5万辆，而且黄骅市交通比较便捷，还拥有黄骅港，便于产品出口。

北汽有限的转移对于企业自身而言是一次产业升级。在黄骅市的北汽有限的工厂中，30%的生产设备是以机器人为代表的自动化设备，领先于国内企业。

北汽有限的转移也促进了黄骅市的汽车产业升级。黄骅市拥有汽车改装和零部件企业200多家，并涌现出了河北昌骅专用汽车有限公司、河北宏泰专用汽车有限公司等企业。但是，由于缺少大的整车制造企业，在很大程度上制约着黄骅汽车产业的发展。北汽有限转移至黄骅之后，带来了几十家为北汽有限配套的企业，而且会逐渐采购当地的钢材产品。对于黄骅市的汽车改装厂也带来便利。黄骅市的汽车改装车可以利用北汽有限的汽车底盘进行车辆改装，并且可以使用北汽集团的销售平台。

二、产业对接

（一）北京海纳川汽车部件股份公司在天津市武清区建设海纳川北京奔驰零部件项目

2014年7月，北京海纳川汽车部件股份有限公司在天津市武清区举行北汽集团海纳川北京奔驰零部件项目合作签约仪式。

北京海纳川汽车部件股份有限公司是北京汽车集团有限公司的子公司，拥有46家企业，其中全资企业15家，与世界500强、国际知名零部件企业合作的12家，与国内知名零部件企业合资的19。武清区是天津汽车零部件产业园集聚区。该项目在武清规划建设总投资额50亿元，以制动、转向、传动等系统为核心业务的大型汽车零部件生产基地。

（二）中国北方车辆研究所、北京福田汽车有限公司在河北承德建立研究院

2014年5月，中国北方车辆研究所和北京福田汽车有限公司与承德市有关方面签署合资备忘录，将在承德建立河北福田北方车辆研究院暨河北福田发动机工艺研究院。其中，位于北京的中国北方车辆研究所，主要从事特种车辆整车及零部件的研究设计、试验试制及民用汽车、专用汽车的研究开发与测试，利用现代设计方法开发新型车辆，进行总体、新型传动、行走、操纵、电子电气、自动控制等技术的研究开发。

（三）北京智行鸿远汽车有限公司在河北省定州市投资建设新能源汽车产业基地

2014年12月，北京智行鸿远汽车有限公司与定州市有关方面签约，投资20亿元，建设新能源汽车及关键零部件的研发、生产、实验和销售基地。该项目占地2000亩，一期工程年产各种新能源电动商务车及关键零部件2万台（套）。

定州市是河北省主要的整车生产基地之一，拥有河北长安、保定长客两家整车生产企业以及汽车零部件产业，具备较好的汽车产业基础。北京智行鸿远汽车有限公司是专门从事新能源汽车动力系统集成开发设计的高新科技企业，已取得近200项专利和软件著作权。目前，公司已掌握新能源汽车从核心零部件（电控、电池、电机）到整车开发的全部核心技术，研发产品涵盖整车控制器、高压配电盒、电池管理系统及电池包、车联网系统、售后故障诊断仪等核心零部件产品。

（四）北京现代有限公司在河北沧州建设第四工厂

2014年12月30日，北京汽车股份有限公司发布公告称，其合营企业北京现代汽车有限公司已经与河北省沧州市人民政府签署企业入区协定，拟在沧州市投资建设汽车生产项目（第四工厂），并在沧州市设立分公司。北京现代第四工厂项目总投资120亿元，占地3179亩，将通过新建方式一次性建设世界一流的30万辆整车生产项目，将大大提升河北汽车产品的档次和规模水平，促进了河北汽车产业的发展。

（五）天津滨海汽车零部件产业园有限公司在河北省沧州市青县投资建设"冀滨汽车零部件产业园"

2012年，天津滨海汽车零部件产业园有限公司与河北省青县有关方面签订协议，在青县经济技术开发区建设"区中园"项目——冀滨汽车零部件产

业园，截至 2014 年，落户该园的汽车及零部件生产企业已达 17 家，总投资 34.8 亿元。天津滨海汽车零部件产业园有限公司在天津投资建设了天津滨海汽车零部件产业园，而冀滨汽车零部件产业园项目则是将该公司在产业园区建设上的成功经验和管理模式输出到河北省青县，与青县的土地资源、原材料和人力资源结合起来，促进了青县汽车零部件产业的发展。

三、京津冀汽车产业合作的障碍因素

京津冀区域之间的汽车产业合作实际上是输出方的技术、资金、管理与承接方的土地资源、人力资源和产业基础等的有机结合，它伴随着技术、资金和人才等要素的流动，目前，影响京津冀汽车产业合作的障碍因素主要是人才因素，即高端的技术和管理人才能否愿意留在河北，这是由于河北的教育、医疗、生活环境等人文环境建设方面与北京甚至天津有较大的差距，因此，进一步改善河北的人文环境是一个需要重点关注的问题。

第四节　京津冀汽车产业协同发展的策略与政策建议

一、京津冀汽车产业协同发展的总体思路

京津冀地区是我国重要的汽车产业基地，三地都有比较好的汽车产业基础，其汽车产量占全国总产量的比重达 16.14%。京津冀汽车产业协同发展的总体思路是：发挥三地汽车产业的自身优势，以提升三地汽车产业自主创新能力和产业升级为目标导向，以明确三地汽车产业发展定位为基础，通过产业转移、产业对接和兼并重组，实现优势互补，从而促进京津冀地区整车企业和零部件产业的规模和实力的提升，促进自主品牌汽车的发展，使得京津冀汽车产业在全国的地位进一步提升。

随着我国经济的持续增长，汽车产业的需求和规模还将进一步提升，京津冀汽车产业还有更大的发展空间。北京在京津冀地区中汽车产业实力最强，北京应当重点发展汽车整车（乘用车和商用车）、动力总成、核心零部件和新能源汽车，进一步提升汽车产业研发实力，提升自主创新能力和自主品牌的市场占有率。河北应当进一步发展壮大自主品牌整车（SUV、皮卡和商用车）的规模和实力，进一步发展自主品牌轿车，以服务本地和京津整车

企业为重要目标，建设高水平的汽车零部件产业基地，并进一步发展新能源汽车。天津应当扭转汽车产业下滑的趋势，提升整车企业的规模和实力，提升新能源汽车的研发水平，建设高水平的汽车零部件产业基地。

二、促进京津冀汽车产业协同发展的策略与建议

（一）促进北京和天津的汽车企业转移至河北

一方面，由于资源和环境的制约，京津尤其是北京的一部分汽车企业需要进行整体的转移。北京和天津应当制定相关的产业政策，鼓励一部分汽车企业转移至河北，同时河北省也应当制定相关政策以做好产业承接工作。

另一方面，积极推进河北省的汽车企业与北京、天津的汽车企业开展合作，鼓励北京的汽车企业对河北的汽车企业进行兼并重组，建立开放型产业发展模式。

（二）促进北京和天津的汽车企业与河北对接

以市场配置资源为基础，鼓励北京和天津本地的汽车企业在河北省布局建立生产基地，形成京津冀汽车产业链分工协作，促进京津冀汽车产业加速融合。

（三）促进北京和天津的汽车研发资源与河北对接，促进京津冀汽车产业协同创新

北京和天津拥有丰富的汽车产业研发资源，鼓励和支持京天津两地的高等院校、汽车研发机构与河北对接，鼓励河北省的企业和园区为京津的研发成果提供转化的平台和生产基地，形成"京津技术研发—河北成果转化"的模式。

依托北京和天津的研发资源优势，依托京津冀区域内的整车企业，实施协同创新，搭建汽车产业研发平台，推进汽车产业关键零部件研发，同时积极推动新能源汽车的研发。

（四）促进北京和天津的汽车产业园区与河北对接

鼓励北京和天津的汽车产业园区共建新的汽车产业园区。鼓励北京和天津的汽车产业园区输出经验和管理模式，与河北共建汽车产业园区，探索产业园区跨区域共建模式，探索税收和运营收益分享模式。

（五）河北省应当进一步改善产业承接环境

河北省应当进一步改善产业转移和产业对接的硬环境和软环境，进一步完善汽车产业园区的基础设施，提升管理和服务的水平，完善相关产业政

策,吸引企业到河北投资。进一步提升教育、医疗、生活环境等人文环境水平,提高对于高层次技术和管理人才的吸引力。

参考文献

[1] 中国汽车工业协会. 综合数据. [EB/OL]. 中国汽车工业协会网(2015-01-31) http://www.caam.org.cn/newslist/a190-1.html.

[2] 全球汽车产业新版图:"7+2"取代"6+3" [EB/OL]. 腾讯网(2010-04-07) http://auto.qq.com/a/20100407/000077.htm.

[3] 中国汽车工业协会. 中国汽车工业年鉴2013 [M] 北京:中国统计出版社,2014.

[4] 北京现代2013年销量103万辆同比增长19.8% [EB/OL]. 搜狐网,(2014-01-23) http://auto.sohu.com/20140123/n394021306.shtml.

[5] 2013年北汽自主品牌乘用车销量突破20万辆 [EB/OL]. 网易网,http://auto.163.com/14/0103/14/9HM25DCG00084TV0.html.

[6] 福田汽车:2013年年度报告 [EB/OL]. 和讯网,http://download.hexun.com/Txtdata/stock_detail_63853404.shtml.

[7] 闫雪静,丁长青. 顺义汽车年产能突破百万辆 [EB/OL]. 北京日报(2013-02-20)(4).

[8] 怀柔区"十二五"时期汽车产业发展规划 [EB/OL]. 北京市怀柔区人民政府网,(2011-10-22) http://www.bjhr.gov.cn/publish/main/zfxxgk/ghjh/ghjh2/20111022143103684310269/index.html.

[9] 北京市科委推动新能源车发展 驱动绿色北京 [EB/OL]. 中国新闻网(2010-12-24) http://www.chinanews.com/ny/2010/12-24/2745581.shtml.

[10] 北京新能源汽车一园两基地 做好纯电动车 [EB/OL]. 搜狐网(2013-10-28) http://auto.sohu.com/20131028/n389056094.shtml.

[11] 福田汽车获71辆欧辉插电式混合动力客车订单 [EB/OL]. 中国汽车报网(2004-06-20) http://www.cnautonews.com/xnyqc/EN_cp/201406/t20140620_312232.htm.

[12] 北汽新能源2014年销售纯电动车5510辆 同比增长238% [EB/OL]. 环球网(2015-01-07) http://auto.huanqiu.com/roll/2015-01/5354135.html.

［13］天津市国家汽车及零部件出口基地十二五发展规划［EB/OL］.天津市国家汽车及零部件出口基地网（2012-03-06）http：//www.tjauto.net.cn/page/zcfg/NewsDetail.aspx？id=2ad0566b-4b41-4693-b0b1-847856147151.

［14］天津开发区2020年整车产量将达到150万辆［EB/OL］.中华人民共和国商务部网（2014-11-07）http：//tjtb.mofcom.gov.cn/article/y/ab/201411/20141100788358.shtml.

［15］天津市前7月推广新能源汽车超900辆 居全国第7位［EB/OL］.人民网（2014-09-10）http：//www.022net.com/2014/9-10/435039203029207.html.

［16］河北省汽车工业发展"十二五"规划［EB/OL］.河北省工业和信息化厅网（2011-12-19）http：//www.ii.gov.cn/news/cszz/ghc/ZLGH/WSGH/2011/12/1112191529217107.html.

［17］2014年前十家客车生产企业销量排名［EB/OL］.中国汽车工业协会网（2015-01-21）http：//www.caam.org.cn/zhengche/20150121/1005145374.html.

［18］2011—2013全球汽车零部件配套供应商百强排名［EB/OL］.深圳市汽车电子行业协会网，（2014-05-08）http：//www.szaeia.com/NewsShow/c4bf6e32-411a-4765-8fa6-59cabcfce109.htm.

［19］王博摄.确定工业领航思路 汽车业引领"定州制造"［EB/OL］.河北日报（2014-01-23）（06）

［20］廊坊市汽车零部件产业情况简介［EB/OL］.环渤海（廊坊）汽车后市场服务节组委会网，（2014-04-02）http：//www.asf.net.cn/newsinfo.asp？id=5365.

［21］新能源客车有了"曹妃甸制造"完成生产1000多辆［EB/OL］.凤凰网（2014-12-03）http：//hebei.ifeng.com/news/chengshi/detail_2014_12/03/3237211_0.shtml.

［22］2013年北汽自主品牌乘用车销量突破20万辆［EB/OL］.网易网（2014-01-03）http：//auto.163.com/14/0103/14/9HM25DCG00084TV0.html.

［23］北京汽车产业研发基地启用 实现双突破［EB/OL］.中国质量网（2012-11-07）http：//www.chinaacc.com/new/184_900_201211/07so210780128.shtml.

[24] 北汽借萨博平台3年内投330亿建自主品牌 [EB/OL]. 网易网 (2009-12-23) http://money.163.com/09/1223/09/5R76R4NJ002534NV.html.

[25] 京西重工成功收购美国德尔福减振制动部门 [EB/OL]. 新华网 (2009-11-03) http://news.xinhuanet.com/fortune/2009-11/03/content_12377181.htm.

[26] 中航工业收购耐世特 [EB/OL]. 凤凰网, (2011-04-21) http://auto.ifeng.com/news/domesticindustry/20110421/596513.shtml.

[27] 推进京津冀协同发展-河北第一金融 [EB/OL]. 河北第一金融网 (2014-04-01) http://www.hbdyjr.com/portal.php?mod=view&aid=242.

[28] "北汽制造"撑起"沧州创造" [EB/OL]. 新华网 (2013-04-10) http://www.he.xinhuanet.com/zfwq/cangzhou/news/2013-04/10/c_115326017.htm.

[29] 天津市武清区与北京海纳川汽车部件股份公司合作签约 [EB/OL]. 人民网 (2014-07-29) http://www.022net.com/2014/7-29/464763392868699.html.

[30] 承德市与中国北方车辆研究所和福田汽车集团签署合作备忘录 [EB/OL]. 和合承德网 (2014-04-30) http://bbs.hehechengde.cn/article-71481-1.html.

[31] 智行鸿远:河北定州投资20亿元建新能源车产业基地 [EB/OL]. 电动车之家网 (2014-11-03) http://www.zhev.com.cn/news/show-1415003575.html.

[32] 北京现代第四工厂落户沧州 [EB/OL]. 中国汽车质量网 (2015-01-05) http://www.12365auto.com/news/20150105/157118.shtml.

[33] 滨海汽车零部件产业园落户青县经济开发区 [EB/OL]. 沧州网 (2012-05-02) http://www.cangzhou.gov.cn/zwbz/zwdt/xfgdt/jx/158328.shtml.

[34] 青县"搬"来个天津产业园 [EB/OL]. 沧州网 (2014-06-23) http://www.cangzhou.gov.cn/jjbz/qsyz/zsdt/280904.shtml.

(作者:韩新伟,北京工业大学经济与管理学院)

第三章 京津冀光机电（一体化）产业发展研究报告

第一节 光机电产业概述

一、光机电产业的定义

光机电产业指以光机电技术为基础，对光机电的相关资源与技术进行研究、开发和应用的行业。典型的光机电产业应该符合以下两个特征：第一，综合应用了激光、电子信息和机械制造技术，这些技术之间有较大的融合度；第二，主要为其他产业提供基础装备。

光机电技术，主要是指光机电系统（或产品）得以实现、使用和发展的技术。它是以当代光电子技术为先导、以先进制造技术为基础，融合微电子、自动化、计算机、信息处理和控制及其他相关技术而形成的综合性高新技术，是诸多高新技术产业和高新技术装备的基础，主要涉及并渗透到先进制造、自动控制与仪器仪表、电力电子、医用电子、光电子应用等领域。光机电技术是当今信息业与制造业的最佳结合点和发展方向，是现阶段国民经济面临的重要课题和发展的战略重点之一。光机电技术具有如下特征：具有知识密集性、系统性、完整性和科学性；应用多层次，覆盖面广；使装置的结构简化，操作方便；使产品精度、可靠性、稳定性和使用寿命提高，功能增加。

光机电产品主要是指机械执行及结构系统由以光电子和微电子为载体的信息系统所驱动，从而赋予新的功能和性能的新一代产品。光机电产品包括光学技术、机械技术、微电子技术、计算机技术、信息技术、自动控制技术和通讯技术的高科技产品和系统，也包括利用新材料、新工艺等高新技术的机电产品和基础元器件，如先进制造技术、设备及产品；激光技术、设备及产品；物流机械；轻工、化工、包装印刷机械；汽车关键零配件；工业生产过程控制系统；医疗设备；自动化电力设备；高性能、智能化工业自动化仪器仪表、电工仪器仪表；自动测试系统基础仪器、传感器；电子专用设备；先进焊接技术及相关产品等。光机电产品具有高可靠性、高稳定性、高使用寿命、高附加值、高精度、多功能等特点。光机电产品已成为机械电气产品发展的主流，发达国家的机电产品采用计算机与微电子技术的已占产品总数的80％。

二、光机电产业链

从光机电产业链的构成来看一般可分成：研发设计、生产制造、检测测试、使用维护、服务等环节。光机电产品设计是第一个环节，位于产业链的上游，是以人为主的智力密集型产业；而光机电产品的制造加工居产业链的中游，属资金、技术密集型产业，其特点是高风险、高投入、高利润；而光机电产品的检测测试、维护使用及服务等则处于产业链的下游。我国的光机电产业大多主要集中在产业链的中下游，而光机电产品设计业存在较大不足，尤其是具有自主知识产权的创新式产品研发设计能力与国外相比存在较大的差距。

光机电产业链的特点主要有：（1）多学科技术的交叉、渗透和融合。目前涉及的领域主要有光电子与激光应用技术、先进制造技术、自动控制与仪器仪表技术、电力电子技术、医用电子技术、先进印刷技术、通信技术、计算机技术和微电子技术等。（2）产品门类广泛。由于产品所包含的技术的交叉性，决定了光机电产业是一个光学、机械、电子相结合相交叉的复合性产业。（3）细分产业差异大。由于光机电产业涉及多个方面的以高新技术为特征的产业，而每个产业又都有其各自的产业特点，在技术、产品、市场及产业政策等方面都有着不同，甚至存在较大的差异。因此，对光机电产业链构成的分析不能一概而论，而还应对所涉及的具体行业进行相应的产业链构成分析。

三、光机电产业发展阶段及发展趋势

从国际上看，光机电产业是作为机电产业的一个分支产业逐步发展起来的，其发展历程大体可以分为三个阶段。20世纪60年代以前为初级阶段，在这一时期人们自觉不自觉地利用电子技术的初步成果来完善机械产品的性能；20世纪70—80年代为蓬勃发展阶段，这一时期计算机技术、控制技术、通信技术的发展为机电发展奠定了技术基础，大规模、超大规模集成电路和微型计算机的迅猛发展为机电发展提供充分的物质基础；20世纪90年代后期，开始了机电技术向智能化方向迈进的新阶段，随着光学、通信技术、微细加工技术等进入了机电产业，出现了光机电产业。

我国从20世纪80年代初才开始在这方面的研究和应用。国务院成立了机电一体化领导小组并将该技术列入"863计划"中，将光电子器件及其集成技术列为信息领域的三大主题之一。在制定"九五"规划和2010年发展纲要时充分考虑了国际上关于光机电一体化技术的发展动向和由此带来的影响，光机电技术也被列为国家"十五"高新技术重点扶持项目。目前国家已经加大了对它的研究和发展力度，将其确定为国家高新技术重点领域，给予优先支持，并取得了可喜的成绩。许多大专院校、研究机构及一些大中型企业对这一技术的发展及应用做了大量的工作，但与日本等先进国家相比仍有相当差距。

光机电技术是一门跨学科的综合性高技术，它的发展极其迅猛。当前，从军事领域到民用领域，从简单的消费品生产到复杂的社会生产和管理系统，几乎达到无所不在的地步。分析光机电一体化技术的发展趋势，联系目前国际国内高新技术的发展动向，未来光机电技术发展方向有数字化、智能化、模块化、网络化、拟人化、微型化、集成化、带源化和绿色化等特点。我国未来光机电技术发展的主要领域如下：工业生产过程控制系统；高性能、智能化仪器仪表；先进制造技术；医疗电子设备；电力电子基础技术及配电自动化；纺织系统在线检测、智能控制、工序连续化技术；微机电系统；光学与光电技术；家用电器智能化及信息家电技术。

四、光机电产业的划分

目前,国家对光机电产业没有统一的分类,但各个地区都有相应的光机电产业领域界定与重点方向。根据北京市发展计划委员会和北京市科学技术委员会在2002年12月公布的《北京市当前优先发展的高技术产业化重点领域指南2003—2004年度》对光机电一体化的界定,光机电产业目前有以下几类:先进制造设备(工业机器人、数控机床、激光加工设备、激光三维快速成型设备),仪器仪表装备(激光测振仪、激光测速仪、GPS接收机、扫描隧道显微镜),先进印刷设备(高速激光打印机、胶印机),医疗装备(X射线诊断仪、心血管造影系统、红外治疗设备、医用电子直线加速器),数码影视产品(数码相机、数码摄像机、数码投影机),还包括以发电设备、冶金设备、石化设备、汽车生产制造制备为代表的重型装备,也包括微电子、微机电、微光电等高新技术产品制造装备。

在本章中我们依据GB/T4754—2011,把光机电产业分为以下五个领域:数控机床(3421、3422、3425)、印刷机械(3542、3474)、仪器仪表(4011、4012、4014、4021、4022、4023、4025、4027、4041)、医疗设备(3581)和其他(3561、3743、381、382、3831、3832、3969、3473)。主要数据统计范围均为规模以上工业企业。

第二节　国内外光机电产业发展概况

一、国外光机电产业发展概况

以传统机电工业为代表的制造业在世界范围内经历了两大变革:一是机电工业生产率的提高,从传统的依靠机械化为主的方式,向以计算机化为核心的柔性、集成自动化生产为主的方式转变;二是机电工业的制成品,从过去机械与电子彼此独立,向彼此高度融合、渗入多种高新技术的机电产品发展。

1989年在日本东京召开的第一届国际先进光机电一体化学术会议是机电一体化向纵深发展的标志,各国政府也开始推动和发展光机电一体化技术。目前,在光机电一体化产品开发和应用方面,日本和美国处于世界领先地位。美国商务部曾发表过一份关于日本光机电一体化的研究报告,对日美两国在这一技术领域的基础研究、超前开发与形成产品进行了比较,得出除了机器视觉与软件外,日本的基础研究与美国相当的结论。

目前,国外光机电产品的迅猛发展主要表现在以下4个方面:(1)机电产品几乎遍及所有制造业领域。数控机床是典型的机电产品,在工业发达国家已经占机床总数的30%—40%;工业机器人的数量在未来10年将以25%—30%的速度增长。智能机器人将逐步进入生产、流通、信息、办公、管理、娱乐、家庭等许多领域。(2)从光机电一体化单机向整个制造业的集成化过渡。将制造系统、分析与设计系统、经营管理系统、信息系统通过计算机及通信网络联系起来,形成计算机集成制造系统,是当今世界范围内制造业发展的总趋势。(3)激光技术进入机电一体化领域。激光技术与机械、电子技术相结合,即人们常说的光机电一体化,不仅大大扩张了机电一体化的应用领域,甚至使一些行业出现重大变革。(4)微细加工技术与设备突飞猛进。微电子技术及其产品的高度发展,带动了大量高新技术的兴起,微细加工技术和装备不仅支持了电子产业的发展,而且对微机械的诞生和发展也起了决定性作用。

二、国内光机电产业发展概况

我国光机电产业虽然起步比较晚,但起点较高,且其发展一直都受到了政府的重视,光机电技术被列入国家高新技术重点扶持项目。近年来,在国家政策的支持和推动下,国内企业不断应用高新技术和先进适用技术来提升光机电产业的技术水平和市场竞争力,优化了产业结构、完善了产业体系。经过20多年的发展,我国目前已在北京、上海、武汉、长春、深圳、合肥等地形成了光机电产业基地,其产值也在不断增长。

尽管我国光机电产业的发展十分迅速,但与国外相比,我国光机电产品在可靠性、数字化、智能化、集成化、精密度等方面均存在一定差距。总的来说,我国光机电产业仍处于发展期,长期以来一直困扰和制约产业做大做强的主要问题尚未得到根本解决:一是我国的光机电企业规模太小,不能适应光机电产业"规模化、产业化"的产业特征;二是研发投入不足,缺少核心专利技术;三是相关的产业配套设施尚不完善,尚未形成统一的行业协会对全行业进行监管,行业竞争良性循环尚待加强。

(一)数控机床行业发展现状

在市场需求的拉动下,国内机床消费持续增长,2013年我国机床消费达到 380 亿美元，我国数控机床行业需求的年均复合增长率达到 37.4%，已成为机床消费的主流。随着消费的不断增加，企业也在不断增加产量。2012 年我国数控机床产量为 20.57 万台，2013 年我国的数控金属切削机床的产量为 20.93 万台。2014 年 1—6 月数控金属切削机床累计生产 12.82 万台，同比增长 17.66%。

从进出口看，2012 年我国数控机床进口额为 45.60 亿美元，同比减少 11.6%；进口量为 1.56 万台，同比减少 29.8%；进口平均价格为 29.29 万美元/台，同比增长 26.0%。2013 年 1—3 月，我国数控机床进口额为 9.38 亿美元，同比减少 20.6%；进口量为 2694.00 台，同比减少 23.1%；进口平均价格为 34.80 万美元/台，同比增长 3.3%。

虽然我国的数控机床行业在不断发展，但是目前该行业的多数企业都是依靠降低产品售价来获得市场，高档数控机床产值仅约占金属加工机床行业产值的 10%—15%，多数高档数控机床产品仍需大量从国外进口，如我国的数控系统 80% 以上是进口的。我国机床行业企业仍存在着许多问题：中高档数控机床产业化程度不高、市场竞争力不强；高档机床生产和制造能力偏弱，数控系统和功能部件研发速度较慢；产业结构仍然有待优化等。

（二）印刷机械行业发展现状

"十一五"期间，我国印刷机械行业产品结构进一步改善。印刷机械基本实现了高、中、低端品种齐全，中低端设备不仅可以满足国内需要，还有部分出口到国际市场。企业新产品开发速度加快，新产品产值率超过 50%。部分印刷技术装备研发取得重大突破，代表当代先进技术发展方向的计算机直接制版机、喷墨数字印刷机、卫星式柔性版印刷机等高新设备研发取得突破性进展，涌现出一批具有较强自主创新能力的民族企业。随着印刷机械制造企业加工技术手段和检测技术的升级，计算机管理在企业新产品开发过程中的应用大大缩短了新产品开发周期，产品标准逐渐与国际接轨。

伴随着国家关税政策的调整和变化，我国印刷机械行业对外贸易有了长足的发展，截至 2012 年 11 月，印刷设备、器材（不含制版软片）累计进口额 25.3797 亿美元。其中，印刷设备进口额 21.6975 亿美元，印刷器材进口额 3.6822 亿美元。2013 年印刷设备、器材进出口总值为 52.2922 亿美元，较 2012 年增长 0.82%。其中进口额 29.1262 亿美元，较 2012 年下滑 4.14%；出口额 23.1660 亿美元，增长 7.82%。

目前我国针对印刷机械行业提供了各种有利政策,数字印刷与印刷数字化、绿色印刷等新兴技术的不断涌现和新兴生产方式的转变,也为印机制造行业开拓了新的发展领域,提供了新的发展机遇。

(三)医疗器械行业发展现状

医疗器械行业是一个多学科交叉、知识密集、资金密集型的高技术产业,进入门槛较高。目前中国医疗机构的整体医疗装备水平还很低,在全国基层医疗卫生机构的医疗器械和设备中,有15%左右是20世纪70年代前后的产品,有60%是20世纪80年代中期以前的产品,它们更新换代增加了医疗设备的需求,促进了中国医疗器械市场的快速增长。

我国医疗器械工业总产值自20世纪90年代以来一直保持快速增长,平均增幅一直保持在12%—15%的水平。根据工信部统计,2012年全国规模以上企业医疗器械产值为1398.6亿元。

根据国家食品药品监管总局统计,截至2012年底,生产企业达1.53万家(一类4370家,二类8414家,三类2564家)。其中,国家重点监管企业829家,省重点监管企业1175家。截至2013年底,我国医疗器械生产企业有近1.6万家,营业收入超过10亿元的企业有20家,经营第二、三类医疗器械企业有17万余家。

中国海关数据显示,2013年我国医疗器械贸易总额达343.1亿美元,同比增长14.13%。其中,出口额为193.35亿美元,同比增长9.92%,比上年下降2个百分点;进口额为149.75亿美元,同比增长20.07%,比上年增长5.5个百分点;贸易顺差43.6亿美元,同比下降14.8%。2014年1—6月,我国医疗器械进出口总额达到167.9亿美元。

我国医疗器械产业发展呈现以下几个特点:贸易为顺差,但进口增速明显强于出口;产业规模小,仅占世界市场份额的7%;技术和产品创新能力不足,生产企业占90%以上,研发公司少,原创技术与原创产品较少,虽然专利数量增加较快,但核心专利数量较少,产品研发水平相对较低,中低端产品多,关键零部件依赖进口,高端产品仍以仿制、改进为主,原创产品几乎没有。

(四)仪器仪表行业发展现状

我国仪器仪表行业是一个高速、平稳发展的行业。由于国家的重视和支持,近年来该行业获得了可喜的成绩,发展迅速。

中国机械工业联合会、中国仪器仪表行业协会和国家统计局数据显示,

2012年仪器仪表行业实现工业总产值7112亿元,同比增长20.16%;实现工业销售额6955亿元,同比增长20.21%;实现利润600亿元,同比增长14%;2012年行业进口额389亿元,同比增长7.5%;出口额219.5亿元,同比增长16.1%;进出口额逆差依然巨大,约170亿元。

2013年全国规模以上仪器仪表制造业主营业务收入7681.9亿元,同比增长14.6%;利润总额647.2亿元,同比增长16.7%;主营业务利润595.9亿元,同比增长8.6%。2014年1—6月全国仪器仪表行业完成出口交货值531.24亿元,同比增长2.90%。

三、国内主要光机电产业园

(一)郑州光机电产业园

郑州光机电产业园成立于2000年8月,是河南省唯一的经省科技厅认定批准的"河南省火炬计划光机电产业基地",是郑州高新区为加快光机电领域科技成果转化、对光机电产业进行专业培植而设立的科技产业服务机构,是光机电领域科技成果实现产业化的平台。郑州光机电产业园以光通信接入设备、汽车零部件及先进制造技术、仪器仪表等产业为发展方向,依托郑州市众多大专院校、科研院所在光机电行业的研发力量和人才优势,发挥光机电产业特有的技术带动性、融合性和广泛的适用性,聚集和孵化一大批光机电大、中、小型科技企业,带动相关上下游产业,形成河南省光机电产业密集区。

郑州光机电产业园规划面积为2平方公里。现有园区占地138亩,总建筑面积7.36万平方米。光机电产业是高新区支柱产业之一,现有各类高技术产品100多种,承担20余项国家、省火炬计划项目,目前已有河南思达高科股份有限公司、郑州正星机械有限公司、郑州中原显示技术有限公司等光机电企业160余家,初步形成光机电产业密集区。

(二)中关村科技园区通州园·光机电产业基地

中关村科技园区通州园·光机电产业基地于2001年7月经北京市人民政府批准设立,被市委、市政府确定为振兴北京现代制造业、扩充首都经济总量重点支持和发展的"四大产业"基地之一。2006年1月,经国务院批准,基地正式纳入中关村科技园区,同时享受国家级经济技术开发区和国家级高新技术开发区优惠政策待遇。基地规划面积7.5平方公里,其中规划工业用地4.4平方公里。在产业规划上大力发展代表国际一流、国内领先水平的光机电产业，重点发展微电子、光电子、先进装备制造业、智能仪器仪表、激光技术、数控机床、印刷机械、医疗设备、半导体材料等主导产业。

经过4年多的开发建设，目前该园区一期2.5平方公里已经建成。基地共引进国内外知名高新技术企业59家，协议投资总额176亿元，初步形成了以中科镓英半导体有限公司为代表的光电子产业集群；以北京中科信电子装备有限公司为代表的电子信息产业集群；以北京摩比斯变速器有限公司为代表的汽车零部件制造业产业集群；以北京星海钢琴集团有限公司为代表的传统制造业产业集群；以北京嘉事堂医药科技有限公司为代表的医药、医疗器械产业集群。

（三）武汉"光谷"

武汉是我国光通信技术和产业的发源地，也是激光技术产业化较成功的地区之一。武汉光电子产业集群在发展过程中，集群形态经历了基本要素集聚阶段（20世纪70年代至90年代初）、产业价值链形成和培育阶段（1991—2000年），从2001年至今处于区域创新网络建设阶段。2001年，国家科技部、国家发改委根据武汉在光电子人才、技术和产业方面的有利条件，决定建设武汉国家光电子信息产业基地——武汉"光谷"。

武汉"光谷"围绕光电子产业链的完善，实施了一批重点产业项目，促进产业集群朝着规模化、专业化、国际化的方向发展。此外，武汉"光谷"还发挥种类齐全的优势，在发展光电子这一主导产业的同时，还大力发展环保、机电、生物医药、高科技农业等高新技术产业，形成了光电子、能源环保、生物工程与新医药等产业竞相发展的格局。

2007年，武汉"光谷"建成了国内最大的光纤光缆、光电器件生产基地，最大的光通信技术研发基地，最大的激光产业基地。光纤光缆的生产规模居全球第二，国内市场占有率达50%，国际市场占有率达12%；光电器件、激光产品的国内市场占有率达40%，在全球产业分工中占有一席之地。2010年武汉"光谷"经济发展势头强劲，全年完成企业总收入2918亿元，其中光电子信息产业实现总收入1144.88亿元，成为"光谷"首个总收入突破千亿元的产业，也已成为武汉市支柱产业。

第三节 京津冀光机电产业发展的总体概况

2012—2014年6月期间，北京、天津、河北光机电产业发展十分迅猛，主要集中于数控机床、仪器仪表、医疗设备、印刷机械、光电子、自动化控制等领域。目前，由高等院校、科研院所和重点企业形成的技术研究、开发和生产一体化结构促进了光机电产业的发展。

从表3-1可以看出，2013年与2012年相比，北京光机电产业的企业数、工业总产值、出口交货值、总资产、主营业务收入、利税总额分别同比增长了19.87%、24.87%、78.86%、20.31%、23.85%、19.92%。截至2014年6月，北京光机电企业为528家，1—6月实现工业总产值522.55亿元，出口交货值45.03亿元，总资产1987.20亿元，主营业务收入516.91亿元，利税总额66.35亿元。说明自2012年以来，北京光机电产业持续稳定增长。

表3-1　　2012—2014年6月北京光机电产业各指标统计值

年份 指标	2012年	2013年	2014年1—6月
企业数（家）	453	543	528
工业总产值（亿元）	1021.15	1275.06	522.55
出口交货值（亿元）	51.66	92.40	45.03
总资产（亿元）	1517.21	1825.32	1987.20
主营业务收入（亿元）	926.15	1147.02	516.91
利税总额（亿元）	123.46	148.05	66.35
全部从业人员平均人数（人）	86855		

数据来源：根据国研网数据整理。

从表3-2可以看出，2013年与2012年相比，天津光机电产业的企业数、工业总产值、出口交货值、总资产、主营业务收入、利税总额分别同比增长了16.80%、31.82%、71.90%、13.67%、30.46%、21.93%。截至2014年6月，天津光机电企业为407家，1—6月实现工业总产值413.84亿元，出口交货值55.47亿元，总资产802.32亿元，主营业务收入404.76亿元,利税总额 33.54 亿元。说明自 2012 年以来,天津光机电产业持续稳定增长。

表 3-2　　2012—2014 年 6 月天津光机电产业各指标统计值

指标＼年份	2012	2013	2014 年 1—6 月
企业数（家）	381	445	407
工业总产值（亿元）	638.19	841.29125	413.84
出口交货值（亿元）	66.90	115.00	55.47
总资产（亿元）	683.35	776.76	802.32
主营业务收入（亿元）	628.19	819.55	404.76
利税总额（亿元）	70.46	85.91	33.54
全部从业人员平均人数（人）	60637		

数据来源：根据国研网数据整理。

从表 3-3 可以看出,2013 年与 2012 年相比,河北光机电产业的企业数、工业总产值、出口交货值、总资产、主营业务收入、利税总额分别同比增长了 18.11%、32.47%、60.56%、40.64%、32.64%、-17.07%。截至 2014 年 6 月,河北光机电企业为 798 家,1—6 月实现工业总产值 773.85 亿元,出口交货值 52.25 亿元,总资产 1590.42 亿元,主营业务收入 760.00 亿元,利税总额 50.87 亿元。说明自 2012 年以来,河北省光机电产业有所发展,但是收益有所下降。

表 3-3　　2012—2014 年 6 月河北光机电产业各指标统计值

指标＼年份	2012	2013	2014 年 1—6 月
企业数（家）	624	737	798
工业总产值（亿元）	1212.68	1606.45	773.85
出口交货值（亿元）	42.34	67.98	52.25
总资产（亿元）	1081.44	1520.95	1590.42
主营业务收入（亿元）	1188.68	1576.66	760.00
利税总额（亿元）	82.38	68.32	50.87
全部从业人员平均人数（人）	116751		

数据来源：根据国研网数据整理。

从表3-4可以看出，2013年与2012年相比，京津冀光机电产业的企业数、工业总产值、出口交货值、总资产、主营业务收入、利税总额分别同比增长了18.31%、29.62%、71.15%、25.63%、29.17%、9.40%。截至2014年6月，京津冀光机电企业为1733家，1—6月实现工业总产值1710.24亿元，出口交货值152.75亿元，总资产4379.94亿元，主营业务收入1681.67亿元，利税总额150.76亿元。说明自2012年以来，京津冀光机电产业持续稳定增长。

表3-4　　　　2012—2014年6月京津冀光机电产业各指标统计值

年份 指标	2012	2013	2014年1—6月
企业数（个）	1458	1725	1733
工业总产值（亿元）	2872.02	3722.80	1710.24
出口交货值（亿元）	160.8995	275.38	152.75
总资产（亿元）	3282	4123.03	4379.94
主营业务收入（亿元）	2743.02	3543.23	1681.67
利税总额（亿元）	276.3	302.28	150.76
全部从业人员平均人数（人）	264243		

数据来源：根据国研网数据整理。

下面根据国研网提供数据，分别从产出规模、存量资源、产业发展速度、产业区域结构角度详细分析北京、天津、河北光机电产业发展概况。

一、产出规模

（一）工业总产值分析

从表3-5可以看出，北京市光机电产业总体上呈平稳态势发展。2012年光机电产业总产值为1021.15亿元，占北京市工业总产值的比重为6.55%；2013年总产值增加到1275.06亿元，同比增长24.87%，占北京市工业总产值的比重为7.34%，比2012年增加了0.79个百分点；2014年1—6月实现工业总产值522.55亿元，占北京市工业总产值的比重为6.16%，比2013年降低了1.18个百分点。

天津市光机电产业总体上呈平稳态势发展。2012年光机电产业总产值为638.19亿元，占天津市工业总产值的比重为2.66%；2013年总产值增加到841.29亿元，同比增长31.82%，占天津市工业总产值的比重为3.10%，比2012年增加了0.44个百分点；2014年1—6月实现工业总产值413.84亿元，占天津市工业总产值的比重为3.17%，比2013年增加了0.07个百分点。

河北省光机电产业总体上呈平稳态势发展。2012年光机电产业总产值为1212.68亿元，占河北省工业总产值的比重为5.11%；2013年总产值增加到1606.45元，同比增长32.47%，占河北省工业总产值的比重为5.40%，比2012年增加了0.29个百分点；2014年1—6月实现工业总产值773.85亿元，占河北省工业总产值的比重为5.65%，比2013年增加了0.25个百分点。

京津冀区域光机电产业总体上呈平稳态势发展。2012年光机电产业总产值为2872.02亿元，占京津冀工业总产值的比重为4.41%；2013年总产值增加到3722.8亿元，同比增长29.62%，占京津冀工业总产值的比重为5.48%，比2012年增加了1.07个百分点；2014年1—6月实现工业总产值1710.24亿元，占京津冀工业总产值的比重为4.85%，比2013年降低了0.63个百分点。

表3-5 北京、天津、河北光机电产业总产值及占工业总产值的比重

地区、年份	指标	光机电产业总产值（亿元）	工业总产值（亿元）	占工业总产值比重（%）
北京	2012年	1021.15	15596.20	6.55
	2013年	1275.06	17370.90	7.34
	2014年1—6月	522.55	8484.76	6.16
天津	2012年	638.19	24017.18	2.66
	2013年	841.29	27169.14	3.10
	2014年1—6月	413.84	13038.59	3.17
河北	2012年	1212.68	23741.39	5.11
	2013年	1606.45	29741.39	5.40
	2014年1—6月	773.85	13707.51	5.65
京津冀	2012年	2872.02	65129.47	4.41
	2013年	3722.80	67949.66	5.48
	2014年1—6月	1710.24	35230.86	4.85

数据来源：根据国研网、北京市统计信息网、天津市统计局、河北省统计局数据整理。

表3-6和图3-1可以看出，北京仪器仪表和医疗设备行业的总产值占北京光机电产业总产值比重较高，数控机床行业次之，印刷机械行业最低。与2013年相比，2014年1—6月，北京数控机床、仪器仪表行业总产值占北京光机电产业总产值的比重分别增加了2.43、1.28个百分点，印刷机械、医疗设备行业分别降低了0.76、1.51个百分点。

表3-6　　　　　　　北京光机电产业细分行业总产值　　　单位：亿元人民币

年份 细分行业	2013年	2014年1—6月
数控机床	73.27	44.53
印刷机械	29.38	8.85
仪器仪表	284.63	130.57
医疗设备	135.53	51.17
其他	673.45	285.76

数据来源：根据国研网、北京市统计信息网数据整理。

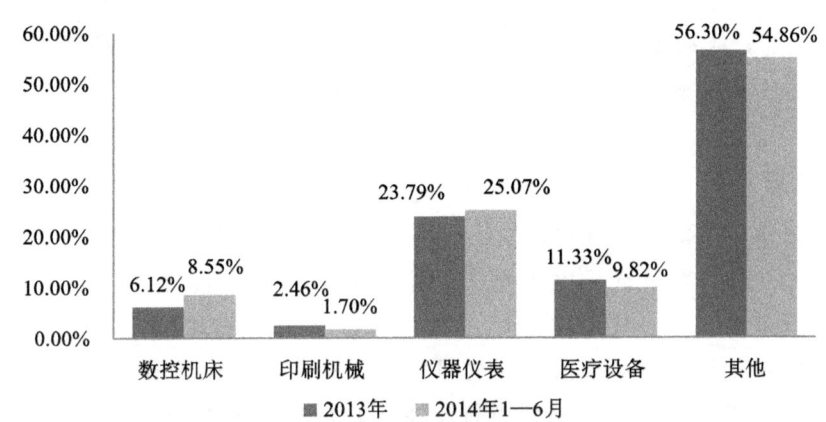

图3-1　北京光机电产业各细分行业总产值占北京光机电产业总产值比重

数据来源：根据国研网、北京市统计信息网、天津市统计局、河北省统计局数据整理。

从表3-7和图3-2可以看出，天津光机电产业中仪器仪表行业的总产值占天津光机电产业总产值比重较高，数控机床和医疗设备行业次之，印刷机械行业最低。与2013年相比，2014年1—6月，天津数控机床、印刷机械、仪器仪表行业总产值占天津光机电产业总产值的比重分别降低了0.25、0.55、1.92个百分点，医疗设备行业增加了0.06个百分点。

表 3-7　　　　　　　　天津光机电产业细分行业产值　　　　　单位：亿元

年份 细分行业	2013	2014 年 1—6 月
数控机床	38.77	18.05
印刷机械	21.86	8.05
仪器仪表	98.77	40.64
医疗设备	35.66	17.80
其他	646.23	329.30

数据来源：根据国研网、天津市统计局网数据整理。

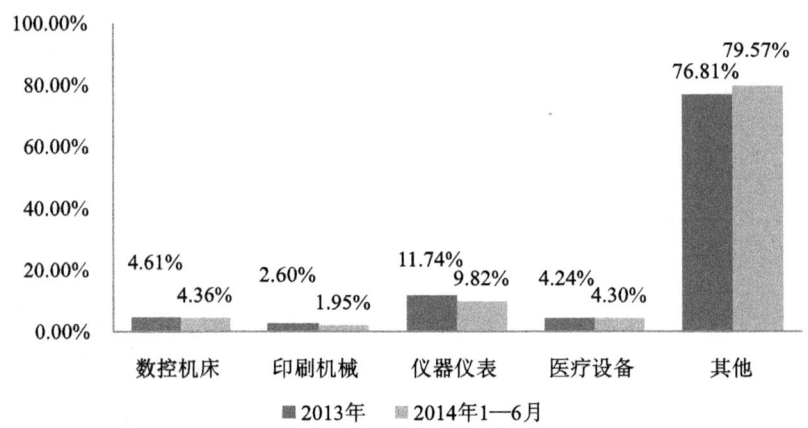

图 3-2　天津光机电产业各细分行业总产值占光机电产业总产值比重

从表 3-8 和图 3-3 可以看出，河北光机电产业中数控机床和仪器仪表行业的总产值占河北光机电产业总产值比重较高，印刷机械行业次之，医疗设备行业最低。与 2013 年相比，2014 年 1—6 月，河北数控机床、印刷机械、医疗设备行业总产值占河北光机电产业总产值的比重分别增加了 0.31、0.96、0.37 个百分点，仪器仪表行业降低了 1.31 个百分点。

表 3-8　　　　　　　　河北光机电产业细分行业总产值　　　　　单位：亿元

年份 细分行业	2013	2014 年 1—6 月
数控机床	108.48	54.60
印刷机械	40.17	26.79
仪器仪表	92.25	34.25
医疗设备	22.31	13.64
其他	1343.25	644.57

数据来源：根据国研网、河北省统计局数据整理。

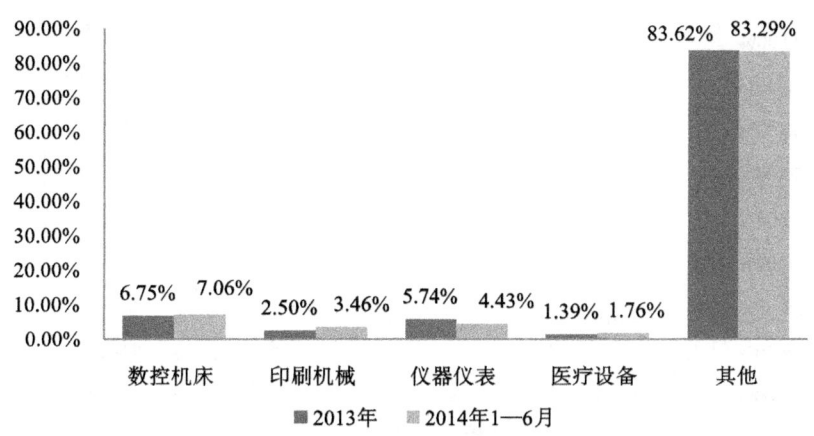

图 3-3 河北光机电产业各细分行业总产值占光机电产业总产值比重

从表3-9和图3-4可以看出,京津冀光机电产业中仪器仪表行业的总产值占京津冀光机电产业总产值的比重最高,数控机床和医疗设备行业次之,印刷机械行业最低。与2013年相比,2014年1—6月,京津冀数控机床、印刷机械行业总产值占京津冀光机电产业总产值的比重分别增加了0.81、0.05个百分点,仪器仪表、医疗设备行业分别降低了1.02、0.47个百分点。

表 3-9 京津冀光机电产业细分行业总产值 单位:亿元

细分行业 \ 年份	2013	2014 年 1—6 月
数控机床	220.52	117.18
印刷机械	91.41	43.69
仪器仪表	475.65	205.46
医疗设备	193.5	82.61
其他	2662.93	1259.63

数据来源:国研网、北京市统计信息网、天津市统计信息网、河北省统计局数据整理。

(二) 出口交货值分析

从表3-10可以看出,2013年北京光机电产业的出口交货值为92.4亿元,占北京工业比重为6.11%;2014年1—6月北京的光机电产业的出口交货值为45.03亿元,占北京工业比重为6.55%,比2013年增加了0.44个百分点。2013年到2014年6月北京光机电产业的出口交货值占北京工业比重

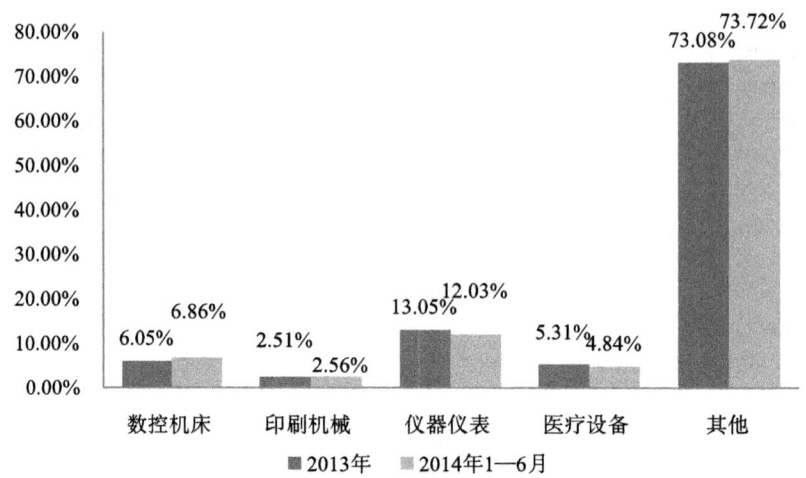

图 3-4 京津冀光机电产业各细分行业总产值占光机电产业总产值比重

有小幅增长。

2013 年天津光机电产业的出口交货值为 115 亿元，占天津工业比重为 4.05%；2014 年 1—6 月天津光机电产业的出口交货值为 55.47 亿元，占天津工业比重为 3.89%，比 2013 年降低了 0.16 个百分点。2013 年到 2014 年 6 月天津光机电产业的出口交货值占天津工业比重有小幅减少。

2013 年河北光机电产业的出口交货值为 67.98 亿元，占河北工业比重为 4.22%；2014 年 1—6 月河北光机电产业的出口交货值为 52.25 亿元，占河北工业比重为 6.58%，比 2013 年增加了 2.36 个百分点。2013 年到 2014 年 6 月河北光机电产业的出口交货值占河北工业比重有较大幅度增加。

2013 年京津冀光机电产业的出口交货值为 275.38 亿元，占京津冀工业比重为 4.62%；2014 年 1—6 月京津冀光机电产业的出口交货值为 152.75 亿元，占京津冀工业比重为 5.25%，比 2013 年增加了 0.63 个百分点。2013 年到 2014 年 6 月京津冀光机电产业的出口交货值占京津冀工业比重有小幅增长。

表 3-11 和图 3-5 可以看出，北京光机电产业中医疗设备行业的出口交货值占北京光机电产业出口交货值的比重最高，仪器仪表次之，数控机床再次，印刷机械最低。与 2013 年相比，2014 年 1—6 月，北京数控机床、医疗设备行业出口交货值占北京光机电产业出口交货值的比重分别降低了 1.03、2.34 个百分点，印刷机械、仪器仪表行业分别增加了 0.64、0.16 个百分点。

表 3-10　　北京、天津、河北光机电产业出口交货值及占工业出口交货值的比重

地区、年份	指标	光机电产业出口交货值（亿元）	工业出口交货值（亿元）	占工业比重（%）
北京	2013 年	92.4	1512.42	6.11
	2014 年 1—6 月	45.03	687.17	6.55
天津	2013 年	115	2838.35	4.05
	2014 年 1—6 月	55.47	1427.47	3.89
河北	2013 年	67.98	1611.71	4.22
	2014 年 1—6 月	52.25	794.06	6.58
京津冀	2013 年	275.38	5962.48	4.62
	2014 年 1—6 月	152.75	2908.70	5.25

数据来源：根据国研网、北京市统计信息网、天津市统计局、河北省统计局数据整理。

表 3-11　　北京光机电产业细分行业出口交货值　　单位：亿元

细分行业	年份	2013 年	2014 年 1—6 月
数控机床		5.77	2.35
印刷机械		1.19	0.87
仪器仪表		13.15	6.48
医疗设备		38.66	17.78
其他		33.63	17.55

数据来源：根据国研网、北京市统计信息网数据整理。

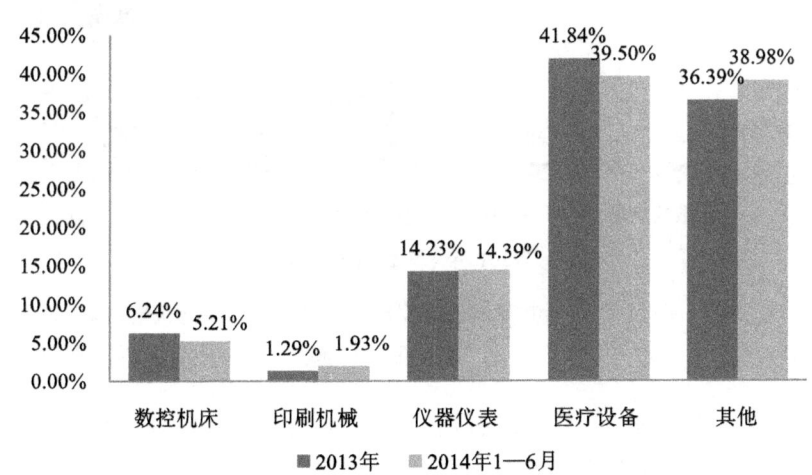

图 3-5　北京光机电各细分行业出口交货值占北京光机电产业出口交货值的比重
数据来源：根据国研网、北京市统计信息网、天津市统计局、河北省统计局数据整理。

从表 3-12 和图 3-6 可以看出，天津光机电产业中仪器仪表行业出口交货值占天津光机电产业出口交货值的比重最高，数控机床、印刷机械和医疗设备行业次之。与 2013 年相比，2014 年 1—6 月，天津数控机床、印刷机械、仪器仪表、医疗设备行业出口交货值占天津光机电产业出口交货值的比重分别增加了 2.32、0.33、6.57、0.06 个百分点。

表 3-12　　　　　　天津光机电产业细分行业出口交货值　　　　单位：亿元

年份 细分行业	2013	2014 年 1—6 月
数控机床	3.91	3.17
印刷机械	4.24	2.22
仪器仪表	16.90	11.80
医疗设备	5.70	2.78
其他	84.25	35.49

数据来源：根据国研网、天津市统计信息网数据整理。

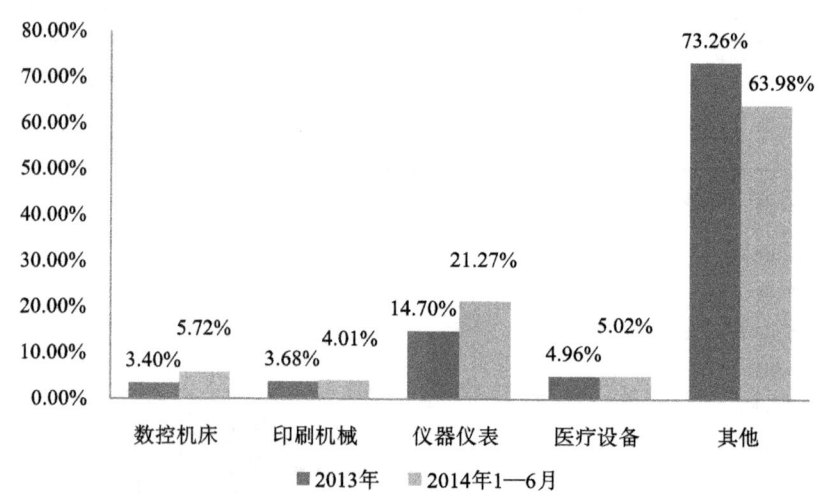

图 3-6　天津光机电各细分行业出口交货值占天津光机电产业出口交货值的比重

从表 3-13 和图 3-7 可以看出，河北光机电产业中仪器仪表和医疗设备行业出口交货值占河北光机电产业出口交货值的比重较高，数控机床行业次之，印刷机械行业最低。与 2013 年相比，2014 年 1—6 月，河北数控机床、印刷机械、仪器仪表、医疗设备行业出口交货值占河北光机电产业出口交货值的比重分别降低了 0.59、0.49、3.26、2.11 个百分点。

表 3-13　　　　河北光机电一体化产业细分行业出口交货值　　　　单位：亿元

细分行业 \ 年份	2013	2014 年 1—6 月
数控机床	1.54	0.88
印刷机械	0.79	0.35
仪器仪表	4.30	1.60
医疗设备	5.33	2.99
其他	56.02	46.42

数据来源：根据国研网、河北省统计局数据整理。

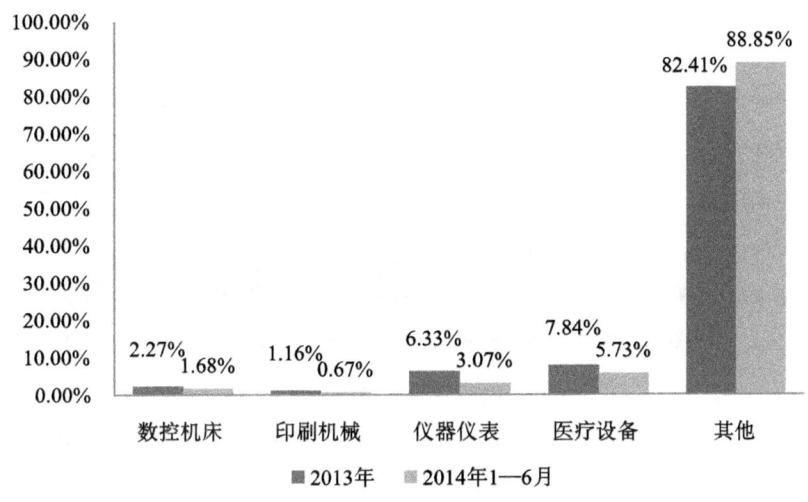

图 3-7　河北光机电各细分行业出口交货值占河北光机电产业
出口交货值的比重

从表 3-14 和图 3-8 可以看出，京津冀光机电产业中医疗设备行业出口交货值占京津冀光机电产业出口交货值比重最高，仪器仪表行业次之，数控机床行业再次，印刷机械行业最低。与 2013 年相比，2014 年 1—6 月，京津冀数控机床、仪器仪表行业出口交货值占京津冀光机电产业出口交货值的比重分别增加了 0.12、0.55 个百分点，印刷机械、医疗设备行业分别降低了 0.01、2.62 个百分点。

表 3-14　京津冀光机电一体化产业细分行业出口交货值　　单位：亿元

细分行业 \ 年份	2013	2014 年 1—6 月
数控机床	11.22	6.4
印刷机械	6.22	3.44
仪器仪表	34.35	19.88
医疗设备	49.69	23.55
其他	173.9	99.46

数据来源：根据国研网、北京统计信息网、天津统计信息网、河北统计局数据整理。

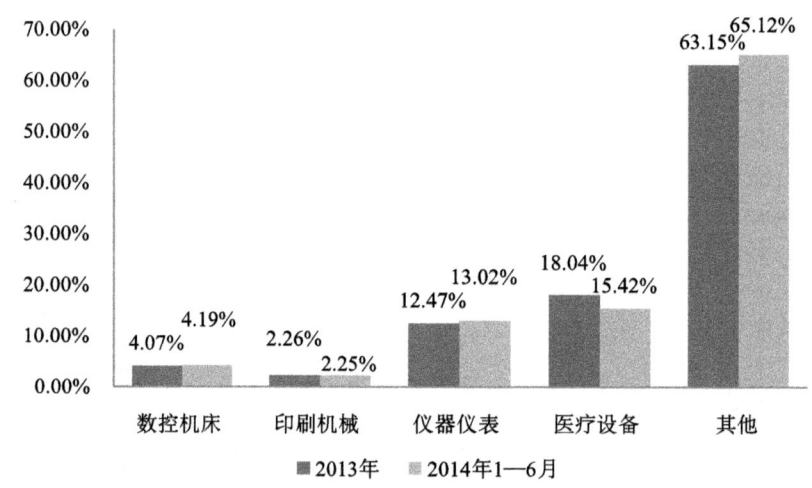

图 3-8　京津冀光机电各细分行业出口交货值占京津冀光机电产业出口交货值的比重

（三）利税总额分析

从表 3-15 可以看出，从 2012 年到 2014 年 6 月，北京光机电产业发展态势比较稳定。2012 年、2013 年、2014 年 1—6 月北京光机电产业的利税总额分别为 123.46 亿元、148.05 亿元、66.35 亿元，占北京工业利税总额比重分别为 6.21%、7.19%、6.25%。与 2012 年相比，2013 年北京光机电产业利税总额同比增长 19.92%，占北京工业利税总额的比重增加了 0.98 个百分点。2014 年 1—6 月北京光机电产业占北京工业利税总额的比重比 2013 年减少了 0.94 个百分点。

表 3-15 北京、天津、河北光机电产业利税总额及占工业利税总额的比重

地区、年份	指标	光机电产业利税总额（亿元）	工业利税总额（亿元）	占工业比重（%）
北京	2012 年	123.46	1987.23	6.21
北京	2013 年	148.05	2058.97	7.19
北京	2014 年 1—6 月	66.35	1062.16	6.25
天津	2012 年	70.46	3315.92	2.12
天津	2013 年	85.91	3170.05	2.71
天津	2014 年 1—6 月	33.54	1234.01	2.72
河北	2012 年	82.38	4138.54	1.99
河北	2013 年	68.32	4097.09	1.67
河北	2014 年 1—6 月	50.87	1686.89	3.02
京津冀	2012 年	276.3	9441.69	2.93
京津冀	2013 年	302.28	9326.11	3.24
京津冀	2014 年 1—6 月	150.76	3983.06	3.79

数据来源：根据国研网、国家统计局、北京市统计信息网、天津市统计信息网、河北省统计局数据整理。

从 2012 年到 2014 年 6 月，天津光机电产业以稳定态势增长。2012 年、2013 年、2014 年 1—6 月天津光机电产业的利税总额分别为 70.46 亿元、85.91 亿元、33.54 亿元，占天津工业利税总额比重分别为 2.12%、2.71%、2.72%。与 2012 年相比，2013 年天津光机电产业利税总额同比增长 21.93%，占天津工业利税总额的比重增加了 0.59 个百分点。2014 年 1—6 月天津光机电产业利税总额占天津工业利税总额的比重比 2013 年同期增加了 0.01 个百分点。

河北光机电产业从 2012 年到 2013 年发展有所缓慢，但是从 2013 年到 2014 年 6 月又出现了较大幅度的增长。2012 年、2013 年、2014 年 1—6 月河北光机电产业的利税总额分别为 82.38 亿元、68.32 亿元、50.87 亿元，占河北工业利税总额比重分别为 1.99%、1.67%、3.02%。与 2012 年相比，2013 年河北光机电产业利税总额同比增长 -17.09%，占河北工业利税总额的比重减少了 0.32 个百分点。2014 年 1—6 月河北光机电产业利税总额占河北工业利税总额的比重比 2013 年增加了 1.35 个百分点。

从 2012 年到 2014 年 6 月，京津冀光机电产业以稳定态势增长。2012 年、2013 年、2014 年 1—6 月京津冀光机电产业的利税总额分别为 276.3 亿元、302.28 亿元、150.76 亿元，占京津冀工业利税总额比重分别为 2.93%、3.24%、3.79%。与 2012 年相比，2013 年京津冀光机电产业利税总额同比增长 9.40%，占京津冀工业利税总额的比重增加了 0.31 个百分点。2014 年 1—6 月京津冀光机电产业利税总额占京津冀工业利税总额的比重比 2013 年增加了 0.55 个百分点。

从表 3-16 和图 3-9 可以看出，北京光机电产业中仪器仪表行业的利税总额占北京光机电产业利税总额的比重最高，数控机床和医疗设备行业次之，印刷机械行业最低。与 2013 年相比，2014 年 1—6 月，北京数控机床行业利税总额占北京光机电产业利税总额的比重增加了 2.76 个百分点，印刷机械、仪器仪表、医疗设备行业分别降低了 0.2、2.05、0.53 个百分点。

表 3-16　　　　　　北京光机电产业细分行业利税总额　　　　　单位：亿元

细分行业 \ 年份	2012	2013	2014 年 1—6 月
数控机床	14.97	13.55	7.90
印刷机械	0.10	2.09	0.80
仪器仪表	43.14	47.32	19.85
医疗设备		23.92	10.37
其他	65.25	61.16	27.41

数据来源：根据国研网、国家统计局、北京市统计信息网数据整理。

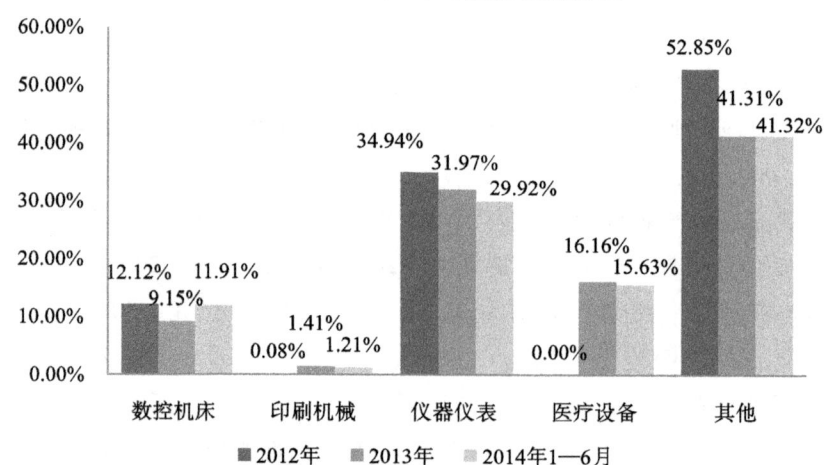

图 3-9　北京光机电各细分行业利税总额占北京光机电产业利税总额的比重

从表 3-17 和图 3-10 可以看出，天津光机电产业中仪器仪表行业的利税总额占天津光机电产业利税总额的比重最高，数控机床和医疗设备行业次之，印刷机械行业最低。与 2013 年相比，2014 年 1—6 月，天津数控机床、印刷机械、医疗设备行业利税总额占天津光机电产业利税总额的比重分别增加了 0.2、0.27、1.17 个百分点，仪器仪表行业降低了 1.48 个百分点。

表 3-17　　　　　天津光机电产业细分行业利税总额　　　　单位：亿元

细分行业 \ 年份	2012	2013	2014 年 1—6 月
数控机床	2.74	3.28	1.35
印刷机械	0.001	1.91	0.84
仪器仪表	9.52	9.62	3.26
医疗设备		3.67	1.83
其他	58.20	67.41	26.27

数据来源：根据国研网、国家统计局、天津市统计信息网数据整理。

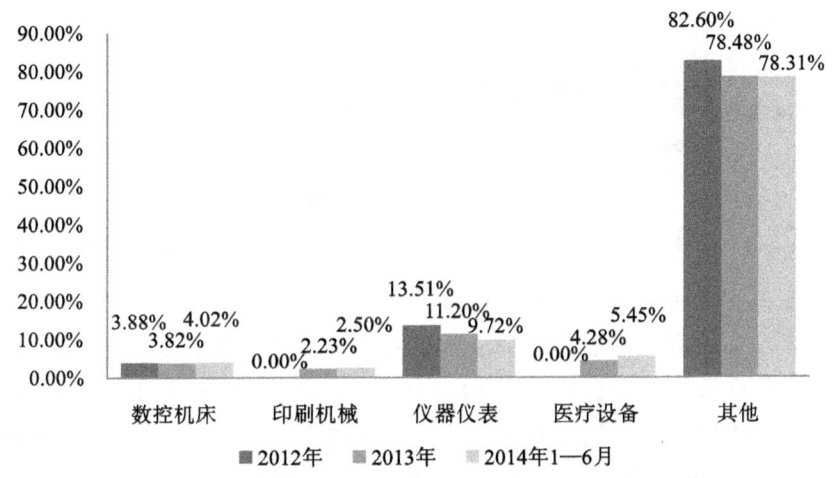

图 3-10　天津光机电各细分行业利税总额占天津光机电产业利税总额的比重

从表 3-18 和图 3-11 可以看出，河北光机电产业中数控机床和仪器仪表行业的利税总额占河北光机电产业利税总额的比重较高，印刷机械和医疗设备行业次之。与 2013 年相比，2014 年 1—6 月，河北数控机床、印刷机械、仪器仪表、医疗设备行业利税总额占河北光机电产业利税总额的比重分别降低了 6.20、0.82、9.25、2.34 个百分点。

表 3–18　　　　　河北光机电产业细分行业利税总额　　　　单位：亿元

细分行业＼年份	2012	2013	2014 年 1—6 月
数控机床	12.26	12.97	6.51
印刷机械	0.07	3.86	2.46
仪器仪表	14.74	12.65	4.71
医疗设备	0.00	3.29	1.26
其他	55.30	35.54	35.93

数据来源：根据国研网、国家统计局、河北省统计局数据整理。

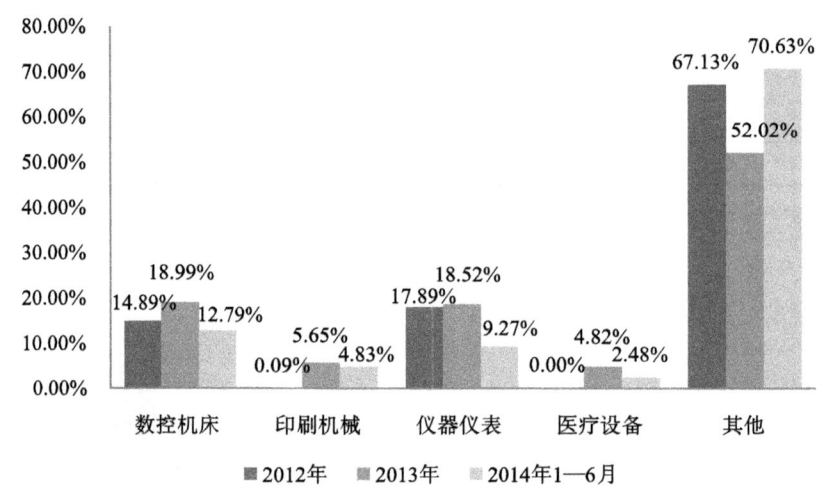

图 3–11　河北光机电各细分行业利税总额占河北光机电产业利税总额的比重

从表 3–19 和图 3–12 可以看出，京津冀光机电产业中仪器仪表行业的利税总额占京津冀光机电产业利税总额的比重最高，数控机床和医疗设备行业次之，印刷机械行业最低。与 2013 年相比，2014 年 1—6 月，京津冀数控机床、印刷机械行业利税总额占京津冀光机电产业利税总额的比重分别增加了 0.59、0.12 个百分点，仪器仪表、医疗设备行业分别降低了 4.57、1.29 个百分点。

（四）主营业务收入

从表 3–20 可以看出，从 2012 年到 2014 年 6 月，北京光机电产业发展态势比较稳定。2012 年、2013 年、2014 年 1—6 月北京光机电产业的主营业务收入分别为 926.15 亿元、1147.02 亿元、516.91 亿元，占北京工业主营业务收入的比重分别为 5.48%、6.16%、5.70%。与 2012 年相比，2013 年北

表 3-19	京津冀光机电产业细分行业利税总额		单位：亿元
年份　细分行业	2012 年	2013 年	2014 年 1—6 月
数控机床	29.97	29.8	15.76
印刷机械	0.17	7.86	4.1
仪器仪表	67.4	69.59	27.82
医疗设备	0	30.88	13.46
其他	178.75	164.11	89.61

数据来源：根据国研网、国家统计局、北京市统计信息网、天津市统计局、河北省统计局数据整理。

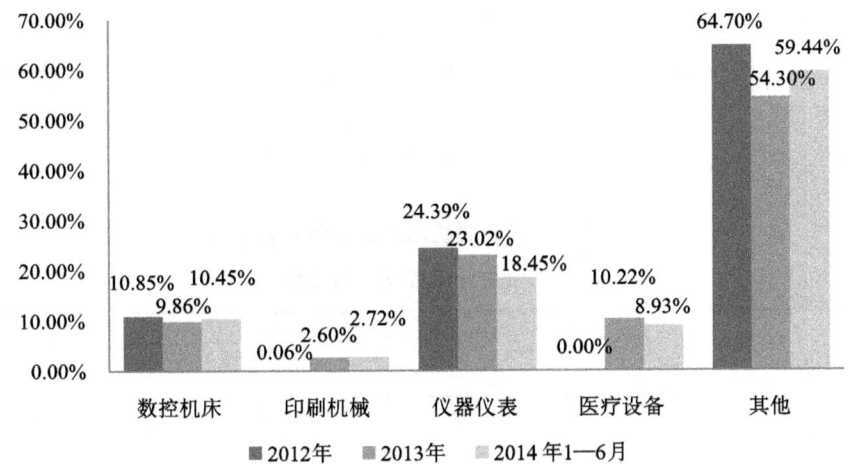

图 3-12　京津冀光机电各细分行业利税总额占京津冀光机电产业利税总额的比重

京光机电产业主营业务收入同比增长 23.85%，占北京工业主营业务收入的比重增加了 0.68 个百分点。2014 年 1—6 月北京光机电产业主营业务收入占北京工业主营业务收入的比重比 2013 年减少了 0.46 个百分点。

从 2012 年到 2014 年 6 月，天津光机电产业发展态势比较稳定。2012 年、2013 年、2014 年 1—6 月天津光机电产业的主营业务收入分别为 628.19 亿元、819.55 亿元、404.76 亿元，占天津工业主营业务收入比重分别为 2.66%、3.03%、2.96%。与 2012 年相比，2013 年天津光机电产业主营业务收入同比增长 30.46%，占天津工业主营业务收入的比重增加了 0.37 个百分点。2014 年 1—6 月天津光机电产业主营业务收入占天津工业主营业务收入的比重比 2013 年减少了 0.07 个百分点。

从 2012 年到 2014 年 6 月，河北光机电产业以稳定态势增长。2012 年、2013 年、2014 年 1—6 月河北光机电产业的主营业务收入分别为 1188.68 亿元、1576.66 亿元、760 亿元，占河北工业主营业务收入比重分别为 2.72%、3.45%、3.55%。与 2012 年相比，2013 年河北光机电产业主营业务收入同比增长 32.64%，占河北工业主营业务收入的比重增加了 0.73 个百分点。2014 年 1—6 月河北光机电产业主营业务收入占河北工业主营业务收入的比重比 2013 年增加了 0.1 个百分点。

从 2012 年到 2014 年 6 月，京津冀光机电产业发展态势稳定。2012 年、2013 年、2014 年 1—6 月京津冀光机电产业的主营业务收入分别为 2743.02 亿元、3543.23 亿元、1681.67 亿元，占京津冀工业主营业务收入比重分别为 3.26%、3.88%、3.81%。与 2012 年相比，2013 年京津冀光机电产业主营业务收入同比增长 29.17%，占京津冀工业主营业务收入的比重增加了 0.62 个百分点。2014 年 1—6 月京津冀光机电产业主营业务收入占京津冀工业主营业务收入的比重比 2013 年减少了 0.07 个百分点。

表 3-20　北京、天津、河北光机电产业主营业务收入及占工业主营业务收入的比重

地区、年份	指标	光机电产业主营业务收入（亿元）	工业主营业务收入（亿元）	占比（%）
北京	2012 年	926.15	16905.14	5.48
北京	2013 年	1147.02	18624.82	6.16
北京	2014 年 1—6 月	516.91	9074.22	5.70
天津	2012 年	628.19	23645.72	2.66
天津	2013 年	819.55	27011.12	3.03
天津	2014 年 1—6 月	404.76	13665.62	2.96
河北	2012 年	1188.68	43643.84	2.72
河北	2013 年	1576.66	45766.25	3.45
河北	2014 年 1—6 月	760	21418.16	3.55
京津冀	2012 年	2743.02	84194.70	3.26
京津冀	2013 年	3543.23	91402.20	3.88
京津冀	2014 年 1—6 月	1681.67	44158.00	3.81

数据来源：根据国研网、国家统计局、北京市统计信息网、天津市统计信息网、河北省统计局数据整理。

从表3-21和图3-13可以看出,北京光机电产业中仪器仪表行业的主营业务收入占北京光机电产业主营业务收入的比重最高,数控机床和医疗设备行业次之,印刷机械行业最低。与2013年相比,2014年1—6月,北京数控机床、仪器仪表、医疗设备行业主营业务收入占北京光机电产业主营业务收入的比重分别增加了0.87、0.5、0.14个百分点,印刷机械行业降低了0.22个百分点。

表3-21　　　　　北京光机电产业细分行业主营业务收入　　　　单位:亿元

年份 细分行业	2012年	2013年	2014年1—6月
数控机床	86.60	75.00	38.28
印刷机械	1.41	21.50	8.52
仪器仪表	270.28	282.30	129.81
医疗设备	0.00	111.75	51.05
其他	567.86	656.47	289.25

数据来源:根据国研网、国家统计局、北京市统计信息网数据整理。

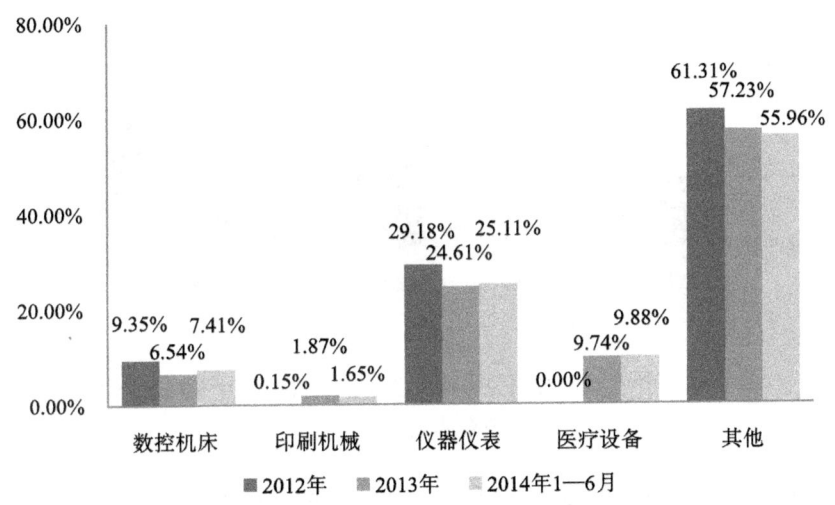

图3-13　北京光机电各细分行业主营业务收入占北京光机电产业主营业务收入的比重

从表3-22和图3-14可以看出,天津光机电产业中仪器仪表行业的主营业务收入占天津光机电产业主营业务收入的比重最高,数控机床和医疗设备行业次之,印刷机械行业最低。与2013年相比,2014年1—6月,天津数控机床、医疗设备行业主营业务收入占天津光机电产业主营业务收入的比重分别增加了 0.08、0.47 个百分点，印刷机械、仪器仪表行业分别降低了 0.16、0.58 个百分点。

表 3-22　　　　　天津光机电产业细分行业主营业务收入　　　　单位：亿元

年份 细分行业	2012 年	2013 年	2014 年 1—6 月
数控机床	64.40	39.61	19.87
印刷机械	0.16	17.30	7.90
仪器仪表	75.74	83.75	39.01
医疗设备	0.00	30.77	17.09
其他	487.89	648.12	320.89

数据来源：根据国研网、国家统计局、天津市统计局数据整理。

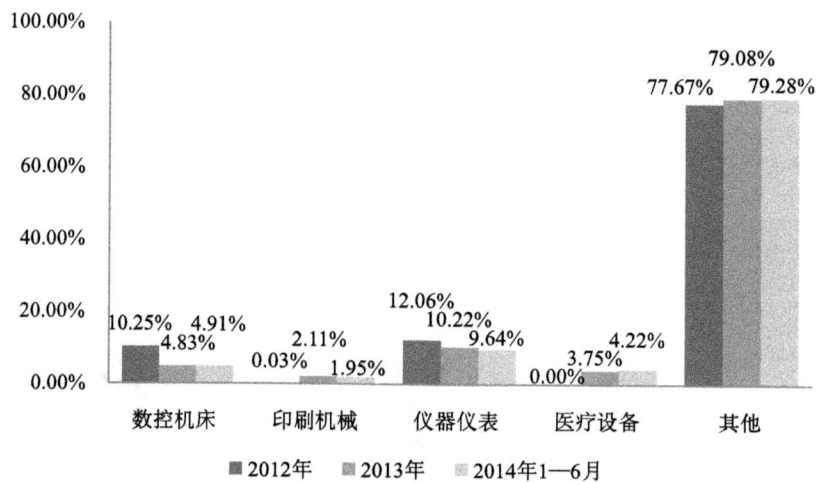

图 3-14　天津光机电各细分行业主营业务收入占天津光机电产业主营业务收入的比重

从表 3-23 和图 3-15 可以看出，河北光机电产业中数控机床和仪器仪表行业的主营业务收入占河北光机电产业主营业务收入的比重最高，印刷机械和医疗设备行业次之。与 2013 年相比，2014 年 1—6 月，河北数控机床、仪器仪表行业主营业务收入占河北光机电产业主营业务收入的比重分别降低了 0.02、0.55 个百分点，印刷机械、医疗设备行业分别增加了 1.08、0.58 个百分点。

表 3-23	河北光机电产业细分行业主营业务收入		单位：亿元
年份 细分行业	2012 年	2013 年	2014 年 1—6 月
数控机床	100.19	107.26	51.51
印刷机械	0.84	37.02	26.08
仪器仪表	78.56	79.14	33.99
医疗设备	0.00	18.94	13.52
其他	1009.09	1334.30	634.90

数据来源：根据国研网、国家统计局、河北省统计局数据整理。

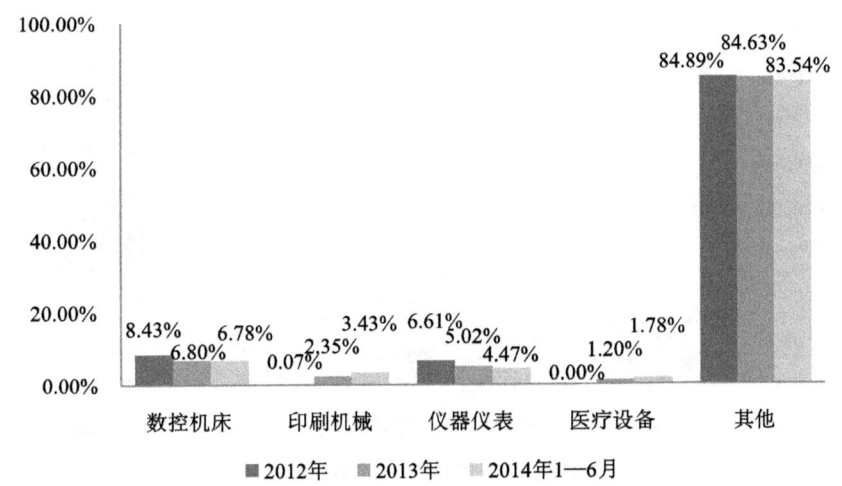

图 3-15 河北光机电各细分行业主营业务收入占河北光机电产业主营业务收入的比重

从表 3-24 和图 3-16 可以看出，京津冀光机电产业中仪器仪表行业的主营业务收入占京津冀光机电产业主营业务收入的比重最高，数控机床行业次之，医疗设备行业再次，印刷机械行业最低。与 2013 年相比，2014 年 1—6 月，京津冀数控机床、印刷机械、医疗设备行业主营业务收入占京津冀光机电产业主营业务收入的比重分别增加了 0.26、0.39、0.3 个百分点，仪器仪表行业降低了 0.5 个百分点。

二、存量资源

（一）总资产

从表 3-25 可以看出，从 2012 年到 2014 年 6 月，北京光机电产业以稳定态势增长。2012 年、2013 年、2014 年 1—6 月北京光机电产业的总资产分

表 3 - 24　　　　　京津冀光机电产业细分行业主营业务收入　　　　单位：亿元

年份 细分行业	2012 年	2013 年	2014 年 1—6 月
数控机床	251.19	221.87	109.66
印刷机械	2.41	75.82	42.5
仪器仪表	424.58	445.19	202.81
医疗设备		161.46	81.66
其他	2064.84	2638.89	1245.04

数据来源：根据国研网、国家统计局、北京市统计信息网、天津市统计局、河北省统计局数据整理。

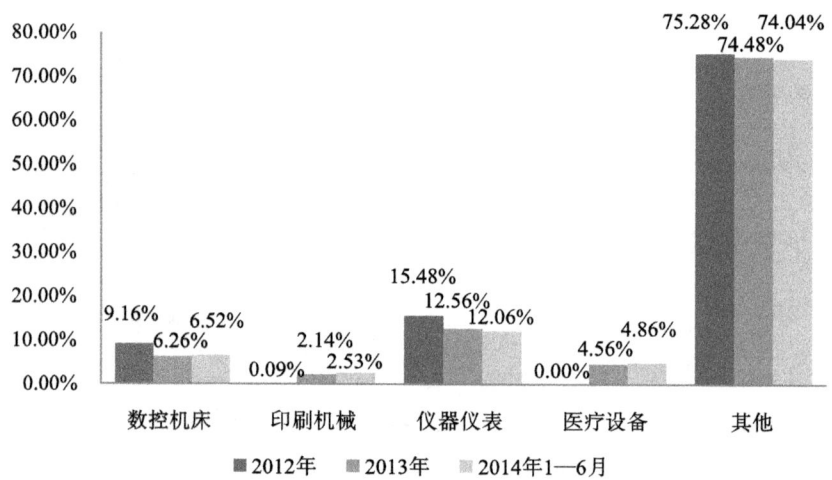

图 3-16　京津冀光机电各细分行业主营业务收入占京津冀光机电产业
主营业务收入的比重

别为 1517.21 亿元、1825.32 亿元、1987.20 亿元，占北京工业总资产的比重分别为 5.30%、5.81%、6.33%。与 2012 年相比，2013 年北京光机电产业总资产同比增长 20.31%，占北京工业总资产的比重增加了 0.51 个百分点。与 2013 年相比，2014 年 1—6 月北京光机电产业总资产占北京工业总资产的比重增加了 0.52 个百分点。

从 2012 年到 2014 年 6 月，天津光机电产业以稳定态势增长。2012 年、2013 年、2014 年 1—6 月天津光机电产业的总资产分别为 683.35 亿元、776.76 亿元、802.32 亿元，占天津工业总资产的比重分别为 3.42%、3.52%、3.65%。与 2012 年相比，2013 年天津光机电产业总资产同比增长 13.67%，占天津工业总资产的比重增加了 0.1 个百分点。与 2013 年相比，

2014年1—6月天津光机电产业总资产占天津工业总资产的比重增加了0.13个百分点。

从2012年到2014年6月,河北光机电产业以稳定态势增长。2012年、2013年、2014年1—6月河北光机电产业的总资产分别为1081.44亿元、1520.95亿元、1590.42亿元,占河北工业总资产的比重分别为3.22%、4.22%、4.27%。与2012年相比,2013年河北光机电产业总资产同比增长40.64%,占河北工业总资产的比重增加了1个百分点。与2013年相比,2014年1—6月河北光机电产业总资产占河北工业总资产的比重增加了0.05个百分点。

从2012年到2014年6月,京津冀光机电产业以稳定态势增长。2012年、2013年、2014年1—6月京津冀光机电产业的总资产分别为3282.00亿元、4123.03亿元、4379.94亿元,占京津冀工业总资产的比重分别为3.99%、4.61%、4.83%。与2012年相比,2013年京津冀光机电产业总资产同比增长25.63%,占京津冀工业总资产的比重增加了0.62个百分点。与2013年相比,2014年1—6月京津冀光机电产业总资产占京津冀工业总资产的比重增加了0.22个百分点。

表3-25　　　北京、天津、河北光机电产业总资产及占工业总资产的比重　　　单位:亿元

地区、年份	指标	光机电产业总资产	工业总资产	占工业比重
北京	2012年	1517.21	28613.16	5.30%
北京	2013年	1825.32	31398.28	5.81%
北京	2014年1—6月	1987.20	31368.96	6.33%
天津	2012年	683.35	19986.14	3.42%
天津	2013年	776.76	22059.41	3.52%
天津	2014年1—6月	802.32	21960.53	3.65%
河北	2012年	1081.44	33567.18	3.22%
河北	2013年	1520.95	36040.17	4.22%
河北	2014年1—6月	1590.42	37265.82	4.27%
京津冀	2012年	3282.00	82166.48	3.99%
京津冀	2013年	4123.03	89497.86	4.61%
京津冀	2014年1—6月	4379.94	90595.31	4.83%

数据来源:根据国研网、国家统计局、北京市统计信息网、天津市统计信息网、河北省统计局数据整理。

从表3-26和图3-17可以看出，北京光机电产业中仪器仪表行业的总资产占北京光机电产业总资产的比重最高，数控机床和医疗设备行业次之，印刷机械行业最低。与2013年相比，2014年1—6月，北京数控机床、仪器仪表行业总资产占北京光机电产业总资产的比重分别增加了0.04、2.19个百分点，印刷机械、医疗设备行业分别降低了0.13、0.6个百分点。

表3-26　　　　　　　　　北京光机电产业细分行业总资产　　　　　　单位：亿元

年份 细分行业	2012	2013	2014年1—6月
数控机床	131.16	142.87	156.29
印刷机械	1.28	43.17	44.30
仪器仪表	371.17	411.32	491.31
医疗设备	0.00	175.12	178.59
其他	1013.61	1052.84	1116.70

数据来源：根据国研网、国家统计局、北京市统计信息网数据整理。

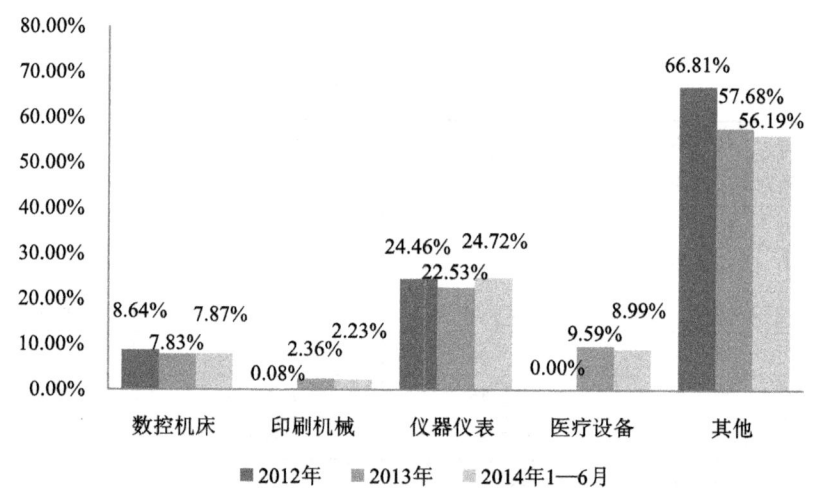

图3-17　北京光机电各细分行业总资产占北京光机电产业总资产的比重

从表3-27和图3-18可以看出，天津光机电产业中仪器仪表行业的总资产占天津光机电产业总资产的比重最高，数控机床行业次之，印刷机械和医疗设备行业最低。与2013年相比，2014年1—6月，天津数控机床、仪器仪表、医疗设备行业总资产占天津光机电产业总资产的比重分别降低了0.58、1.03、0.13个百分点，印刷机械行业增加了0.89个百分点。

表3-27　　　　　　　　天津光机电产业细分行业总资产　　　　　　　单位：亿元

年份 细分行业	2012年	2013年	2014年1—6月
数控机床	69.11	51.18	48.23
印刷机械	0.00	28.25	36.31
仪器仪表	69.30	79.18	73.48
医疗设备	0.00	32.27	32.23
其他	544.94	585.88	612.06

数据来源：根据国研网、国家统计局、天津市统计局数据整理。

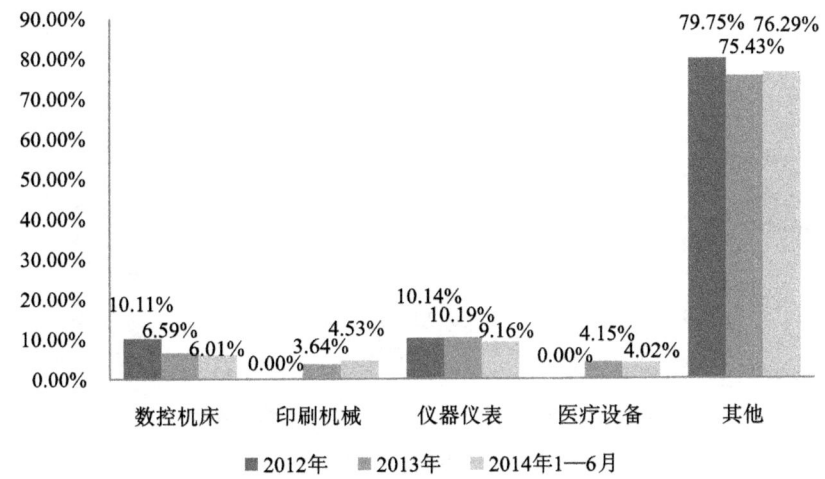

图3-18　天津光机电各细分行业总资产占北京光机电产业总资产的比重

从表3-28和图3-19可以看出，河北光机电产业中数控机床和仪器仪表行业的总资产占河北光机电产业总资产的比重最高，印刷机械和医疗设备行业次之。与2013年相比，2014年1—6月，河北数控机床、印刷机械、仪器仪表、医疗设备行业总资产占河北光机电产业总资产的比重分别增加了0.24、0.23、0.09、0.15个百分点。

从表3-29和图3-20可以看出，京津冀光机电产业中仪器仪表行业的总资产占京津冀光机电产业总资产的比重最高，数控机床行业次之，医疗设备行业再次，印刷机械行业最低。与2013年相比，2014年1—6月，京津冀数控机床、印刷机械、仪器仪表行业总资产占京津冀光机电产业总资产的比重分别增加了0.02、0.18、0.99个百分点，医疗设备行业降低了0.17个百分点。

表 3-28　　　　　　　　河北光机电产业细分行业总资产　　　　　单位：亿元

年份 细分行业	2012 年	2013 年	2014 年 1—6 月
数控机床	77.71	92.12	100.19
印刷机械	1.02	20.01	24.65
仪器仪表	81.76	88.18	93.72
医疗设备	0.00	17.37	20.53
其他	920.95	1303.27	1351.32

数据来源：根据国研网、国家统计局、河北省统计局数据整理。

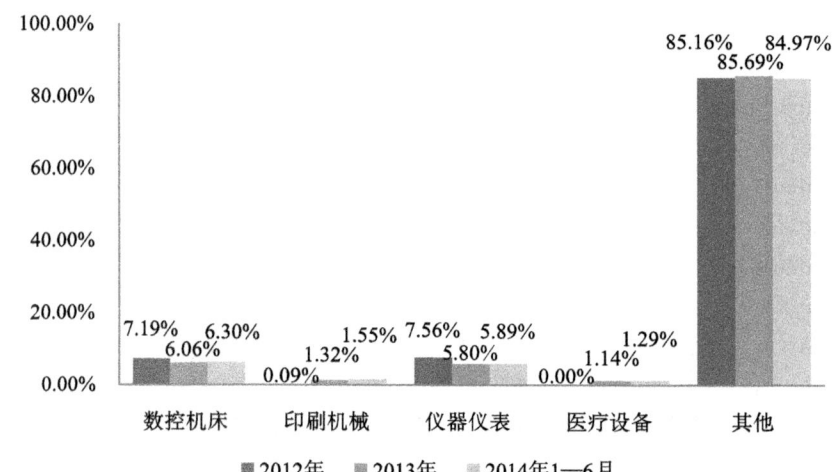

图 3-19　河北光机电各细分行业总资产占河北光机电产业总资产的比重

表 3-29　　　　　　　京津冀光机电产业细分行业总资产　　　　　单位：亿元

年份 细分行业	2012 年	2013 年	2014 年 1—6 月
数控机床	277.98	286.17	304.71
印刷机械	2.3	91.43	105.26
仪器仪表	522.23	578.68	658.51
医疗设备		224.76	231.35
其他	2479.5	2941.99	3080.08

数据来源：根据国研网、国家统计局、北京市统计信息网、天津市统计局、河北省统计局数据整理。

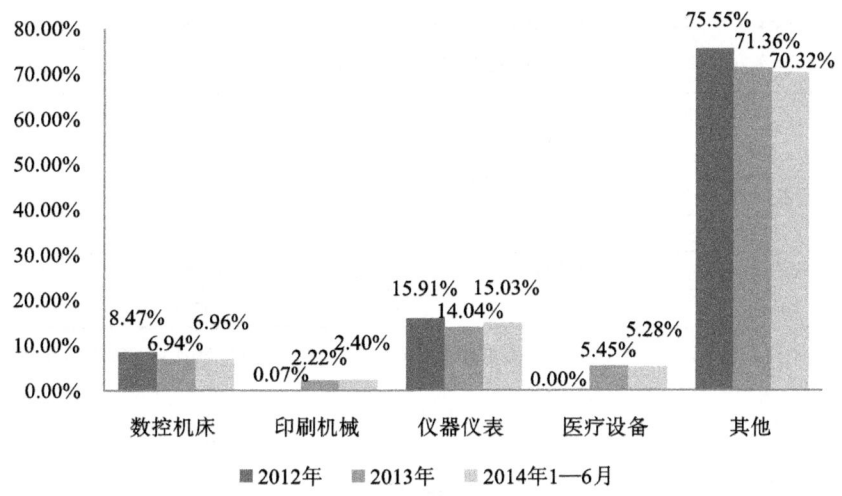

图 3-20 京津冀光机电各细分行业总资产占京津冀光机电产业的比重

(二) 从业人员

从表 3-30 可以看出,2012 年,北京、天津、河北、京津冀光机电产业全部从业人员平均人数分别为 86855 人、60637 人、116751 人、264243 人,占工业全部从业人员平均人数比重分别为 7.30%、3.94%、3.10%、4.07%。北京光机电产业全部从业人员平均人数占工业全部从业人员平均人数比重最高,京津冀次之,天津再次,河北最低。

表 3-30 2012 年北京、天津、河北光机电产业从业平均人数及占工业从业平均人数的比重

指标 地区	光机电产业全部 从业人员平均数（人）	工业全部从业 人员平均数（人）	占比 （%）
北京	86855	1189000	7.30
天津	60637	1538000	3.94
河北	116751	3766000	3.10
京津冀	264243	6493000	4.07

数据来源：根据国研网、国家统计局、北京市统计信息网、天津市统计信息网、河北省统计局数据整理。

从表 3-31 和图 3-21 可以看出,2012 年北京、天津、京津冀光机电产业中仪器仪表行业的全部从业人员平均人数占北京光机电产业全部从业人员平均人数的比重最高,数控机床行业次之,印刷机械行业最低。河北光机电产业中数控机床行业的全部从业人员平均人数占河北光机电产业全部从业人员平均人数的比重最高,仪器仪表行业次之,印刷机械行业最低。

表3-31 2012年北京、天津、河北、京津冀光机电产业细分
行业从业人员平均数　　　　　　　　　　单位：人

细分行业\地区	北京	天津	河北	京津冀
数控机床	9599	10070	15321	34990
印刷机械	205	5	226	436
仪器仪表	32539	11390	14956	58885
其他	44512	39172	86248	169932

数据来源：根据国研网、国家统计局、北京市统计信息网、天津市统计局、河北省统计局数据整理。

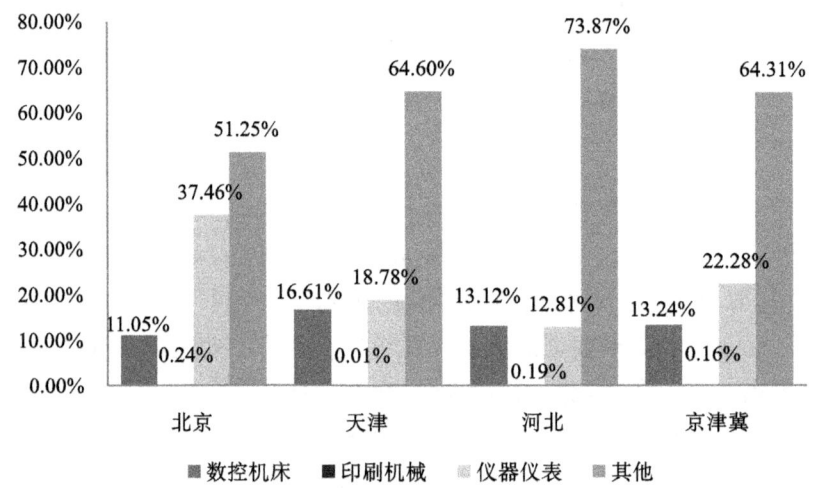

图3-21 2012年北京、天津、河北、京津冀光机电产业细分行业从业平均人数占光机电产业从业平均人数比重

三、产业发展速度

从表3-32可以看出，从2012年到2014年6月，北京光机电产业企业数比较稳定。2012年、2013年、2014年1—6月北京光机电产业的企业数分别为453家、543家，占北京工业企业数比重分别为12.27%、14.67%、14.88%。与2012年相比，2013年北京光机电产业企业数同比增长19.87%，占北京工业企业数的比重增加了2.40个百分点。与2013年相比，2014年1—6月北京光机电产业企业数占北京工业企业数的比重增加了0.21个百分点。

从2012年到2014年6月，天津光机电产业企业数比较稳定。2012年、2013年、2014年1—6月天津光机电产业的企业数分别为381家、445家、

407家,占天津工业企业数比重分别为7.13%、8.27%、7.89%。与2012年相比,2013年天津光机电产业企业数同比增长16.80%,占天津工业企业数的比重增加了1.14个百分点。与2013年相比,2014年1—6月天津光机电产业企业数占天津工业企业数的比重减少了0.38个百分点。

从2012年到2014年6月,河北光机电产业企业数以稳定态势增长。2012年、2013年、2014年1—6月河北光机电产业的企业数分别为624家、737家、798家,占河北工业企业数比重分别为5.05%、5.83%、5.91%。与2012年相比,2013年河北光机电产业企业数同比增长18.19%,占河北工业企业数的比重增加了0.78个百分点。与2013年相比,2014年1—6月河北光机电产业企业数占河北工业企业数的比重增加了0.08个百分点。

从2012年到2014年6月,京津冀光机电产业企业数比较稳定。2012年、2013年、2014年1—6月京津冀光机电产业的企业数分别为1458家、1725家、1733家,占京津冀工业企业数比重分别为6.81%、7.94%、7.80%。与2012年相比,2013年京津冀光机电产业企业数同比增长18.31%,占京津冀工业企业数的比重增加了1.13个百分点。与2013年相比,2014年1—6月京津冀光机电产业企业数占京津冀工业企业数的比重减少了0.14个百分点。

表3-32　北京、天津、河北光机电产业企业数及占工业企业数的比重

地区、年份	指标	光机电产业企业数（家）	工业企业数（家）	占比（%）
北京	2012年	453	3692	12.27
北京	2013年	543	3701	14.67
北京	2014年1—6月	528	3548	14.88
天津	2012年	381	5342	7.13
天津	2013年	445	5383	8.27
天津	2014年1—6月	407	5158	7.89
河北	2012年	624	12360	5.05
河北	2013年	737	12649	5.83
河北	2014年1—6月	798	13509	5.91
京津冀	2012年	1458	21394	6.81
京津冀	2013年	1725	21733	7.94
京津冀	2014年1—6月	1733	22215	7.80

数据来源：根据国研网、国家统计局、北京市统计信息网、天津市统计信息网、河北省统计局数据整理。

从表 3-33 和图 3-22 可以看出,北京光机电产业中仪器仪表行业的企业数占北京光机电产业企业数的比重最高,医疗设备行业次之,数控机床行业再次,印刷机械行业最低。与 2013 年相比,2014 年 1—6 月的北京光机电产业各细分行业企业数占北京光机电产业企业数的比重,数控机床行业增加了 0.39 个百分点,印刷机械行业增加了 0.08 个百分点,仪器仪表行业减少了 0.62 个百分点,医疗设备行业增加了 1.12 个百分点。

表 3-33　　　　　　　　北京光机电产业细分行业企业数　　　　　　单位:家

年份 细分行业	2013 年	2014 年 1—6 月
数控机床	37	38
印刷机械	16	16
仪器仪表	171	163
医疗设备	68	72
其他	251	239

数据来源:根据国研网、国家统计局、北京市统计信息网数据整理。

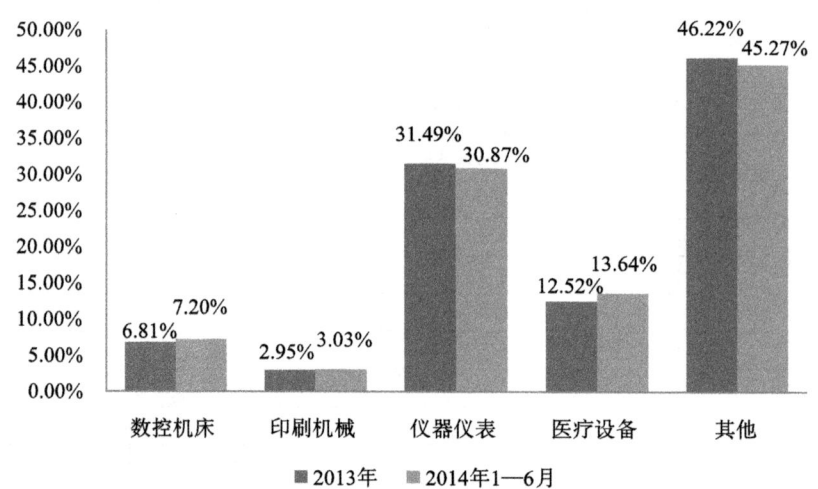

图 3-22　北京光机电各细分行业企业数占北京光机电产业企业数的比重

从表 3-34 和图 3-23 可以看出,天津光机电产业中仪器仪表行业的企业数占天津光机电产业企业数的比重最高,数控机床行业次之,医疗设备行业再次,印刷机械行业最低。与 2013 年相比,2014 年 1—6 月的天津光机电各细分行业企业数占天津光机电产业企业数的比重,数控机床行业减少了

0.07 个百分点,印刷机械行业增加了 0.03 个百分点,仪器仪表行业增加了 0.32 个百分点,医疗设备行业增加了 0.40 个百分点。

表 3-34　　　　　天津光机电产业细分行业企业数　　　　　单位:家

年份 细分行业	2013 年	2014 年 1—6 月
数控机床	55	50
印刷机械	13	12
仪器仪表	74	69
医疗设备	31	30
其他	272	246

数据来源:根据国研网、国家统计局、天津市统计局数据整理。

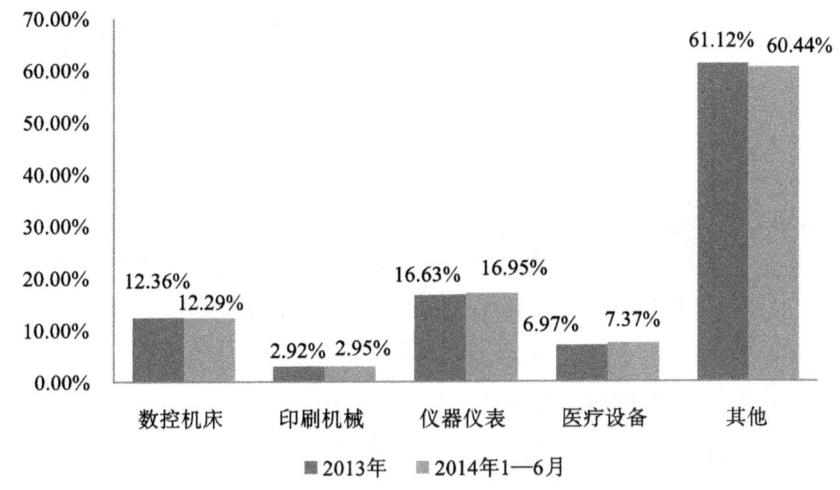

图 3-23　天津光机电各细分行业企业数占天津光机电
产业企业数的比重

从表 3-35 和图 3-24 可以看出,河北光机电产业中数控机床行业的企业数占河北光机电产业企业数的比重最高,仪器仪表行业次之,印刷机械行业再次,医疗设备行业最低。与 2013 年相比,2014 年 1—6 月的河北光机电各细分行业企业数占天津光机电产业企业数的比重,数控机床行业没变化,印刷机械行业减少了 0.08 个百分点,仪器仪表行业增加了 0.08 个百分点,医疗设备行业增加了 0.32 个百分点。

表 3 – 35　　　　　　　河北光机电产业细分行业企业数　　　　　　单位：家

年份 细分行业	2013 年	2014 年 1—6 月
数控机床	85	92
印刷机械	32	34
仪器仪表	65	79
医疗设备	17	21
其他	538	572

数据来源：根据国研网、国家统计局、河北省统计局数据整理。

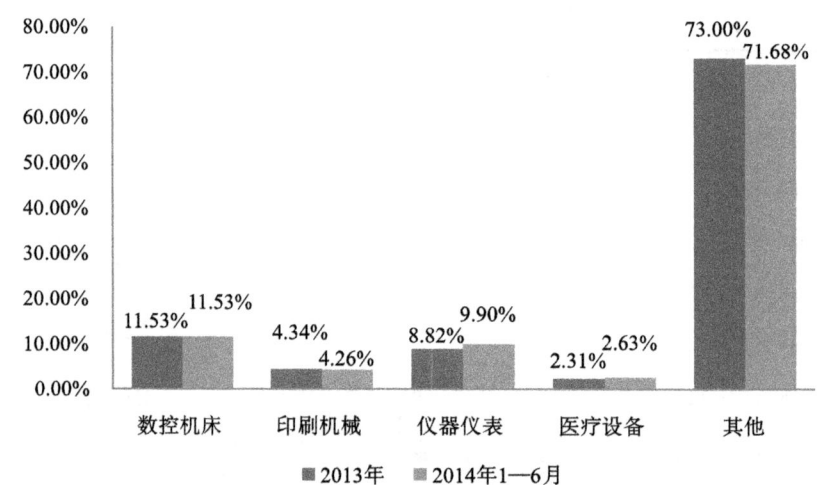

图 3 – 24　河北光机电各细分行业企业数占河北光机电产业企业数的比重

从表 3 – 36 和图 3 – 25 可以看出，京津冀光机电产业中仪器仪表行业的企业数占京津冀光机电产业企业数的比重最高，数控机床行业次之，医疗设备行业再次，印刷机械行业最低。与 2013 年相比，2014 年 1—6 月的京津冀光机电各细分行业企业数占京津冀光机电产业企业数的比重，数控机床行业增加了 0.13 个百分点，印刷机械行业增加了 0.04 个百分点，仪器仪表行业减少了 0.02 个百分点，医疗设备行业增加了 0.38 个百分点。

四、产业区域结构

本部分从工业总产值、出口交货值、利税总额、主营业务收入、总资产、从业人员、企业数这几个角度，比较北京、天津、河北光机电产业各细分行业占京津冀的比重，分析三个地区的行业优势。

表 3-36　　京津冀光机电一体化产业细分行业企业数　　单位：家

年份 细分行业	2013 年	2014 年 1—6 月
数控机床	177	180
印刷机械	61	62
仪器仪表	310	311
医疗设备	116	123
其他	1061	1057

数据来源：国研网、国家统计局、北京市统计信息网、天津市统计局、河北省统计局数据整理。

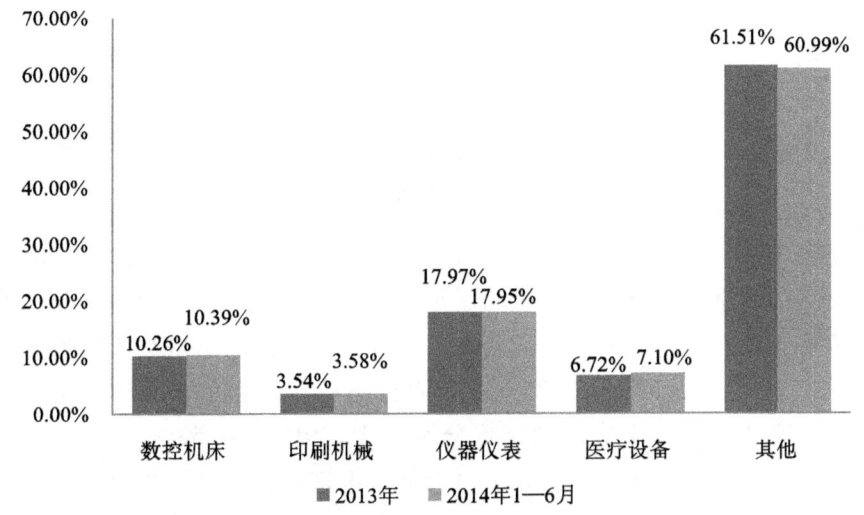

图 3-25　京津冀光机电各细分行业企业数占京津冀光机电产业企业数的比重

从图 3-26 可以看出，2014 年 1—6 月，北京、天津、河北光机电产业产值占京津冀总产值的比重分别为 30.49%、24.22%、45.29%。数控机床行业，北京、天津、河北产值占京津冀总产值的比重分别为 38.00%、15.40%、46.59%。印刷机械行业，北京、天津、河北产值占京津冀总产值的比重分别为 20.26%、18.43%、61.32%。仪器仪表行业，北京、天津、河北产值占京津冀总产值的比重分别为 63.55%、19.78%、16.67%。医疗设备行业，北京、天津、河北产值占京津冀总产值的比重分别为 61.94%、21.55%、16.51%。所以，在数控机床和印刷机械行业，河北所占比重最大，北京次之，天津最小；而在仪器仪表和医疗设备行业，北京所占比重最大，天津次之，河北最小；在整个光机电产业，河北所占比重最大，北京次之，天津最小。

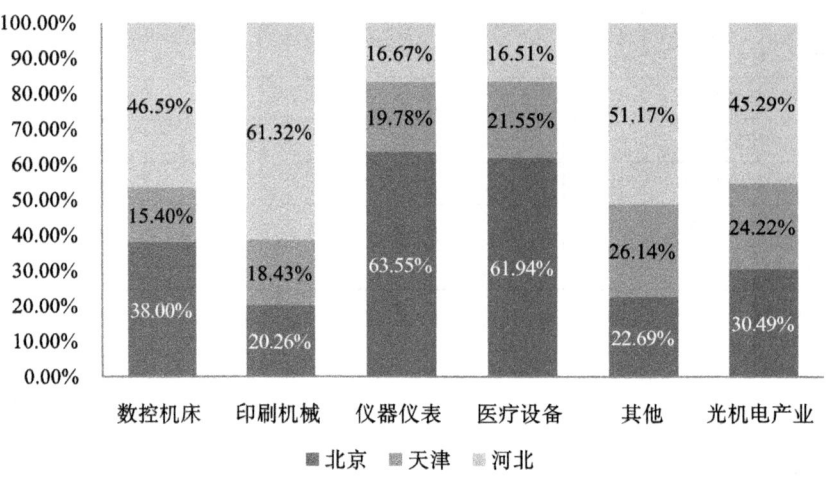

图 3-26　2014 年 1—6 月北京、天津、河北光机电及其细分行业总产值占京津冀总产值的比重

从图 3-27 可以看出，2014 年 1—6 月，北京、天津、河北光机电产业出口交货值占京津冀出口交货值的比重分别为 29.48%、36.31%、34.20%。数控机床行业，北京、天津、河北出口交货值占京津冀出口交货值的比重分别为 36.72%、49.53%、13.75%。印刷机械行业，北京、天津、河北出口交货值占京津冀出口交货值的比重分别为 25.29%、64.53%、10.17%。仪器仪表行业，北京、天津、河北出口交货值占京津冀出口交货值的比重分别为 32.60%、59.36%、8.05%。医疗设备行业，北京、天津、河北出口交货值占京津冀出口交货值的比重分别为 75.50%、11.80%、12.70%。所以，就出口交货值而言，在数控机床、印刷机械和仪器仪表行业，天津所占比重最大，北京次之，河北最小；在医疗设备行业，北京所占比重最大，河北次之，天津最小；在整个光机电产业，天津所占比重最大，河北次之，北京最小。

从图 3-28 可以看出，2014 年 1—6 月，整个光机电产业，北京、天津、河北利税总额占京津冀利税总额的比重分别为 44.00%、22.26%、33.74%。数控机床行业，北京、天津、河北利税总额占京津冀利税总额的比重分别为 50.13%、8.57%、41.31%。印刷机械行业，北京、天津、河北利税总额占京津冀利税总额的比重分别为 19.51%、20.49%、60.00%。仪器仪表行业，北京、天津、河北利税总额占京津冀利税总额的比重分别为 71.35%、

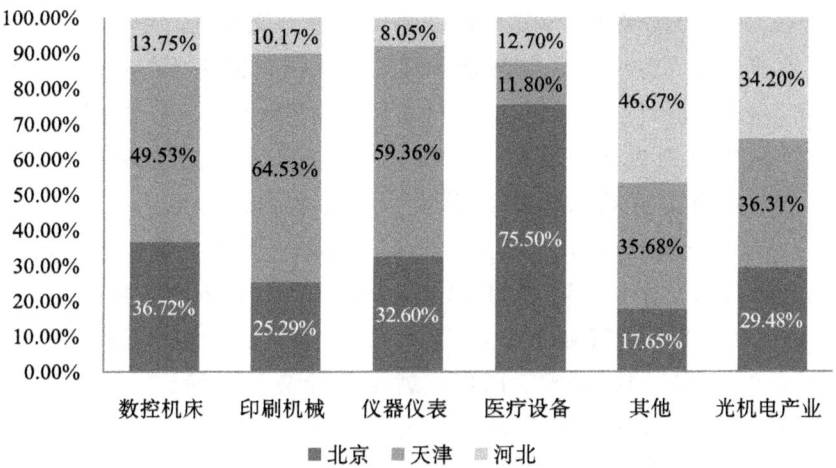

图 3-27　2014 年 1—6 月北京、天津、河北光机电及其细分行业出口交货值占京津冀出口交货值的比重

11.72%、16.93%。医疗设备行业，北京、天津、河北利税总额占京津冀利税总额的比重分别为 77.04%、13.60%、9.36%。所以，就利税总额而言，在光机电产业、数控机床和仪器仪表行业，北京所占比重最大，河北次之，天津最小；在医疗设备行业，北京所占比重最大，天津次之，河北最小。

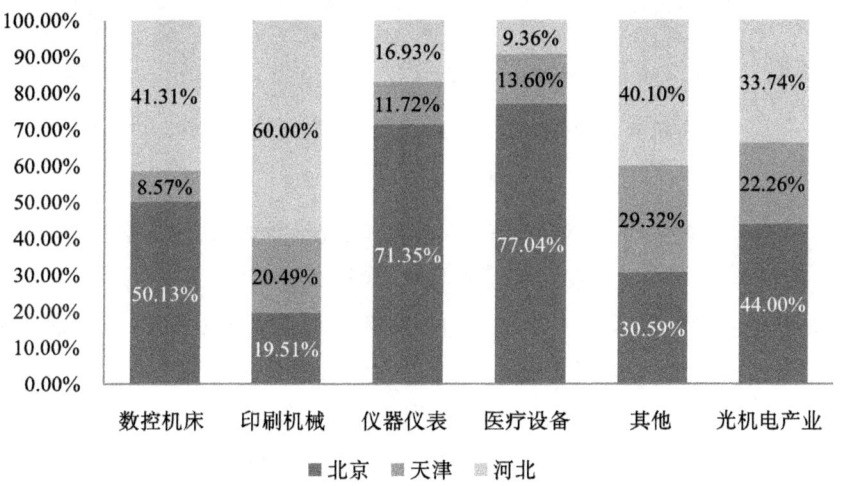

图 3-28　2014 年 1—6 月北京、天津、河北光机电及其细分行业利税总额占京津冀利税总额的比重

从图 3-29 可以看出，2014 年 1—6 月，整个光机电产业，北京、天津、河北主营业务收入占京津冀主营业务收入的比重分别为 30.74%、24.07%、45.19%。数控机床行业，北京、天津、河北主营业务收入占京津冀主营业务收入的比重分别为 34.91%、18.12%、46.97%。印刷机械行业，北京、天津、河北主营业务收入占京津冀主营业务收入的比重分别为 20.05%、18.59%、61.36%。仪器仪表行业，北京、天津、河北主营业务收入占京津冀主营业务收入的比重分别为 64.01%、19.23%、16.76%。医疗设备行业，北京、天津、河北主营业务收入占京津冀主营业务收入的比重分别为 62.52%、20.93%、16.56%。所以，就主营业务收入而言，在仪器仪表和医疗设备行业，北京所占比重最大，天津次之，河北最小；在光机电产业、数控机床和印刷机械行业，河北所占比重最大，北京次之，天津最小。

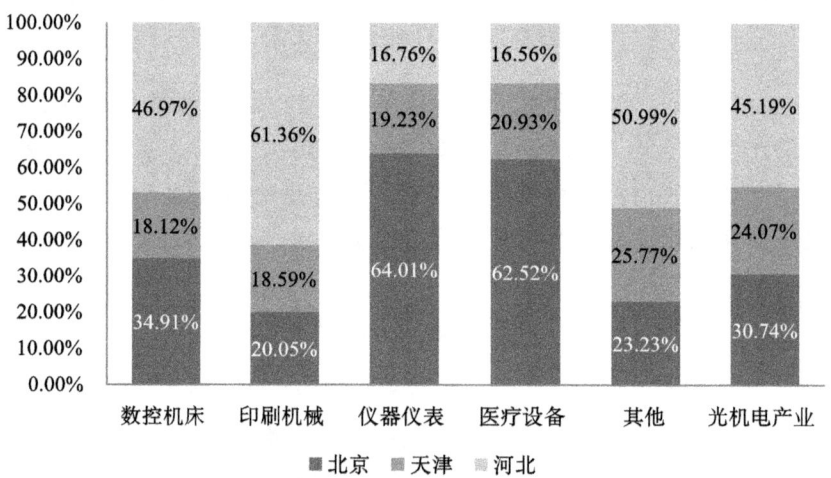

图 3-29　2014 年 1—6 月北京、天津、河北光机电及其细分行业主营业务收入占京津冀主营业务收入的比重

从图 3-30 可以看出，2014 年 1—6 月，整个光机电产业，北京、天津、河北总资产占京津冀总资产的比重分别为 45.37%、18.32%、36.31%。数控机床行业，北京、天津、河北总资产占京津冀总资产的比重分别为 51.29%、15.83%、32.88%。印刷机械行业，北京、天津、河北总资产占京津冀总资产的比重分别为 42.09%、34.50%、23.42%。仪器仪表行业，北京、天津、河北总资产占京津冀总资产的比重分别为 74.61%、11.16%、14.23%。医疗设备行业，北京、天津、河北总资产占京津冀总资产的比重分别为 77.19%、13.93%、8.87%。所以，就总资产而言，在印刷机械和医

疗设备行业，北京所占比重最大，天津次之，河北最小；在光机电产业、数控机床和仪器仪表行业，北京所占比重最大，河北次之，天津最小。

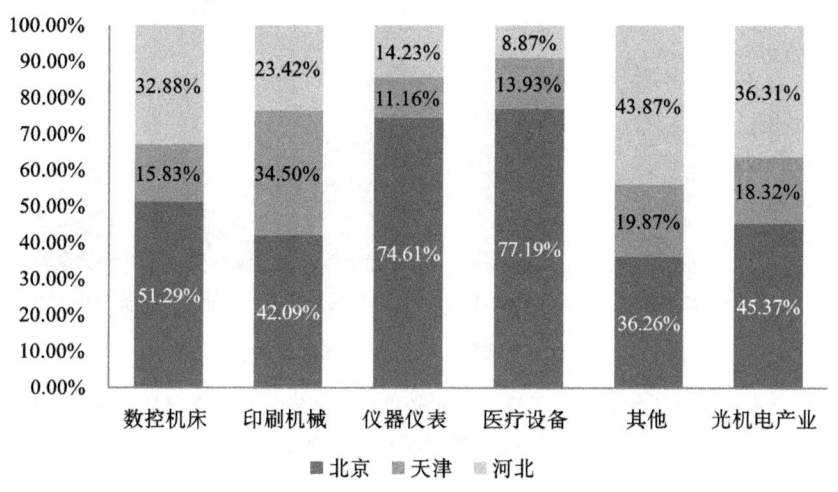

图 3-30　2014 年 1—6 月北京、天津、河北光机电及其细分行业总资产占京津冀总资产的比重

从图 3-31 可以看出，2012 年，整个光机电产业，北京、天津、河北全部从业人员平均人数占京津冀全部从业人员平均人数的比重分别为 32.87%、22.95%、44.18%。数控机床行业，北京、天津、河北全部从业人员平均人数占京津冀全部从业人员平均人数的比重分别为 27.43%、28.78%、43.79%。印刷机械行业，北京、天津、河北全部从业人员平均人数占京津冀全部从业人员平均人数的比重分别为 47.02%、1.15%、51.83%。仪器仪表行业，北京、天津、河北全部从业人员平均人数占京津冀全部从业人员平均人数的比重分别为 55.26%、19.34%、25.40%。所以，就全部从业人员平均人数而言，在光机电产业、印刷机械行业，河北所占比重最大，北京次之，天津最小。数控机床行业，河北所占比重最大，天津次之，北京最小。仪器仪表行业，北京所占比重最大，河北次之，天津最小。

从图 3-32 可以看出，2014 年 1—6 月，整个光机电产业，北京、天津、河北企业数占京津冀企业数的比重分别为 30.47%、23.49%、46.05%。数控机床行业，北京、天津、河北企业数占京津冀企业数的比重分别为 21.11%、27.78%、51.11%。印刷机械行业，北京、天津、河北企业数占京津冀企业数的比重分别为 25.81%、19.35%、54.84%。仪器仪表行业，

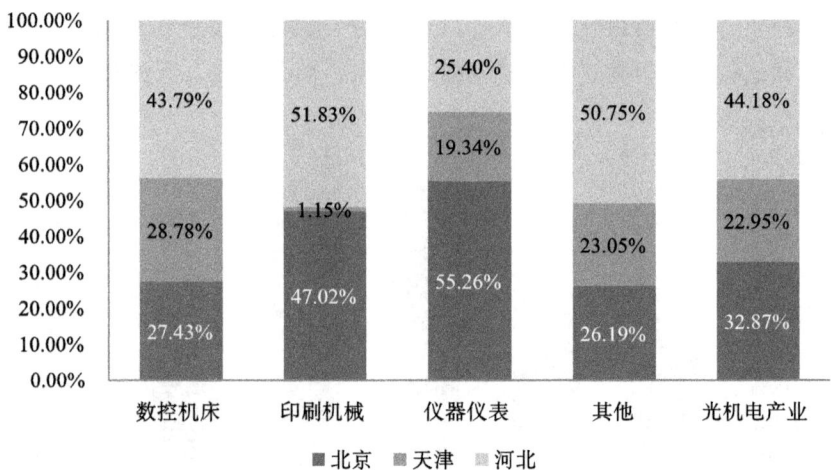

图3-31 2012年北京、天津、河北光机电及其细分行业全部从业人员平均人数占京津冀全部从业人员平均人数的比重

北京、天津、河北企业数占京津冀企业数的比重分别为52.41%、22.19%、25.40%。医疗设备行业，北京、天津、河北企业数占京津冀企业数的比重分别为58.54%、24.39%、17.07%。所以，就企业数而言，在光机电产业和印刷机械行业，河北所占比重最大，北京次之，天津最小。在数控机床行业，河北所占比例最大，天津次之，北京最小。在仪器仪表行业，北京所占比重最大，河北次之，天津最小。在医疗设备行业，北京所占比重最大，天津次之，河北最小。

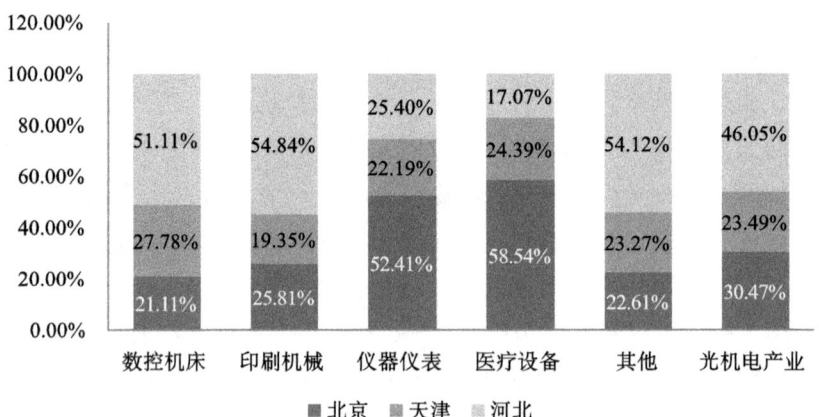

图3-32 2014年1—6月北京、天津、河北光机电及其细分行业企业数占京津冀企业数的比重

综上，北京的优势行业为仪器仪表行业和医疗设备行业，天津的优势行业为仪器仪表行业、医疗设备行业和其他，河北的优势行业为数控机床行业、印刷机械、其他和光机电产业。

第四节 京津冀光机电产业的技术创新能力分析

一、产业技术创新总体概况

由于无法找到细分行业的数据，我们仅考虑了光机电产业中的仪器仪表行业。

（一）科技研发活动状况

从表3-37、表3-38可以看出，2012年，北京共有工业企业3692家，其中有R&D活动的企业984家，占北京工业企业总数的26.65%。北京仪器仪表行业共有企业170家，占北京工业企业数的4.6%，其中有R&D活动的企业93家，占北京工业有R&D活动企业数的9.45%，占北京仪器仪表行业企业总数的54.71%。河北共有工业企业12360家，其中有R&D活动的企业765家，占河北工业企业总数的6.19%。河北仪器仪表行业共有企业60家，占河北工业企业数的0.49%。2012年天津共有工业企业5342家，其中有R&D活动的企业1272家，占天津工业企业总数的23.81%，共办科研机构756个，平均每家0.14个。天津仪器仪表行业共有企业65家，占天津工业企业数的1.22%，其中有R&D活动的企业32家，占天津有R&D活动企业的2.52%，占天津仪器仪表行业企业总数的49.23%，共办科研机构19个，平均每家0.29个。仪器仪表行业办科研机构相对于工业比重更高。

综上，北京仪器仪表行业有R&D活动企业数所占比例最高，天津次之。

表3-37　　2012年北京、天津、河北有R&D活动企业情况表

地区、行业	指标	企业总数（家）	有R&D活动企业数（家）	比重（%）
北京	工业	3692	984	26.65
	仪器仪表行业	170	93	54.71

续表

地区、行业	指标	企业总数（家）	有R&D活动企业数（家）	比重（%）
天津	工业	5342	1272	23.81
	仪器仪表行业	65	32	49.23
河北	工业	12360	765	6.19
	仪器仪表行业	60		

数据来源：《北京统计年鉴2013》、《天津统计年鉴2013》、《河北经济年鉴2013》。

表3-38　　　　　　　　2012年天津企业科技机构情况表

行业	指标	企业总数（家）	企业办科技机构数（个）	比重（%）
工业		5342	765	0.14
仪器仪表行业		65	19	0.29

数据来源：《天津统计年鉴2013》。

（二）科技人员状况

从表3-39可以看出，2012年北京工业全部从业人员平均人数为1189000人，其中研究与实验发展（R&D）人员为75543人，占工业全部从业人员平均人数的6.35%。仪器仪表行业全部从业人员平均人数为32593人，其中研究与实验发展（R&D）人员为3868人，占仪器仪表全部从业人员平均人数的11.89%，占工业研究与实验发展（R&D）人员的5.12%。可见，北京仪器仪表行业从业的基本技术水平高于北京工业。

表3-39　　　　　2012年北京研究与实验发展（R&D）人员情况表

行业	指标	全部从业人员平均数（人）	研究与实验发展（R&D）人员（人）	比重（%）
工业		1189000	75543	6.35
仪器仪表行业		32539	3868	11.89

数据来源：《北京统计年鉴2013》。

二、技术创新的投入状况

研究与实验发展（R&D）经费来源主要有金融机构贷款、政府资金、企业资金、国外资金和其他资金等。从表3-40可以看出，2012年北京仪器仪表行业研究与实验发展（R&D）经费内部支出为6.68亿元，占北京工业研究与实验发展（R&D）经费内部支出的3.39%。天津仪器仪表行业研究与实验发展（R&D）经费内部支出为2.42亿元，占天津工业研究与实验发展（R&D）经费内部支出的0.95%。河北仪器仪表行业研究与实验发展（R&D）经费内部支出为0.89亿元，占河北工业研究与实验发展（R&D）经费内部支出的0.45%。京津冀仪器仪表行业研究与实验发展（R&D）经费内部支出为9.99亿元，占京津冀工业研究与实验发展（R&D）经费内部支出的1.53%。可以看出北京仪器仪表行业研究与实验发展（R&D）经费内部支出占工业的比重最高，天津次之，河北最低。

表3-40　　　2012年北京、天津、河北研究与实验发展（R&D）经费内部支出情况表

地区 指标	工业经费支出（亿元）	仪器仪表行业经费支出（亿元）	比重（%）
北京	197.34	6.68	3.39
天津	255.8	2.42	0.95
河北	198.09	0.89	0.45
京津冀	651.23	9.99	1.53

数据来源：《北京统计年鉴2013》、《天津统计年鉴2013》、《河北经济年鉴2013》。

三、技术创新的产出状况

从表3-41可以看出，2012年北京仪器仪表行业专利申请数量为805件，占北京工业专利申请数量的3.99%，其中发明专利376件，占北京工业发明专利数量的3.64%。

2012年天津仪器仪表行业R&D项目数为367项，占天津工业R&D项目总数的3.04%。天津仪器仪表行业专利申请数量为391件，占天津工业专利申请数量的2.97%，其中发明专利为120件，占北京工业发明专利数量的2.31%。

2012年河北仪器仪表行业R&D项目数量为122项，占河北工业R&D项目总数的1.61%。

综上，从R&D项目数量看，天津仪器仪表行业占天津工业的比重比河北高1.43个百分点。从专利申请数量看，北京仪器仪表行业占北京工业的

比重比天津高 1.02 个百分点。从发明专利看,北京仪器仪表行业占北京工业的比重比天津高 1.33 个百分点。

表 3-41 2012 年北京、天津、河北科技项目(课题)和专利情况表

地区、指标	行业	工业	仪器仪表行业	比重
北京	专利申请数(件)	20189	805	3.99%
	发明专利(件)	10318	376	3.64%
天津	R&D 项目数(项)	12062	367	3.04%
	专利申请数(件)	13173	391	2.97%
	发明专利(件)	5195	120	2.31%
河北	R&D 项目数(项)	7574	122	1.61%

数据来源:《北京统计年鉴2013》、《天津统计年鉴2013》、《河北经济年鉴2013》。

从表 3-42 可以看出,2012 年北京仪器仪表行业新产品产值为 103.95 亿元,占北京工业新产品产值的 3.09%;仪器仪表行业新产品销售收入为 105.96 亿元,占北京工业新产品销售收入的 3.19%;新产品出口值为 5.22 亿元,占北京工业新产品出口值的 0.94%。

表 3-42 2012 年北京新产品情况表

指标	行业	工业	仪器仪表行业	比重
新产品产值(亿元)		3360.68	103.95	3.09%
新产品销售收入(亿元)		3317.63	105.96	3.19%
出口值(亿元)		557.25	5.22	0.94%

数据来源:《北京统计年鉴2013》。

第五节 京津冀光机电产业绿色可持续发展研究

一、京津冀光机电产业发展环境分析

(一)外部环境

近年来,随着改革的不断深入,在国内政治稳定、经济自主性增长不断

增强的态势下，京津冀社会经济迎来了又一轮稳定增长阶段，这无疑为京津冀支柱产业发展提供了良好的机遇。另外，国内外市场的加速开放将为京津冀高新技术产业的发展开拓新的空间。加入世界贸易组织后，京津冀的人力资源、综合的技术能力和良好的产业基础将吸引国内外更多的资金、技术和人才，这为京津冀迅速扩大产业规模、提升产业层次、积极主动地参与国际分工和开拓市场提供了难得契机。我国"十二五"规划指出，仪器仪表行业已成为国际社会各国家争相提高生产水平及产品高科技产业重要的国际战略行业，数控机床市场需求旺盛，我国将持续加大对该产业的投入，即光机电产业将是我国重点发展产业之一。"十二五"期间，我国将加快研发与物联网技术应用相结合的光电子、光机电产品和系统，构建从光电子材料到器件、整机、系统和配套加工装备的产业链。大力发展大型重型精密复合数控机床、高端电力和电子设备等。同时，我国将以支撑加快经济发展方式转变为主线，以提高自主创新能力为核心，着力促进产业结构优化升级。这为京津冀光机电产业的科技创新、技术水平提高、产业优化、产业升级提供了发展方向。另外，长三角、珠三角光机电产业的发展对京津冀光机电发展有重要的参考价值，京津冀可以在结合自己优势的同时，有所取舍地借鉴长三角、珠三角的经验，减少不必要的投入。

（二）内部环境

1. 政策环境。《北京经济技术开发区条例》办法（1998年4月29日北京市人民政府令第3号发布）、《北京市"十五"时期高新技术产业发展规划》（2001年9月11日）、《北京市关于进一步促进高新技术产业发展的若干规定》（2001年11月9日）、各年度《北京市当前优先发展的高技术产业化重点领域指南》及北京经济技术开发区制定的各项优惠政策（45条）的实施为光机电产业营造了良好的发展环境，从而推进了光机电产业的发展，推动了世界500强及光机电行业领先企业对BDA的投资。另外，《关于振兴北京现代制造业的意见》（2003年2月）明确把光机电产业作为北京市发展现代制造业的重点领域之一，并将其确立为发展首都经济的新的支撑点之一，明确提出力争用5到8年的时间，把北京建成我国现代化的光机电产业的北方综合基地，这就为北京经济技术开发区的光机电产业基地的建设创造了巨大的发展空间。《北京市关于加快培育和发展战略性新兴产业的实施意见》（2011年7月21日）提出优化发展高端装备制造业和推动现代制造业高端发展，坚持"高端化、绿色化、智能化"发展方向，重点在轨道交通运行控制系统、高端数控机床、工业自动化控制系统等一批重大关键技术上实现突破。加速建设战略性新兴产业基地和高端制造业专业集聚区。

天津"十二五"纲要提出要完善自主创新体系，培育自主创新主体，优化创新创业环境，积极抢占科技制高点，促进科技成果向现实生产力转化，显著提升创新能力和竞争能力。为光机电产业发展创造了良好的科技创新环境。加快建设高端产业聚集区，积极引进战略性新兴产业和优势产业龙头项目、高端项目、关联项目，提高产业集中度，延伸产业链条。推进国家创新型城区试点，建设滨海高新区国家创新型科技园区，加快聚集国家级和世界知名科研机构，培育壮大国家生物医药创新园、国家民航科技产业化基地、天津大学滨海工业研究院等创新载体，加快重大科技成果转化，推进智能化发展，建设科技创新领航区。加快确立北方国际航运中心和国际物流中心地位。

河北"十二五"纲要提出以实施人才强省战略为手段，推进河北创新型建设。加快构建科技创新体系，构建以企业为主体、市场为导向、产学研相结合的技术创新体系，提高全社会研发经费投入占生产总值的比重。加快发展高新技术开发区等各类创新园区，加快建设重点实验室、工程技术研究中心等技术创新平台，突破一批资源环境领域的关键技术。加快战略型新兴产业发展，促进新能源、新材料、生物医药、新一代信息、高端装备制造、节能环保、海洋经济快速增长。加强推进节能减排，坚定有序地淘汰钢铁、煤炭、水泥、玻璃、造纸、制革等行业的落后产能，大力发展循环经济。

2. 人才环境。清华大学、北京航空航天大学、北京工业大学、天津大学、南开大学、河北工业大学等高校，中国科学院、华北光电技术研究所、工业自动化研究所、北京市机电研究院等科研院所，目前从事光机电领域研究、开发的人才近万人，相关基础人才及后备力量十分丰富，有助于京津冀光机电产业的技术创新。

3. 产业环境。在京津冀地区，已经形成了一些高新技术开发区和基地。北京市光机电一体化产业基地成立于 2001 年 7 月 23 日，规划面积 7.5 平方公里。2002 年 3 月光机电基地建设领导小组制定了"聚焦光机电"的战略决策，由此光机电产业基地步入快速发展的阶段。园区以高新技术产业为主，传统产业改造提升为辅，在产业规划上重点发展微电子、光电子、数控机床、印刷机械、智能仪器仪表、医疗设备、电子专用设备、激光技术、机器人等主导产业。目前，中科院半导体研究所占地 40 亩、投资 1.5 亿元生产 6 英寸砷化镓的中科镓英项目和北京民族印刷厂占地 72 亩、投资 1.2 亿元的项目都已经入驻基地。河北邢台经济开发区内的天山光机电产业园，主要以机械、新能源、信息产业、电力、科技服务类等产业。天津开发区的发展定位是建成高新技术产品制造基地和高新技术成果转化基地，坚持两条腿走路，资本引进和技术创新相结合，电子通讯、生物制药、食品饮料、机械制造为其支柱产业。目前天津开发区形成了以移动通讯、微电子、汽车电子显示器、电子元器件和家庭视听系统设备等产业群。高新技术开发区为光机电产业提供了良好的发展环境。

二、京津冀光机电产业绿色可持续发展状况与突出问题

近几年，为了实现可持续发展的要求，京津冀在注重经济效益的同时开始注重资源、能源的节约和环保。河北唐山曹妃甸大力发展绿色循环经济，减少能源消耗，发展了一条以绿色发展为基调的循环经济链条。专家指出，河北省把工业转型升级与环境保护捆绑在一起进行推动。北京开展绿色回收活动，街道将环境污染严重的可再生垃圾，如牛奶袋、旧电池、废塑料等收集后统一交给环保企业进行资源再利用。北京奔驰提出了"绿色产品、绿色生产、绿色消费、绿色市场"的环保愿景，秉承"实现绿色制造，走可持续发展之路"的环保理念。天津市大力发展绿色制造，加速淘汰和化解过剩产能。天津市统计局的资料显示，2013 年天津共关闭污染企业 669 家，停产整治污染企业 144 家，淘汰 140 万吨炼铁产能、229 万吨水泥落后生产产能。一些企业为实现绿色可持续发展也做出了努力。

（一）京城控股公司

京城机电控股公司环保产业领域的主要企业有北京机电院高技术股份公司和北京京城环保产业发展有限责任公司。机电院股份公司专业从事环保行业近四十年，享有"固废处置专家"的美誉，拥有十几项国家专利和多项国家重点新产。其中危险废物处理设备国内市场占有率第一；污泥热处置设备国内领先。公司已成为国内大型环保设备制造商和总承包商，积极实践环保设施运营商，打造为客户提高全面解决方案的国内领先的专业环保集团公司。京城环保主营压缩机制造、成套和城市环保工程项目的开发运营，是目前国内唯一一家获得《核级压缩机设计、制造认证》的压缩机制造企业，其隔膜压缩机在国内一直居于主导地位。环保产业将以危废处理为基础，全力拓展城市生活垃圾处理、餐厨垃圾处理和废旧金属拆解领域，培育发展污水污泥处理、生物质能源等新兴领域，加快发展废塑料综合处理与资源化利用项目的实施，力争成为国内领先的提供环保全面解决方案的环境服务供应商。

2014年9月16日，机电院股份公司承建的佛山南海污泥干化处置项目，以全面优于合同约定的各项工艺指标，日前顺利通过验收投入生产。该项目的投产运行标志着国际先进的污泥干化技术工艺、设备和处理理念成功落户中国，不仅对同类项目具有极高的示范意义，也是行业内资源循环利用的典范。项目采用国际先进的干化设备和工艺，将含水率80%的湿污泥干化至含水率为30%的干污泥，干化后污泥与生活垃圾焚烧系统协同焚烧发电。干化过程中产生的热水回到热电厂循环利用，整个污泥干化过程的废气、废水全部经处理达标后排放。机电院股份公司借助国家级污泥工程中心平台，整合国内外资源，攻坚克难，大胆尝试，成功解决了影响设备工艺性能和系统处理能力的一系列技术、工程问题，打破了污泥处置行业进口干化设备国内长期水土不服的怪圈，实现了国内第一个高标准、上规模与生活垃圾协同处置污泥项目的安全、环保、达产、稳定运行。

（二）北人印刷机械股份有限公司

2013年11月26－28日，北人印刷机械股份有限公司（以下简称北人）参加了在京举行的"2013年北京绿色印刷产业促进商务交流会暨2013出版印刷创新论坛"。北人介绍了两大绿色环保印刷解决方案：BEIREN106—1＋L＋C对开单色多功能平版印刷机以及新型的"热敏标签快递单据"印刷设备。

作为印刷行业发展的主流方向，绿色印刷已成为业界同仁共同关注的话题之一，北人作为中国印刷设备制造业的龙头企业，审时度势，根据目前国内印刷市场的发展情况，率先推出了一系列绿色环保印刷解决方案：（1）对开单色多功能平版印刷机。BEIREN106—1＋L＋C对开单色多功能平版印刷机是北人带给国内用户的一个全新的印刷解决方案，综合了印刷、激光、逆向环保等功能，实现印刷、上光和诸多后续工艺一体完成。（2）热敏标签快递单据印刷设备。该设备印刷快递单采用三联式标签工艺，底纸和中纸为格拉辛纸，面纸是热敏纸。用该技术制作而成的物流标签快递单，具有提升物流效率、降低生产成本、绿色环保优势。（3）卫星式柔性版印刷机。FCI300卷筒料卫星式柔性版印刷机结构紧凑，节省空间，采用集成式烘干系统保证了干燥的同时，实现了高风速，低温度，减少了中心大滚筒的温升，比传统的热风结构需要更少的气量，提高热能的利用，节约能源，具备自动套色功能，无需停机测量误差，准确快捷，节约时间和印刷材料，可谓是技术一流、环保卫生。

（三）大恒新纪元科技股份有限公司

大恒新纪元科技股份有限公司（以下简称"大恒集团"）2013年11月上旬参加了以"制造：数字和绿色"为主题的第十五届中国国际工业博览会。大恒集团在工博会上推出了能助力"中国制造"品质升级的多项创新技术和产品，其中大恒旗下北京图像视觉技术分公司的"机器视觉"和"工业自动检测"产品成为整个北京展团上的亮点。在为期五天的活动中，大恒图像作为北京高科技企业的杰出代表将首都"以创新驱动引领信息技术潮流，以科技文化点亮智慧城市之光"的发展理念传递给所有观众，更紧扣工博会"制造：数字和绿色"的主题将自动检测技术与机器视觉技术的最尖端成果展现出来，用自己的创新能力助力"中国制造"健康发展。

虽然京津冀已经意识到能源、环境与发展的矛盾已成为世界各国普遍面临的战略问题，制造业作为经济发展的支柱产业，实行绿色制造对可持续发展至关重要。但是京津冀制造业绿色制造的发展中仍存在以下问题：思想认识不足，观念意识淡薄；生产技术水平低，低端产能过剩，技术改造乏力；能耗排放超标，工艺水平落后；产业链条有待完善，没有从原材料到产品回收处理的闭环产业链条；技术标准缺失，管理服务薄弱。

三、绿色供应链模型研究

由于光机电产品生产过程中会产生各种污染环境的废气，如二氧化碳、二氧化硫等，分别建立基于碳配额交易体系和政府税收的供应链模型，说明市场配置和政府宏观调控对产品定价和企业利润的影响，对企业生产低碳产品还是普通产品的决策产生一定影响，为实现低碳化提供一定的依据，同时对京津冀光机电产业实现绿色可持续发展有一定的参考价值。

（一）基于政府税收的供应链模型

在低碳环境下，由于消费者对低碳产品的潜在需求，为了提升企业的核心竞争力，制造商已经开始投入生产低碳产品。政府为了遏制企业的二氧化碳排放，以征收碳税作为制约机制。

市场需求 $D(p) = a - bp$，$b > 0$。制造商按订单生产，每单位产品的生产成本为 c，在生产过程中每单位产品的碳排放量为 e，政府对每单位碳排放征收碳税 t，制造商以每单位批发价格 w 向零售商供应产品。零售商每单位价

格 p 销售产品，$p > w > c$。制造商先制定批发价格 w，零售商根据已知的 w 确定最优销售价格 p。

零售商和制造商的利润函数分别为

$$\pi^r(p) = (p-w)(a-bp) \tag{1}$$

$$\pi^m(w) = (w-c)(a-bp) - e(a-bp)t \tag{2}$$

定理1 （i）对于给定的批发价格 w，零售商的最优销售价格

$$p^*(w) = \frac{a+bw}{2b} \tag{3}$$

（ii）制造商的最优批发价格、零售商的最优销售价格和市场需求量分别为

$$w^* = \frac{a+bc+bet}{2b}, \quad p^* = \frac{3a+bc+bet}{4b}, \quad D(p^*) = \frac{a-bc-bet}{4} \tag{4}$$

（iii）制造商和零售商的最优利润分别为

$$\pi^r(p^*) = \frac{(a-bc-bet)^2}{16b}, \quad \pi^m(w^*) = \frac{(a-bc-bet)^2}{8b} \tag{5}$$

证明。根据（1）式，容易验证对于给定的批发价格 w，$\pi^r(p)$ 是 p 的严格凹函数，则令一阶条件 $\partial \pi^r(p)/\partial p = 0$，即得 $p^*(w)$。将（3）式代入（2）式，容易验证 $\pi^m(w)$ 是 w 的严格凹函数，则令一阶条件 $\partial \pi^m(w)/\partial w = 0$，即得 w^*，将 w^* 代入（3）式得 p^*，将 p^* 和 w^* 分别代入（1）式和（2）式即得（5）式。

根据定理1（ii）和1（iii）可以看出，随着政府税率的增加，制造商的最优单位批发价格和零售商的最优单位销售价格都增加，且批发价格的增加幅度大于销售价格的增加幅度；产品市场需求减小；制造商和零售商的最优利润减小，且制造商利润的减小幅度大于零售商利润减小的幅度。说明制造商比零售商对碳关税的变化更加敏感。随着碳关税的持续增加，该产品的价格越来越高，导致需求量越来越少，最终退出市场，即实行碳关税政策可以有效控制碳排放量。

（二）基于碳配额交易体系下的供应链模型

在《京都议定书》的约束下，任何国家的碳排放权成为一种稀缺的资源，使得碳排放权具有商品的属性，产生了以 CO_2 排放为商品的市场，碳交易是通过市场手段解决温室气体排放的手段。实行碳排放权交易是节能减排的重要市场机制，有利于企业节能减碳管理水平的提升，降低企业综合节能减排成本。2011年10月，北京市被国家发展改革委正式批准为国家首批碳

排放权交易试点城市。2012年3月28日北京市启动了碳排放权交易试点工作。2013年11月28日,北京市碳排放权交易在北京市环境交易所正式开市,继深圳、上海之后,北京成为我国第三个正式启动碳排放交易试点的省市。自开市至2014年4月底,北京市碳排放权线上交易共产生77笔,成交量共计59950吨,成交额共计约3222420元,成交均价53.17元/吨。据数据统计,北京碳市场交易量价齐升,继续保持稳中增长态势。用市场机制让企业意识到,过度占用环境资源需要偿付代价,利用低碳技术等途径减少碳排放,则可以通过碳交易市场碳结余收益,企业参与的积极性也在逐步提高。

与(一)中模型不同的是,政府在期初免费分配给制造商一定数量的碳配额 E,c' 为单位碳配额的交易价格,其余相同。则零售商的利润函数不变,仍由(1)式给出,则给定批发价格 w 时,$p^*(w) = \dfrac{a+bw}{2b}$。

制造商的利润函数为

$$\pi^m(w) = (w-c)(a-bp) + c'[E-(a-bp)e] \tag{6}$$

定理2(i)制造商的最优批发价格、零售商的最优销售价格和市场需求量分别为

$$w^* = \frac{a+bc+bc'e}{2b},\ p^* = \frac{3a+bc+bc'e}{4b},\ D(p^*) = \frac{a-bc-bc'e}{4} \tag{7}$$

(ii)制造商和零售商的最优利润分别为

$$\pi^r(p^*) = \frac{(a-bc-bc'e)^2}{16b},\ \pi^m(w^*) = \frac{(a-bc-bc'e)^2}{8b} + c'E \tag{8}$$

根据定理2可以看出,随着碳交易价格的增加,制造商的单位批发价格和零售商的单位销售价格都增加,且批发价格的增加幅度大于零售价格的增加幅度,即制造商对碳交易价格变动比零售商更加敏感;市场需求减小,即适当的提高碳交易价格可以有效控制碳排放量。随着碳交易价格的增加,零售商的最优利润减小。当碳配额 $E > \dfrac{(a-bc-bc'e)e}{4}$ 时,制造商的最优利润随着碳交易价格的增加而增加,$E < \dfrac{(a-bc-bc'e)e}{4}$ 制造商的最优利润随着碳交易价格的增加而减小。可见制造商的行为受到碳配额的影响,当碳配额低于某一关键值时,制造商的利润随着碳交易价格的增加而减小,制造商会适当减少产品的生产,进而减少碳排放量。所以,政府设定碳配额不能过大,过大将起不到限制碳排放的效果。

第六节　京津冀光机电产业的发展策略

一、京津冀光机电产业的优势和劣势分析

（一）京津冀光机电产业的优势分析

1. 京津冀光机电产业的优势。北京是我国的政治经济文化中心，天津具有重要的物流运输优势，河北具有丰富的资源，三个地区相互结合，优势互补，使京津冀在发展光机电产业方面具有得天独厚的优势。

（1）政府政策支持。北京市人民政府十分重视光机电一体化产业的发展。2009年9月，北京市人民政府制定发布了《促进城市南部地区加快发展的行动计划》，着力在南部地区打造现代制造业新区，建设南部增长极，配套支持政策不断集成，城市南部地区发展基础设施建设明显加快、重大产业项目和特色主导产业加速积聚，为北京的光机电产业发展提供了更加广阔的空间。在"十二五"规划纲要中，北京、天津、河北对于发展高端装备制造产业提出了明确要求，体现出了各地政府对于发展光机电产业的关注。

（2）经济基础雄厚。北京是我国的政治经济和文化中心，作为我国对外交流的重要枢纽，众多的国内外公司均在北京设有总部或办事处，这就促进了北京的经济快速发展。天津具有港口优势，现代物流的发展促进了天津经济的快速发展。这就为京津冀发展光机电产业奠定了良好的经济基础。

（3）人才储备丰富。北京作为中国首都聚集了来自国内外各行各业的人才，拥有国家重点实验室、研究所。同时，北京的清华大学、北京大学，天津的南开大学、天津大学，河北的河北工业大学等国内外顶尖大学，为京津冀的光机电产业发展储备了足够的人才。

（4）产业链完备。改革开放以来，北京、天津、河北凭借自身的地域和人才等多方面优势，工业发展成就显著；天津在加工制造业和港口具有优势；河北具有丰富的自然资源。这为京津冀发展现代制造业奠定了完备的产业基础。

2. 京津冀光机电产业的劣势。通过前面的分析，我们必须看到，京津冀在发展光机电产业上存在很大优势，但与发达国家和国内先进地区比还有较大的差距，还存在不少劣势，主要表现在：

（1）京津冀光机电产业的政策法规体系还不够完善。虽然北京、天津、河北三地政府在发展光机电产业方面出台了不少的支持性政策法规，但依然没能形成完善的政策法规体系，这十分不利于光机电产业的发展。

（2）技术创新投入不足，技术创新能力低下。京津冀光机电产业在技术创新投入上仍显不足，这也导致产业技术创新能力低下，在国内外市场上缺乏竞争力，影响了行业技术发展。技术投入不足，武器装备水平落后，工艺落后，造成能耗和排放水平停留在行业水平之下。

（3）京津冀地区的人力资源分布存在明显的不均衡。北京是我国智力密度最高的城市，大学数量多，科研机构最为集中，两院院士大多集聚于此，是我国重要的创新基地，人才、智力的优势极大地促进了北京市高技术产业的发展。天津市大学数量虽然不及北京，但也有南开大学、天津大学等几所在国内颇具影响力的大学，科研机构的数量、水平远高于河北省。河北省大学数量较少，名校稀缺，高技术人才的存量及对人才的吸引力与京津远不在同一线上。人力资源的不均衡导致京津冀地区科技技术水平的差异，影响京津冀的协同发展。

（4）光机电产业科研活动资金来源过于单一，基本依赖企业资金，而政府资金和国外资金支持不够。

（5）光机电产业涉及的细分行业过多，产业间关联度不大、发展不平衡，产业间的协调配套能力不强。行业发展重点不够突出，各种要素资源被分散使用，没有形成有竞争力的技术和产品，关键设备未能实现自主化。

（6）主导产品发展缓慢，在国内有影响、市场覆盖率大的名牌产品少，一些有技术优势的产品没有形成经济规模。

（7）京津冀光机电产业发展同质化严重。北京、天津、河北各地在数控机床、医疗设备、仪器仪表、印刷机械等行业都有所发展，虽然北京、天津在医疗设备和仪器仪表行业略占优势，河北在印刷机械和数控机床行业略占优势，但是三地没有做到资源合理利用，发挥地区优势，导致京津冀地区的光机电产品中低档产品产能过剩，高效节能产品供给不足，仍依赖于进口。

（8）光机电产品循环利用绿色发展工作不到位。对于很多光机电产品，没有做好废旧产品的回收利用和处理，比如可拆卸光机电产品的部分零部件是可以加工再利用的，对于污染性较强的废旧光机电产品的处理，这些处理不好都会造成资源的浪费和环境污染。

(二)京津冀光机电产业发展思路、重点目标

京津冀光机电产业建设与发展的总体构想是借助和发挥京津冀科教、高新技术产业以及经济、社会的整体优势,以科技园、大学城、高校和科研院所、高新技术产业开发区和经济开发区、各大产业聚集基地为依托,建设一个集科研开发、人才培养、成果转化和产业聚集的光机电产业基地,形成以高新技术和外向型经济为主导的产业格局和现代制造业的聚集区,形成进一步提升京津冀整体创新能力和核心竞争力的经济支撑点。光机电产业的总体发展思路可概括为:第一,要处理好整体跟进和重点跨越的关系、技术引进和自主创新的关系。光机电产业要紧紧跟上国际国内先进水平,实行整体跟进,全面提升光机电的技术水平。同时,要力保在一些重点领域实现跨越,以此促进和带动整体跟进。要积极引进国外先进技术,快速提高京津冀光机电产业的整体水平,同时又要坚持自主创新,为实现重点跨越提供技术保障。第二,实现传统技术向高技术转化、高技术向产业化转化。要坚持用高技术改造、提升传统行业或领域,使这项行业迅速更新,又要积极推进已经掌握的高技术尽快向产业化转化。第三,既要重视大中型企业的发展,又要大力扶持发展科技型中小企业,为实现"整体跟进、重点跨越"提供组织保障。

当前世界正孕育新一轮科技革命和创新突破,经济、科技发展的新格局正在形成,高新技术的发展,我国转变经济发展方式、建设创新型国家步入攻坚阶段。京津冀光机电产业发展正值大有可为的重要战略机遇期,面临着新的发展机遇和挑战。

根据北京、天津、河北对发展高端装备制造产业的要求(发挥骨干企业带动效应,提高整机、关键零部件以及高端通用仪器仪表的设计制造能力,提升重大装备成套化水平,实现关键装备的自主化),及三地光机电产业发展现状,我们提出三地光机电产业发展的思路与重点目标如下:

1. 提高京津冀光机电产业的科研投入,提高技术创新能力,增强产业竞争力。

2. 加速数控机床、仪器仪表、印刷机械和医药设备等细分产业的研发与产业化。

3. 建成高技术研究和知识创新基地、国内重要的科技成果转化及产业化基地、创新创业人才培养和集聚基地、国家重要的科技服务示范基地。

4. 结合北京、天津、河北的财力、人力、物力优势,确定各地区的重点

发展行业，做到优势互补，协同发展。

(三) 京津冀光机电产业发展策略

1. **建立健全产业发展政策法规体系。** 2014年1—6月与2013年同期相比，北京光机电产业总产值占工业总产值的比重下降了1.15个百分点，天津、河北光机电产业总产值占工业总产值的比重分别增长了0.07个百分点、0.25个百分点，但是京津冀光机电产业总产值占工业的比重却下降了0.63个百分点。说明京津冀光机电产业的综合竞争力还不够强，还需要政府建立健全相关的产业发展政策法规体系，以支持产业更好更快发展。在研究开发、风险投资、土地使用、人才引进、专项资金、技术入股等方面，政府应给予光机电产业的投资者更多支持，实现科技与资本的紧密结合。同时，对重点产品和重点企业予以更多的支持，具体体现在对光机电产业实行优惠税率；解决目前光机电产品整机进口与关键部件的进口税率较为悬殊的问题；加速基础设施的建设；对老企业技术改造给予支持；建立振兴京津冀光机电产业发展基金。

另外，要加强政策法规的实施力度，建立监督机制和实施激励惩罚制度，为各地政府实施各项区域政策和规划的情况制定相应的指标体系，进行绩效评估，并把评估结果记入各地方政府绩效考核中。

2. **充分发挥市场的激励作用。** 为实现京津冀光机电产业的发展，应充分发挥市场的激励作用，实现市场在资源的优化配置中的积极作用，创造多种合作形式，如"异地开发模式"或"飞地模式"。"飞地经济"值得是"两个相互独立，且经济有一定落差的行政地区打破原有的行政区划限制，通过跨空间的行政管理和经济开发，实现两地资源互补、经济协调发展的一种区域经济合作模式"。其在拓展工业用地空间、实施两地要素最优配置、实现产业集约发展和产业转移以及节约投资成本等方面都有非常突出的表现，是实现区域合作的一种有效形式。

3. **完善技术创新体系。** 技术创新体系对于京津冀光机电产业发展具有举足轻重的作用。只有技术创新体系的有效运行，才能保证光机电项目从技术创意、项目研究、项目成果、成果转化、产品市场流通过程。在北京、天津、河北"十二五"规划纲要中都提出完善创新激励和支持机制，全力推进创新成果产业化，强化教育战略支撑作用，创造良好的技术创新环境。为加快京津冀光机电产业的发展，必须完善光机电产业技术创新体系。2012年，北京、天津、河北、京津冀仪器仪表行业研究与实验发展经费内部支出分别为 6.68 亿元、2.42 亿元、0.89 亿元、9.99 亿元，占工业研究与实验发展经费内部支出的比重分别为 3.39%、0.95%、0.45%、1.53%。

北京、天津、河北光机电产业的技术创新投入还偏低，技术创新能力还不强。因此，在光机电产业发展中，政府管理部门应该建立相应技术创新体系，积极扶持培育具有自主知识产权的技术与产品，通过建立企业孵化器、企业中试机构、技术交易中介、风险投资基金等促进技术成果转化，加大对技术创新的投入，发展具有自主知识产权的技术与产品。

另外，北京要有强烈的建设中国科技创新中心的意识，充分发挥中关村国家自主创新示范区的辐射带动作用，把首都打造成我国自主创新源头和原始创新策源地。实施三地科技创新资源开放共享，强化政府在政策法规、标准规范、监督指导等方面的作用，推动数据文献等科技资源的开放共享。加快科技创新成果有序转移和高效产业化，明确京津冀地区科技功能定位和产业创新分工，促进科技资源共享的协调发展，建设互利共赢的创新型区域。

构建京津冀区域创新体系。建立京津冀科技联盟协调机构，促进京津冀高校、科研机构、国家各部委以及跨国公司研发中心广泛开展科技合作的沟通与联络；落实和完善创新激励政策，引导创新资源加速向企业集聚，建立以企业为主体的技术创新机制，促进企业成为技术创新决策、科研组织、成果转化和研发投入的主体。对国家和三地经济社会发展的共性关键技术和重大科技专项实行联合攻关，联合申报国家重大攻关科研项目，共建国家科技创新平台，互聘高层次企业、高校拔尖人才（如"千人计划"、"百人计划"）。

4. 加大产业的投资招商力度，建立多元化的投资体系。北京、天津、河北的光机电产业科技活动经费筹集主要来自企业资金、政府资金、国外资金及其他4个方面。其中2012年，北京仪器仪表行业主要经费来源于企业资金，占所筹资金总额的89.64%，政府资金占所筹资金总额的7.73%，国外资金以及其他资金所占比重为2.63%。可见，光机电产业科技活动经费来源还是过于单一，来自于国外的资金和政府的资金所占比重还是太低。只有政府的投资增加，提高对于光机电产业的科研支持，才能使光机电产业实现跨越式发展。同时，我们必须要利用北京市良好的对外地位，改善投资环境，积极进行招商引资，加大对外合资合作力度，吸引更多的国际先进技术、国际资本和优秀人才，特别要吸引更多的大型跨国公司，加入振兴京津冀光机电产业的行业中。并且鼓励企业通过合资合作及联合、兼并、重组等方式，实现资源优化配置。鼓励企业成为科技投入和创新的主体，鼓励光机电产品生产企业加大技术研发力度，促进光机电产业的技术创新，提高光机电企业的国际竞争力。

5. 密切结合产学研，发展光机电产业。北京作为我国政治和文化中心，是科技人才高度集中的地区，是全国教育最发达的地方，汇集了30多家国家重点实验室、工程中心，60多所高校，200多家科研院所；天津也有60多所高校，5个国家重点实验室；河北100多所高校，有1个国家重点实验室。2012年，北京仪器仪表行业研究与实验发展人员3868人，占工业研究与实验发展人员的比重为5.12%。可见，京津冀从事光机电领域研究、开发的人才众多，相关基础人才及后备力量也十分丰富。如何发挥得天独厚的人才与科研力量优势，解决京津冀各地区人才资源分布不均衡问题是京津冀要研究的重要问题之一，如何配置人才资源和科技成果是京津冀协调发展的关键。一些发达国家注重产学研结合，并且在产学研结合的社会组织水平、运作机制、服务体系、组织网络等方面建立了较为完善的体系，我们可以借鉴发达国家的产学研结合的成功经验与做法，促进京津冀光机电产业的快速发展。依托三地资源优势，设立产学研合作基金，成立京津冀知识产业转移中心，建立产学研信息平台，完善产学研对接机制，以"百家央企、百家院所校进河北"活动为载体，加强三地科研成果推广。另外，各地政府要充分运用法律手段保护知识产权，保护合作创新，保护科研院所和高校的科技成果顺利实现产业化，积极调整各方的利益关系。

6. 充分发挥产业集群效应提高产业竞争能力。光机电产业技术含量高、涉及领域多、应用范围广，其发展特别需要发挥产业集群效应，即以光机电产业基地和几个园区为载体，引导相关企业适当集中，形成相关行业企业集群，从而发挥企业集群效应和辐射作用。企业集群可以是为大企业配套的零部件专业化生产的群体，也可以是生产不同档次、不同规格、相互补充的产品的企业群体。要实现相关企业集群化，一要政府宣传引导和协调，二要政府扶持基地、园区，给予政策支持，三要基地、园区作出具体规划创造条件吸引相关企业入驻。一旦产业集群初具规模，就能吸引更大的企业和更有实力的外商和研发机构进入。

另外，北京、天津、河北在光机电细分行业数控机床行业、仪器仪表行业、医疗设备行业、印刷机械行业都有所发展，其中北京和天津的优势行业为仪器仪表行业和医疗设备行业，河北的优势行业为数控机床行业和印刷机械。可见，北京、天津、河北三地可以聚集人力、物力、财力在北京或者天津形成仪器仪表和医疗设备行业聚集区，在河北形成数控机床和印刷机械行业聚集区。这样可以聚集三地的优势，比如北京人才、科研、资金优势，天津的港口、现代物流优势，河北的资源优势，弥补各地的劣势，共同促进光机电产业发展，提高技术水平和竞争力。

7. 积极开拓国内外市场，加快产业国际化进程。发挥光机电技术作为高新技术的辐射功能，加强同传统产业尤其是国民经济发展的支柱产业（汽车、钢铁、电子、机械等）的紧密结合，提高光机电技术开发的经济效益和社会效益，这是开拓光机电市场的重要途径。

开拓国际市场，特别是东南亚、南亚和西亚的市场。在国外建立销售和服务网点，以质量和价格优势参与国际市场竞争，使我国光机电产品在国际市场上竞争力提高。

重视培育一支高素质的光机电产品营销队伍，特别要提高对市场信息的收集、分析能力，做好售后服务工作。同时还要重视联合相关行业的营销机构。

8. 倡导绿色制造，促进京津冀光机电绿色可持续发展。提高企业绿色制造意识。由于实施绿色制造前期投入较大、成本高、见效慢，企业作为市场经济的主体和理性的经济个体，刚开始不会自觉进行绿色制造。但随着绿色壁垒的形成及其日趋全球化，不符合绿色产品标准的产品在国际市场上的竞争力将逐渐下降甚至被逐出市场，对企业而言提高绿色生产意识和熟悉国际绿色标准的工作刻不容缓。京津冀各级政府要加大这方面的宣传，实时分析当前面临的国际形势，帮助各企业了解当前制造业的发展趋势。加大对主动进行绿色生产企业的扶持力度，将绿色制造落实到实处，从某种程度上引导其他企业实施绿色制造。

完善促进绿色制造的财政政策和税收政策。各级人民政府在财政预算中安排一定资金，采用补助、奖励等方式，支持节能减排重点工程、高效节能和环境友好型产品推广、环境资源管理能力建设等。进一步加大政府基本建设投资向节能环保项目的倾斜力度，改善资源开发生态补偿机制。鼓励和引导金融机构加大对循环经济、环境保护及节能减排技术改造项目的信贷支持。完善对废旧物资、资源综合利用产品增值税优惠政策。通过财政奖补、贴息等途径，支持企业进行重点技术攻关、生态修复、环境治理等项目的实施，支持企业参与标准化建设，参与环保技术标准的制定等。

健全法制，加大监督检查执法力度。加快完善节能减排、环境保护法律法规体系，提高处罚标准，切实解决"违法成本低、守法成本高"的问题。积极开展节约用水、用电、废旧零部件回收再制造等方面的立法准备工作。

建立和完善绿色制造评价体系。什么样的制造才是绿色制造，要有一定的衡量标准去指导和约束企业。因此，政府要建立合理的绿色制造评价体系，它涵盖绿色产品评价体系、制造工艺评价体系、环境评价体系、资源评价体系等内容。可以根据该体系企业自己评判是否达到了绿色制造标准，进而对不达标的地方进行改进。

参考文献

[1] 蔡少宏. 北京光机电一体化产业链条的主要制约和政策建议 [J]. 首都经济，2003，(10)：31-34.

[2] 陈寿才，陶炎焱. 绿色制造技术在机电产品制造中的应用研究 [J]. 制造业自动化，2008，30（5）：10-12.

[3] 李卫京，雷军武，李亚平，曹华荣. 机电产品的绿色制造模式及其发展趋势 [J]. 机械研究与应用，2007，20（2）：7-8.

[4] 李媛. 政府规制下的企业行为及低碳化供应链契约协调研究 [D]. 天津大学，2013.

[5] 李媛，赵道致. 考虑环境偏好的低碳化供应链协调 [J]. 西北农林科技大学学报（社会科学版），2014，14（2）：113-118.

[6] 马秋卓，宋海清，陈功玉. 碳配额交易体系下企业低碳产品定价及最优碳排放策略 [J]. 管理工程学报，2014，28（2）：127-136.

[7] 王艳梅，罗又根，李积斌，朱企业，杜如彬，李腾龙，郭鸿. 深圳市光机电一体化产业发展报告 [R].

[8] 袁珊珊，钟佩思，刘梅，张丹丹. 机电产品的绿色制造技术研究 [J]. 机械设计与制造，2012（4）：256-258.

[9] 周胜. 基于模糊层次分析法的机电产品绿色度综合评价的研究与实现 [D]. 浙江大学，2002.

（作者：禹海波，北京工业大学经济与管理学院）

第四章
京津冀微电子产业发展研究报告

第一节 行业整体状况分析

集成电路产业是信息技术产业的核心,2000年国务院颁布《鼓励软件产业和集成电路产业发展若干政策》,北京、天津、河北三地,人民政府根据此文件相继出台了针对本地区集成电路产业发展的相关政策和指导意见,京津冀地区的集成电路产业由此迎来了十几年的蓬勃发展。

一、规模状况

北京的微电子行业起步较早,目前已经基本形成了集成电路设计、制造、封装、测试和材料及专用设备生产的产业链。目前北京拥有集成电路设计企业150余家,制造企业6家,封装测试企业10余家,半导体分立器件企业7家,是环渤海地区集成电路行业的核心。2002—2011年,北京集成电路产业的销售收入年均增长率为20%,2011年销售收入达到239.97亿元,比2003年销售收入增长了287%,集成电路产量超过100亿块,2006-2011年,北京集成电路产业纳税总额达41.56亿元。2013年北京市规模以上企业集成电路生产总量为 37.4389 亿万块，同比增长 21.3%。截至 2014 年 6 月，北京规模以上企业已累计生产集成电路 22.8429 亿块，同比增长 15.4%。北京也已拥有自己的半导体行业协会和北京集成电路设计园。

天津市集成电路设计业起步较晚，在全国处于弱势地位。为了促进集成电路产业的发展，经天津市科委批准成立了天津集成电路设计中心，并由天津大学与天津滨海高新区共同建设，中心面向天津市乃至环渤海地区的集成电路设计、软件开发和软件服务型的中小企业，为天津市集成电路产业链的完善和产业创新、聚集提供支撑，为进一步提升天津市信息产业自主创新能力提供动力。2008 年 7 月 30 日，天津市成立了集成电路行业协会，该协会由天津地区从事集成电路设计、制造、封装、测试、智能卡及其设备材料和其他直接相关的企事业单位自愿参加，是不以营利为目的行业性社会团体法人。协会为企业进行政策服务和政策协调，积极帮助打通产业链，进行行业统计和分析工作，开展各种交流合作及研讨活动、行业标准制定及知识产权保护等工作，目前协会有 83 家企业和科研机构作为成员，涵盖了整个集成电路产业链上的机构。在政府的大力扶持下，天津也形成了以集成电路设计、制造、封装测试为核心，以原材料及系统应用产业为支撑，由近百家企业组成的上下游衔接紧密的完整集成电路产业链。2014 年 1—6 月天津市累计生产集成电路 51561.15 万块，同比增长 15.6%。综合来看，天津是 2013 年中国集成电路业发展最快的城市。

河北全省 2014 年 1—6 月规模以上企业生产集成电路 1800 万块，同比增长 57.5%。2012 年全国 10 大集成电路设计企业排名见表 4-1。

表 4-1　　　　　　　2012 年中国 10 大集成电路设计企业排名

企业名称	排名	销售额（亿元）
深圳市海思半导体有限公司	1	74.2
展讯通信有限公司	2	43.8
锐迪科微电子（上海）有限公司	3	24.6
中国华大集成电路设计集团有限公司	4	16.1
杭州士兰微电子股份有限公司	5	12.6
格科微电子（上海）有限公司	6	11.8
联芯科技有限公司	7	11.7

续表

企业名称	排名	销售额（亿元）
深圳市国微科技有限公司	8	11.2
北京中星微电子有限公司	9	11.0
北京中电华大电子设计有限责任公司	10	9.4

资料来源：《中国半导体产业发展状况报告 2013 年》。

2012 年全国 10 大集成电路设计企业中有 3 家总部设在北京，而 2003 年北京有 4 家企业进入此排名，其中大唐微电子技术有限公司以 62308 万元的销售额位于榜首，在全国 10 大集成电路设计企业中没有天津和河北的企业进入榜单。北京相比中国大部分城市拥有较多的高校和科研机构，如中科院、北京大学、清华大学等等，这些院校和机构为北京集成电路的设计产业提供了大量的人才和资源，这是北京市的优势。

在集成电路设计方面，北京有很多优秀企业。2014 年北京弗赛尔电子设计有限公司、北京六合万通微电子技术股份有限公司、中国华大集成电路设计集团有限公司、大唐微电子技术有限公司、北京同方微电子有限公司等企业都已经具有高端产品的设计能力，开发出了具有自主知识产权的产品，这标志着北京在集成电路核心技术领域方面取得了重大突破。在集成电路制造方面，北京拥有北京中芯国际、首钢日电电子有限公司、北京东光微电子有限责任公司等企业，生产线从 4 英寸到 12 英寸，其中北京中芯国际 12 英寸生产线具有国际先进水平，2013 年中芯国际在全球晶圆代工业者中排名第五，是中国大陆第一家提供 28 纳米先进工艺制程的纯晶圆代工企业（见表 4-2）。

表 4-2　　京津冀具有自主知识产权的创新性产品

创新性产品	企业名称
HSM2A、HSM4A 芯片	北京宏思电子技术有限责任公司
THD86 双界面 CPU 卡芯片	北京同方微电子有限公司
A980 Usb-key 芯片	北京天一集成科技有限公司
万通四号（WT6104）芯片	六合万通微电子技术有限公司
ISO/IEC 15693 标准的高频 RFID 芯片	北京中电华大电子设计有限公司
智能移动存储安全 SOC 芯片	北京华虹集成电路设计有限责任公司
DMT-CBS-AB4C 安全芯片	大唐微电子技术有限公司
Kinetis、Qorivva MCU	飞思卡尔强芯（天津）集成电路设计有限公司
安全控制芯片 CCM3310S	天津国芯科技有限公司

北京拥有 10 余家封装测试企业，是我国集成电路测试技术力量最集中的地区，如北京集诚泰思特测试技术有限公司、北京励芯泰思特测试技术有限公司、北京华峰测控技术有限公司等。近年来，北京集成电路测试企业装备日益精良，已具备对 CPU，SoC 等高端集成电路进行测试、评价分析和小批量测试的能力。

北京是中国水平最高的半导体硅材料科研开发、生产基地，拥有北京有色金属研究总院、中科院半导体所等国内一流的半导体材料研发单位，以及有研半导体材料股份有限公司、国泰半导体材料有限公司、北京中科镓英有限公司、北京圣科佳电子有限责任公司等半导体材料开发、生产企业，产量占国内总产量的 30% 以上，在半导体材料方面可满足生产高端集成电路产品的需求。

在专用设备研制方面，北京拥有七星华创电子股份有限公司等企业，为国内市场提供了微电子制造、组装技术相关的专用设备仪器，是全国集成电路设备制造实力最强的地区之一，为北京地区及周边地区的集成电路行业发展提供了强有力的支持。

根据表 4-3，2013 年与 2012 年相比，北京电子产业的企业数同比下降了 4.62%，从业人员平均人数同比下降了 5.02%，资产总额同比下降了 8.07%，主营业务收入同比上升了 4.15%，利润总额同比上升了 27.26%，利税同比上升了 40.11%，出口交货值同比上升了 4.07%。截至 2013 年，北京电子产业企业数为 310 家，从业人员平均人数 142943 人，2013 年资产总额 2421.10264 亿元，主营业务收入 2651.04614 亿元，利润总额 114.91801 亿元，利税额 144.73089 亿元，出口交货值 1052.39713 亿元。虽然企业数量、从业人员平均数量以及资产总额都有所下降，但是主营业务收入和利润总额等经济指标相比 2012 年都有所增长，北京的电子产业发展较为稳健。

根据表 4-4，2013 年与 2012 年相比，天津电子产业的企业数同比下降了 2.19%，从业人员平均人数同比下降了 3.46%，资产总额同比上升了 11.43%，主营业务收入同比上升了 17.20%，利润总额同比上升了 32.04%，利税同比上升了 57.16%，出口交货值同比下降了 0.18%。截至 2013 年，天津电子产业企业数为 358 家，从业人员平均人数 208343 人，2013 年资产总额 1375.53509 亿元，主营业务收入 3187.76229 亿元，利润总额 1200.16537 亿元，利税 387.87017 亿元，出口交货值 1484.03437 亿元。虽然企业数量、从业人员平均数量以及出口交货值都有所下降，但是下降幅度较小，资

表 4 – 3　　　　2012—2013 年北京电子产业各指标统计值

指标＼年份	2012	2013
企业数（个）	325	310
从业人员平均人数（人）	150502	142943
资产总额（亿元）	2633.5	2421.10264
主营业务收入（亿元）	2545.5	2651.04614
利润总额（亿元）	90.3	114.91801
利税（亿元）	103.3	144.73089
出口交货值（亿元）	1011.2	1052.39713

数据来源：《中国高技术产业统计年鉴》。

产总额、主营业务收入、利润总额以及利税额都相比 2012 年有所增长，整体发展良好。

表 4 – 4　　　　2012—2013 年天津电子产业各指标统计值

指标＼年份	2012	2013
企业数（个）	366	358
从业人员平均人数（人）	215818	208343
资产总额（亿元）	1234.4	1375.53509
主营业务收入（亿元）	2719.9	3187.76229
利润总额（亿元）	151.6	200.16537
利税额（亿元）	246.8	387.87017
出口交货值（亿元）	1486.7	1484.03437

数据来源：《中国高技术产业统计年鉴》。

根据表 4 – 5，2013 年与 2012 年相比，河北电子产业的企业数同比上升了 10.90%，从业人员平均人数同比上升了 15.02%，资产总额同比上升了 24.86%，主营业务收入同比上升了 12.74%，利润总额同比上升了 84.21%，利税额同比上升了 68.97%，出口交货值同比下降了 13.92%。截至 2013 年，天津电子产业企业数为 173 家，从业人员平均人数 84640 人，2013 年资产总额 452 亿元，主营业务收入 407 亿元，利润总额 35 亿元，利税额 49 亿元，出口交货 68 亿元。河北电子产业企业数量、从业人员平均数量、资产总额、主营业务收入、利润总额以及利税都有幅度不小的增长,其中利润总额相比2012年增长率达到了84.21%,河北电子产业的发展态势非常迅猛。

表4-5　　　　　　　2012—2013年河北电子产业各指标统计值

年份 指标	2012	2013
企业数(个)	156	173
从业人员平均人数(人)	73588	84640
资产总额(亿元)	362	452
主营业务收入(亿元)	361	407
利润总额(亿元)	19	35
利税额(亿元)	29	49
出口交货值(亿元)	79	68

数据来源:《中国高技术产业统计年鉴》。

根据表4-6,2013年与2012年相比,京津冀地区电子产业的企业总数同比下降了28.24%,从业人员平均总人数同比下降了26.17%,资产总额同比下降了38.10%,主营业务收入同比下降了23.57%,利润总额同比下降了0.57%,利税额同比上升了65.06%,出口交货值同比下降了27.42%。截至2013年,京津冀地区电子产业的企业总数为841家,从业人员平均总人数435926人,2013年资产总计4249亿元,主营业务收入6246亿元,利润总额350亿元,利税额581亿元,出口交货2604亿元。河北电子产业企业数量、从业人员平均数量、资产总额、主营业务收入、利润总额以及利税税都有大幅度的增长,其中利润总额相比2012年增长率达到了84.21%,河北电子产业的发展态势非常迅猛。

表4-6　　　　　　　2012—2013年京津冀电子产业各指标统计值

年份 指标	2012	2013
企业数(个)	1172	841
从业人员平均人数(人)	590410	435926
资产总额(亿元)	6864	4249
主营业务收入(亿元)	8172	6246
利润总额(亿元)	352	350
利税额(亿元)	483	581
出口交货值(亿元)	3588	2604

数据来源:《中国高技术产业统计年鉴》。

二、产品结构

集成电路根据不同的功能用途分为模拟和数字两大类,而具体功能更是数不胜数,其应用遍及人类生活的方方面面。北京、天津的集成电路产品涵盖消费类、通信类、微处理器、智能卡类等,产品线宽广,从高端到低端,代表性产品较多(见表4-7),其中北京研发生产的集成电路在高端产品上处于国内领先地位,而河北省在自主研发和高端产品的研发和生产方面相对落后,产品覆盖面较窄。

表4-7　　　　　　　　京津冀地区主要企业代表产品

产品类	代表性产品	主要生产企业
微处理器（CPU）	龙芯系列芯片 北大众志系列芯片	北京神州龙芯集成电路设计有限公司 北京北大众志微系统科技有限公司
通信产品芯片	DMT-CTSB09U03 DMT-CTSC09A03 万通4号 THD86EF59AC双界面SIM卡	大唐微电子技术有限公司 六合万通微电子技术有限公司 北京同方微电子有限公司
视频、音频处理芯片	VC05x8系列手机高像素处理器 VC030x系列PC多媒体处理器 Vilar系列网络摄像机解决方案	中星微电子公司
电视芯片	海尔数字电视解码芯片（Hi2016E、Hi2016E）	北京海尔集成电路设计有限公司
IC卡芯片	身份证IC卡芯片 THD86E05C社保卡	北京同方微电子有限公司
照明设备芯片	IV9910通用高亮LED驱动芯片 IV0300太阳能充电管理芯片	天津英诺华微电子技术有限公司

三、横向比较

我国集成电路行业起步于20世纪60年代,但一直发展比较缓慢。从2000年才逐渐进入快速发展时期,后形成了以长江三角洲、京津环渤海湾、珠江三角洲、西部地区为重点的集成电路设计、制造、封装测试的产业格局。根据中国半导体行业协会统计,2014年上半年中国集成电路产业销售额为1338.6亿元,同比增长15.8%。其中,设计业继续保持快速增长态势,销售额为 428.2 亿元，同比增长 29.1%；制造业销售额 326.2 亿元，同比增长 6.8%；封装测试业销售额 584.2 亿元，同比增长 12.6%。从目前国内集成电路产业集中分布的几大区域的生产情况看，作为国内晶圆制造、封装测试企业最为集中的长江三角洲地区，其 2012 年集成电路产业销售规模为 1223.21 亿元，占国内集成电路产业总销售额的 56.7%。京津环渤海地区集成电路产业 2012 年共实现销售收入 440.23 亿元，占全国集成电路产业总销售额的 20.4%（见图 4-1）。

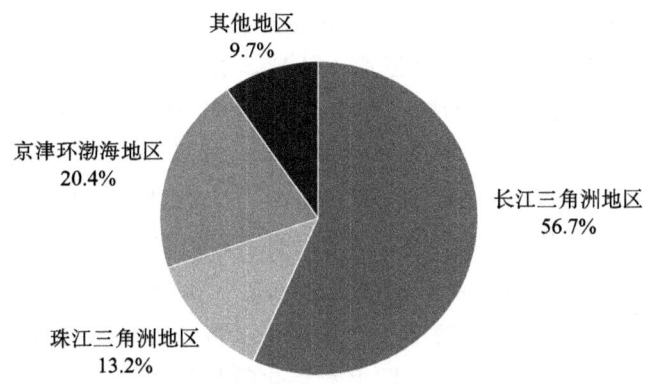

图 4-1　2012 年中国集成电路产业销售收入区域构成图

数据来源：《中国半导体产业发展状况报告（2013 年版）》。

截至 2012 年，中国投入运营的集成电路晶圆生产线共有 56 条，其中 12 英寸芯片生产线已经达到 6 条、8 英寸生产线 15 条、6 英寸生产线 12 条、5 英寸生产线 9 条、4 英寸生产线 14 条。从数量分布上看，目前国内晶圆生产线中 6 英寸及以下生产线仍占据相当比重，同时 8 英寸生产线数量正在迅速增加，并已成为产业的主流。在生产线地区分布方面，达到 12 英寸生产线级别的企业，北京、无锡、武汉、大连各占一家，上海有两家企业拥有 12 英寸晶圆生产线，其他级别的生产线中无锡和上海的企业所占比例较高，北京仅有 3 条 6 英寸生产线，天津仅有一条 8 英寸生产线，河北没有投入运营的晶圆生产线。

第二节 市场及竞争力分析

一、供给与需求分析

（一）集成电路产品需求结构

2013年计算机、通信和消费电子仍然是中国集成电路最主要的应用市场，三者合计共占整体市场86.5%的份额。从发展速度来看，得益于移动智能设备对移动AP、触摸屏控制芯片、基带、射频等网络通信类集成电路需求量的增加，网络通信领域成为2013年引领中国集成电路市场增长的首要细分市场。2013年全球计算机产销量的下滑直接导致中国计算机类集成电路市场的增速放缓，其市场份额下滑至39.1%，市场规模下降2.0%。

1. 消费产品数字化趋势。数字化时代使得数码产品的需求量大大增加，PC多媒体、移动多媒体以及高端多媒体如监控摄像机、网络摄像机渐渐走入每个人的生活中来，对消费电子产品的需求将带动相应消费领域集成电路市场的大幅增长。教育数字化、图书数字化等传统领域向数字化的转变，也给集成电路产业带来了新的增长点。

2. IC卡的迅速普及和升级。在传统领域，第二代身份证目前已经基本发放完毕。在移动通信领域，随着移动终端的不断升级，各种芯片的需求也在飞速增长。在新兴领域，移动支付、社保卡、金融IC卡的需求还有很大的开发空间。2013年我国发放了4亿多张IC银行卡，2014年前三季度，规模更是超过此前几年，目前累计发卡量已经有10亿张。除了新增市场外，自2015年1月1日起，全国各银行将全面发行金融IC卡，磁条卡将逐步退出历史舞台，几十亿张磁条卡也将陆续被淘汰，更换为芯片卡。面对金融业"换芯"时代的到来，金融IC卡芯片产业将收益颇多，需求量将持续增长。

3. 通信类集成电路芯片市场出现新契机。2014年，是中国开放4G网络的第一年，2014年下半年工信部正式宣布中国联通TD-LTE/FDD-LTE混合组网试验扩增至40个城市，4G网络建设的步伐再次提速。在此基础上，中国联通厚积薄发，率先提出了"双4G双百兆"的领先计划，从芯片角度来看，4G终端芯片将聚集在28nm制程，4G时代的来临，会给集成电路产业带来新的发展契机。

4. 汽车电子类集成电路需求迅速增加。2014年9月，汽车产销双双超过190万辆,月度产销基本保持较快增长。2014年前三季度,我国汽车产销量分别为1722.59万辆和1700.09万辆,同比分别增长8.1%和7.0%。2014年第一、二、三季度我国汽车销售数量同比增长分别为9.18%、7.54%、4.24%。面对乘用车市场稳步发展带动下的中国汽车工业,汽车电子化发展的趋势愈加明显,不仅表现在各类电子、电器产品应用的比率不断增高,同时也体现在汽车电子各种新功能的出现和推广。汽车电子已经成为众多新车上市过程中宣传的亮点,从一键式启动、实时导航、智能泊车、移动办公到丰富的网络信息服务,汽车电子的生活化正在深刻影响着整车消费。车联网、新能源汽车等新兴应用领域的拓展也为集成电路产品提供了广阔的应用空间。

(二)市场需求与供给

2014年是科技飞速发展的一年,4G移动互联技术助力物联传感、智慧城市、汽车电子、医疗电子、可穿戴电子、移动终端等新兴产业高速发展,而这些新兴产业将成为IC产业进入上升期的决定因素。国家对IC产业的扶持计划将带动中国科技发展万亿级市场。终端产品市场的蓬勃发展与IC、传感器、软件等产业与移动互联相互交织融合为整个电子产业发展带来极大利好并注入强劲动力。由于集成电路产品体积小、方便运输的特点,市场的地域性不明显,因此,本报告从全国的角度对市场供求进行分析。

中国目前是全球计算机、手机、通信设备、消费类电子等产品的主要产地和出口基地,主要产品产量占全球50%以上,拥有全球最大、增长最快的集成电路市场,2013年集成电路销售额达9166亿元,预计到2015年将达到1.2万亿元(见图4-2、图4-3)。

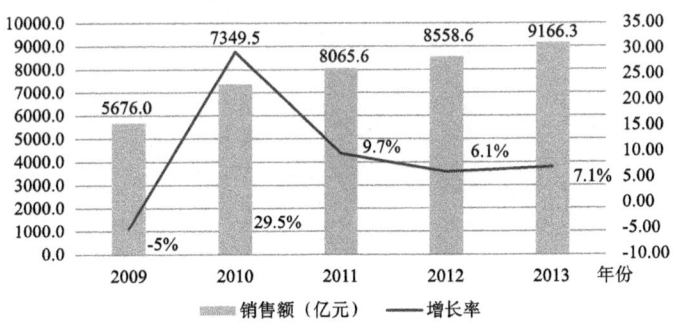

图4-2 我国集成电路市场销售额

数据来源:《中国半导体产业发展状况报告(2013年版)》。

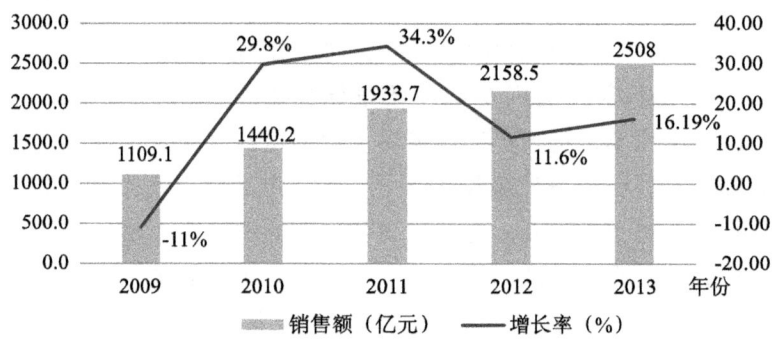

图 4-3 我国集成电路产业销售值

数据来源:《中国半导体产业发展状况报告(2013年版)》。

我国集成电路市场销售额从 2010 年的增速 29.5% 下降到 2011 年的 9.7%, 2012 年增速又再一次下降,直到 2013 年,集成电路市场才从疲软中渐渐走出,经历了 3 年的增速减缓,终于恢复了市场销售额增长率的缓慢上升。虽然 2013 年我国集成电路市场销售额高达 9166 亿元人民币,但是同期我国包括集成电路设计、制造、封装测试的整个 IC 产业销售额仅为 2508 亿元,只占整个市场需求的 27% 左右,这说明我国剩余 73% 左右的集成电路市场销售额是由国外的 IC 供应商实现的,国内集成电路产量不能满足市场需求,还有相当数量的集成电路产品依赖进口。这一现象也侧面反映我国集成电路产业还有很大的发展潜力,仅不断挖掘国内市场的销售就可以给集成电路产业带来可观的收入(见图 4-4)。

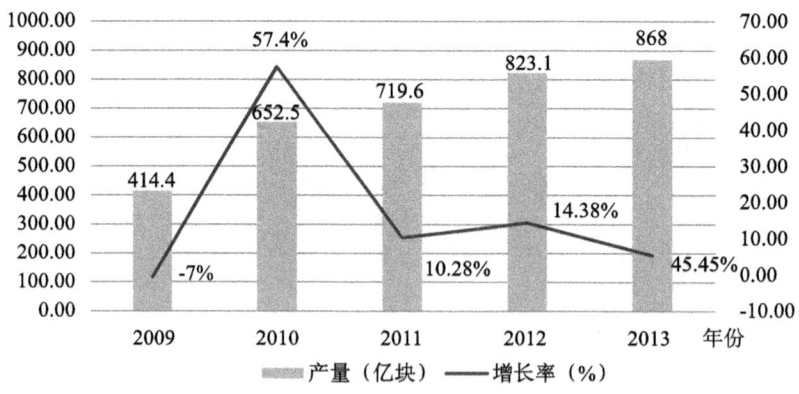

图 4-4 我国集成电路产量

数据来源:《中国半导体产业发展状况报告(2013年版)》。

我国集成电路的主要生产地集中在长江三角洲、珠江三角洲（见表4-8），2014年上半年江苏省集成电路产量位居全国第一，占国内总产量的30.28%，上海紧随其后，产量占全国的20.96%，广东省2014年上半年的集成电路产量虽然同比下降6.54%，但仍位居全国第三，占国内总产量的19.12%，全国产量最高的三个省、直辖市均位于长江三角洲和珠江三角洲地区。2014年上半年北京、天津、河北地区的集成电路产量同比增长较快，其中河北省同比增长57.54%，在全国所有省、直辖市中增长率位列第一，但北京、天津、河北2014年上半年的集成电路产量总和只占全国总产量的5.98%，远远落后于长江三角洲和珠江三角洲地区。

表4-8　　　　2014年1—6月全国部分省市集成电路产量统计

省市	数量（万块）	同比增长（%）	全国产量占比（%）
北京	228428.71	15.44	4.85
天津	51561.15	15.57	1.09
河北	1800.35	57.54	0.04
辽宁	364.7	3.99	0.01
黑龙江	1009.00	-18.06	0.23
上海	987497.69	15.28	20.96
江苏	1426662.21	8.96	30.28
浙江	284498.65	11.54	6.04
安徽	1910.39	17.91	0.04
福建	2522.12	3.65	0.05
山东	30746.47	49.62	0.65
湖南	4899.95	13.05	0.10
广东	901063.58	-6.54	19.12
四川	166242.01	-1.77	3.53
贵州	389	28.96	0.01
陕西	78358.47	49.16	1.66
甘肃	533224	26.29	11.32

数据来源：国家统计局。

二、竞争者与竞争力评价

国内集成电路企业面临的竞争主要来自三个方面：一是国内从事集成电路设计、生产、封装与测试及相关设备制造业的企业众多，各企业间竞争非常激烈；二是国外不少具有高知名度和较强技术竞争力的企业也逐渐进入中国市场，这也给国内企业带来较大的竞争压力；三是集成电路产品体积小、国际运输成本较低，流动性很强，国际市场上拥有充分技术、资金、人才储备的企业可以为世界各地市场提供集成电路产品，这些实力雄厚的企业也是国内企业的竞争者之一。

我国集成电路产业起步晚，产业主导能力弱，产业投入与布局都远远落后于世界领先国家。国际领先企业如英特尔、台积电、三星早已在2012年开始共同研发18英寸生产线关键设备及技术，为先进生产线的绝对主导打下基础，不断巩固自身优势。与此同时，CPU、存储器、数字电视芯片、智能手机芯片等各个领域已经形成了国际企业垄断的局面，行业进入的资金、技术、规模壁垒快速攀升，而我国从芯片设计、制造、封装测试到专用设备和材料等产业链各个环节都缺乏具有国际竞争力的大企业。我国绝大多数整机企业停留在加工组装阶段，缺乏整机系统设计能力，多数国内芯片设计企业缺乏产品解决方案的开发能力，国内整机企业基本采购国外系统解决方案，国内企业在产业发展上只能处于被动跟随地位，加上产业投资的不足，我国企业突围和提升的难度进一步增加。针对京津冀地区集成电路企业而言，除了国际竞争者外，还有来自国内竞争者的压力，京津冀地区集成电路企业的国内竞争者主要集中在长三角的江苏、上海、浙江，珠三角的广东、福建等国内集成电路行业相对发达的地区。

2013年全球集成电路产业总产值为3043亿美元，而我国集成电路产业总产值已经达到405亿美元，占全球的13.3%。2006—2013年我国集成电路产业总值的年复合成长率超过了18%，远远超过全球集成电路产业整体增速，产业转移的趋势十分明显。但从另一个角度来看，2013年我国集成电路主要产品产量占全球50%以上，但是我国的集成电路产品销售额只占全球的27.4%，这从一定程度上反映出国内芯片产品主要以中低端为主，多数产品技术附加值偏低，产业整体还处于国际产业链的中低端，行业整体经济效益偏低，盈利能力较差（见表4-9）。

表4-9　　　2000—2013年我国集成电路产业在全球比重

年份	集成电路产值（亿元）	集成电路产品销售额（亿元）	占比（%）
2000	23	110	20.90
2001	24	200	12.00
2002	33	276	12.00
2003	43	344	12.50
2004	67	429	15.60
2005	86	480	17.90
2006	126	595	21.20
2007	164	739	22.20
2008	179	860	20.80
2009	162	831	19.50
2010	213	1086	19.60
2011	299	1251	23.90
2012	342	1375	24.90
2013	405	1478	27.40

资料来源：《2013年全球集成电路产业发展回顾及中国集成电路市场现状分析》，产业信息网。

第三节　技术创新能力分析

一、京津冀的区域创新发展环境

《中国区域创新能力报告2013》的数据显示，2013年区域创新能力综合排名前7名依次为江苏、广东、北京、上海、浙江、山东和天津，这与2012年并无变化。2001年至2013年，江苏、广东、北京、上海一直位列区域创新能力的前4名。江苏凭借卓越的商业氛围、企业创新环境和长三角经济体的联动，巩固了企业创新的主体地位，在2009至2013年连续五年保持在第1名。北京的优势在于丰富的科技资源所带来的强大的知识创造能力，以及大量的科技中小企业和良好的创业环境。

2012年全国共有研究与开发（R&D）人员4617120人（见表4-10），其中北京有322417人，占全国总量的6.98%，再次落后于广东、江苏、山东和浙江,位列全国第五,落后的原因主要在于北京作为直辖市受到地区面积的限制,北京在所有直辖市中位列第一,是全国拥有R&D人员最多的直辖市(见表4-10),天津与河北的R&D人员数量排名全国各地区的中部位置,优势并不突出。

表4-10　　　　　　　　2012年研究与开发(R&D)人员

地区	R&D人员(人)	全国占比(%)	地区	R&D人员(人)	全国占比(%)
全国	4617120	100.00	陕西	118350	2.56
广东	629055	13.62	黑龙江	90386	1.96
江苏	549159	11.89	吉林	76335	1.65
山东	382057	8.27	重庆	72609	1.57
浙江	377315	8.17	山西	71884	1.56
北京	322417	6.98	广西	64935	1.41
上海	208817	4.52	江西	58245	1.26
湖北	185703	4.02	云南	47038	1.02
河南	185116	4.01	内蒙古	41974	0.91
福建	158089	3.42	甘肃	36762	0.80
安徽	156257	3.38	贵州	29967	0.65
四川	155335	3.36	新疆	26740	0.58
湖南	144979	3.14	宁夏	14039	0.30
辽宁	141756	3.07	海南	10490	0.23
天津	126436	2.74	青海	7848	0.17
河北	124892	2.70	西藏	2135	0.05

数据来源:《中国科技统计年鉴2013》。

国内三种有效专利数量方面(见表4-11),仍然是江苏、广东、浙江、山东名列前茅,北京的国内有效专利数量在直辖市中排名在上海之后,天津与河北仍居于全国中间位置。北京拥有众多的科研院所和高校,是中国的科技中心、政治中心、文化中心,有着无可比拟的区位优势,高技术企业数在全国遥遥领先。因此,北京集成电路行业具有良好的区域创新环境。天津、河北虽与北京相邻,但高校数量和科研院所远远少于北京,特别是河北地区,是高等教育较为落后的地区之一,天津、河北在区域创新能力提高方面仍有很大的提升空间。总体来说,京津冀区域创新能力落后于长江三角洲、珠江三角洲地区。

表 4-11 2012年国内三种专利有效量 单位：件

地区	发明	实用新型	外观设计	合计	地区	发明	实用新型	外观设计	合计
全国	473187	1486839	1044997	3005023	武汉	9879	24367	4959	39205
江苏	45238	190361	301581	537180	青岛	4603	21757	7031	33391
广东	78902	206603	204654	490159	济南	5779	24039	3284	33102
浙江	35571	202927	211459	449957	西安	9686	19852	3278	32816
山东	21943	126688	28880	177511	哈尔滨	5978	10482	6295	22755
上海	40309	92595	40609	173513	厦门	2627	13196	6672	22495
北京	69554	79520	21442	170516	大连	4607	14634	1701	20942
深圳	52768	69695	45274	167737	沈阳	5315	12069	3395	20779
宁波	6460	49078	74962	130500	江西	2651	11411	5601	19663
杭州	17489	47984	32119	97592	山西	4383	12309	2869	19561
四川	13003	44648	37287	94938	吉林	4809	10997	3012	18818
台湾	35949	49687	8834	94470	云南	4107	9232	4144	17483
安徽	7682	54085	26559	88326	广西	2561	9684	4577	16822
福建	7764	46500	27003	81267	贵州	2641	8994	4296	15931
广州	12506	30193	26526	69225	长春	3536	6822	1719	12077
河南	8683	46008	13133	67824	香港	2061	3441	5824	11326
成都	9222	29584	28318	67124	新疆	1306	7456	1809	10571
湖北	12089	41053	11577	64719	甘肃	2109	5785	1366	9260
辽宁	13424	43006	7589	64019	内蒙古	1650	5106	2240	8996
湖南	11271	33409	14748	59428	海南	1095	1219	794	3108
重庆	6833	30099	16451	53383	宁夏	450	1578	465	2493
天津	10137	33948	8253	52338	青海	293	577	632	1502
南京	13827	21800	10977	46604	新疆兵团	150	866	91	1107
黑龙江	7403	23254	13913	44570	西藏	136	93	233	462
河北	5838	29262	8258	43358	澳门	26	55	23	104
陕西	11316	25249	4882	41447					

数据来源：《2012专利统计年报》。

表 4-12 显示,2013 年与 2012 年相比,北京电子产业有研发机构的企业数量下降了 28%,机构数量下降了 20.77%,机构人员数量下降了 11.46%,机构经费支出下降了 16.61%,仪器设备数量下降了 11.33%。截至 2013 年,北京电子产业有研发机构的企业数为 72 家,占全国有研发机构的企业数量的 2.01%,机构数量 103 个,占全国机构数量的 2.29%。2013 年北京企业研发机构人员数量 10341 人,占全国企业研发机构人员总数量的 2.65%,企业研发机构经费支出为 352799 万元,占全国机构经费支出总额的 3.25%,仪器设备 122880 套,占全国仪器设备总数的 2.58%。北京电子产业企业所办研发机构的各项指标均较 2012 年有所下降,发展速度减缓。

表 4-12　　2012—2013 年北京电子产业企业办研发机构情况

指标 年份	2012	2013
有研发机构的企业数(家)	100	72
机构数(个)	130	103
机构人员(人)	11679	10341
机构经费支出(万元)	423059	352799
仪器设备数(套)	138578	122880

数据来源:《中国高技术产业统计年鉴》。

表 4-13 显示,2013 年与 2012 年相比,天津电子产业有研发机构的企业数量下降了 21.82%,机构数量下降了 17.19%,机构人员数量同比上升了 15.74%,机构经费支出同比上升了 10.99%,仪器设备数量同比上升了 28.21%。截至 2013 年,天津电子产业有研发机构的企业数量为 43 家,占全国有研发机构的企业数量的 1.20%,机构数量 53 个,占全国机构数量的 1.18%,2013 年北京企业研发机构人员数量 6816 人,占全国企业研发机构人员总数的 1.75%,企业研发机构经费支出为 123178 万元,占全国机构经费支出总额的 1.13%,仪器设备 178758 套,占全国仪器设备总数的 3.75%。天津电子产业有研发机构的企业以及机构数量有所下降,其他指标均有不小幅度的上升,天津电子产业企业所办研发机构的发展态势较为良好。

表 4－13　　2012—2013 年天津电子产业企业办研发机构情况

指标＼年份	2012	2013
有研发机构的企业数（家）	55	43
机构数（个）	64	53
机构人员（人）	5889	6816
机构经费支出（万元）	110985	123178
仪器设备数（套）	139426	178758

数据来源：《中国高技术产业统计年鉴》。

表 4－14 显示，2013 年与 2012 年相比，河北电子产业有研发机构的企业数量上升了 10.34%，机构数量上升了 12.50%，机构人员数量上升了 21.87%，机构经费支出上升了 51.54%，仪器设备数量同比上升了 37.09%。截至 2013 年，天津电子产业有研发机构的企业数量为 32 家，占全国有研发机构的企业数量的 0.89%，机构数量 36 个，占全国机构数量的 0.80%，2013 年河北企业研发机构人员数量 1928 人，占全国企业研发机构人员的 0.49%，企业研发机构经费支出为 31844 万元，占全国机构经费支出总额的 0.29%，仪器设备 27203 套，占全国仪器设备总数的 0.57%。河北电子产业企业所办研发机构的情况良好，所有指标均有所上升，其中机构研发经费支出上升了 51.54%，上升速度很快。

表 4－14　　2012—2013 年河北电子产业企业办研发机构情况

指标＼年份	2012	2013
有研发机构的企业数（家）	29	32
机构数（个）	32	36
机构人员（人）	1582	1928
机构经费支出（万元）	21014	31844
仪器设备数（套）	19843	27203

数据来源：《中国高技术产业统计年鉴》。

表 4－15 显示，2013 年与 2012 年相比，京津冀地区电子产业有研发机构的企业数量下降了 20.11%，机构数量下降了 15.04%，机构人员数量下降了 0.34%，机构经费支出下降了 8.51%，仪器设备数量上升了 10.41%。

截至 2013 年，天津电子产业有研发机构的企业有 147 家，占全国有研发机构的企业数量的 4.10%，有机构 192 个，占全国机构数量的 4.27%，2013 年河北企业研发机构人员有 19085 人，占全国企业研发机构人员的 4.89%，企业研发机构经费支出为 507821 万元，占全国机构经费支出总额的 4.68%，有仪器设备 328841 套，占全国仪器设备总数的 6.90%。京津冀地区电子产业企业所办研发机构的仪器设备数同比增长，其他指标均有所下降，京津冀地区电子产业企业所办研发机构整体发展较慢。

表 4-15　2012—2013 年京津冀电子产业企业办研发机构情况

年份 指标	2012	2013
有研发机构的企业数（家）	184	147
机构数（个）	226	192
机构人员（人）	19150	19085
机构经费支出（万元）	555058	507821
仪器设备数（套）	297847	328841

数据来源：《中国高技术产业统计年鉴》，单位为个、万元。

二、微电子人才培养

根据教育部发布的《2014 年全国高等学校名单》，截至 2014 年 7 月 9 日，北京共有 84 所普通高等院校，全年招收本专科学生 16.3 万人，在校生 58.9 万人，毕业生 14.9 万人，其中 26 所"211"高校，8 所"985"院校，占比达 30.95%。天津有 45 所普通高等院校，其中"211"院校 4 所，"985"高校 2 所。河北有 101 所普通高等院校，只有 1 所"211"高等院校，占全部院校比例的 0.99%，"985"院校的数量为 0。在全国 2246 所普通高等院校中，有 61 所院校开设了微电子科学与工程专业，在此专业竞争实力排前 20 名的院校中，北京大学和清华大学名列榜首，天津、河北地区没有院校入围。我国集成电路领域人才极度短缺，这无疑将严重影响着中国集成电路行业的可持续发展。为此，2003 年 10 月，教育部、科技部批准了成都电子科技大学、清华大学、北京大学、复旦大学、浙江大学、西安电子科技大学、上海交通大学、东南大学、华中科技大学等 9 所高校为首批国家集成电路人才培养基地的建设单位，其中清华大学、北京大学、复旦大学、浙江大学、西安电子科技大学由科技部拨付专项经费,其余高校经费自行筹措。2004年8月,教育部批准了北京航空航天大学、西安交通大学、哈尔滨工业大学、同济大学、华南理工大学和西北工业大学等六所高校为第二批国家集成电路人才培养基地的建设单位。2009年6月,教育部批准了北京工业大学、大连理工大学、天津大学、中山大学、福州大学等五所高校为第三批国家集成电路人才培养基地的建设单位。至此,国家集成电路人才培养基地的布局已初步形成(见表4-16)。

表4-16　　　　　　　　国家集成电路人才培养基地

地区	集成电路人才培养基地
北京	清华大学、北京大学、北京航天航空大学、北京工业大学
天津	天津大学
上海	上海交通大学、复旦大学、同济大学
西安	西安电子科技大学、西安交通大学、西北工业大学
广州	华南理工大学、中山大学
南京	东南大学
杭州	浙江大学
武汉	华中科技大学
成都	电子科技大学
哈尔滨	哈尔滨工业大学
厦门	华侨大学
福州	福州大学
大连	大连理工大学

第四节　主要企业状况分析

在集成电路行业的设计、制造、封装、材料等领域,北京、天津、河北拥有一批规模较大、技术先进的企业,作者选择5家具有代表性的企业,对其基本状况和经济效益进行分析。其中北京的企业样本有大唐微电子技术有限公司、有研新材料股份有限公司、北京七星华创电子股份有限公司,天津的样本企业为天津中环半导体股份有限公司,河北的样本企业为同方国芯电子股份有限公司。

一、大唐微电子技术有限公司

（一）基本情况

大唐微电子技术有限公司成立（以下简称"大唐微电子"）于2001年，是大唐电信科技产业集团控股的大唐电信科技股份有限公司旗下的专业集成电路设计企业，其前身为原邮电部电信科学技术研究院集成电路设计中心，拥有雄厚的集成电路设计能力，提供各种行业应用及综合性解决方案。在新型产业模式的推动下，大唐微电子全面提升IC设计、产品优化创新和方案集成能力，以安全芯片为核心，立足电信行业、面向金融行业，围绕行业客户应用需求，提供各类整体解决方案。

自大唐微电子成立之初推出自主知识产权的国产芯片以来，公司陆续开发出国内外首创的多项技术和产品，并凭借先进的IC设计水平成为国家指定的第二代居民身份证设计和加工企业。随着信息产业应用领域的不断扩展，大唐微电子立足创新，在金融、移动支付、社保、电信、卫生、教育、公共安全等领域加大研发和市场投入，推出了金融IC卡解决方案、NFC-SWP解决方案、社保芯片及模块、智能交通解决方案、身份识别管理系统等，为公安部、人力资源和社会保障部、移动通信运营商、中国银联及各大商业银行等行业用户研发出多项国内首创的技术和产品，满足了用户多方面的需求。

大唐微电子拥有从芯片设计、COS开发、系统平台开发、系统应用开发、终端产品设计的人才优势，是国家多项重大科研项目承担企业。

（二）经济效益

公司2014年上半年的营业收入为4.9061亿元，净利润为0.6320亿元，2013年全年营业收入为10.2847亿元，净利润达到1.0825亿元，营业收入2013年与2012年相比增长了143%左右，净利润增长了140%。多年来大唐微电子作为国有企业，肩负了保障国家信息安全的重任，并在推动金融IC卡芯片国产化的道路上进行了积极的探索。以芯片安全技术为核心，大唐微电子已在金融、社保、电信、卫生、教育、移动支付、身份识别等领域形成了独具特色的产品和服务。

二、有研新材料股份有限公司

（一）基本情况

有研新材料股份有限公司前身为有研半导体材料股份有限公司，是由北京有色金属研究总院独家发起，以募集方式设立的股份有限公司，成立于1999年3月12日，在上海证券交易所挂牌上市。2014年3月，有研硅股完成重大资产重组，更名为有研新材。现拥有子公司六家，即有研亿金新材料有限公司、有研稀土新材料股份有限公司、有研光电新材料有限责任公司、国泰半导体材料有限公司、国晶微电子控股有限公司和国宇半导体材料有限公司。公司注册资本为83877万元。

公司主要从事半导体硅材料、高纯/超高纯稀土材料、光电材料和贵金属材料等新材料的研发与生产，是我国有色金属新材料行业的骨干企业。

（二）经济效益

2014年上半年营业收入为10.84亿元，同比减少13.58%。2014年上半年，公司所从事的半导体硅材料生产遭遇需求不旺、产品价格持续下降的市场行情，当期亏损，影响了公司整体利润水平，造成公司一季度和上半年度整体亏损。为扭转这一不利局面，促进半导体硅材料产业的长期发展，公司已经拟将硅板块全部资产和负债出售给控股股东北京有色金属研究总院，将硅板块整体剥离。

三、北京七星华创电子股份有限公司

（一）基本情况

北京七星华创电子股份有限公司（七星华创）成立于2001年9月，是由北京七星华电科技集团有限责任公司和北京吉乐电子集团有限公司为主要发起人，集中部分优良资产整合重组成立的高新技术企业。公司主要从事基础电子产品的研发、生产、销售和技术服务业务，主要产品为大规模集成电路制造设备及高精密电子元器件，是国内大规模集成电路制造设备领先企业，也是军工电子元器件研发生产的骨干企业。集成电路设备主要应用于集成电路、太阳能电池、TFT－LCD以及电力电子等行业；电子元器件类产品主要应用于包括航空航天在内的军工行业。

（二）经济效益

近年来，受益于电子元器件行业发展和军工电子元器件国产化政策支持，公司电子元器件业务不断推出新产品，市场规模持续扩大，继续保持稳定增长。公司设备类业务的部分下游行业产能虽得到一定释放，但仍未出现较大规模扩产计划，特别是集成电路设备类产品中来自光伏行业的产品订单和收入没有明显回暖迹象，使得设备类业务收入仍处于低迷状态，造成公司2014年半年度主营业务收入同比减少，以致归属于上市公司股东的净利润同比下降。

公司2014年上半年内实现营业总收入38043.59万元，与上年同比下降9.66%，其中主营业务完成37707.60万元，与上年同比下降6.11%；实现利润总额4311.96万元，与上年同比下降46.67%。

四、天津中环半导体股份有限公司

（一）基本情况

天津中环半导体股份有限公司（简称中环股份）长期专注于半导体材料和器件产业，半导体锗、硅材料产业历史可上溯到1958年，硅太阳能电池产业历史可上溯到1981年，是国内最早生产用于太阳能发电单晶硅两家企业之一。

2014年上半年，全球经济复苏依然乏力，国内经济在保持宏观经济政策连续性和稳定性的基础上实施了预调、微调，半导体产业整体周期性较为显著，行业的增速与全球GDP的增长速度高度相关。全球半导体产业区域结构发生了较大调整变化，行业集中度较高的日本出现行业大幅度的下挫，而中国大陆和美国半导体产业出现短期投资繁荣。2014年上半年，面对国际市场不确定性因素上升和内需市场规模增长有限等因素影响，终端产品价格整体下滑，全球半导体材料市场整体价格下降。同时，前期出现的短期投资繁荣加剧了国内市场产品低价和过度竞争，行业进入新一轮的市场消化调整周期。公司在保持科技创新的持续性和先进性的基础上，依托在半导体材料领域、硅光伏发电领域的技术积累、持续创新，以硅材料产业一业为主、实现相关多元的经营战略，在技术创新、产业创新和管理进步的基础上实施全国化产业布局、全球化商业布局。在半导体材料、器件产业方面消化了各方面不利因素，确保了半导体产业的整体盈利。

（二）经济效益

2014年上半年，公司实现营业总收入239158.19万元，较上年同期增长52.69%，公司各产业领域实现产销规模快速增长，新的产业结构调整布局基本完成，再次驶入快速发展的轨道。

五、同方国芯电子股份有限公司

（一）基本情况

同方国芯电子股份有限公司（前身为唐山晶源裕丰电子股份有限公司）是从事压电石英晶体元器件的开发、生产和销售，集成电路芯片设计与销售以及LED蓝宝石衬底材料生产和销售的高新技术企业。公司成立于1990年，2005年6月在深圳证券交易所上市，注册资本30340.90元，公司持股比例41.389%。

2013年，同方国芯凭借技术与成本优势，在SIM卡芯片领域大的竞争力不断加强。其中，低端SIM卡产品的出货量大幅提高，占全球市场35%的份额，处于领先的市场地位。公司储备的大容量产品，满足了运营商升级换代的需求，凭借高性价比占据了市场先机。此外，公司的二代居民身份证等身份识别类应用产品的销量保持了稳定增长，城市一通卡、公交卡、居住证芯片等非身份证芯片出货量快速增加，巩固了公司在智能卡芯片领域的市场地位。

在特种集成电路业务领域，公司通过狠抓生产管理与市场管理，切实做到控制成本、提高产能，不断开拓新市场，实现了管理与效益的"双提升"。2013年度，产品国产化推广成绩显著，完成了25项产品设计定型，新增可销售产品24种，同时在新技术、新工艺方面也取得突破，科研创新能力有了新的突破，自主创新能力进一步提高，综合技术实力再上新台阶。

（二）经济效益

2014年上半年，公司实现营业收入45182.48万元，2013年全年的营业收入为91669.98万元，毛利率达33.95%。

第五节 微电子行业进出口状况分析

一、进出口总体状况

海关总署的统计结果显示，2014年1—6月我国进口集成电路1302.90

亿块，较去年同期增长了 1.58%，总金额 992.61 亿美元，同比下降 15.37%；出口集成电路 680.76 亿块，同比下降 4.64%，总金额 280.76 亿美元，同比下降 46.48%。从数据来看，我国集成电路进出口的总金额都有严重下降，其中有美元对人民币汇率变动的因素，但主要还是因为 2013 年初，海关总署、国家外汇管理局等主管部门发布的一系列加强货物监管和资金监管的规定，这些规定使得我国集成电路进出口一改 2012 年 6 月以来的活跃状态，从 2013 年初期起逐步回落并趋于平稳。受上年基数较高影响，与 2013 年相比，2014 年 1—6 月我国集成电路进出口总值明显逊色于上年同期。另外我国 2014 年上半年集成电路进口数量几乎是出口数量的 2 倍，进出口情况严重不平衡（见表 4-17）。

表 4-17　　　　　　　　我国集成电路进出口情况

时间	进口/出口	数量（个）	金额（万美元）	价格（美元/块）
2014 年 1—6 月	进口	13029000	9926167.2	0.7619
	出口	6807600	2807594.8	0.4124
2013 年 1—6 月	进口	12826500	11728317.3	0.9144
	出口	7139200	5245472.6	0.7347

数据来源：中华人民共和国海关总署统计数据。

具体到京津冀地区，北京海关对集成电路数据的统计相对完整，更新也较为及时，天津海关没有特别对集成电路相关数据进行披露，石家庄海关只对河北省 2013 年的计算机集成制造技术进出口情况加以披露。从可以得到的数据来看，北京 2013 年全年出口集成电路 45.14 亿块，总金额 18.17 亿美元，同比增长 14.13%，进口集成电路 74.74 亿块，总进口额 40.53 亿美元，同比下降 5.24%，这与我国整体集成电路进出口情况相同，进出口并不平衡问题也很严重。到了 2014 年上半年，北京出口集成电路总额同比下降 11%，进口集成电路总额同比下降 16.33%。2013 年北京出口计算机集成制造技术类产品金额 4.76 亿美元，同比增长 10.97%，进口 31.19 亿美元，同比增长 8.22%，北京的计算机集成制造技术类产品进口金额也远远大于出口金额，这说明北京在集成电路制造技术方面相对于国外先进国家和地区仍有很大差距，但出口金额增长速度很快。河北省 2013 年出口计算机集成制造技术类产品金额 0.89 亿美元，同比上涨 1.48%，进口 3.62 亿美元，同比增长 15.61%，河北省全省的技术类产品输出远远小于北京市，同时也和北京市一样呈现进口远大于出口的情况。

从集成电路进出口价格方面来看，全国范围内 2014 年上半年的进出口平均价格都有明显回落，2013 年上半年全国集成电路进口平均价格每块 0.9144 美元，出口价格 0.7347 美元，而到了 2014 年上半年进口平均价格下降为 0.7619 美元，出口价格则下降到仅有 0.4124 美元，进口平均价格的降低可以反映出全球集成电路市场整体价格水平的下降，而出口价格远远低于进口价格，也可以反映我国集成电路产业议价能力不高、产品竞争力不强的现状（见表 4-18、表 4-19、表 4-20）。

表 4-18　　　　2013 年北京集成电路及相关技术、设备进出口情况

	项目	数量（万块）	金额（万美元）	同比增长（%）	价格（美元/块）
出口	集成电路	451430.590	181749.179	14.13	0.4026
	计算机集成制造技术	—	47603.086	10.97	—
进口	集成电路	747385.704	405333.677	-5.24	0.5423
	计算机集成制造技术	—	311992.845	8.22	
	制造半导体器件或集成电路用的机器及装置	0.0237	15443.137	-1.35	651609

数据来源：中华人民共和国海关总署（北京海关）统计数据。

表 4-19　　　　2014 年 1—6 月北京集成电路及相关技术、设备进出口情况

	项目	数量（万块）	金额（万美元）	同比增长（%）	价格（美元/块）
出口	集成电路	231289.24	50940.924	-11	0.22025
	计算机集成制造技术	—	21081.676	60.82	
进口	集成电路	378449.78	181556.5	-16.33	0.4797
	计算机集成制造技术	—	163413.89	2.71	
	制造半导体器件或集成电路用的机器及装置	0.088	5252.3448	14.83	596857

数据来源：中华人民共和国海关总署（北京海关）统计数据。

表 4-20　　　2013 年河北省计算机集成制造技术进出口情况

出口/进口	金额（万美元）	同比增长（%）
出口	8941.83	1.48
进口	36235.53	15.61

数据来源：中华人民共和国海关总署（石家庄海关）统计数据。

二、进出口总体特点

（一）进、出口总额大幅下降

据海关总署公布的数据来看，全国 2014 年 1—6 月全国的集成电路进口总金额 992.61 亿美元，同比下降 15.37%；出口集成电路总金额 280.76 亿美元，同比下降 46.48%。进出口集成电路的下降比率很大，其中出口金额下降达 46.48%，接近 2013 年同期水平的一般。就北京地区来看，2014 年上半年，北京出口集成电路总额同比下降 11%，进口集成电路总额同比下降 16.33%，虽然没有全国总体的下降比率大，但是下降程度仍不容忽视。

（二）以加工贸易为主导

以加工贸易为主导，海关特殊监管区域贸易方式大幅下滑，一般贸易方式增长强劲。2014 年初我国进出口以加工贸易方式为主导，在全部贸易方式中加工贸易的进出口占比分别为 53.09% 和 46.54%；海关特殊监管区域的进口贸易方式同比下降 49.41%，出口更是同比下降了 67.95%，进出口都大幅度下滑；而一般贸易的进出口水平激增，虽然在进出口贸易方式中所占比例仍然最低，但表现出强劲的增长态势。加工贸易进口金额小幅下滑，出口金额同比仅增长 1.80%；海关特殊监管区域贸易方式进出口水平都大幅下滑，而一般贸易的进口金额同比增加了 30.00%，出口金额也同比增加了 9.23%（见表 4-21）。

表 4-21　　　2014 年初中国集成电路进出口主要贸易方式情况

进口				出口			
贸易方式	金额（万美元）	同比（%）	占比（%）	贸易方式	金额（万美元）	同比（%）	占比（%）
加工贸易	85.31	-6.23	53.09	加工贸易	18.75	1.8	46.54
海关特殊监管区域	38.42	-49.41	23.91	海关特殊监管区域	16.86	-67.95	41.86
一般贸易	36.93	30	22.98	一般贸易	4.67	9.23	11.59

数据来源：《2013-2017 年中国集成电路行业市场运行态势及投资前景预测报告》，产业研究报告网。

(三) 进出口市场集中

进出口市场集中，不同市场的进口金额有不同程度下滑，出口金额部分下滑，总体上升。我国进出口市场较为集中，主要来自于亚洲的国家和地区，其中仅中国台湾和韩国的集成电路进口总额就已经占全部进口金额的50%以上，仅中国香港的出口总额就已经占全部出口市场总额的48.57%。我国2014年初的集成电路进口额几乎都有不同程度的下滑，其中美国和欧盟28国的进口金额下降比例最高，分别下降了40%和35%，其次是国货复进口和中国台湾的进口金额也有所下降，分别同比下降27.49%和21.44%。我国集成电路主要出口市场的态势较好，其中中国香港的出口同比下降65.69%，下滑幅度最大，韩国和美国市场的出口金额也有小幅下滑，其他出口市场出口金额均有不同程度的增长，其中巴西的增长幅度最大，同比增长高达95.06%（见表4-22）。

表4-22　　　　2014年初我国集成电路进出口主要市场情况

进口				出口			
国家（地区）	金额（亿美元）	同比（%）	占比（%）	国家（地区）	金额（亿美元）	同比（%）	占比（%）
中国台湾	47.2	-21.44	29.37	中国香港	19.57	-65.69	48.57
韩国	36.97	-5.62	23	东盟	8.4	23.15	20.84
东盟	33.39	-9.73	20.78	中国台湾	4.33	3.15	10.74
中华人民共和国	18.15	-27.49	11.3	韩国	2.8	-9.21	6.96
日本	8.62	-14.96	5.36	美国	1.34	-8.24	3.33
美国	7.54	-40	4.69	日本	1.18	12.23	2.93
哥斯达黎加	3.7	-17.94	2.3	欧盟（28国）	0.93	28.81	2.3
欧盟（28国）	2.82	-35.1	1.75	巴西	0.59	95.06	1.47
墨西哥	1.03	9	0.64	波多黎各	0.49	-	1.21
以色列	0.6	4.58	0.37	印度	0.22	14.48	0.54

数据来源：《2013-2017年中国集成电路行业市场运行态势及投资前景预测报告》，产业研究报告网。

(四) 广东、江苏、上海进出口均位列前茅

2014年初，广东进口额为58.63亿美元，虽同比下降39.77%，但仍然独领风骚，占我国进口市场的36.48%，上海和江苏的进口总额位居全国第二、第三，分别为29.69亿美元和25.84亿美元，全国占比分别为18.47%

和 16.08%，位居第四的四川省进口额与前三名相比相去甚远。出口方面，前三甲仍然是江苏、上海、广东，三省市出口额加总占全国的 72.6%。值得注意的是，广东省的出口额下降幅度很大，同比下降 84.15%。京津冀地区中，天津、北京的进出口总额虽然远远比不上广东、江苏、上海，但也居全国前十位。天津的进口额为 5.62 亿美元，同比增长 20.23%，增长幅度较大，全国占比为 3.5%，居全国第六位。北京进口额为 2.75 亿美元，同比下降 27.94%，全国占比 1.71%，居全国第十位。北京的出口额为 1.38 亿美元，同比下降 15.33%，全国占比为 3.42%，居全国第六位。天津出口额为 1.14 亿美元，同比上升 14.25%，全国占比 2.83%，居全国第八位。河北省由于进出口额较小未进入全国前十位（见表 4-23）。

表 4-23　　　　　　2014 年我国主要省市集成电路进出口情况

进口			出口			
省市	金额（亿美元）	同比（%）	占比（%）	省市	金额（亿美元）	同比（%）	占比（%）
广东	58.63	-39.77	36.48	江苏	11.13	17.49	27.62
上海	29.69	-8.79	18.47	上海	10.57	6.22	26.24
江苏	25.84	4.07	16.08	广东	7.55	-84.15	18.74
四川	8.03	17.49	4.99	四川	3.25	60.99	8.06
河南	7.72	-6.08	4.8	陕西	2.61	59.88	6.47
天津	5.62	20.23	3.5	北京	1.38	-15.33	3.42
山东	4.63	31.59	2.88	云南	1.26	10.75	3.12
重庆	4.2	36.26	2.61	天津	1.14	14.25	2.83
陕西	3.73	40.88	2.32	江西	0.35	520.58	0.87
北京	2.75	-27.94	1.71	湖北	0.28	33.08	0.69

数据来源：《2013-2017 年中国集成电路行业市场运行态势及投资前景预测报告》，产业研究报告网。

（五）外商投资企业占主导地位

外商投资企业占主导地位，民营企业进出口额均大幅下滑。2014 年初我国外商投资企业集成电路进口额 116.88 亿美元，同比下降 6.89%，占集成电路进口总额的 72.74%；出口额 27.05 亿美元，同比增长 1.79%，占集成电路出口总额的 67.15%。民营企业集成电路进口额 36.16 亿美元，同比下降 42.72%，占集成电路进口总额的 22.5%；出口额 9.83 亿美元，同比下降

78.68%,占集成电路出口总额的24.4%。外商投资企业通常拥有雄厚的资金、先进的技术,外商直接投资企业进入我国集成电路市场,给我国民营企业带来了巨大的压力的同时,也给我国民营企业提供了学习先进管理方式,进行技术人才交流的机会,外商直接投资企业的快速发展,使我国民营企业面临更大的机遇和挑战(见表4-24)。

表4-24　　　　2014年初不同类型企业集成电路进出口情况

企业类型	进口			企业类型	出口		
	金额(亿美元)	同比(%)	占比(%)		金额(亿美元)	同比(%)	占比(%)
外商投资企业	116.88	-6.89	72.74	外商投资企业	27.05	1.79	67.15
民营企业	36.16	-42.72	22.5	民营企业	9.83	-78.68	24.4
国有企业	7.65	13.33	4.76	国有企业	3.4	29.82	8.44

数据来源:《2013-2017年中国集成电路行业市场运行态势及投资前景预测报告》,产业研究报告网。

第六节　存在的问题与对策

一、国内外发展环境

(一)全球集成电路市场发展情况

全球集成电路产业总产值从2006年的2477亿美元增长到2013年的3043亿美元。亚太地区集成电路产业增长速度远高于其他地区。这一数字体现了整个集成电路产业从发达国家向劳动力成本具有比较优势的亚太地区发展中国家转移和扩散的趋势。由于各国经济发展阶段、政府政策的不同和人为设置的贸易壁垒等种种因素,韩国和中国台湾等地区的集成电路产业发展要早于中国大陆。

(二)国内集成电路发展环境

集成电路是工业生产的"心脏",其技术水平和发展规模已成为衡量一个国家产业竞争力和综合国力的重要标志之一。由于发展较慢,中国集成电路产业价值链的核心环节缺失,产业远不能支撑市场需要。近年来我国大陆地区在产业转移和国家扶持政策的推动下,集成电路产业迅猛发展。2013年我国集成电路产业总产值达到2508亿元,占全球13.3%。2006－2013年的年复合成长率超过18%,这一增速远远超过全球集成电路产业增速,产业转移的趋势十分明显,多年来我国集成电路与石油一起位列最大的两宗进口商品。

二、行业发展的问题

2014年国务院印发的《国家集成电路产业发展推进纲要》提出,到2015年集成电路产业销售收入超过3500亿元,相比2013年的2508亿元,增长近千亿,并通过成立国家集成电路产业发展领导小组、设立国家产业投资基金等一系列政策措施切实助力产业持续健康发展。目前,我国集成电路产业整体发展水平低,产品与市场相脱节,自主创新能力不足,资金和人才短缺,这些问题严重制约着我国集成电路产业的进一步发展。

(一)行业整体水平落后,集中于价值链中低端

经过十几年的发展以及转型调整,中国已经在中低端市场具备了一定的成本优势,但在高端市场的占有率还很低,无法实现规模经济效应,与国外同类企业相比,尚存在较大差距。国内集成电路企业规模小、核心技术水平较低,难以满足国内的集成电路市场需求,导致国内CPU、存储器、数字电视芯片及智能手机芯片被国际企业垄断的局面未发生根本性改变。从产品档次看,国内企业大多数生产中低档、附加值少的集成电路产品,中高档设备、产品和技术主要靠引进,缺少自主IP核心技术,标准和专利都受制于人,高级设计人才严重缺乏。

(二)产业链脱节严重,缺乏自主创新能力

芯片作为电子产品的"心脏",在整个电子行业发展中发挥着举足轻重的作用。虽然2013年我国集成电路已在多项先进和核心技术方面取得突破,但我国"芯片—软件—整机—系统—信息服务"的产业链协同格局仍未形成,芯片的设计和制造与中国庞大的终端应用市场严重脱节,产品生产与市场主流需求不符。另外,我国无论是企业还是高校、科研院所对集成电路的相关基础研究领域仍缺乏重视,忽略了基础研究领域的开拓对产业技术自主创新能力的带动作用,加上企业对自主创新重视程度不够、创新资金不足、创新人才短缺等问题,导致我国集成电路产业严重缺乏自主创新能力,产品竞争力低下,产业布局、结构、盈利模式等方面都存在问题。

（三）投资规模不足，高端人才短缺

集成电路是资本密集型产业，我国对集成电路产业的投资渠道单一，投资力度远远不够，有些地方的重复建设问题严重，投资结构不合理，难以满足产业发展的要求。集成电路产业也是技术密集型产业，需要高端、专业的人才，我国的高端人才培养体系本就落后，并且给予集成电路专业技术和管理人才的待遇并不高，导致一部分人才流向外资企业甚至流向国外，造成人才流失、人才短缺的局面。总体来说，我国微电子产业面临的人才问题主要体现在人才总量严重不足、人才质量较差、人才层次结构不合理和本土人才流失严重四个方面。

三、行业发展的机遇

虽然我国集成电路产业面临着诸多问题和挑战，但机遇也同样存在：

（一）国内市场需求进一步释放

2013年中国已超越美国成为全世界最大的消费电子市场。2014年国家对信息安全的高度重视及"信息惠民"工程的实施，都将带来对芯片的大量需求。与此同时，国内4G牌照发放后，4G应用产品的快速增长和云计算、汽车电子、汽车物联网、大数据等新兴产业的兴起，都将带来对芯片消费需求的爆炸式增长，为我国集成电路产业的发展提供契机。

（二）国家扶持政策相继出台为产业发展提供良好的外部环境

2013年以来，各级政府对集成电路产业重要性的认识进一步加深，8月份国务院发布的《国务院关于促进信息消费扩大内需的若干意见》中提到国家、地方和社会资金要支持集成电路产业发展。2014年6月，国务院印发《国家集成电路产业发展推进纲要》，北京、天津又相继出台了集成电路扶持意见，2014年9月24日国家集成电路产业投资基金挂牌成立，投资基金普通股已经在12月16日完成募集，实际募集规模为987.2亿元。投资基金将在2015年一季度发行400亿元规模的优先股。优先股发行对象将主要包括保险等金融企业，完成发行后，基金总规模预计将达到1387.2亿元，超过此前1200亿元的预期规模。

继2013年12月北京市设立300亿元IC产业发展基金后，2014年2月，北京市率先发布《北京市进一步促进软件产业和集成电路产业发展的若干政策》，这是在国家层面集成电路扶持政策出台之前的首个地方政策。北京地区的政策主要倾向于扶持集成电路设计和制造企业，并鼓励设计企业与生产

企业开展合作，政策中提出的创新集成电路产业投融资模式，意在推动重点企业兼并重组和产业园区建设。

2014年3月天津市相继出台《滨海新区加快发展集成电路设计产业的意见》及《天津市滨海新区集成电路产业集群化发展战略规划》，给予天津市滨海新区每年2亿元的专项资金。天津滨海新区将重点放在建设集成电路设计产业，并规划到2020年，集成电路设计产业形成以天大科技园、高新区软件园、保税区展讯科技园等三个产业集聚载体为依托的集群发展格局。

在国家、地方政策的大力扶持和全球集成电路产业发展进入大变革时期的背景下，京津冀地区的集成电路产业发展将迎来新的机遇。

四、行业发展对策

北京和天津的微电子产业已经基本形成了集成电路设计、制造、封装、测试、专用设备、材料等各环节互动发展的格局，集成电路设计居国内领先水平。但是，北京、天津地区的微电子企业与世界领先微电子企业仍有很大差距。河北的微电子产业还没有形成完整的产业链，其发展远远落后于北京和天津，京津冀地区间电子产业发展差距很大。为此，我们对于京津冀地区微电子产业的发展提出以下建议：

（一）财政支持微电子产业高新技术的研发

京津冀地区乃至全国微电子产业向国外出口的产品大多都是低端产品，原因主要是缺乏核心技术，高新技术的研发需要大量的资金投入和人力资源投资，但高投入是否能带来高产出具有很大的不确定性，很多新产品在初期会面临效益低、需求小等问题，政府通过财政直接支持高新技术的研发，或是制定合理的税收优惠政策，减少微电子企业的税收负担，都可以减轻企业的研发风险和成本，从而激励微电子企业进行核心技术的研发。

（二）培养微电子产业人才

北京有众多高校和科研院所，人才资源相对丰富。京津冀地区可以利用北京这一优势，建立微电子产业人才培养基地，培养多层次的人才，并与优秀的微电子企业合作，结合企业的需求培养管理和技术人才。京津冀地区还应该制定人才培养和引进的长期策略，不仅要培养好，更要留得住优秀的微电子产业技术和管理人员。对已有的产业园区，要进一步优化调整，形成与供应商、用户、科研院所、高校和海外学者广泛联系的网络以及人才、技术和企业的集聚，为信息产业的发展提供强有力支撑。

(三) 完善知识产权体系建设

我国集成电路专利数量较少,技术水平偏低,产业技术覆盖面有限,尚未形成针对集成电路核心技术的专利群体保护规模。集成电路企业要积极借鉴国外企业的经验,建立完善的知识产权保护体系和发展战略,从起步阶段就与国际市场接轨,同时在产品定义、研发、市场销售等多个不同环节引进知识产权分析决策机制,在避免侵犯别人知识产权的基础上,注意对自身知识产权的保护,通过申请不同层次的专利,最大范围地进行专利布局,获得独占经营的局面,以此增强企业的核心技术竞争力,保证企业的良性发展。

(四) 完善集成电路产业市场体系

政府的统筹规划和政策扶持集成电路产业,优化集成电路产业链,确保集成电路制造、设计和封装测试等各方面平衡、协调发展,改善设计软件、制造设备及材料基本上依靠进口,芯片与整机相脱节的情况。促进研发成果的快速市场化以及相关支撑行业的共同发展,政府还应选择一批具有较好发展潜力的微电子企业给予财政补贴和贴息支持,鼓励其进行科技研发和扩大生产规模,培养一批拥有较强技术和资本实力的微电子龙头企业,从而带动整个地区的微电子产业的进步和发展,实现地区间资源优化配置,国内外市场相互衔接的良好发展态势。

参考文献

[1] 国务院. 鼓励软件产业和集成电路产业发展若干政策 [R]. 2000.

[2] 国务院. 国家集成电路产业发展推进纲要 [R]. 2014.

[3] 宋朝瑞, 郑惠强, 赵宇航, 赵建忠, 陈强. 重大专项政策对集成电路产业创新影响 [J]. 半导体技术, 2012 (1): 9-12.

[4] 许爱萍. 我国集成电路产业技术自主创新能力提升路径分析 [J]. 未来与发展, 2014 (10): 39-43.

[5] 丁伟, 陈飞宇. 微电子制造业人才需求与培养模式研究 [J]. 半导体技术, 2010 (12): 1226-1231.

[6] 国务院. 国务院关于促进信息消费扩大内需的若干意见 [R]. 2013.

[7] 北京市人民政府. 北京市进一步促进软件产业和集成电路产业发展的若干政策 [R]. 2014.

［8］天津市滨海新区人民政府. 滨海新区加快发展集成电路设计产业的意见［R］. 2014.

［9］天津市滨海新区人民政府. 天津市滨海新区集成电路产业集群化发展战略规划［R］. 2014.

［10］夏阳，梁宏亮. 微电子产业发展中政府推动作用研究［J］. 河北企业，2012（7）：33－35.

(作者：曾诗鸿、姜雪，北京工业大学经济与管理学院)

第五章
京津冀高端制造业协同发展研究

第一节 问题的提出和文献回顾

京津冀一体化发展早在十年前就已提出，而最近习近平总书记在京津冀协同发展工作座谈会上的讲话，则首次将京津冀一体化上升为国家战略。如他所指出的，"实现京津冀协同发展，是一个重大国家战略，要加快走出一条科学持续的协同发展路子来，一定要增强推进京津冀协同发展的自觉性、主动性、创造性"。区域的科学协同发展，是建立在区域产业之间的科学协同发展的基础之上。大力推进京津冀三地之间的产业协同，是贯彻京津冀协同发展这一重大国家战略的必然要求。高端制造业代表了制造业的发展方向，是实现经济转型的关键。在区域经济一体化背景下，进行京津冀高端制造业协同发展研究有着重大意义。

关于区域产业协同发展的理论来自于哈肯（Harmann. Haken，1971）的《协同学》。在该书的一章中，哈肯把协同学的观点应用到经济学的分析中，认为经济是一个大系统，而区域、产业、企业等等是大系统下面的子系统或者元素，在元素与子系统的运动过程中各元素、子系统之间相互作用，从而使得子系统之间的发展从各自为政的无序状态，变成在时间上和空间上的有序状态。企业与企业之间、产业与产业之间、区域与区域之间的由于资源共享、竞合关系、业务关联、组织学习、集体创新等使得相互之间的关系形成"1+1＞2"的协同发展效应。国内学者也从经济学角度对协同发展进行了研究，在开放的条件下，产业是国民经济运行的洗系统，各产业相互协调合作形成的有序结构过程，产业协同主要反映在产业结构合理化等方面，主要是从静态角度研究（徐力行、高伟凯，2007）。从系统的观点来看，产业协同考察产业之间的联动过程，不仅关注各产业运动在时间和功能上的衔接，同时也关注在动态变化中运行方向一致（徐力行、毕淑青，2007）。

从现有文献来看，研究产业协同发展的方法主要有两个：一是系统动力学方法，即运用系统动力学仿真，对制造业进行影响产业协同的产业链关键环节的分析（徐力行、高伟凯，2007）。中国学者王传民将社会经济大系统分为社会、经济、科技子系统来设计县域经济协同发展指标体系，对系统内部和子系统直接协同发展成熟度进行测试，以此来对产业协同程度进行测定（王传民，2006）。二是灰色关联度分析方法，即运用灰色关联分析方法研究产值结构与就业结构、资产结构的协同问题，构建县域产业的协同发展模型（袁伦渠，2006）。有学者通过灰色关联度和相关关系分析，对安徽省县级产业协同发展情况进行衡量和评价，并提出推动县域经济协同发展的政策措施（朱道才、赵双琳，2008）。

对于京津冀的协同发展，纪良纲与晓国（2004）认为，整合京津冀地区的存量资源，积极推动京津冀形成基础设施衔接、支柱产业配套、新兴产业共建、一般产业互补的梯度开发模式与分工协作体系，是推进京津冀区域经济协同发展不可或缺的重要一环，也是提高区域竞争力的根本途径。祝尔娟认为，京津冀三地的产业发展存在明显的梯度落差，为区域产业升级与合作提供了内在动力。当然，京津冀产业协同发展也面临着不利条件。比如刘东生与马海龙（2012）认为京津冀产业协同发展还具有产业趋同现象明显、合理的产业分工协作缺乏、中心城市辐射功能较弱等问题；纪良纲与晓国（2004）认为，京津冀还没有形成明显的产业链。

我们认为，区域产业协同的基础是区域产业既有差异又相互关联，差异性主要体现在要素的投入比例不同，区域间的产业关联体现在某一区域产业对其他区域产业的需求、或者是某一区域产业对其他区域产业的供给。段志、李善同、王其文（2006）的研究表明投入系数通常是由区域的技术水平和产业形态决定的，它一方面衡量了每单位的产出需要的要素投入比例，另一方面可以衡量区域间产业的关联程度，因此本文根据京津冀制造业的投入系数，研究制造业的发展差异及协同条件，在此基础上为京津冀制造业的协同发展提供政策建议。

第二节 高端制造业发展现状及问题

一、高端制造业内涵

高端制造业指制造业中的高端环节，是一个国家或地区工业发展到后期或进入后工业化阶段的产物，既包括传统制造业的高端部分，也包括新兴制造业的高端部分。高端制造业与传统制造业的主要区别是：传统制造业主要依靠传统工艺，技术水平和生产效率不高，劳动强度大，大多属于劳动力密集型和资金密集型产业。高端制造业主要依靠高新技术和高端装备，大多属于资本密集型或技术密集型产业。高端制造业可以是利用新技术发展起来的新行业，也可以是采用先进技术改造提升传统制造业。从制造业呈现出的绿色化、智能化、服务化发展趋势看，高端制造业基本上包含了先进制造业和服务型制造业。基于以上分析，我们认为，高端制造业的概念应该从行业和产业链两个角度界定。从行业角度讲，高端制造业指制造业中新出现的高技术含量、高附加值、强竞争力行业。从产业链角度讲，高端制造业是处于产业链高端环节的制造业，这些高端环节可以看成制造业的细分行业。高端制造业具有技术含量高、价值高、资本投入大、产品附加值高、控制力和带动力强等特征。技术含量高是指高端制造业体现多学科和多领域高、精、尖技术的集成，具有知识、技术密集等特征。价值高指高端制造业在产业链中处于高端地位，其发展水平决定产业整体竞争力。资本投入大有两个原因：一是高端制造业的核心技术往往研发难度大、工艺复杂，攻克这些核心技术需要高额研发费用；二是生产所需仪器、设备、材料本身具有较高价值，需要较高的购置费用。产品附加值高是由于高端制造业产品体现了先进技术、先进生产设备等方面的价值。控制力强是指高端制造业相关企业在产业链中处于控制节点位置，具有一定垄断特性，能够影响其他企业的行为。带动力强是指高端制造业企业拥有先进的技术设备和较强的创新能力，可以对上下游企业产生技术辐射,从而对整个产业链技术创新和竞争力提升具有较强带动作用。

虽然高端制造业没有一个明确的定义,但其一般都具有技术含量高、资本投入高、附加值高、信息密集度高,以及产业控制力较高、带动力较强的特点。因此,一般选择通用设备制造业,专用设备制造业,交通运输设备制造业、电气机械及器材制造业,通信设备、计算机及其他电子设备制造业,仪器仪表及文化、办公用机械制造业等代表高端制造业。

二、京津冀高端制造业现状

(一)通用设备制造业

2012年,北京共有287家通用设备制造企业,工业总产值为579.94亿元,平均企业产值2.02亿元,利润总额为70.85亿元,平均企业利润0.25亿元,从业人员为6.23万人;天津企业数量共410家,工业总产值为855.67亿元,平均企业年产值2.08亿元,利润总额104.17亿元,平均企业利润0.25亿元,从业人数为9.26万人;河北省企业数1037家,工业总产值为1607.29亿元,平均企业产值1.02亿元,利润总额为140.17亿元,平均企业利润0.135亿元,从业人数为19.99万人。

(二)专用设备制造业

2012年,北京共有310家专用设备制造企业,工业总产值为565.6亿元,平均企业产值1.82亿元,利润总额为70.87亿元,平均企业利润0.23亿元,从业人员为7.73万人;天津企业数量共324家,工业总产值为597.13亿元,平均企业年产值1.84亿元,利润总额43.69亿元,平均企业利润0.13亿元,从业人数为7.33万人;河北省企业数量540家,工业总产值为900.62亿元,平均企业总产值1.67亿元,利润总额为81.60亿元,平均企业利润0.15亿元,从业人数12.36万人。

(三)交通运输设备制造业

2012年,北京共有274家交通运输设备制造企业,工业总产值为2495.62亿元,平均企业产值9.10亿元,利润总额为215.15亿元,平均企业利润0.78亿元,从业人员为13.04万人;天津企业数量共414家,工业总产值为2131.31亿元,平均企业产值5.14亿元,利润总额176亿元,平均企业利润0.42亿元,从业人数为17.2万人;河北省企业数量495家,工业总产值为1627.83亿元,平均企业产值3.28亿元,利润总额为158.75亿元,平均企业利润 0.32 亿元，从业人数为 18.2 万人。

（四）电气机械制造业

2012 年，北京共有 270 家电气机械制造企业，工业总产值为 775.08 亿元，平均企业产值 2.87 亿元，利润总额为 59.13 亿元，平均企业利润 0.22 亿元，从业人员为 6.23 万人；天津企业数量共 332 家，工业总产值为 815.39 亿元，平均企业产值 2.45 亿元，利润总额 60.13 亿元，平均企业利润 0.26 亿元，从业人数为 7.47 万人；河北省企业数量 580 家，工业总产值为 1483.25 亿元，平均企业产值 2.55 亿元，利润总额为 152.22 亿元，平均企业利润 0.26 亿元，从业人数为 14.34。

（五）通信设备、计算机及其他电子设备制造业

2012 年，北京共有 300 家通用设备制造企业，工业产值为 2026.15 亿元，平均企业产值 6.75 亿元，利润总额为 92.75 亿元，平均企业利润 0.31 亿元，从业人员为 13.82 万人；天津企业数量共 312 家，工业总产值为 2045.06 亿元，平均企业产值 9.76 亿元，利润总额 93.15 亿元，平均企业利润 0.29 亿元，从业人数为 160.4 万人；河北省企业数 106 个，工业总产值为 309.81 亿元，平均企业产值 2.92 亿元，利润总额为 31.13 亿元，平均企业利润 0.29 亿元，从业人数为 7.02 万人。

（六）仪表、仪器及文化办公机械制造业

2012 年，北京共有 197 家仪表、仪器及文化办公机械制造企业，工业总产值为 242.3 亿元，平均企业产值 1.22 亿元，利润总额为 35.24 亿元，平均企业利润 0.17 亿元，从业人员为 3.27 万人；天津企业数量共 70 家，工业总产值为 130.12 亿元，平均企业产值 1.85 亿元，利润总额 7.83 亿元，平均企业利润 0.11 亿元，从业人数为 2.11 万人；河北省企业数量 63 家，工业总产值为 83.75 亿元，平均企业产值 1.32 亿元，利润总额为 12.45 亿元，平均企业利润 0.19 亿元，从业人数为 1.59 万人。

从产业规模来看，通用、专用设备制造业、交通运输设备制造业、电气机械及器材制造业，河北省产业规模最大，拥有的企业数量最多，其工业产值也最大，但是企业平均产值、企业平均利润却不及北京和天津；天津市的通信设备、计算机及其他电子设备制造业产业规模最大，拥有的企业数量较多，其工业产值及企业平均产值都比北京和河北大。北京市的仪表、仪器及文化办公机械制造业产业规模最大，工业产值也相对其他两地大，企业平均利润也是最多的。

三、京津冀高端制造业的问题

第一,缺乏核心技术和创新能力。与发达国家相比,京津冀高端制造业技术创新能力不足,技术成果产业化程度低。在代表高端制造业技术发展方向、市场前景广阔的关键领域还难以成为技术原创国,核心技术供给不足,达到世界先进水平的制造业产品更是寥寥无几,高端制造业技术对外依赖度高达50%,主要机械设备50%以上的技术来源,多数电子信息设备的核心技术,都需要从西方发达国家引进。自主知识产权少,制造发明专利占世界总量不足2%,在发明专利中,国外授权量达到总量的2/3。

第二,缺乏世界级知名品牌。京津冀高端制造业中自主品牌产品出口占比很小,具有国际影响力的著名品牌更是缺乏。据不完全统计,世界装备制造业中90%的知名商标所有权被发达国家掌控。由于缺乏商标支撑,特别是缺少一批能与国外知名商标相抗衡、具有一定市场影响力和国际竞争力的自主商标,装备制造业80%—90%的出口商品属于贴牌加工。缺乏自主品牌的原因既与缺乏核心技术有关,也与缺少可以和跨国公司抗衡的大型企业集团有关。世界级制造企业的诞生同时也就意味着世界品牌的诞生,世界品牌又能促进世界级制造企业的持续发展、不断壮大。

第三,没有形成完整的产业链。京津冀高端制造业的大多数行业没有形成完整产业链。由于缺乏具有较强研发实力的企业,没有形成以主机制造厂为核心、上下延伸的强大产业链,产业总体规模、经济效益和竞争力难以提高。装备制造业都程度不同地存在这一问题,如电力设备是高端装备自主创新成就比较突出的领域,但是由于缺乏核心技术,核电和燃气发电设备的仪表控制系统仍依赖进口,燃气轮机与高水平的抽水蓄能机组不但设计依靠国外,一些关键部件也依赖进口,造成产业链不完整。

四、高端制造业发展的制约因素

第一,研发投入不足制约高端制造业的国际竞争力。技术开发能力和知识产权是衡量一个国家和地区产业技术水平和竞争力的决定因素。我国技术创新能力不足,不少产品缺少自主知识产权,这与研发投入不足有很大关系。不少企业对新产品、新工艺研发投入不足,原创性技术创新成果少,并且在消化吸收引进技术中,再创新投入严重不足,二次开发能力不强,陷入"引进—落后—再引进—再落后"的恶性循环。

第二，生产性服务业不能给高端制造业提供有力支撑。生产性服务业可以通过服务外包、产业关联、资本深化和空间集聚等途径降低制造业交易成本，推动制造业向产业链高端攀升，进而促进高端制造业发展。长期以来，受制造企业实行全能型发展模式、服务环节"内置"于制造企业、生产性服务业准入门槛高、市场化程度低等因素的影响。

第三，区域间缺乏分工协作影响高端制造业。长期以来，从追求"门类齐全、自成体系"出发，地区之间不是根据资源禀赋来发展经济，而是通过市场封锁和分割，搞"大而全、小而全"，地区之间产业同构问题突出。加之受现行行政管理体制、政绩考核和财税体制影响，地区之间低效率同质化竞争现象广泛存在，突出表现在高端制造业领域。由于各自为政，地区间缺乏生产专业化分工，很难发挥各自优势、功能互补，形成促进高端制造业发展的有效合力。

第三节　理论分析、研究方法及数据来源

一、理论分析

里昂惕夫的投入产出方法是研究产业关联的最有效工具，在投入产出表的第一象限和第三象限中，每一个元素都有两个不同的含义：假设某一元素 x_{ij} 位于第 i 行第 j 列。从行上看，x_{ij} 表示产业 j 对产业 i 的中间需求，即产业 j 在产品生产过程中所需要吸收的产业 i 的产品数量，它表明了该产业部门产品被其他产业部门（包含本产业部门）的需求比例。而从列上看，表示产业 i 对产业 j 的投入，即产业 i 的产品在经济活动中作为投入而被产业 j 所消耗掉的数量，各部门产品所需的投入分为中间投入和最初投入两部分。中间投入是指各部门在生产活动中对原材料，燃料，动力等的消耗。最初投入由固定资产折旧，从业人员报酬，生产税净额和营业盈余构成。它以投入产品的形式反映着各个产品部门之间的生产技术上的联系。不同地区的经济发展不同，其产业的要素投入比例也不相同，钱纳里等人就认为，"在不同的经济发展阶段，生产力水平，技术水平不同会影响到生产要素的组合方式。当经济发展处于较低水平时，由于技术水平低，在生产经营活动中，投入的劳动和初级资源相对较多，而资本和技术的使用较少；随着经济的发展、资本的

积累，生产力水平和技术水平大幅度提高，要求使用大量的资金和技术，劳动力使用比例会有一定程度下降。这些要素投入比例可以通过投入系数来表示。

考察区域之间的产业分工结构及关联结构的有力工具之一是从产业间投入产出表延伸开发出来的地域间投入产出表，区域间投入产出表能够打破过去使用单个区域投入产出表孤立的研究区域问题的局限性，从全面联系的角度出发，在把握各个区域产业关联和区际关系的基础上，可以系统的研究区域间产业联系和部门间的生产投入和需求供给的关系，对我们全面了解京津冀产业协同关系具有重要意义。

二、研究方法

（一）投入要素分类

在投入产出表中，产业的总投入是由中间投入和最初投入构成，为了更为详细地研究产业的要素投入，Jorgenson、Gollop 和 Fraumeni 提出了 KLEMS 核算体系。该核算体系的最大特点是将中间投入（能源（E）、原材料（M）及生产服务（S））引入到生产率的核算中。本文根据 KLEMS 核算体系将投入产出表中的中间投入分类，把主要来源于投入产出表的中间产品矩阵先按产品属性将部门分为提供能源、原材料生产性服务三类，再分别将各部门的中间使用按照上述标准进行合并，由此就可将各部门的中间投入分解为能源（来自能源生产部门）、原材料（来自原材料生产部门）和生产性服务（来自服务提供部门）。

能源生产部门：煤炭开采和洗选业、石油和天然气开采业、石油加工、炼焦及核燃料加工业、电力、热力的生产和供应业、燃气生产和供应业、水的生产和供应业。

原材料工业部门：金属采矿业、非金属及其他采矿业、化学工业、非金属矿物制品业、金属冶炼及压延加工业、金属制品业。

生产性服务业部门：交通运输及仓储业、邮政业、金融保险业、信息传输、计算机服务和软件业、房地产业、租赁和商务服务业、研究与实验发展业、综合技术服务业。

根据以上分类，制造业的要素投入分为：能源投入、原材料投入、生产性服务投入和最初投入。

假设 x_i 为 i 产业的总产出，则投入系数通常定义为：

$$h_{ij} = \frac{x_{ij}}{x_j}$$

式中，h_{ij}表示投入系数，x_{ij}表示第j产业所需要的i类投入价值量；x_j表示第j产业的总投入，投入系数的取值范围为（0，1），取值越大，说明第j产业部门对第i类投入的直接依赖性越强，取值越小则对投入品的直接依赖性越弱。

（二）京津冀投入产出表的构建

本文选用 MRIO 模型作为区域间投入产出模型。在构建方法上，除了基本的构建方法与传统的区域投入产出模型的构建方法相近，重要的区别在于它需要构建区域间贸易系数，它是区域间投入产出表构建的关键一步。

本文通过井原（1979 和 1996）对于摩擦系数的估算，来构建区域间贸易系数（张亚雄、赵坤，2006）。摩擦系数公式为：

$$Q_i^{RS} = \frac{H_i^{RS}}{\frac{H_i^{RO} - H_i^{OS}}{H_i^{OO}}}$$

式中，H_i^{RS}表示 R 区流入到 S 区的总量，H_i^{RO}表示 R 区总流出量，H_i^{OS}表示 S 区总流入量，H_i^{OO}表示全部区域的总流入量（总流出量）。

利用如下公式计算区域间贸易系数

$$t_1^{BB} = \frac{Q^{BB} X_1^B}{Q^{BB} X_1^B + Q^{HB} X_1^H + Q^{TB} X_1^T + Q^{RB} X_1^R}$$

式中，t_1^{BB}表示其他产业北京到北京的贸易系数；Q^{BB}表示北京到北京的摩擦系数；Q^{HB}表示河北到北京的摩擦系数；Q^{TB}表示天津到北京的摩擦系数；Q^{RB}表示其他地区到北京的摩擦系数；X_1^B表示其他产业在北京的总产出；X_1^H表示其他产业在河北的总产出；X_1^T表示其他产业在天津的总产出；X_1^R表示其他产业在其他地区的总产出。

张亚雄、赵坤（2010）提到 Chenery 和 Moses 提出的多区域投入产出模型（Multiregional Input–output Model，简称 MRIO 模型），影响较大。该模型以区域投入产出模型为基础，通过典型调查或数学估算或两者相结合的方法，利用相应的区域信息推算不同产品的区域间贸易量，从而得到区域间投入产出模型。运用 MRIO 模型数据需求量较低、结果精度较高，可以较为简便的、准确的、全面反映不同区域部门之间的经济联系情况。运用 MRIO 模型，得到三区域间投入产出表。

三、数据来源

因为地区投入产出表,每五年编制一次,2012 年的投入产出表还未公布,因此这里选取 2007 年京津冀三个地区 42 个部门投入表为研究对象,并与 2002 年的数据对比。数据分别来源于三地统计局。

第四节 实证分析

一、投入系数的差异

我这里将制造业的投入分为四类,即:(1)最初投入;(2)原材料投入;(3)能源投入;(4)服务投入。在构建区域间投入产出模型之前,首先分别计算了京津冀三地制造业的各类投入系数的均值和变异系数。变异系数等于样本标准差除以平均数,是一个相对值,没有单位,其大小同时受平均数与标准差的影响。变异系数越大,波动程度越大。通过变异系数可以衡量京津冀制造业投入系数的差异。

表 5-1   投 入 系 数

产业分类	原材料投入系数		能源投入系数		生产服务投入系数		最初投入系数	
	均值	变异系数	均值	变异系数	均值	变异系数	均值	变异系数
通用、专用设备制造业	0.33	0.29	0.03	0.58	0.13	0.22	0.27	0.04
交通运输设备制造业	0.21	0.37	0.02	0.48	0.13	0.45	0.19	0.03
电气机械及器材制造业	0.37	0.23	0.02	0.44	0.13	0.30	0.24	0.06
通信设备计算机电子设备制造业	0.22	0.59	0.02	0.85	0.14	0.34	0.22	0.32
仪器仪表及办公用机械制造业	0.16	0.35	0.01	0.35	0.18	0.29	0.30	0.14

（一）原材料投入系数分析

原材料工业是为制造业提供原材料的工业部门，从表 5-1 中可以看出，通用、专用设备制造业、交通运输设备制造业、电气机械及器材制造业、通信设备计算机电子设备制造业、仪器仪表及办公用机械制造业的原材料投入系数的均值较大，在 0.16—0.37，其中三个地区电气机械及器材制造业的原材料投入系数最大为 0.37，说明京津冀每生产一单位的电气机械及器材制造业，则需要 0.37 个单位的原材料投入，其中河北需要 0.47 个单位、天津需要 0.37 个单位、北京需要 0.26 个单位。从变异系数的大小来看，电气机械设备及器材制造业的变异系数最小，为 0.23，说明该产业在京津冀三地的原材料投入相似，差距不大，通信设备、计算机电子设备制造业的变异系数最大，说明每生产一单位的产值，三地所需要的原材料投入差距较大。

（二）能源投入系数分析

能源是国民经济和制造业发展必不可少的物质基础。制造业的发展也带来了能源消耗过高的问题，不同区域的制造业由于资源禀赋、发展水平等因素对能源的需求也不同，从能源投入系数的均值来看，高端制造业的能源投入系数都较小，这几类制造业的投入系数都在 0.03 以下，说明高端制造业对能源的依赖程度都比较小。虽然均值较小，变异系数却比较大，说明同样的产业，在京津冀不同地区对能源的需要也是不同的。

（三）生产服务投入系数分析

生产性服务业作为为制造业提供中间服务的产业，在促进我国制造业乃至整个产业结构优化升级方面发挥着越来越大的作用。生产性服务不直接满足消费者的需求，它的作用在于提高工业生产各阶段的运营效率，提升产出价值。从均值上看，所有制造业的生产服务投入系数均值大小差距不大，都在 0.1 左右。天津地区的生产服务投入系数最大，北京次之，河北的生产服务投入系数最小。

（四）最初投入系数分析

最初投入由固定资产折旧，从业人员报酬，生产税净额和营业盈余构成，是每次产业的初始投入，从上表中可以看出，相比其他三类投入系数，最初投入系数的均值最大，占总投入的比例较大，同时，从变异系数也可以看出，三个地区制造业的最初投入差异不大，说明在三个地区中，制造业的初始投入相似。

（五）投入系数分析总结

从原材料投入系数、最初投入系数、能源投入系数和生产服务投入系数的均值来看,京津冀三地区的高端制造业主要依赖于原材料投入、最初投入和生产服务投入,对能源的依赖程度较小;从变异系数来看,三地高端制造业的最初投入系数相似,差距不大,对原材料和生产服务的投入系数差距较大。与 2002 年投入产出数据对比可知,三地高端制造业的原材料投入系数都降低,而生产性服务的投入系数增加。说明生产性服务投入的差异是导致三地高端制造业差异的主要原因。

二、区域间制造业关联分析

京津冀三地产业既存在相互竞争、相互制约的关联又存在相互补偿相互支撑的关联,区域间投入产出表能够更为全面反映区域之间产业的相互关系,区域间投入系数表示一区域每生产一单位产出,对其他区域产业的需求,投入系数越大,说明对其直接依赖性越强。

表 5 - 2 显示了京津冀高端制造业对高端制造业的投入系数,第一列分别是京津冀的高端制造业对北京高端制造业的投入,其中北京高端制造业的投入系数为 0.085,代表北京每生产一单位的高端制造业,需要北京本地高端制造业为其投入 0.085 个单位,而天津为其投入 0.126 个单位,河北为其投入 0.047 个单位,可以看出北京高端制造业对天津高端制造业的直接依赖程度比对北京本身高端制造业的依赖程度大。而天津的高端制造业对北京高端制造业的依赖程度也较大,天津每生产一单位的高端制造业,需要北京高端制造业投入 0.056 个单位。这说明北京和天津高端制造业的相互依赖影响力较大,北京和天津高端制造业也在协同发展,而相比北京和天津,河北省高端制造业与北京和天津的高端制造业相互依赖程度很小,河北省每生产一单位的高端制造业,对北京制造业和天津制造业的需求都小于 0.01 个单位。

表 5 - 2　　　　　　　　　　京津冀制造业的关联

	北京	天津	河北
北京	0.085	0.056	0.008
天津	0.126	0.021	0.009
河北	0.047	0.037	0.011

表 5 - 3 显示了京津冀生产服务业对高端制造业的投入系数,其中北京高端制造业,来自北京生产性服务的投入系数为 0.036,表示北京每生产一

单位高端制造业对北京生产性服务的直接依赖程度，对天津和河北的生产性服务的直接依赖分别是 0.012 个单位和 0.014 个单位。天津高端制造业对北京、天津、河北的直接依赖程度分别为 0.028, 0.002, 0.024。河北高端制造业对京津冀三地的直接依赖程度最低。

表 5-3　　　　　　　　京津冀制造业与生产性服务的关联

	北京	天津	河北
北京	0.036	0.028	0.005
天津	0.012	0.002	0.001
河北	0.014	0.024	0.005

从以上分析可以看出，北京高端制造业和天津制造的关联性较大，北京高端制造业的发展需要天津高端制造业的大量投入，而天津高端制造业的发展需要北京生产服务业的投入。从 2007 年投入产出数据来看，河北与北京和天津的关联程度不高，若想实现京津冀三地协同发展，需要加大河北制造与天津高端制造业、北京生产性服务业的关联程度。

第五节　结　　论

本部分基于投入产出表对京津冀三地的投入系数进行研究。从投入系数来分析三地制造业差异的现状，同时构造了京津冀区域间投入表，通过区域间投入系数分析三地制造业的关联程度，结果表明，京津冀三地的高端制造业主要依赖于原材料投入、最初投入和生产服务投入，对能源的依赖程度较小；从变异系数来看，三地高端制造业的最初投入相似，差距不大，对原材料和生产服务的投入差距较大。与 2002 年投入产出数据对比可知，三地高端制造业的原材料投入系数都降低，而生产性服务的投入系数增加，说明生产性服务投入的差异是导致三地高端制造业差异的主要原因；通过京津冀区域间高端制造业投入系数分析可知，北京高端制造业和天津高端制造的关联性较大，北京的高端制造业需要天津制造业的大量投入才能发展，而天津高端制造业需要北京生产性服务业的投入才能快速发展，河北与京津两地的关联程度很低，根据以上分析，作者建议需要加大河北高端制造业与天津高端制造业、北京服务业的关联程度，从而实现京津冀三地的协同发展。

参考文献

[1] 段志，李善同，王其文．中国投入产出表中投入系数变化的分析．中国软科学 [J]，2006（8）：58-64．

[2] 王传民．县域经济产业协同发展研究 [D]．北京交通大学博士学位论文，2006．

[3] 王传民，袁伦渠．基于灰色关联分析的县域产业协同发展模型 [J]．生产力研究，2006（4）：188-189．

[4] 徐力行，高伟凯．产业创新与产业协同-基于部门间产品嵌入式创新流的系统分析 [J]．中国软科学，2007（6）：131-135．

[5] 徐力行，毕淑青．关于产业创新协同战略框架的构想 [J]．山西财经大学报．2007（4），51-55．

[6] 张亚雄、赵坤．国家间投入产出模型方法、研制与应用 [J]．经济研究，2010．

[7] 朱道才，赵双琳．产业协同、县域经济协调发展与政策选择 [J]．兰州商学院学报，2008（5）：93-100．

[8] 纪良纲，晓国．京津冀产业梯度转移与错位发展 [J]．河北学刊，2004（6）：198-201．

[9] 祝尔娟．京津冀一体化中的产业升级与整合 [J]．经济地理，2009（6）：881-886．

[10] 刘东生，马海龙．京津冀区域产业协同发展路径研究 [J]．未来与发展，2012（7）：48-51．

中篇

京津冀现代制造业发展专题报告

第六章 基于产业生命周期的京津冀现代制造业协同发展战略重点选择研究

第一节 产业生命周期阶段和区域产业协同发展的理论

每个产业都有其自身发展的生命周期,导入期、成长期、成熟期和衰退期是每个产业必经的四个时期,我们可以把这四个时期理解为产业发展或者是产业形态的变化。产业生命周期是产业发展的客观规律。其变化会引起分配状况、消费模式、社会福利、文教卫生的改变,从而影响区域间产业协同发展。根据协同的概念,协同不是组织自身的静态概念,相反是比较动态的概念,国民经济或者区域经济内部的产业之间的协同时刻都处于失衡与动态平衡的交替中。因此有必要采用动态的思路来研究产业协同。而产业生命周期理论刻画的是整个产业的演化过程,产业从诞生到衰退的过程中,产业内部结构、厂商数目及产业创新都会发生动态变化。要实现区域间产业的合理分工,促进区域间产业相互协作、协同发展,基于产业生命周期的研究将成为基础性研究。因此,在制定产业协同发展战略时,必须对不同地区产业的生命周期特点进行明确的判断，才能找到三地协同发展的重点和方向。

如果我们把京津冀三地的现代制造业所处生命周期进行分组，可能会出现以下组合：一是区域间的产业处于不同的生命周期，在这里我们主要考虑的时期组合是导入期和成长期的组合、导入期和成熟期的组合、成长期和成熟期的组合；二是三地的产业处于相同生命周期，包括同处于产业导入期、同处于产业成长期和同处于产业成熟期三种可能。在明确区域间产业所处的相同和不同的时期下的协同发展理论可以为研究基于生命周期的京津冀现代制造业协同发展提供理论基础。

一、不同生命周期阶段产业协同发展的理论

（一）导入期和成长期的组合

当区域间同一产业处于不同周期阶段时，可能其中一个地区的产业处于导入期，另一个地区的产业处于成长期。这时两个地区的产业在协同发展的同时各有侧重点。处于导入期的产业需要政府扶持引导产业集群的发展。导入期的市场还不够成熟完善，总产值增长率较低，销量增长率较低，因而产业集中度较低，企业由于自身实力有限不具备较强的竞争力，利润较少。此时，政府应该发挥扶持和引导作用将发展相对较好的企业集中在同一区域范围内，形成一定的产业规模，推动市场。导入期是产业发展最不稳定的一个时期，此时期的产业可以借鉴处于成长期产业的技术范式，提高产品性能、降低研发成本。处于产业成长期的产品为导入期产品降低了产品应用领域的不确定性，同时也可以带动导入期的产业发展和集聚，使处于产业生命初期的企业顺利度过产业导入期。

处于成长期的产业，一是需要加强区域间的合作，在合作中实现共同发展。市场需求的激增是产业处于成长期的一大典型特征，需求带动销量增长的同时会吸引新的厂商进入，此时产业集中度会发生明显的波动，随着新厂商的进入，产业内的分工不够充分，降低了生产效率。产业内的企业应该通过广泛合作促进分工效益的溢出，从而使区域内产业更快发展，继续强化这种合作。二是促进产业链的延伸，增加技术创新。在产业的成长期，产品的设计逐渐规范化，产品市场需求特征越来越明显，产业加快成长和分化，标准化的产品缺少创新。产量增加导致的买方市场增加了价格压力，企业要想确保低成本、高效率的生产，就要选择合适的伙伴进行合作创新。比较有效

的合作方式是与上下游的企业建立战略伙伴关系。产业链的延伸可以提高效率，技术创新可以使企业保持领先的市场地位。

(二) 导入期和成熟期的组合

当产业进入成熟期后，产品性能的提高开始停滞，产品间的差异化逐渐减小，企业为了开拓市场，会首先考虑价格要素和成本要素。竞争力较强的企业逐渐扩大规模，占领市场的大部分份额，而竞争力较差企业的市场份额逐渐减少，处于劣势地位。这个时期，具有竞争优势的企业会不断扩张，扩大规模，知识和资金已经不再成为限制企业发展的要素。此时，企业更多的将精力投入到新产品的研发中，用渐进式的创新实现市场的规模经济。在研发上企业更倾向于独立研发替代合作创新，合作意识明显降低。为了加快产业升级的步伐，实现产品的差异化发展，必须提高产品的技术含量和附加值。

另外，处于成熟期的产业可以打破产业技术和业务的边界，进行产业融合，加强二、三产业间的相互交叉和渗透，逐步形成产业的动态发展过程。产业的融合可以包含高新技术的渗透融合，产业间的延伸融合，产业内部的重组融合。产业融合的发展将促进区域产业结构的多样化。在经济全球化、科技快速发展的大背景下，产业融合是提高生产效率和竞争力的有效发展模式。如服务业与信息业的融合可以加快服务业信息含量较高的部门的发展步伐，从而推动服务业向信息化方向发展。处于成熟期的产业可以促进导入阶段的产业发展和创新，推进导入期产业的结构优化，提高该期消费者的需求层次，加强资源在产业间的流动和重组，从而大幅提高经济效益。产业融合也会促进新的产业增长点甚至新产业的诞生。因此，相对处于产业导入期的企业来说，成熟期的企业可通过产业融合全面服务于包括导入期企业在内的产业内全部企业，可以让发展较好的初期企业嵌入到产业价值链的环节中。对于无发展前景的企业则可在产业内部进行重新整合，以此来提高整个行业的质量。

(三) 成长期和成熟期的组合

处于产业成熟期的企业与处于产业成长期的企业除了应该加强研发上的合作以外，还可转向经济实体的共建，通过企业之间共同建立经济实体，实现优势互补，共同增加市场份额。成熟期的产业可以催生新技术的融合，改善成长期产业的生产与服务方式，拉动成长期产业的产品与服务结构升级。产业融合模糊了产业之间的成长阶段，使成长期产业可以顺利过渡到产业成熟期。处于成长期和成熟期的产业可以形成共同的技术和市场基础，增强区域之间的联系，提高区域之间的竞争效应。在产业融合下，成熟阶段的企业为成长阶段的企业造就了一大批复合型人才，处于成长期企业快速增加的利润为成熟期产业的技术研发和创新提供物质条件，进而成熟期企业研发能力的不断提高可以延长产业生命周期，保持竞争实力，推动此期产业健康发展。

二、相同产业生命周期阶段协同发展的理论

互补、互动、互促的区域间经济发展关系可以推动区域之间的良性竞争，然而不同地区的产业处于相同生命周期阶段时有可能会带来产业趋同问题。产业趋同意味着有限资源存在一定的浪费，对区域经济发展会产生负面影响。不同地区的产业可能处于相同的生命周期，此时区域间结构变动中会产生产业结构的趋同，即区域间结构出现高度相似性。如果区域内存在着较为明显的产业趋同现象，则可通过企业的紧缩战略来实现资源的重新有效配置。

（一）区域间产业同处于导入阶段

1. 政府扶持和引导区域间产业集群的形成与发展成为重点。处于导入期产业的市场还不够成熟，市场需求和需求量大小还不明确，市场集中度普遍较低，企业竞争力较弱。在产业导入期，政府应给与一定扶持，起到引导作用，可以将一部分具有竞争力的企业率先聚集在同一区域范围内，形成一定规模和影响，作为该产业集群未来发展的核心力量，带动整个产业的成长。

2. 区域间企业加强合作扩张是产业发展的主要动力。处于导入期的产业，总产值增长率较低，盈利能力较弱，技术水平相对较低。在导入阶段，企业数量较少，产业规模通常较小，产业内竞争程度较弱，市场集中度较高，产品性能较低、定价较高，产业技术或工艺还不够稳定。市场的需求不明确，新产品的研发需要大量的投入，企业需要承担更多风险。区域间企业可以通过广泛合作进行扩张，减少成本压力，同时克服知识和能力的局限性，提高效率，带动整个区域产业的发展。合作扩张型协同可以推进产业集群发展。随着区域间产业的扩张，产品性能逐渐提高，区域间产业可利用的资源越来越多，产业竞争优势提高，新兴产业的发展步伐加快。

（二）区域间产业同处于成长期

同处于成长期的区域间产业存在产业趋同的问题，为避免重复建设，区域间应整合产业链，使区域间形成连接紧密的产业链，在产业链的不同位置展开错位竞争。区域间产业的发展速度会受到单一产品市场规模的阻碍。因此，区域间产业结构布局应该做到错落有致，相互促进。各地区应优化产业发展环境。各地区应充分利用其在人才、技术、信息和资金等方面的优势，大力发展知识密集型产业和信息技术产业等。发展传统制造业的地区，应重在对传统制造业的改造，提升产业层次，利用自身的资源优势支持制造业的持续升级。同时，区域间通过形成合理的产业分工和产业链，建立跨区域的产业集群。在产业集群内部，既可以加强竞争，提高企业的效率；企业间又可以相互合作，优势互补，提高资源、信息和品牌等的利用率，增加研发的投入，取得协同创新的效应。这种不同地区之间合作与竞争的行为加快了整个产业集群协同演化的步伐。因此，各地区要打破行政壁垒，从区域整体利益和国家长远利益出发，制定出科学合理的解决方案。

（三）区域间产业同处于成熟期

当区域间产业同处于成熟期时，产业的对接、转移和创新应作为首要考虑的协同重点。同处于成熟期的产业技术构成相似，同样具有重构的问题。余国新认为："当产业深化至不能抵消别国相对较低的成本优势时，发达国家重合产业就只有一个调整方向，即产业转移"。[①] 某产业从所在地区转出，其主导产业和产业创新在不断成长的同时，承接产业转移地区的相应产业也可以实现产业的进一步升级，这是一种双向的互动。这种产业转移加深了区域间分工的深度，拓宽了区域间分工的广度，推进区域经济一体化发展。目前，国际分工不断深化，产品间分工和产业链的分工逐渐取代了产业部门间分工，产业链分工体系的对象主要是环节、工序和区段。产业同处于成熟阶段的地区应将产业发展重点由研发上的合作创新转向经济实体的共建，经济体中的企业可以共享销售渠道等。

当然，以上协同发展模式的分析只是基于产业生命周期理论，每个地区都有其区位优势和发展特点，即使是处于相同的发展阶段，发展的模式和组合也不尽相同。具体的协同发展策略是升级、转移、连接、集聚，还是融合，还要视具体区域组合而定。

---

① 余国新. 经济全球化与知识经济时代服务业国际转移特征研究 [D]. 浙江大学，2007：75.

第二节 京津冀三地汽车产业协同发展重点

一、京津冀三地汽车制造业生命周期的识别

判断产业生命周期的方法主要有拟合曲线法、计算判断法、经验对比法。计算判断法是通过计算处理能够反映产业生命周期特征的一类指标,判断产业所处的生命周期阶段,最常用的是产出增长率分析法。根据经验显示,导入期的产出增长率一般为1%—3%,成长期的产出增长率一般为8%—30%,成熟期产出增长率在4%—6%,衰退期的产出增长率一般为-10%—2%。本书首先采用产出增长率法和经验对比法来识别京津冀三地汽车制造业的生命周期,在定性分析的基础上再采用拟合曲线法对京津冀三地的现代制造业所处阶段进行判断。经验对比法是根据已经掌握的数据对比本国和国外的该产业来判断该地区某产业所处的生命周期阶段。拟合曲线法拟合的是一条具有凹凸特性的 S 形曲线,以皮尔曲线和龚伯兹曲线为代表。本文选取龚伯兹曲线 $y_t = \dfrac{L}{1+ae^{-bc}}$,对历史数据样本进行拟合。

(一)北京汽车制造业生命周期的识别

2002 年北京汽车产业总产值仅为 1221249 万元,自 2002 年起北京汽车产业总产值一直以较快的速度增长,2003 年增长率为 151.99%,2004 年的增长率为 78.13%,尽管 2005 年起北京汽车产业的增长速度放缓,却始终大于 8%。但在 2012 年总产值增长率为负数,一方面是因为北京"摇号"政策的实施限制了汽车销量,另一方面,"汽车购置税优惠"等一系列购车优惠政策在 2011 年退出,这给汽车产业带来巨大的冲击。中国的汽车产业已经在多年发展后拥有较大的产值基数,处于稳定发展的阶段,产业已经步入成熟阶段。根据表 6-1 数据可判断出目前北京汽车制造业正处于成长阶段。2002—2012 年北京汽车产业产值呈现快速增长的趋势(见图 6-1),2002—2010 年北京汽车产业平稳发展,总产值走势符合产业成长期的特点。工业增加值方面,2002 至 2012 年北京汽车制造业持续增长。再看销售产值,2002 年北京汽车制造业的销售产值为 1182578 万元,直到 2012 年销售产值一直在增长,2012 年的销售产值为 21239180 万元。利润总额方面,尽管 2002 年

的北京汽车制造业呈现出亏损的态势,但之后一直有着良好的盈利能力,2011年北京汽车制造业的利润总额为2460231万元。2002－2012年,从产业规模增长率、工业增加值、销售值及利润总额指标来看,北京汽车行业都呈现出成长阶段的产业发展特点。

表6－1　　　　　　　北京汽车工业的各项指标变化情况

年份	总产值（当年价,万元）	总产值增长率（%）	工业增加值（当年价,万元）	销售产值（当年价,万元）	利润总额（当年价,万元）
2002	1221249		273882	1182578	－21815
2003	3072182	151.55	350705	2975800	243304
2004	5472358	78.13	443410	5308002	256733
2005	6503339	18.84	406509	6516252	100606
2006	7253725	11.54	562685	7274512	107328
2007	7971586	9.90	574995	7901856	266066
2008	8694709	9.07	662673	8582165	248194
2009	11546830	32.80	1252534	11431814	642658
2010	15661743	35.64	1343252	15555204	1180069
2011	17767351	13.45	1452824	19684133	2460231
2012	19170971	7.90	1545805	21239180	

数据来源:《中国汽车工业年鉴》2003—2013年版。

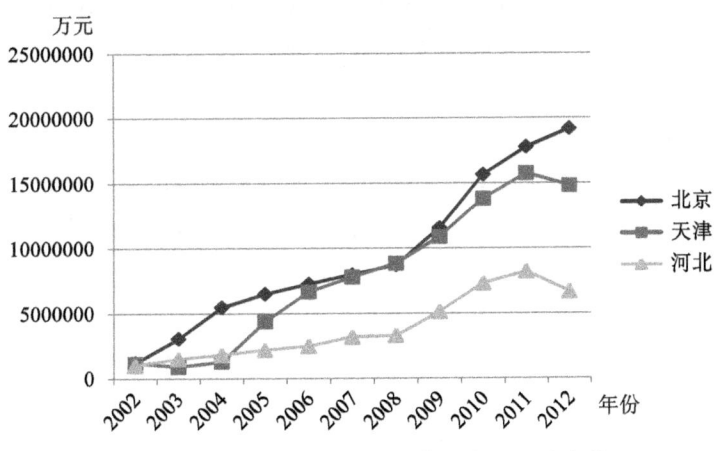

图6－1　2002－2012年京津冀汽车产业总产值

数据来源:《中国汽车工业年鉴》2003—2013年版。

从表 6-2 可以看出京津冀汽车产业从业人员绝对集中度（CR4）情况，表内是行业前四名份额集中度数据，对产业的竞争和垄断程度分类研究很有价值。通常当 CR4 > 75% 时，该产业为极高寡占型；当 65% < CR4 < 75% 时，该产业是高集中寡占型；当 35% < CR4 < 65% 时，该产业为中集中寡占型；当 30% < CR4 < 35% 时，该产业是低集中寡占型；当 CR4 < 30% 时，该产业是原子型。从图中可知，北京 2002 年汽车产业从业人员绝对集中度为 44.33%，垄断程度相对较低。从 2003 年至 2012 年，集中度逐渐提高，2011 年的集中度高达 81.97%，北京汽车制造业为极高寡占型，垄断程度极高。可见，北京汽车制造业在成长期垄断程度不断提高。

表 6-2　　　　　京津冀汽车产业从业人员绝对集中度统计　　　　　单位:%

年份	2002	2003	2004	2005	2006	2007	2008	2009	2010	2011
北京	44.33	45.62	53.77	50.17	52.56	69.19	70.03	81.94	83.97	81.97
天津	39.72	35.83	48.72	53.12	56.59	46.55	53.23	36.69	39.05	48.02
河北	22.74	23.96	22.87	34.25	39.26	42.87	47.68	29.68	40.59	49.59

数据来源：根据《中国汽车工业年鉴》2003—2013 年版数据整理。

再从定量的角度进行识别，考虑数据的适用性，本文采用龚伯兹曲线法进行识别。龚伯兹曲线模型是

$$y_t = ka^{b^t} \quad (k > 0)$$

式中，k、a、b 为曲线参数，t 表示时间变量，y_t 为 t 期的指标值。模型公式两边取对数可得 $\lg y_t = \lg k + b^t \lg a$，令 $\lg y_t = y'$、$\lg k = k'$、$\lg a = a'$，则将龚伯兹曲线转化为

$$y' = k' + a'b^t$$

在确定好模型的基础上，将历年的数据分为 3 组，求出每组等量的观察值的对数 $\lg y$ 的总和 $\sum_1 \lg y$、$\sum_2 \lg y$、$\sum_3 \lg y$，会估计得到参数 b、a'、k' 的值为

$$b = \left(\frac{\sum_3 \lg y - \sum_1 \lg y}{\sum_2 \lg y - \sum_1 \lg y} \right)^{\frac{1}{n}}$$

$$a' = \left(\sum_2 \lg y - \sum_1 \lg y \right) \frac{b-1}{(b^n - 1)^2}$$

$$k' = \frac{1}{n} \frac{(\sum_1 \lg y)(\sum_3 \lg y) - (\sum_2 \lg y)^2}{\sum_1 \lg y + \sum_3 \lg y - 2\sum_2 \lg y}$$

求 a'、k' 的反对数，进一步确定参数 a 和 k 的值。

表 6-3　　　　　　　　　　指标特征和生命周期阶段组合

指标	生命周期阶段
$a'>0$, $b>1$	形成期
$a'<0$, $0<b<1$	成长期
$a'<0$, $b>0$	成熟期
$a'<0$, $0<b<1$	衰退期

将北京汽车制造业 2003—2011 年产业规模的相关数据带入模型可得
$b=0.75$，$a'=-3.44$，$k'=5.30$

对龚伯兹曲线进行误差分析见表 6-4。

表 6-4　　　　　北京汽车制造业龚伯兹曲线模型的误差分析

年份	y_t	$\hat{y}_t$	e_t	$|e_t|$	d_t	$\dfrac{|e_t|}{d_t}$
2003	3072182	3165751.00	-93569.00	93569.00	3118966.50	0.03
2004	5472358	6048395.68	-576037.68	576037.68	5760376.84	0.10
2005	6503339	8029262.12	-1525923.11	1525923.11	7266300.56	0.21
2006	7253725	843004.73	-1176279.73	1176279.73	7841864.87	0.15
2007	7971586	9171609.70	-1200023.70	1200023.70	8571597.85	0.14
2008	8694709	9325413.28	-630704.28	630704.28	9010061.14	0.07
2009	11546830	12509065.83	-962235.83	962235.83	12027947.92	0.08
2010	15661743	15819147.45	-157404.45	157404.45	15740445.23	0.01
2011	17767351	22159280.46	-4391929.46	4391929.46	19963315.73	0.22

注：e_t 为绝对误差项，d_t 为绝对误差，$\dfrac{|e_t|}{d_t}$ 为绝对误差比。

根据龚伯兹曲线模型各生命周期阶段的数字特征 $a'<0$，$0<b<1$，可知北京汽车制造业现处于成长期，与定性分析结论相同。

（二）天津汽车制造业生命周期的识别

自 20 世纪 80 年代，引入了日本汽车生产制造技术后，天津的汽车产业一直处于快速发展中。由表 6-5 可知，2002 年天津汽车工业总产值为 1164558 万元，2012 年总产值达到 14811962 万元，是 2002 年的 12.72 倍。2012 年天津汽车产量为 2002 年产量的 6.93 倍，达到 63.82 万辆，从业人员达到 10 万人。2002 至 2012 年，天津汽车产业呈现持续上升的态势，销售产值和利润总额也持续增长。从市场规模来看，剔除 2003 年的数据，2002—2006 年，市场规模增长较快，增长率均大于 30%，2006 年总产值高达 665.90 亿元，2007 年总产值为 778.56 亿元，增长率为 16.92%，直到 2011 年，产业市场规模的增长率始终大于 8%，类比分析可知，天津汽车制造业 2002—2011 年处于产业成长阶段，2012 年产业市场规模的负增长原因同上，受到一些政策的冲击和影响，导致汽车销路受阻。

从产业从业人员绝对集中度来看，天津汽车产业的集中度不及北京，2002—2006 年呈现增长态势，2006 年以后开始缓慢下降，2012 年集中度为 48.02%，从集中度指标分类来看属于中集中寡占型。总体来说，天津汽车产业已经形成了研发、生产、销售和贸易为一体的产业格局，汽车产业虽然还处于成长期，却已经成为天津的重要支柱产业之一。

表 6-5　　　　　　天津汽车工业的各项指标变化情况

年份	总产值 （当年价，万元）	总产值增长率（%）	工业增加值 （当年价，万元）	销售产值 （当年价，万元）	利润总额 （当年价，万元）
2002	1164558		179407	1129033	-104104
2003	894426	51.86	232733	910414	48662
2004	1270163	20.36	294966	1248979	58525
2005	4386854	20.27	972401	4371719	191836
2006	6659036	13.77	1861288	6675836	403933
2007	7785555	27.71	2220835	7864317	506196
2008	8837212	3.74	2077817	8772811	592471
2009	10883190	55.09	2332000	10680128	911997
2010	13813664	42.51	3460814	13264219	1292928
2011	15766414	12.39	3968567	14498550	1543072
2012	14811962	-18.93	4222555	15643935	

数据来源：根据《中国汽车工业年鉴》2003—2013 年版整理。

再运用龚伯兹曲线模型进行定量判断，将天津汽车制造业 2003—2011 年产业规模的相关数据带入模型可得

$b = 0.83$，$a' = -2.27$，$k' = 8.13$

对龚伯兹曲线进行误差分析见表 6-6。

表 6-6　　　　　　　天津汽车制造业龚伯兹曲线模型的误差分析

年份	y_t	$\hat{y}_t$	e_t	$\lvert e_t \rvert$	d_t	$\dfrac{\lvert e_t \rvert}{d_t}$
2003	894426	921667.40	-27241.40	27241.40	908046.70	0.03
2004	1270163	1521404.03	-251241.03	251241.03	1395783.52	0.18
2005	4386854	5416171.70	-1029317.70	1029317.70	4901512.85	0.21
2006	6659036	7359987.16	-700951.16	700951.16	7009511.58	0.10
2007	7785555	8957574.03	-1172019.03	1172019.03	8371564.52	0.14
2008	8837212	10065915.27	-1228703.27	1228703.27	9451563.64	0.13
2009	10883190	11327401.84	-444211.84	444211.84	11105295.92	0.04
2010	13813664	18125443.51	-4311779.51	4311779.51	15969553.76	0.27
2011	15766414	17601657.96	-1835243.96	1835243.96	16684035.98	0.11

根据龚伯兹曲线模型各生命周期阶段的数据特征 $a'<0$，$0<b<1$，可知天津汽车制造业现处于成长期，与定性分析结论相同。

（三）河北汽车制造业生命周期的识别

河北汽车产业有着跨越式的发展，成绩显著，被看成是中国汽车工业的一个奇迹。河北有 5 家汽车制造企业，10 家汽车改装企业，整车生产能力在不断提高。尤其是规模以上零部件企业众多，达到 260 家，形成了较强的竞争力，为国内各大汽车集团配套生产，具体数据见表 6-7。2002 年河北汽车制造业总产值为 99.66 亿元，2003 年的总产值增长率为 51.86%，剔除 2008 年的数据，2003 年至 2011 年的总产值增长率均大于 8%，2009 年为 55.09%，2010 年为 42.51%，同样类比可知 2002 年到 2012 年河北汽车产业处于成长阶段。再从销售额来看，2002 年河北汽车工业的销售额为 1000953 万元，2002 至 2012 年一直快速增长，2012 年达到 9456649 万元。在工业增加值和利润总额方面，河北汽车产业都呈现出健康发展的趋势，由此也可以看出河北汽车产业处于成长期。

表 6-7　　　　　　　河北汽车工业的各项指标变化情况

年份	总产值（当年价，万元）	总产值增长率（%）	工业增加值（当年价，万元）	销售产值（当年价，万元）	利润总额（当年价，万元）
2002	996559		273882	1000953	52115
2003	1513420	51.86	350705	1434077	125467
2004	1821527	20.36	443410	1786124	159701
2005	2190675	20.27	406509	2067153	147592
2006	2492334	13.77	562685	2444616	204548
2007	3182775	27.71	574995	3134315	237186
2008	3301763	3.74	662673	3274576	73924
2009	5120839	55.09	1252534	5102867	257566
2010	7297488	42.51	1343252	7396210	404806
2011	8201518	12.39	1452824	8764272	558191
2012	6649439	-18.93	1545805	9456649	

数据来源：根据《中国汽车工业年鉴》2003—2013 年版整理。

再运用龚伯兹曲线模型进行定量判断，将河北汽车制造业 2003—2011 年产业规模的相关数据带入模型可得

$b = 0.74$，$a' = -3.28$，$k' = 6.30$

对龚伯兹曲线进行误差分析见表 6-8。

表 6-8　　　　　河北汽车制造业龚伯兹曲线模型的误差分析

年份	y_t	$\hat{y}_t$	e_t	$|e_t|$	d_t	$\dfrac{|e_t|}{d_t}$
2003	1513420	1639538.33	-126118.33	126118.33	1576479.17	0.08
2004	1821527	2054062.36	-232535.36	232535.36	1937794.68	0.12
2005	2190675	2597685.66	-407010.66	407010.66	2394180.33	0.17
2006	2492334	2646498.99	-154164.99	154164.99	2569416.50	0.06
2007	3182775	4009936.86	-827161.86	827161.86	3596355.93	0.23
2008	3301763	3686095.20	-384332.20	384332.20	3493929.10	0.11
2009	5120839	5774563.13	-653724.13	653724.13	5447701.06	0.12
2010	7297488	7985209.38	-687721.38	687721.38	7641348.69	0.09
2011	8201518	10652546.37	-2451028.37	2451028.37	9427032.18	0.26

根据龚伯兹曲线模型各生命周期阶段的数据特征 $a' < 0$，$0 < b < 1$，可知河北汽车制造业现处于成长阶段，与定性分析结论相同。

二、京津冀汽车产业协同发展重点

2002—2012年北京汽车制造业处于高速发展的成长期。该阶段具有以下特点：一是生产能力大幅提高；二是形成产业集群。依托顺义汽车制造业基地初步形成了"一个基地，三大板块"的汽车产业集群。天津汽车产业在国内同业中占比较高，持续快速发展，形成以天津一汽丰田、天津一汽夏利及长城汽车等整车企业为核心，集整车、各类改装车、新能源车和汽车零部件研发、生产、销售及贸易为一体的汽车工业体系。天津汽车工业逐渐形成产业集聚效应，产业结构不断优化，产业链条不断延伸。河北汽车产业处于成长阶段，其发展特点可归纳为两点：一是产业链完整；二是零部件产业发展较为成熟。从产业市场规模和产业集中度等指标可以看出，河北汽车产业比京津的起步较低，但近十年河北零部件产业发展迅猛，不但为国内主流车型供应零部件，还为国际汽车厂商提供关键零部件。河北从汽车的整车到零部件，再到模具，已经形成了完整的产业链条。

从上述分析可见，三地的汽车产业均处于成长期，2012年后有向成熟期过渡的趋势。从三个区域的汽车制造业同处于一个阶段来看，京津冀地区的汽车产业存在一定程度的同构现象，发展战略基本趋同，却按照各自策略发展，没有统筹考虑区域经济整体，也没有形成有效的分工。为了京津冀三地协同发展，三地政府要勇于打破壁垒，克服本位主义思想。要加强区域管理的观念，摒弃各自管理的想法，商量制定符合三地协同发展要求的都市圈汽车产业政策，包括汽车产业人才、信息、技术交流与合作，实现生产要素的合理有效配置。构建合理的利益分配和沟通机制，逐步形成有自己特色的产业聚集地。

合理的互补模式是：北京充分发挥其强大的人才和科技优势，在汽车产品研发方面多下功夫，并在汽车产业融合上取得突破性成果。北京市可以利用其在汽车物流、汽车金融、汽车销售服务等与汽车相关的产业形成的优势和环境，提高北京汽车集团的影响力，吸引投资和研发机构，建设国际化的汽车服务贸易中心，提升城市品牌形象。程永明认为："天津凭借其汽车制造的传统优势和港口区位优势,应大力发展汽车产业集群,促进整车与配套企业的整体发展"[①];而河北省之所以能在汽车产业中扮演着至关重要的角色,主要是因为河北省在零部件生产和车辆改装方面充分发挥出了自己的优势,它的汽车零部件产业已经形成了完善的基础,具有明显的区位、资源、市场优势,为汽车产业的发展提供了较好的配套支撑。

第三节　京津冀三地医药制造业协同发展重点

京津冀三地医药制造业发展较快,总产值近十年来呈上升趋势(见图6-2)。

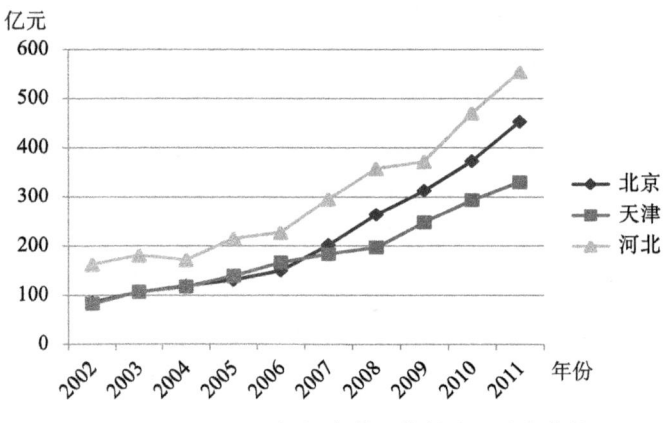

图6-2　2002—2011年京津冀医药制造业总产值情况

数据来源:根据《北京工业年鉴》2003—2012年版、《天津统计年鉴》2003—2012年版、《河北年鉴》2003—2012年版、《中国高技术产业统计年鉴》2003—2012年版整理所得。

一、京津冀三地医药制造业生命周期的识别

(一)北京医药制造业生命周期的识别

利用计算判断法对天津医药制造业的生命周期阶段进行判断和识别。2002—2012年北京医药制造业呈稳定上升的趋势。2002—2006年增速较为缓慢,2007—2012年则加速增长。2003年总产值增长率为23.00%,2005年为9.50%,增速放缓,2006—2011年重新恢复快速增长的态势,增长率在

---

① 程永明. 天津汽车产业集群的发展及其对策 [J]. 天津经济,2010,06:31-34.

20%左右，大于8%。许多欧美发达国家，医药制造业已经进入成熟期。根据产业生命周期阶段的判定和类比全球医药制造业的发展，北京医药制造业在2002—2012年处于产业成长阶段。从工业增加值看，北京医药制造业呈现稳定的成长态势，2002年的工业增加值为41.31亿元，2003—2011年持续增长，2011年的工业增加值达到87.42亿元。在利润总额方面，北京医药制造业也有着良好的表现，利润总额稳定增加，2011年的利润总额为76.00亿元。从工业增加值和利润总额两方面看，北京医药制造业都表现出产业成长期的特点（见表6-9）。

表6-9　　　　　　　北京医药制造产业指标变化情况

年份 项目	2002	2003	2004	2005	2006	2007	2008	2009	2010	2011
总产值（亿元）	86.39	106.26	119.70	131.07	150.10	202.30	263.92	313.08	372.80	452.90
总产值增长率（%）		23.00	12.65	9.50	14.52	34.78	30.46	18.63	19.08	21.49
工业增加值（亿元）	41.31	45.86	44.70	50.87	56.99	62.01	72.66	70.85	85.00	87.42
利润总额（亿元）	12.75	15.89	17.10	20.93	15.94	20.51	31.80	48.34	58.50	76.00

数据来源：《北京工业年鉴》2003—2012年版。

再运用龚伯兹曲线模型进行定量判断，将北京医药制造业2003—2011年产业规模的相关数据带入模型可得

$b = 0.90$，$a' = -12.30$，$k' = 8.42$

对龚伯兹曲线进行误差分析见表6-10。

表6-10　　　　　北京医药制造业龚伯兹曲线模型的误差分析

年份	y_t	$\dot{y}_t$	e_t	$\lvert e_t \rvert$	d_t	$\dfrac{\lvert e_t \rvert}{d_t}$
2003	106.26	118.63	-12.37	12.37	112.44	0.11
2004	119.70	147.79	-28.09	28.09	133.74	0.21
2005	131.07	135.06	-3.99	3.99	133.07	0.03
2006	150.10	170.97	-20.87	20.87	160.53	0.13
2007	202.30	216.97	-14.67	14.67	209.64	0.07
2008	263.92	274.69	-10.77	10.77	269.31	0.04
2009	313.08	386.54	-73.46	73.46	349.81	0.21
2010	372.80	412.04	-39.24	39.24	392.42	0.10
2011	452.90	505.62	-52.72	52.72	479.26	0.11

根据龚伯兹曲线模型各生命周期阶段的数据特征 $a'>0$，$b>1$，可知北京医药制造业现处于形成阶段，这与定性分析结论有所不同，原因可能是选取指标的种类比较单一。另外龚伯兹曲线模型拟合需要很长的时间跨度，而本文所选取的样本量不大，时间跨度较短的数据会造成较大的误差。基于以上潜在因素，作者参考定性识别的结论，认为北京医药制造业处于成长期。

（二）天津医药制造业生命周期的识别

2002年天津医药制造业总产值为 86.39 亿元。自 2003 年，天津医药制造业一直以较快的速度增长，2003 年增长率为 23.89%，2004—2008 年均大于 8%，2008 年为 7.34% 仍接近 8%，随后的 2009 年增长率创新高为 25.90%，2011 年增长率仍然大于 8%。数据（见表 6-11）显示，天津医药制造业多年来保持大于 8% 的增长率，与全球医药制造业发展相比，可定性得出目前天津医药制造业处于生命周期的成长期的结论。从工业增加值看，天津医药制造业呈现稳定的成长特征，2002 年的工业增加值为 28.25 亿元，2003 至 2011 年持续增长，2011 年的工业增加值达到 79.12 亿元。在利润总额方面，天津医药制造业利润总额稳定增加，2011 年的利润总额达到 50.30 亿元。从工业增加值和利润总额两方面看，天津医药制造业都表现出产业成长期的特点。

表 6-11　　　　天津医药制造产业指标变化情况

年份 项目	2002	2003	2004	2005	2006	2007	2008	2009	2010	2011
总产值（亿元）	83.22	107.03	117.80	139.70	166.35	183.71	197.19	248.27	293.50	330.20
总产值增长率（%）		28.61	10.06	18.59	19.08	10.44	7.34	25.90	18.22	12.50
工业增加值（亿元）	28.25	43.47	42.80	47.28	69.19	70.44	76.53	78.33	79.01	79.12
利润总额（亿元）	11.27	11.83	11.85	20.44	17.34	26.21	23.92	32.05	40.50	50.30

数据来源：《天津统计年鉴》2003—2012 年版。

再运用龚伯兹曲线模型进行定量判断，将天津医药制造业 2003—2011 年产业规模的相关数据带入模型可得

$b = 0.21$，$a' = -7.58$，$k' = 2.30$

对龚伯兹曲线进行误差分析见表 6-12。

表 6-12　　　　天津医药制造业龚伯兹曲线模型的误差分析

年份	y_t	$\hat{y}_t$	e_t	$\mid e_t \mid$	d_t	$\dfrac{\mid e_t \mid}{d_t}$
2003	107.03	132.14	-25.11	25.11	119.59	0.21
2004	117.80	126.35	-8.55	8.55	122.07	0.07
2005	139.70	172.48	-32.78	32.78	156.09	0.21
2006	166.35	168.02	-1.67	1.67	167.19	0.01
2007	183.71	203.05	-19.34	19.34	193.38	0.10
2008	197.19	224.61	-27.42	27.42	210.90	0.13
2009	248.27	309.64	-61.37	61.37	278.96	0.22
2010	293.50	305.48	-11.98	11.98	299.49	0.04
2011	330.20	350.62	-20.42	20.42	340.41	0.06

根据龚伯兹曲线模型各生命周期阶段的数据特征 $a'<0$，$0<b<1$，可知天津医药制造业现处于成长期，与定性分析结论相同。

（三）河北医药制造业生命周期的识别

河北医药制造业总的来说呈现增长的态势，但略有波动。2002 年总产值为 163.05 亿元，2003 年的增长率为 11.2%。2004 年呈现出负增长，这是由于 2003 年受"非典"疫情的特殊用药需求的影响，医药行业各指标增长过快，且 2004 年医药业利润普遍下降是因为产品多次降价。之后的 2007 年和 2008 年增长率大幅提升，主要是由于技术革新和国际市场的开拓使出口不断增加。2011 年的增长率为 17.91%。剔除经济和政策等因素的影响，河北医药制造业在 2002—2012 年应处于产业成长阶段。从工业增加值看，河北医药制造业呈现稳定的成长态势，2002 年的工业增加值为 50.46 亿元，2003—2011 年持续增长，2011 年的工业增加值达到 75.00 亿元。在利润总额方面，河北医药制造利润总额平稳增长，2011 年的利润总额达到 48.40 亿元。从工业增加值和利润总额两方面看，河北医药制造业都表现出产业成长期的特点（见表 6-13）。

表 6-13　　　　　　　　河北医药制造产业指标变化情况

年份 项目	2002	2003	2004	2005	2006	2007	2008	2009	2010	2011
总产值（亿元）	163.05	181.02	172.00	215.43	227.21	295.93	357.91	372.17	470.20	554.40
增长率（%）		11.02	-5.00	25.25	5.47	30.25	20.94	14.00	26.34	17.91
工业增加值（亿元）	50.46	58.51	51.70	65.94	65.07	67.80	68.21	67.45	69.42	75.00
利润总额（亿元）	13.71	21.34	15.10	13.17	15.61	29.37	45.04	47.43	55.30	48.40

数据来源：《河北年鉴》2003—2012 年版、《中国高技术产业统计年鉴》2003—2012 年版。

再运用龚伯兹曲线模型进行定量判断，将河北医药制造业 2003—2011 年产业规模的相关数据带入模型可得

$b = 0.73$，$a' = -4.62$，$k' = 8.10$

对龚伯兹曲线进行误差分析见表 6-14。

表 6-14　　　　　　河北医药制造业龚伯兹曲线模型的误差分析

年份	y_t	$\hat{y}_t$	e_t	$|e_t|$	d_t	$\dfrac{|e_t|}{d_t}$
2003	181.02	221.25	-40.23	40.23	201.13	0.20
2004	172.00	216.70	-44.70	44.70	194.35	0.23
2005	215.43	255.46	-40.03	40.03	235.44	0.17
2006	227.21	231.80	-4.59	4.59	229.51	0.02
2007	295.93	304.94	-9.01	9.01	300.44	0.03
2008	357.91	395.58	-37.67	37.67	376.75	0.10
2009	372.17	419.68	-47.51	47.51	395.93	0.12
2010	470.20	568.92	-98.72	98.72	519.56	0.19
2011	554.40	565.60	-11.20	11.20	560.00	0.02

根据龚伯兹曲线模型各生命周期阶段的数据特征 $a' < 0$，$0 < b < 1$，可知河北医药制造业现处于成长期，与定性分析结论相同。

二、京津冀医药制造业协同发展重点

三地医药制造业在 2002—2012 年处于相同的生命周期阶段，总产值和利润大体走势趋同，但三个地区分别表现出各自不同的优劣势。北京有着良好的产业基础、丰富的创新资源、逐渐完善的创新体系和优越的地理位置。

北京集中了国家药品管理体系中几乎全部的政府机构,涉及药品研发、生产和流通的各个环节。但研发创新不足、高端医疗器械大部分都依赖进口、知识产权保护能力较差。天津医药制造业资产的获利能力较强,管理水平较高,总体发展是良性的。但和其他两个地区相比存在着差距,例如,投入的资金严重不足、技术与经营人才缺乏、科技成果很难转化为商品。在医药制造业的效益上,北京目前位于首位,天津次之,河北的盈利水平较差(见图6-3)。河北与其他两地相比新产品获利能力较差,研发的投入强度较低。和京津相比,河北不适合发展现代医药制造业,而应侧重传统医药制造业。综合来看,2013年北京医药制造业发展潜力最大,天津次之,河北处于劣势。

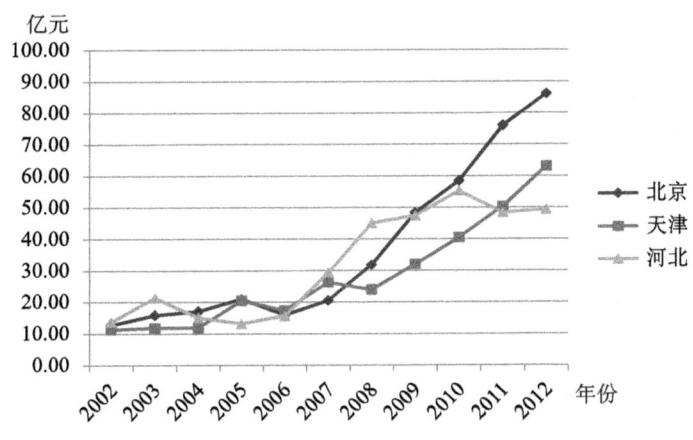

图6-3 2002—2012年京津冀医药制造产业利润总额

数据来源:《中国高技术产业统计年鉴》2003—2012年版。

京、津、冀三地的医药制造业应在结合产业生命周期的基础上,协作分工,充分发挥各自的优势,形成一条实力雄厚的产业链。具体建议如下:①北京、天津的研发实力相对较强、研发设施相对完善,应将主要精力投入到技术含量较高的新医药和设备的研发上,加强技术改造,尤其发展生物制药业。而河北在现代医药制造业应辅助其他两地发展。②近年来天津医药制造业的产业集中度提高,经济结构有所改变,但在研发投入和能力方面虽好于河北,却依然不及北京。因此在研发上,京津两地应采取互助形式,互通有无,弥补科技成果市场化程度不高的缺点,促进彼此发展。在销售上,天津和河北的销售收入较高,可以与北京错位发展,以免重复建设,提高并创新经营管理水平,增加宣传力度。③河北除了负责销售业务外,由于自身研发能力的限制,可以把研发重点由现代医药制造业转移到传统医药制造业和医疗器械的生产加工上。这样三个地区即使同在成长阶段,也可以错位发展,在不同领域发挥最大优势。

第四节 京津冀三地计算机、通信和其他电子设备制造业协同发展重点

京津冀三地计算机、通信和其他电子设备制造业呈现曲折发展态势,见图 6 - 4。

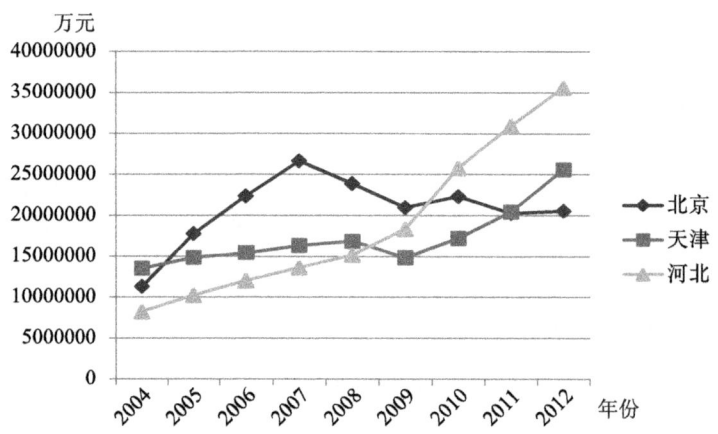

图 6 - 4 2004—2012 年京津冀计算机、通信和其他电子设备制造业总产值

数据来源:《中国高技术产业统计年鉴》2005—2013 年版。

一、京津冀三地计算机、通信和其他电子设备制造业生命周期的识别

(一)北京计算机、通信和其他电子设备制造业生命周期的识别

首先,利用计算判断法对天津医药制造业的生命周期阶段进行判断和识别。由于数据的缺失,表 6 - 14 只显示出 2004 至 2013 年北京计算机、通信和其他电子设备制造业总产值及增长率。2004 年北京计算机、通信和其他电子设备制造业总产值为 1127.79 亿元,2005 年的总产值增长率为 57.43%,2006 年和 2007 年总产值依然快速增长,均在 20% 左右。2004 年至 2007 年,北京计算机、通信和其他电子设备制造业处于产业成长阶段。2008 年至 2013 年增长率大幅下降甚至为负数,排除误差因素,北京计算机、通信和其

他电子设备制造业处于成熟阶段。在企业数量方面，2004—2007年北京该产业的企业数量一直处于增加的趋势，虽然2008—2009年的市场规模下降，但整体处于成长期。工业增加值和销售产量的平稳增加也可以定性判断北京计算机、通信和其他电子设备制造业在2004至2013年处于成长期。从企业数量和从业人员平均数量来看，2004—2008年数量增加，之后开始下降，根据生命周期特点，可推断北京计算机、通信和其他电子设备制造业目前处于成长期后期，即将步入成熟期。

表6-15　北京计算机、通信和其他电子设备制造业指标变化情况

年份	总产值（万元）	总产值增长率（%）	工业增加值（万元）	销售产值（万元）	从业人员平均数量（人）	企业数量（家）
2004	11277921		2016829	10863721	88619	306
2005	17755071	57.43	2714832	17023225	117024	493
2006	22342449	25.84	3118820	22120268	130502	506
2007	26631308	19.20	3636074	26143327	144966	519
2008	23858849	-10.41	2893885	23782890	148501	513
2009	20954633	-12.17	2011870	20725269	126141	439
2010	22291049	6.37	2397658	21841631	126946	413
2011	20261507	9.11	2045237	20224644	138180	300
2012	20548734	1.42	2436391	20246340	140406	300
2013	22170113	7.89	3043769	21735141	134742	296

数据来源：《北京工业年鉴》2005—2014年版及整理得。

再运用龚伯兹曲线模型进行定量判断，将北京计算机、通信和其他电子设备制造业2004—2012年产业规模的相关数据带入模型可得

$b = 0.91$，$a' = -5.22$，$k' = 3.21$

对龚伯兹曲线进行误差分析见表6-16。

表6-16　北京计算机、通信和其他电子设备制造业龚伯兹曲线模型的误差分析

年份	y_t	$\hat{y}_t$	e_t	$|e_t|$	d_t	$\dfrac{|e_t|}{d_t}$
2004	11277921	12845974.19	-1568053.19	1568053.19	12061947.59	0.13
2005	17755071	19428323.76	-1673252.76	1673252.76	18591697.38	0.09
2006	22342449	26493505.10	-4151056.10	4151056.10	24417977.05	0.17
2007	26631308	27442413.83	-811105.83	811105.83	27036960.91	0.03

续表

年份	y_t	$\hat{y}_t$	e_t	$|e_t|$	d_t	$\dfrac{|e_t|}{d_t}$
2008	23858849	24098636.43	-239787.43	239787.43	23978742.71	0.01
2009	20954633	23393796.63	-2439163.63	2439163.63	22174214.71	0.11
2010	22291049	23908016.28	-1616967.29	1616967.29	23099532.64	0.07
2011	20261507	23311626.33	-3050119.33	3050119.33	21786566.67	0.14
2012	20548734	23642091.81	-3093357.81	3093357.81	22095412.90	0.14

根据龚伯兹曲线模型各生命周期阶段的数据特征 $a'<0$，$0<b<1$，可知北京计算机、通信和其他电子设备制造业现处于成长期，与定性分析结论相同。

（二）天津计算机、通信和其他电子设备制造业生命周期的识别

从表6-17可以看到，2002年天津计算机、通信和其他电子设备制造业总产值为8293557万元，2003年增长率为6.85%，2004年增长率出现新高，为52.23%，剔除2009年的增长率数据，2002—2012年天津产业增长率均大于8%，根据类比分析可知，天津计算机、通信和其他电子设备制造业在2002—2012年处于产业成长阶段。在从业人员个数上一直保持增长的态势，2012年天津计算机、通信和其他电子设备制造业从业人员达到198223人。2002年天津计算机、通信和其他电子设备制造业的企业数量为257家，2006年持续增长，2007年开始下降，2012年的企业数量为339家。2002年天津的利润总额为381437万元，此后一直保持增长，2012年达到1437773万元。从利润总额、从业人员平均个数方面来看，数值都持续稳定增长，可定性判断天津的计算机、通信和其他电子设备制造业处于成长期。

表6-17 天津计算机、通信和其他电子设备制造业指标变化情况

年份	总产值（万元）	总产值增长率（%）	工业增加值（万元）	利润总额（万元）	从业人员平均数量（人）	企业数量（家）
2002	8293557		2392900	381473	93629	257
2003	8861705	68.5	1717540	210979	98641	262
2004	13490446	52.23	2812129	329880	106885	277
2005	14833309	9.59	3320336	313751	121221	398
2006	15410223	3.89	5094443	484797	134311	415

续表

年份	总产值（万元）	总产值增长率（%）	工业增加值（万元）	利润总额（万元）	从业人员平均数量（人）	企业数量（家）
2007	16323300	5.93	5136991	655768	136925	407
2008	16840878	3.17	4439812	399506	134122	
2009	14853398	-11.80		528614	131476	
2010	17213109	15.89		672263	168285	334
2011	20450597	18.81		931516	169269	312
2012	25586206	25.11		1437773	198223	339

数据来源：根据《中国高技术产业统计年鉴》2003—2013 年版整理所得。

再运用龚伯兹曲线模型进行定量判断，将天津计算机、通信和其他电子设备制造业 2004—2012 年产业规模的相关数据带入模型可得

$b = 0.77$，$a' = -9.23$，$k' = 3.41$

对龚伯兹曲线进行误差分析见表 6-18。

表 6-18　　天津计算机、通信和其他电子设备制造业龚伯兹曲线模型的误差分析

年份	y_t	$\hat{y}_t$	e_t	$|e_t|$	d_t	$\dfrac{|e_t|}{d_t}$
2004	13490446	13901322.53	-410876.53	410876.53	13695884.26	0.03
2005	14833309	18313750.22	-3480441.22	3480441.22	16573529.61	0.21
2006	15410223	16528063.01	-1117840.01	1117840.01	15969143.01	0.07
2007	16323300	18407125.53	-2083825.53	2083825.53	17365212.77	0.12
2008	16840878	17528260.78	-687382.78	687382.78	17184569.39	0.04
2009	14853398	16416913.58	-1563515.58	1563515.58	15635155.79	0.10
2010	17213109	19216751.32	-2003642.32	2003642.32	18214930.16	0.11
2011	20450597	20863740.37	-413143.37	413143.37	20657168.69	0.02
2012	25586206	27442200.22	-1855994.22	1855994.22	26514203.11	0.07

根据龚伯兹曲线模型各生命周期阶段的数据特征 $a' < 0$，$0 < b < 1$，可知天津计算机、通信和其他电子设备制造业现处于成长期，与定性分析结论相同。

（三）河北计算机、通信和其他电子设备制造业生命周期的识别

2004—2012 年河北计算机、通信和其他电子设备制造业始终处于快速发

展中,尽管基数比较小,2004年总产值仅为82.25亿元,远低于京津两地,但发展平稳。2005年的总产值增长率为24.42%,2007年的总产值增长率为13.33%,2009年的总产值增长率为20.78%,2011年仍保持持较高的增长率(见表6-19)。根据计算判断法和类比法,2004—2012年河北计算机、通信和其他电子设备制造业处于产业成长期。

表6-19　河北计算机、通信和其他电子设备制造业指标变化情况

年份 项目	2004	2005	2006	2007	2008	2009	2010	2011	2012
总产值(亿元)	82.25	102.34	120.00	136.00	151.86	183.42	257.90	309.81	356.30
增长率(%)		24.42	17.26	13.33	11.67	20.78	40.60	20.13	15.00

数据来源:《中国高技术产业统计年鉴2005—2013》。

再运用龚伯兹曲线模型进行定量判断,将河北计算机、通信和其他电子设备制造业2004—2012年产业规模的相关数据带入模型可得

$b = 0.77$,$a' = -9.23$,$k' = 3.41$

对龚伯兹曲线进行误差分析见表6-20。

表6-20　河北计算机、通信和其他电子设备制造业龚伯兹曲线模型的误差分析

年份	y_t	$\hat{y}_t$	e_t	$\mid e_t \mid$	d_t	$\dfrac{\mid e_t \mid}{d_t}$
2004	82.25	83.08	-0.83	0.83	82.66	0.01
2005	102.34	105.46	-3.12	3.12	103.90	0.03
2006	120.00	135.32	-15.32	15.32	127.66	0.12
2007	136.00	145.87	-9.87	9.87	140.93	0.07
2008	151.86	191.33	-39.47	39.47	171.59	0.23
2009	183.42	215.32	-31.90	31.90	199.37	0.16
2010	257.90	287.92	-30.02	30.02	272.91	0.11
2011	309.81	349.36	-39.55	39.55	329.59	0.12
2012	356.30	374.57	-18.27	18.27	365.44	0.05

根据龚伯兹曲线模型各生命周期阶段的数据特征 $a' < 0$,$0 < b < 1$,可知河北计算机、通信和其他电子设备制造业现在还处于成长期,与定性分析结论相同。

二、京津冀计算机、通信和其他电子设备制造业协同发展重点

京津冀三地的计算机、通信和其他电子设备制造业发展水平存在明显的差异。计算机、通信和其他电子设备制造业是北京的支柱产业，目前已经进入成熟阶段，而天津和河北还处于成长阶段，但河北产业发展的整体水平远低于天津和北京的发展水平。目前，北京在多个电子信息领域已具备较好的产业基础，计算机、数字电视、集成电路和移动通信等显示出共赢的发展趋势，上下游配套完善，分工专业，产业集群已具规模。计算机、通信和其他电子设备制造业是天津的优势产业，有以通信设备制造和新型元器件等为主的特色产业集聚区。河北在计算机、通信和其他电子设备制造业的优势主要体现在基础产品领域，一些辅助原料和元器件种类较为齐全，特别突出的是，河北的太阳能光伏产业规模在全国位居第二。

另一方面，京、津、冀三地的计算机、通信和其他电子设备制造业的共性问题是：①京津产业规模较难提升，河北产业规模偏小。②三地的研发投入不足，外商投资可以形成资本集聚，弥补资金的短缺，对地区经济增长有重大影响。③外商投资参差不齐（见表6-21）。京津的行业集聚程度大于1，河北小于1，说明京津在该产业是比较集聚的。④缺乏高端人才。这些通行问题都会阻碍京津冀计算机、通信和其他电子设备制造业的发展，亟待解决。

表6-21 2010年通信设备、计算机及其他电子设备制造业外商投资的集聚程度

省份	集聚程度	省份	集聚程度
上海	4.32	重庆	1.08
江苏	3.32	四川	0.99
天津	2.54	江西	0.96
广东	2.18	浙江	0.77
福建	2.03	辽宁	0.62
山西	1.79	山东	0.52
北京	1.50	河北	0.48

资料来源：根据《中国工业经济统计年鉴2011》整理而得。

京津冀要做到协调发展，首先，政府要起到主导作用，打破行政壁垒，推进京津冀区域合作进入新的阶段。通信设备、计算机及其他电子设备制造

业的协调发展需要科技的支撑，京津冀高校和科研团队应开展学术研究和交流，为产业发展提供理论基础。

其次，京津冀计算机、通信和其他电子设备制造业发展存在差异。北京引领了信息技术的发展，大力投入建设高端的、有国际竞争实力的信息产业基地。可进一步带动计算机、集成电路等产业的升级和转型，推进"北京制造"和"北京服务"的融合与对接。天津在加固通信设备、数字视听、关键元器件等优势产业的同时发展集成电路、软件信息服务业等新兴的电子信息产业，加强自主创新，打造具有竞争力的电子信息产业基地。河北应充分利用自身优势，加强完善太阳能光伏、通信设备和元器件等优势产业，形成专业设备产业链。

最后，北京的计算机、通信和其他电子设备制造业处于成长阶段后期，应该通过与服务业尤其是现代服务业的融合来拓展产业发展空间，为天津与河北产业升级提供良好的前景示范效应，推动三地产业协调发展。在区位布局上，北京应侧重研发基地的建设，天津与河北侧重生产基地的建设。三地应充分考虑产业配套基础和集聚效应，侧重各自现有的优势领域。同时，京津要推动计算机、通信和其他电子设备制造业产业链向高端转移，发展由技术创新和产业融合带来的电子信息业的新兴领域，河北也要加大投资力度，引进人才，改善环境，引进外资，做好承接京津对应产业转移的准备。京津冀计算机、通信和其他电子设备制造业均存在问题制约产业发展，三地产业还处于全球产业链的中低端。三地产业间要加强跨区的合作与转移，推进三地计算机、通信和其他电子设备制造业协同发展。

参考文献

［1］常征．中国数字内容产业生命周期模型建立与阶段识别［J］．北京邮电大学学报，2012，(1)：67－73．

［2］程永明．天津汽车产业集群的发展及其对策［J］．天津经济，2010，(6)：31－34．

［3］董国俊，张萃．珠三角生物医药产业的发展策略与设想［J］．医学信息，2011，9：4603．

［4］盖翊中．产业生命周期中产业发展阶段的变量特征［J］．工业技术经济，2006，(12)：54－55．

［5］盖文启，蒋振威．北京市现代制造业发展的布局问题探讨［J］．

北京社会科学, 2007, 05: 10-15.

[6] 郝思文. 基于产业生命周期的环保产业发展研究及在中国的应用 [D]. 清华大学, 2013.

[7] 黄婷婷, 张晓平. 京津冀都市圈汽车产业空间布局演化研究 [J]. 地理研究, 2014, (1): 83-95.

[8] 林逸玲, 珠三角医药企业从业人员培训现状分析及对策研究 [D]. 广东药学院. 2010.

[9] 刘恩华, 胡晓鹏. 基于产业生命周期的汽车产业链研究 [J]. 广东商学院学报, 2013, (5): 50-56.

[10] 刘璟. 区域产业协同发展及空间布局策略研究 [J]. 中国经济特区研究, 2012, (0): 39-61.

[11] 刘有韬, 史占中. 京津冀都市圈与长三角都市圈汽车产业集群比较分析 [J]. 科技管理研究, 2009, (8): 409-411.

[12] 刘伟. 京津冀制造业产业转移与产业空间结构优化重点领域研究 [D]. 北京化工大学, 2013.

[13] 马国腾. 基于偏离—份额分析法的京津冀制造业竞争力分析 [J]. 经济与管理, 2009, 5: 69-72.

[14] 马国腾. 基于SS分析法的京津冀制造业竞争力分析 [J]. 广西财经学院学报, 2009, 3: 27-32.

[15] 穆晨潇, 陈要军, 郑双怡. 武汉现代制造业发展战略研究 [J]. 大众科技, 2006, 02: 193-194.

[16] 穆林, 许爱萍, 俞会新. 制药产业技术创新人才支撑体系问题及对策—以河北省为例 [J]. 河北学刊, 2014, 34 (2): 209-212.

[17] 崔颖, 李扬. 基于竞合关系的价值链生命周期研究 [J]. 消费导刊, 2009, 23: 39-41.

[18] 綦良群, 王成东. 产业协同发展组织模式研究——基于分形理论和孤立子思想 [J]. 科技进步与对策, 2012, 16: 40-44.

[19] 邱凤霞, 陈凤新, 贺桂欣, 王小东. 产业结构趋同分析——以京津冀为例 [J]. 特区经济, 2009, 12: 65-66.

[20] 盛刚, 邵永同. 天津生物医药产业发展现状与对策研究 [J]. 科学观察, 2012, 6: 67-69.

[21] 孙中伟. 京津冀电子信息产业的竞合模式与转移路径研究 [J].

地理与地理信息科学,2012,4:63-68.

[22] 史晋娜,刘慧.基于产业生命周期中变量特征的成都会展产业发展阶段分析[J].天府新论,2014,3:65-70.

[23] 孙久文,张红梅.京津冀一体化中的产业协同发展研究[J].河北工业大学学报(社会科学版,2014,(3):1-7.

[24] 孙中伟.京津冀电子信息产业的竞合模式与转移路径研究[J].地理与地理信息科学,2012,4:63-68.

[25] 陶永宏,戈铮.宁镇扬船舶工业协同发展战略研究[J].江苏科技大学学报,2008,2:46-51.

[26] 王兴明.产业发展的协同体系分析——基于集成的观点[J].经济体制改革,2013,5:102-105.

[27] 徐健.环渤海经济圈产业结构趋同问题研究[D].中国石油大学,2007.

[28] 杨洁,王艳,刘晓.京津冀区域产业协同发展路径探析[J].价值工程,2009,4:35-37.

[29] 张旭胜.河北省装备制造业转型升级研究[D].河北经贸大学,2013.

[30] 张贵,王树强,刘沙,贾尚键.基于产业对接与转移的京津冀协同发展研究[J].经济与管理,2014,4:14-20.

[31] 朱群丽,毛星星,姜娜.外商直接投资形成产业集聚的现象研究——来自通信设备、计算机及其他电子设备制造业的数据[J].北方经济,2012,18:39-41.

[32] 张丽华.基于产业生命周期的两岸高新技术产业合作——以电子信息制造业为例[J].亚太经济,2007,6:90-93.

[33] 张淑莲,刘冬,高素英,刘建朝.京津冀医药制造业产业协同的实证研究[J].河北经贸大学学报,2011,5:87-92.

[34] 张凯.京津冀地区产业协调发展研究[D].华中科技大学,2007.

[35] 赵双琳,朱道才.产业协同研究进展与启示[J].郑州航空工业管理学院学报,2009,6:15-20.

[36] 赵醒村,胡炜,曹蓓.提升自主创新能力推动产业升级发展[J].广东科技,2009,222:85-87.

[37] 郑声安. 基于产业生命周期的企业战略研究 [D]. 河海大学, 2006.

[38] 中国高技术产业统计年鉴 [M]. 北京: 中国统计出版社, 2002—2013.

[39] 中国统计年鉴 [M]. 北京: 中国统计出版社, 2002—2013.

(作者: 沈蕾、王思璐)

第七章
京津冀现代制造业产业结构优化研究

第一节 区域产业系统的研究意义

进入21世纪以来,全球范围内的经济结构调整和市场一体化趋势成为区域发展的新动力。区域经济一体化也为传统意义上的区域经济研究带来了全新的理念,相关研究也转向一定市场经济条件下区域内生产力的空间分布及发展规律,探索如何促进区域经济增长的途径和措施以及如何在发挥各地区优势的基础上实现资源优化配置。

改革开放以来,我国的经济规划越来越频繁吸收并利用区域产业结构的相关理论。例如,在深圳经济特区、浦东新区、天津滨海新区、成渝综合配套改革试验区、北部湾经济区等区域规划和建设中高度重视用前沿产业理论和经济理论做指导。与此同时,相关理论的发展和社会实践都在不断地将系统方法、理性决策和控制论等引入区域产业结构研究的范畴当中,并使其得到了长足发展。但随着社会的进步和经济实力的增强,区域产业结构的衡量指标不再单纯是经济收益,社会总体经济效益和地区性生态效益也被纳入考量范畴。如此便要求探索适应区域产业结构研究的新理论和新方法。

党的十八大明确指出："要推进经济结构战略性调整。这是加快转变经济发展方式的主攻方向。必须以改善需求结构、优化产业结构、促进区域协调发展、推进城镇化为重点，着力解决制约经济持续健康发展的重大结构性问题。"由此可见，优化产业结构是我国当前最为重要的经济工作之一。

随着社会主义市场经济体制在我国的不断完善、知识经济和虚拟经济的进一步推动、产能过剩矛盾的进一步加剧以及全球经济一体化在各个层面所带来的竞争压力，加强区域产业规划、增强产业竞争实力就成为不二之选。在这种大背景下，深化和推动我国区域产业规划的研究工作自然有着与历史上任何时刻均不同的重要意义。我们应该意识到：加强区域产业结构优化的研究，有利于对科学发展观的准确把握；通过加强区域产业结构优化的研究，我国才能真正在实践中落实好科学发展观；只有区域产业结构优化的理论在实践中不断完善，不断发展，指导我国才能走上科学发展之路。

区域产业系统是一个结构复杂的有机系统，大到产业部门，小到具体企业，从研发、生产、仓储到流通、服务环节，所有企业的集合都可以称作产业。产业是区域经济社会发展的主体，也是区域生产力布局中的重要内容。只有产业不断发展与更替才有区域产业体系的不断演化，才有产业结构的变动与提升；只有产业不断适应合理布局要求，才能使资源要素得到合理的配置，进而取得良好的经济效益、社会效益和生态效益。从这个意义上来说，产业结构规划布局就是区域经济发展的谋划过程，必须综合复杂系统理论和宏观经济数量分析来进行统筹规划。

第二节　产业复杂网络理论的研究现状

复杂性科学是 21 世纪最重要的新兴科学之一，近年来在自然、工程、社会和经济等领域蓬勃发展，得到各个领域专家学者的广泛关注（毕桥，2011）。有关复杂网络的理论研究和应用研究在物理学、计算机和社会学领域掀起了热潮并取得了许多成果。复杂网络理论的出现为系统、客观地再现区域经济结构和分析产业系统演化规律提供了一个新的路径。区域产业系统作为国民经济系统中最为复杂的子系统之一，必须综合运用复杂系统理论和宏观数量分析来进行统筹规划。复杂网络理论所具备的结构复杂、网络进化、连接多样性、动力学复杂性以及多重复杂性融合的特点均可映射至区域产业结构的各特性之上。现有复杂网络理论的相关研究多围绕生命科学、万维网、社会网络、传播网络、科学家合作网络、人类关系网络、语言学网络等展开。针对区域经济领域的复杂网络理论研究也多局限于较为微观和中观尺度的企业间或产业链方面，利用复杂网络理论勾勒产业机构并探讨其演化机理的研究还处在起步阶段。不可否认的是，利用复杂网络理论刻画区域产业拓扑结构，可以更好地反映产业结构各层次及各部分之间的相互依存、相互制约的关系，也可以确定产业结构的优化和控制节点。

第三节 京津冀产业复杂网络建模思路

本章的研究内容是如何将复杂网络理论应用到京津冀地区现代制造业发展当中。针对京津冀地区具体的区域产业规划问题和不同类型的经济数据来构建产业复杂网络模型，重点是要确定网络特征值对应的经济学意义和管理学意义，从复杂网络视角来解释京津冀地区产业系统内部的结构特点和动态演化过程。

产业关联理论中的投入产出模型是分析投资、消费等需求因素对经济增长和产业结构变化影响的重要和基础工具，能够很好地描述一个国家或地区经济系统中各个产业部门之间的技术经济关系（丰志培，2005），而且数据都是以矩阵的形式给出，可以直接或经过处理后作为复杂网络的邻接矩阵，从而形成了一类有向加权网络，反映京津冀三地各自内部产业体系的结构特点和信息流动特性。

这里需要注意两个问题：首先，我国产业部门分类为42个，在此基础上构建的网络模型并不能直接反映北京现代制造业与其他产业部门的发展状况，但是通过分析与之相关性较高的基础性产业部门，可以间接地判断现代制造业的发展趋势，从而有的放矢地提出促进京津冀三地在现代制造业协同发展方面的建议。其中：微电子产业的产业基础是产业"电气机械及器材制造业"和"通信设备、计算机及其他电子设备制造业"部门；光机电产业的产业基础是"通信设备、计算机及其他电子设备制造业"部门；生物医药产业的产业基础是"化学工业"部门中的"医药制造业"分支；汽车产业的产业基础是"交通运输设备制造业"部门。其次，《中国地区投入产出表（2012）》尚未发布，而且目前京津冀地区最新的投入产出数据为北京市

2010 年投入产出表，在横向对比京津冀的产业复杂网络时只能采用 2007 年的数据（国家统计局国民经济核算司，2007）。综合以上两点原因，本章的研究重点是采用产业复杂网络的研究方法来对京津冀地区发展现代制造业的产业基础进行分析。

第四节 京津冀产业结构网络的产业布局分析

一个产业部门的生产在需要其他产业部门的供给同时，其产品也会成为其他部门生产的需求，多个部门间的相互供给需求建立起产业系统中复杂的直接或间接联系。每个部门在类似于蜘蛛网式的关联中影响其他部门的能力和感应其他部门影响的能力各不相同，因此通过测度国民经济体系中各个部门这两种能力的强弱情况，从产业关联的角度来分析产业结构变动趋势和确定产业结构调整方向具有重要意义。本节建立了用于分析京津冀产业布局的模型，并选取网络指标从产业部门之间的关联协调性、局部影响力和产业集聚效应等方面进行了分析（参见图 7-1、图 7-2、图 7-3）。

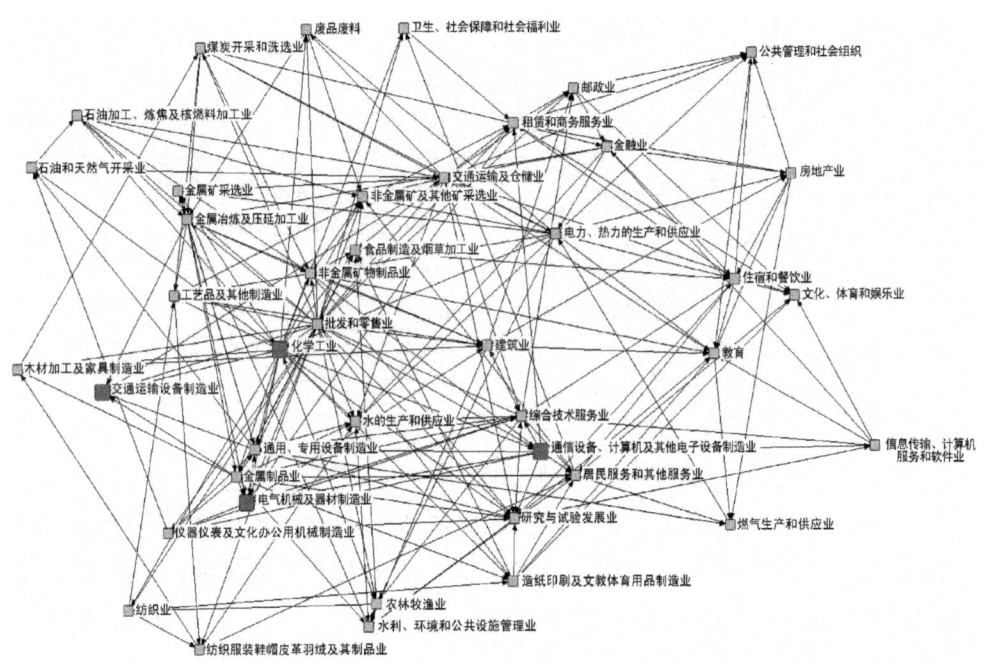

图 7-1 北京产业结构网络（ISRN-BJ42-2007）

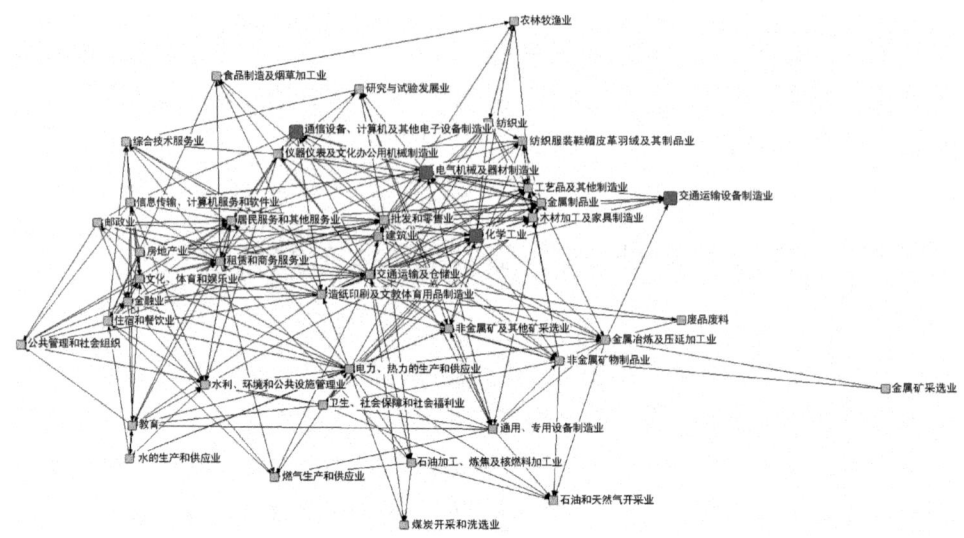

图 7-2　天津产业结构网络（ISRN-TJ42-2007）

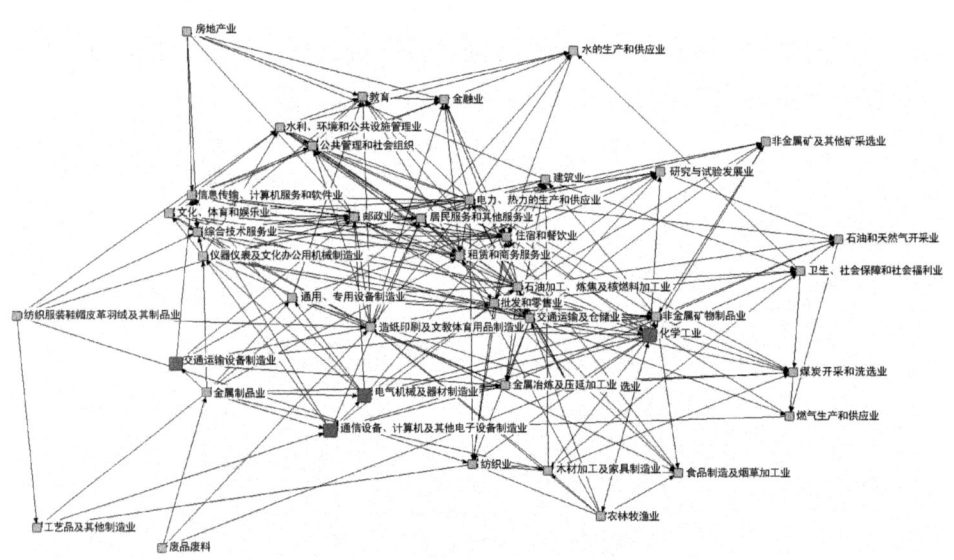

图 7-3　河北产业结构网络（ISRN-HB42-2007）

ISN 网络根据图论基本分析范式将区域范围内的产业部门视为节点，产业部门之间的投入产出关系为边，关系的大小为权为边的权重，构成了由节点集 V，边集 E 和权重集 W 组成的图 $G=(V,E,W)$。具体的构建原则如下：

(1) 节点集 $V=\{v_i\}$ 由区域内的所有产业部门组成，其中 $i\in\{1,2,\cdots,n\}$，节点数记为 $n=|V|$。

(2) 边集 E 由代表区域内产业之间的投入产出关系的边组成，用邻接矩阵 $A=\{a_{ij}\}$ 中 a_{ij} 的值来进行表征。如果产业部门 i 对产业部门 j 存在投入关系，则在 v_i 和 v_j 之间存在一条有相边 e_{ij}，表示为 $a_{ij}=1$；反之，则 $a_{ij}=0$，其中 $i,j\in\{1,2,\cdots,n\}$。

(3) 为了体现投入产出网络与现实的映射关系，必须考虑到边对应的投入产出关系在价值上的度量，所以引入权重集 $W=\{w_{ij}\}$，$i,j\in\{1,2,\cdots,N\}$ 且 $w_{ii}=0$。其中 w_{ij} 为产业部门 v_i 对产业部门 v_j 的直接消耗系数，表示的是一种相似权，其权值越大说明两个产业部门之间的投入或消耗越大（邢李志，2012）。

一、关联协调性

将节点连接度的概念推广到加权网络中节点的强度 $S(i)$，即点权（Strength），其定义为：

$$S(i)=\sum_{j\in\tau(i)}w_{ij} \qquad (1)$$

点权的概念既包含了节点度的信息，同时也包含了所有与其相连的边的权重信息。对于有向加权网络，点权也要从出权和入权两个方面进行分析。节点 v_i 的出权（Out-Strength）$S^{OUT}(i)$ 定义为从节点 v_i 出发的所有边权之和，即 $S^{OUT}(i)=\sum_{j\in\tau(i)}w_{ij}$；同样，节点 v_i 的入权（In-Strength）$S^{IN}(i)$ 定义为指向节点 v_i 的所有边权之和，即 $S^{IN}(i)=\sum_{j\in\tau(i)}w_{ji}$。这时 $S(i)=S^{OUT}(i)+S^{IN}(i)$，由此可见边权的计算既考虑到了周围的节点分布情况，又综合了与节点相连的边权，是网络局域信息的一种综合体现。

对本节所构建的产业结构网络来说，入权表示某产业部门对其他部门的直接消耗比例的累计，用 $S^{IN}(i)$ 来表示，代表产业部门接受其他产业部门产品和服务的比重，该值最大为 1，但是去除了产业部门对于自身的投入之后，使得该值小于 1。出权表示该产业部门对其他产业部门的直接投入比例的累计，用 $S^{OUT}(i)$ 来表示，代表产业部门输出产品和服务给其他产业部门的能力，等于对每个产业部门的直接消耗系数之和。而点权则体现该产业部门与其他部门之间总体关联的强弱。

ISN 网络中节点的 $S(i)$ 值受 $S^{OUT}(i)$ 值影响较大，也就是说，产业部门对其他部门的影响越广、强度越大，那么它在国民经济体系中的经济地位就越重要。根据网络节点的 $S(i)$ 值就可以判断哪些产业部门对于形成产业集群更为重要，而次要的产业部门可以视区域产业的承载能力进行取舍。同样，如果一个区域内已经聚集了大部分 $S(i)$ 值较高的周边产业部门，那么也说明这个区域适合发展以某个产业为主导的产业集群。主导产业部门应该与其他产业部门具有广泛而密切的关联，通过这种关联带动或推动周围一系列产业部门进一步发展，并且使这些部门派生出对其他部门的促进作用，产生较大的连锁反应，一层一层地推动经济的发展。这是主导产业在整个产业结构中处于核心地位，发挥巨大作用的原因。如果产业部门的关联很小，其发展便难以带动其他产业部门的发展，就不可能发挥主导作用。

从京津冀三地产业结构网络的点权计算结果来看（见表7-1），当时发展现代制造业的四个基础性产业部门的排名情况有明显差异，说明三地的主导产业和产业集群是不同的。最为明显的特点是，北京和天津的化学工业基础好，发展生物医药产业有着先天的产业优势。化学工业是国民经济中的一个基础部门，提供了大量的原材料和生产资料，工业体系中使用的几乎所有产品都与化学工业有关，许多行业的活动甚至都源于化学工业的一些副产品。冶金部门的炼焦、炼铁、炼钢、有色金属炼制，建材部门的玻璃制造、制砖、水泥，石油部门的炼油，轻工部门的酿造、造纸、制糖、制盐、化工医药、日用化学品生产等，都是随着经济的发展从化学工业中分离出来的化工类型生产。研究表明，化学工业为主的局部产业网络有较短的特征路径长度，反映在实际的工业系统中就是任意两个化工产品通过很少的几个工艺流程就会发生关联。在系统内部，一个工艺、一个产品产生的影响很容易扩散到整个行业的其他工艺和产品上，使这些工艺和产品做出一定的调整并反馈回初始的工艺和产品。这一过程使得化学工业在宏观上表现为新产品新工艺的不断出现和旧工艺的不断被淘汰，即很快的行业演化速度。

表7-1　　　　　　　2007年京津冀三地产业结构网络点权排名

基础性产业部门 区域	北京	天津	河北
电气机械及器材制造业	16	12	16
通信设备、计算机及其他电子设备制造业	8	15	17
化学工业	1	2	7
交通运输设备制造业	36	29	26

随着传统原料药企业的全面转型，生物医学产业进入快速发展时期，在医药产业中的比重将会越来越大。它的贡献包括生物医学材料制品、（生物）人工器官、医学影像和诊断设备、医学电子仪器和监护装置、现代医学治疗设备、医学信息技术、康复工程技术和装置、组织工程等。所以，生物医药产业不仅需要在原来化学工业引进新工艺和新技术，还需要得到微电子产业和光机电产业的助力。京津冀三地政府在这方面应该发挥指导作用，建设并利用通用技术平台，协调并共享相关产业资源，促进三地多个产业的共同发展。另外，由于生物医药产业属于典型的"高投入、高风险、高产出、长周期"行业，并且生物技术产品开发耗资巨大、周期漫长，政府机构有义务为融资渠道不畅的中小企业解决资金方面的困境。

二、局部影响力

集聚系数（Clustering Coefficient）作为网络的另一个重要参数，它衡量的是网络的集团化程度，即网络中节点主体之间的熟悉程度。集聚系数的概念有其深刻的社会根源，而且在其他类型的网络中也普遍存在集聚的现象。本节采用加权集聚系数 $C^W(i)$ 来反映现实经济运行中产业部门与其周边部门之间的紧密程度（关峻，2014）。

$$C^W(i) = \frac{\sum_{j,k \in G} (\tilde{w}_{ij}\tilde{w}_{jk}\tilde{w}_{ki})^{\frac{1}{3}} a_{ij}a_{jk}a_{ki}}{K(i)(K(i)-1)} = \frac{\sum_{j,k \in G} (\tilde{w}_{ij}\tilde{w}_{jk}\tilde{w}_{ki})^{\frac{1}{3}}}{K(i)(K(i)-1)} \tag{2}$$

在 ISN 网络中，这种技术经济关系的紧密程度也反映了产业部门对于周边部门局部影响力。如果 $C^W(i)$ 值较大的产业部门出现变化，那么对于与其投入产出关系紧密的部门乃至整个产业局域网络都会产生较大的影响，表现为产业链条上下游的剧烈波动。因此，ISN 网络节点的 $C^W(i)$ 值可以用来衡量以特定主导产业为核心的产业链上的支柱产业部门。

表7-2　　2007年京津冀三地产业结构网络加权集聚系数排名

基础性产业部门 \ 区域	北京	天津	河北
电气机械及器材制造业	14	12	14
通信设备、计算机及其他电子设备制造业	19	20	20
化学工业	3	3	3
交通运输设备制造业	27	33	24

从排名结果来看，京津冀三地的产业部门在各自的产业链上发挥的作用大致类似，说明产业链构成和支柱产业部门较为类似。但是，这种产业链分工同质化的现象能否说明京津冀三地间协同发展的基础也较好吗？实际上，在京津冀产业一体化的过程中，产业链分工明确是非常必要的，京津冀三地应根据自己不同的产业基础和独特优势在不同的产业上重点突破，不能在产业布局和产业规划上简单模仿，而是要把京津冀的产业资源纳入到一个系统中进行协同优化。

从政治角度来看，北京有着首都的特殊地位，天津与河北在资源配置和行政协调关系上都处于从属地位。政治和经济地位的不对等，影响了区域之间的合作和协调。不同于京津冀的长三角与珠三角地区的合作则是由市场所推动，在行政职能上，长三角的各个城市都是平等的，这也是京津冀一体化具体规划晚于长三角与珠三角出台的原因之一。

从经济角度来看，北京、天津和河北唐山是高速发展地区，石家庄、秦皇岛、廊坊等城市和地区属于中速发展地区，保定部分地区、沧州、衡水、张家口和承德等城市和地区都属于慢速发展地区。在京津冀地区，京津两个大都市高度发展的同时，却在周边区域存在一个相对贫困的环状地带，在南北两个方向上将两个大都市包围了起来。从这个层面看，京津冀一体化的实质应该是在京津冀更大区域内实现区域经济均衡发展，在将京津（尤其是北京）相对拥挤的资源向外围疏解的同时，使环京津地区的落后地区得到整体改善。

三、产业集群效应

本节将京津冀产业结构网络作为进行产业集群效应分析的基础，将其改造成为具有自反性和可逆性的模糊相似矩阵，并通过二次传递闭包法构建描述产业集群效应的模糊等价矩阵，并绘制产业部门强关联动态聚类图，为研究产业集群效应提供了一种新思路和新方法（邢李志，2013）。

为了观察本节提出的聚类分析方法采用时序数据时的应用效果，本节以2002—2010年北京投入产出表直接消耗数据为基础，计算得出了四个年份产业部门之间的强关联关系模糊聚类，如图7-4、图7-5、图7-6、图7-7所示。

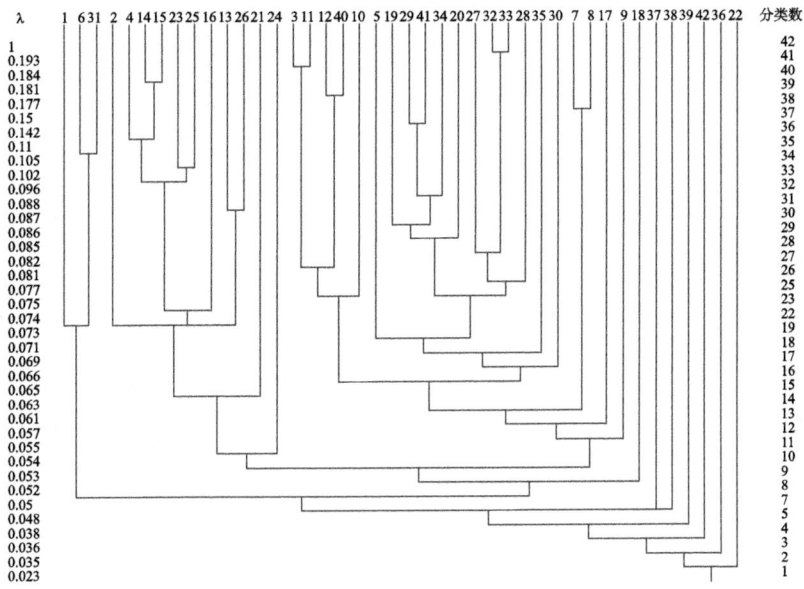

图 7-4 ISN-BJ02 网络的产业部门强关联聚类图

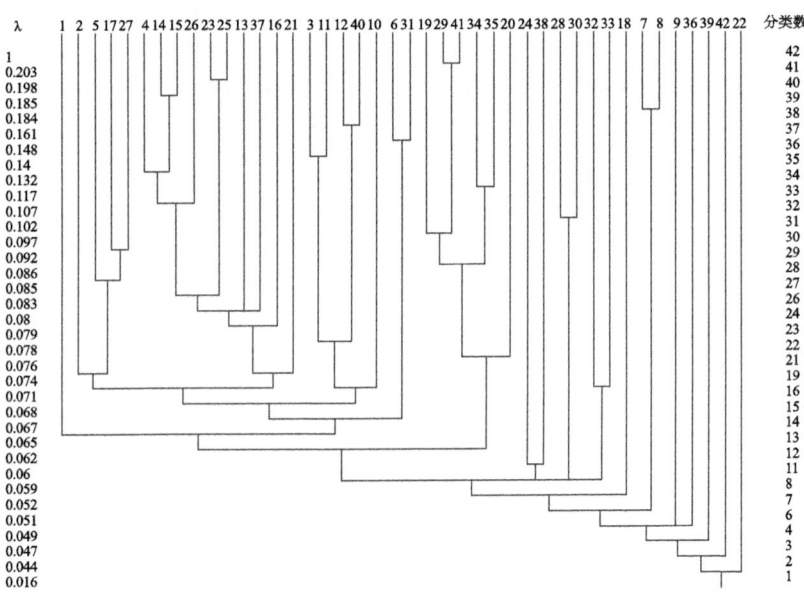

图 7-5 ISN-BJ05 网络的产业部门强关联聚类图

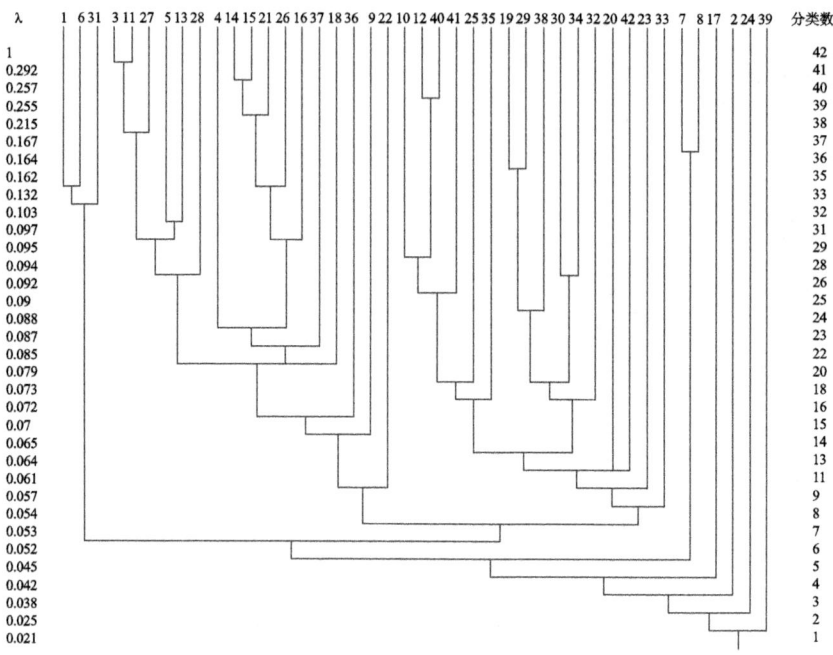

图 7-6 ISN-BJ07 网络的产业部门强关联聚类图

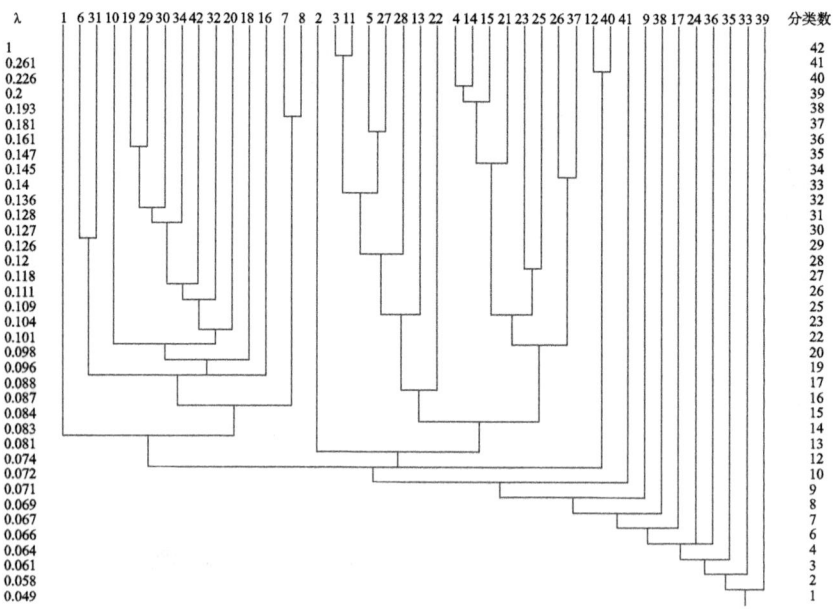

图 7-7 ISN-BJ10 网络的产业部门强关联聚类图

从 2002—2010 年北京市产业结构关系的模糊聚类来看（见图 7-8），最为明显的是在相同阈值条件下分类数目逐年减少。从 2002 年的 12 类下降到 2010 年的 2 类，游离于产业体系边缘的产业部门逐渐融入整个产业环境当中，这意味着北京市产业结构近年来变得更为紧密。这种变化不仅反映了经济格局的变化，也说明了政府产业政策起到积极的宏观调控作用。从 2007 年起，"废品废料"和"水利、环境和公共设施管理业"与制造业的关系得到了加强，反映了北京市政府在工业可持续发展方面做出的努力；另一方面，"综合技术服务业"的融入说明北京市生产性服务业近年来得到了高速发展，同时也印证了一则国际经验——当制造业发展到一定阶段后便会经历瓶颈，这时其附加值和市场竞争力的提升开始转向于依赖服务业的支撑。

随着动态阈值 λ 变动较早形成聚类关系的产业部门，实际上对应了强关联系数分布图中出现频率极小而数值很大的产业部门强关联。例如，从模糊聚类图判断，2007 年北京市 42 个产业部门中"石油和天然气开采业"和"石油加工、炼焦及核燃料加工业"的关联最为紧密，其次为"金属冶炼及压延加工业"和"金属制品业"、"化学工业"和"卫生、社会保障和社会福利业"，同时这三对产业部门之间的强关联系数在统计中占据了前三位。以上例子说明产业部门的强关联模糊聚类结构很大程度上受到极少数非常强的产业关联的影响。此外，绝大多数差异不大的强关联关系决定了模糊聚类的结构，这时聚类关系更多地平衡了某个产业部门与其他所有产业部门的关联。

2007 年北京市产业强关联的模糊聚类动态阈值 λ 在聚类前期明显高于 2005 年和 2002 年，比较典型的是"石油和天然气开采业"与"石油加工、炼焦及核燃料加工业"、"金属冶炼及压延加工业"与"金属制品业"，说明具有较强关联水平的工业部门的变得比以往联系更为紧密，即北京市已经提高了传统石化产业和钢铁产业的资源转换能力，产业结构的聚合质量有所提高。

2010 年和 2007 年相比，前 15 位的分类动态阈值有所下降，之后的阈值明显高于历年水平且下降较为平稳。通过对比分析发现：一方面，北京市工业部门的竞争能力近年来有所下降，第三产业的蓬勃发展成为促进产业结构紧密化的主要动力；另一方面，北京市整体的产业集群效应较过去日益明显。

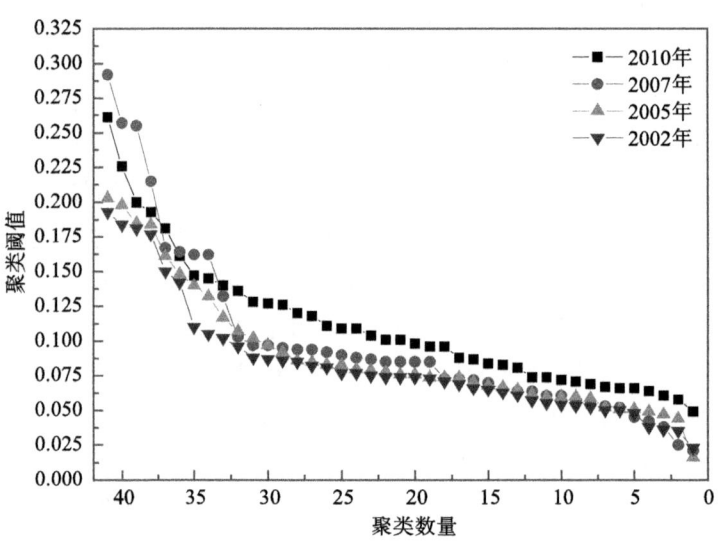

图 7-8 2002—2010 年北京市产业部门模糊聚类的阈值变化趋势

第五节 京津冀产业信息网络的经济流通分析

经济系统中的资金通过每次交易产生流动,而且可能反复通过相同的链接而不易被描述。例如,资金流很可能在节点与节点之间往复几次之后才到终点。从图论的角度来看,资金流在网络中的运行是一种漫游的方式,而不是沿着不重复的路径,因此采用马尔可夫过程来分析产业网络上经济信息的传递存在可行性。本节将网络动力学与结构洞理论有机地结合起来,在投入产出基本流量表的基础上,建立了描述产业结构信息流动的产业信息传递网络模型(Industrial Shock Transition Networks,简称 ISTN 网络),并选取了两个网络流指标来解释经济环境变化对于产业部门最终需求的影响(Wen,2013)。

本节将区域范围内的产业部门视为节点,构成了节点集 V,将产业部门之间的投入产出关系视为边,构成了边集 E,考虑到网络节点的属性必须一致,必须暂时忽略产业部门总产出和总投入的情况(比如最终使用和增加值),而只考虑中间投入反映出来的技术经济关系,因此 ISTN 网络实际上是一个开放的系统。权重集 W 由货物或服务的价值量 x_{ij} 直接构成,即将投入

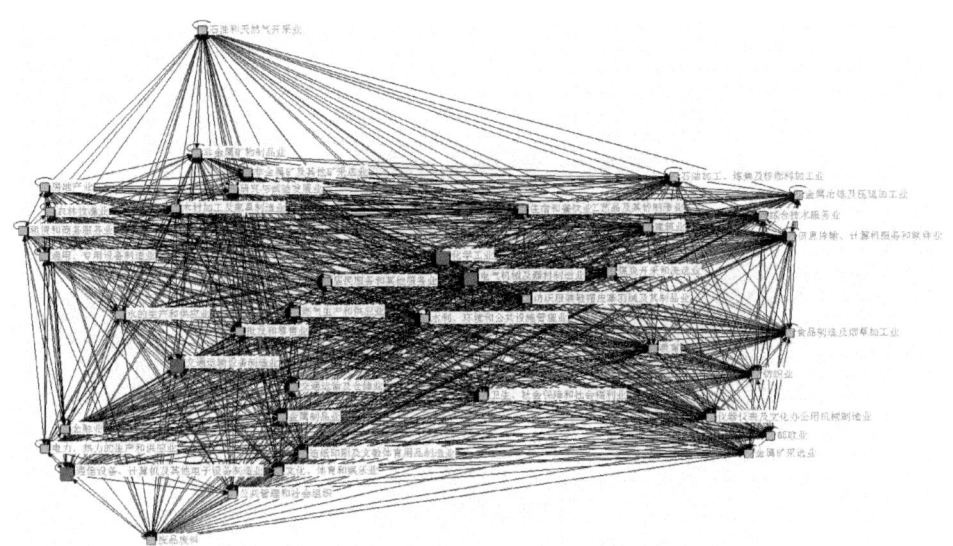

图 7-9 北京产业信息网络 (ISTN - BJ42 - 2007)

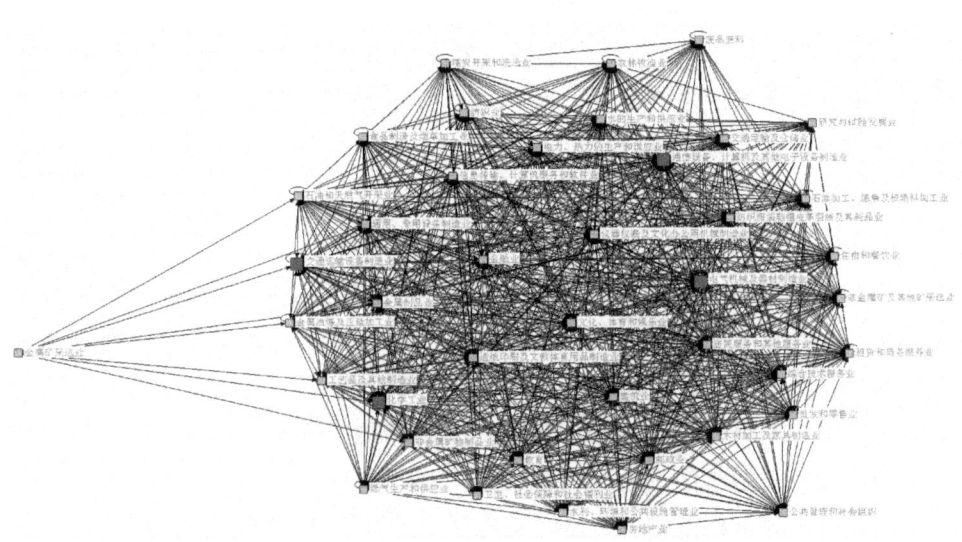

图 7-10 天津产业信息网络 (ISTN - TJ42 - 2007)

产出基本流量表 (Basic Matrix) 的第 I 象限作为网络的邻接矩阵。

一、信息敏感度

Freeman 提出的紧密中心性已经被广泛应用于社会网络分析,但是在稠密网络中这类中心性就失去了意义,并且与其他中心性一样不能兼顾节点自

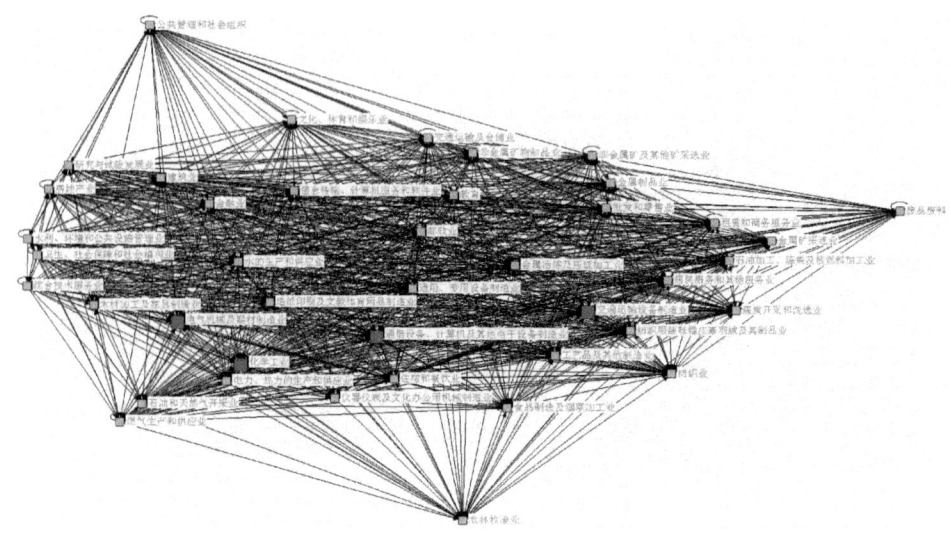

图 7 – 11　河北产业信息网络（ISTN – HB42 – 2007）

环的存在。因此，Blöchl 等人提出了随机游走中心性（Random Walk Centrality）$C_{RC}(i)$ 的概念，用于描述产业部门之间经济流通速度。参照紧密中心性的定义来界定随机游走中心性，即 $C_{RC}(i)$ 反比于所有节点到达指定节点的平均首达时间，公式为：

$$C_{RC}(i) = \frac{N}{\sum_{j=1}^{N} E(i, j)} \tag{4}$$

当一个经济冲击等可能地发生在经济体系的产业部门中时，ISTN 网络中 $C_{RC}(i)$ 值较高的部门具有较短的首达时间，意味着该部门对于产业环境发生的变化非常敏感。一旦经济体系遭受了较大的冲击，比如遇到经济危机或者经济复苏，那么 ISTN 网络中这些 C_{RC} 值高的产业部门必将最先显现出经济衰退或者经济增长的迹象。从结构洞的观点来看，$C_{RC}(i)$ 值测度的是产业部门在整个经济体系中的信息优势地位。产业网络发生全局性变化之后的一段时间内，承载着资金流的经济冲击沿着业已形成的产业经济结构进行随机传递，这个过程中那些最先对此做出反应的产业部门既可能成为受害者，也可能成为受益者，应对这两种可能发生的情况，就必须要从产业机制和产业政策上对这些部门进行保障。

本节根据随机游走中心性的算法和公式（4），计算得到了基于 2007 年京津冀投入产出数据的 ISTN – BJ 网络各个节点的 C_{RC} 值，产业部门排名如表

7-3 所示。

表 7-3　　2007 年京津冀三地产业信息网络随机游走中心性排名

基础性产业部门＼区域	北京	天津	河北
电气机械及器材制造业	25	6	13
通信设备、计算机及其他电子设备制造业	8	2	35
化学工业	17	8	8
交通运输设备制造业	16	4	21

随机游走中心性排名靠前的产业部门在发展中受到了更多的政府调控作用，因为它们对于产业环境的变化非常敏感。从表 7-3 中没有显示的全部产业部门排名来看，北京的"综合技术服务业"、天津的"交通运输及仓储业"和河北的"建筑业"是在当时这三个地区中政府产业政策倾斜最多的三个行业。由此可见，在促进现代制造业发展的手段和方式上，京津冀三地各有特点。

北京主要是利用其得天独厚的科技资源大力发展科技服务业，结合自身高新技术产业的雄厚基础，逐渐转变到引进汽车、机械和电子等规模大、质量好的资本和技术密集型项目，建立了雄厚的现代制造业基础，打造了具有国际影响力的现代制造业品牌。

天津则是承接北京研发技术来扩大其生产基地，利用其拥有入海口的地理位置条件发挥自身潜力和优势，而且在支持传统基础性行业的产业政策力度上也要高于其他两地。河北在京津冀区域中，应主要着重发力的产业是资源深加工产业和农业。

河北工业产业发展基础较好，能源、钢铁生产产业较发达，现存规模较可观，在这一基础上，更主动地与北京和天津实现相关产业的对接，比如将炼钢产业进一步延伸，逐步推动机械制造业、汽车生产、机床生产等行业为北京和天津的相关高新技术研发做产业配套是十分可行的。但是，从河北产业可持续发展的角度来看，不能盲目承接北京和天津的高污染、高耗能、高耗水产业，而是从真正意义上融入三地一体的产业协同升级。

二、金融风险度

Blöchl 等人在 Newman 的随机游走介数基础上又提出了累计首达介数

(counting betweenness)的概念，本节用 $C_{FP}(i)$ 来表示，其目的是描述网络中节点被随机游走路径首达访问的频率。本节将节点 i 的累计首达介数定义为：

$$C_{FP}(i) = \frac{\sum_{s \in V} \sum_{t \in (V-\{s\})} F^{st}(i)}{N(N-1)} \tag{5}$$

如果 ISTN 网络中产业部门的 $C_{FP}(i)$ 值较高，那么在资金最终支付购买生产资料之前，该部门会经过较为频繁的资金周转。如果资金周转限定在固定的次数，那么该部门对整个经济体系的资金流通起到了滞后作用。从结构洞的观点来看，$C_{FP}(i)$ 值测度的是产业部门在整个经济体系中的控制优势地位。产业网络发生局部性变化之后的短时间内，承载着资金流的经济冲击首先波及到一些产业部门，而后才向整个产业经济结构扩散。

实际上，累积首达介数和随机游走介数有很高的相关性，一个产业部门对产业环境的变化敏感，从而受到更多来自政府的调控措施，进而奠定了它在整个产业结构中的重要地位。我国的双模式经济体制是一把"双刃剑"，如果政府不能够处理好经济社会系统的各种制衡关系，那么这些累积首达介数较高的产业部门便会在产业链上产生消极影响，并且蔓延到整个产业经济系统。从排名结果来看，关系京津冀现代制造业发展的基础性产业部门，在三地产业系统中具有截然不同的金融风险等级，排名越靠前，说明承受的金融风险越高，政府必须针对其制定完善的投融资政策和产业退出机制（见表7-4）。

表7-4　　2007年京津冀三地产业信息网络累积首达介数排名

基础性产业部门 \ 区域	北京	天津	河北
电气机械及器材制造业	25	7	15
通信设备、计算机及其他电子设备制造业	4	1	35
化学工业	19	8	8
交通运输设备制造业	6	2	12

第六节　产业复杂网络对现代制造业涌现的解释

发展现代制造业是一国长远经济发展的重要前提，它既要对当前经济、社会、国家安全发展起到支撑作用，还要引领未来经济社会的可持续发展。

一、产业结构演化是现代制造业出现的根本原因

在远古时期，人类刚刚从猿进化的过程，他们从事生产劳动的物质成果多用于自给自足。随着制造生产工具技术的成熟，人类的生产力得到了提升，开始有了多余的生产资料用于交换，慢慢地形成了以农业为核心的商业雏形。经过了漫长的旧石器时代、新石器时代和青铜时代，人类社会终于进入了铁器时代，在这个过程中工业开始崛起，从依附于农业生产演变到为各行各业提供生产资料和生产工具。值得注意的是，每一个新的产业部门都不是凭空出现的，它们是随着社会进步而衍生于某个已有的产业部门；同时，对于国民经济越重要的产业部门就会有越多新的产业部门出现为其提供服务，可以说这是社会发展和时代变迁的必然要求。工业革命之后，结合了新兴技术的工业和现代商业开始加速发展，产业门类和种类日益细化。特别是最近的一个世纪中，在生物医药、计算机、航空等高科技产业的带动下，经济社会和产业结构达到了前所未有的复杂程度。

如果将几万年间人类经济活动形成的产业结构按照网络模型的思想进行分析，可以看出产业部门的涌现具备两个特点：更为复杂的增长性和局域化的择优连接性。产业网络作为一种社会网络，它与物理网络的本质区别在于，其更加注重节点之间关系量化程度的解释。现代制造业的出现，必然与若干传统产业之间存在一定的技术经济联系，这种联系在 ISN 网络中以加权边的形式来表示。因此，新的产业部门节点出现时，它的增长性不能用 BA 模型来解释，而是需要用 BBV 模型边权值的动态演化来解释，即认为新加入的边只会部分地引发连接节点 i 与它的邻居节点 $j \in \Gamma(i)$ 边的权值的重新调整（Stefancic，2005）。

产业部门衍生于另一个产业部门的可能性与该产业的重要性相关联，也可以称之为择优衍生。当社会经济发展到一定程度，产业部门的择优衍生变得更为复杂。一方面，新的产业部门会受到产业系统中一些联系最为广泛、经济地位极为重要的核心部门的影响，另一方面，它也必须依附于那些与之关联非常密切、功能作用相辅相成的传统部门。综合产业宏观背景下的发展形势和产业集聚效应的作用机理，现代制造业的出现才显得合情合理。

总而言之，现代制造业是建立在对先进技术的掌握和应用基础之上的一系列或大或小的产业技术变革的积累。从这个层面上讲，科技创新是现代制造业的基本特征。无论是产品创新，还是工艺创新、市场创新，都指向创

新，创新是现代制造业发展的根本要求。现代制造业也需要持续的技术创新活动，持续的创新是现代制造业产生和发展的基础。

二、产业相互需求是现代制造业与传统产业共生关系的基础

区域产业发展及其优化离不开传统产业的支撑，传统产业也需要现代制造业的带动，它们共同在产业生态系统中相互协同促进。产业生态位整合并不是简单地着眼于产业部门集群过程导致的生态位重叠与分离问题，而是通过产业生态位上的资源条件、技术水平、需求要素、制度环境等生态位因子的整合来实现产业部门的共生。换句话说，这种共生性的基础是产业集群同类资源的共享或异类资源的互补，进而直接或间接地改进产业集群的资源配置效率，优化区域整体的福利水平。

产业在生态位上的共生发展促进了产业分工深化和产业融合发展，这也是现代制造业形成的规律性原因，决定了它们与传统产业之间千丝万缕的联系。现代制造业在原有产业基础上不断分化，逐渐成长，带领传统产业升级，有可能产生新的商业模式与消费模式，也有可能为未来产业创造新的需求。在发展过程中，一方面通过与上下游产品产业间的联动；另一方面，推动产业间物质流、资金流、技术流、人才流和信息流等要素流的交换与流动，进一步优化资源配置和产业布局。

三、产业经济信息流动是促进现代制造业发展的动力

产业系统内部所有部门都不是割裂存在的，它们之间有着错综复杂的经济联系。本章正是在这种前提下建立了 ISTN 网络，并从产业部门的信息优势和控制优势两个方面对京津冀三地的产业系统进行了分析。在分析过程中我们发现，有些产业部门凭借着承载经济信息流动的特殊地位，会对经济发展产生较大的制约作用。当经济增长速度过快时，这些产业部门首先会出现供不应求的状况；而当经济增长速度放缓时，又会出现供大于求的情况。同时，它们的另一个角色是作为传递产业经济信息的枢纽。因此，保持这些产业部门持续地并且稳定地增长，对促进整个国民经济系统的协调发展至关重要。

科技服务业便是这类现代制造业的典型代表。在产业升级过程中，企业规模的扩大、技术设施改造、产品项目的开发、产业布局的调整会产生长期、集中和大量的信贷需求。同时，在现代制造业产业结构升级中，随着企

业的壮大和现代制造业的发展，对金融产品质量有更高的要求，企业在兼并重组、产品升级、技术改造过程中，对金融产品的需求更加旺盛。

第七节　新常态下京津冀现代制造业结构优化的建议

面对经济增速放缓，传统产业开始缩水，经济呈现新常态，2015年伊始的政府工作报告提出要大力推进调结构促转型，加快构建富有特色的现代产业体系。所以，构建富有特色的现代制造业体系，寻找经济发展新的红利，成为京津冀一体化发展的重中之重。

一、推进新型产学研合作

创新产业组织方式，建立有利于现代制造业技术研发和成果转化的环境。要想在现代制造业发展中率先突围，京津冀三地的首要任务是要形成很强的自主创新能力、消化吸收能力和成果转化能力，深化以市场为导向的产学研结合模式是推动创新创业的重要路径。目前，京津冀的企业和高校院所的合作主要采取委托研发、技术转让等方式。下一步应积极探索建立产业技术研究院这一新型组织。可以围绕云计算、新一代通讯设备、电动汽车等现代制造业领域，整合区域内技术资源，由政府提供资金支持，牵头高校、科研院所和相关企业成立产研院，集中力量重点做好行业共性技术和关键技术研发、技术转移和科技成果转化、行业技术人才培训和扩散三项核心业务。鼓励和推动组建诸如产业促进会、企业家协会、产业技术联盟等创新合作组织。要高度重视"产业组织者"，重点支持具有敏锐市场洞察力和技术思维的投资者、系列创业者和行业领军式的职业经理人，以及支撑产业整体性发展、商业模式创新的平台性企业，积极推动产业组织方式创新，引导优势资源向现代制造业集中。鉴于此，京津冀产业结构优化的重点工作将着眼于推动建立有利于创新的制度环境和激励机制，同时加大对创新投入以及创新产出的开发保护，从而加快现代制造业在部分领域实现突破。

二、制定产业差异化政策

三地应立足本地基础，因地制宜地选择现代制造业发展重点，合理安排推进次序，制定差异化政策措施。对现代制造业进行前瞻性布局，关键是要尊重规律。不仅要密切关注世界新兴产业发展的动向，还要统筹考虑与本地原有产业的联系，必须结合京津冀三地产业基础进行充分论证。京津冀三地在电子信息、生物医药、汽车产业上积累了雄厚实力，从现有实际出发，把下一步发展重点放在物联网、云计算、新型平板显示器以及疫苗、基因工程药物、新能源汽车等相关领域，不仅有机会在新一轮产业竞争中抢占发展先机，还能整合现有相关产业资源促其优化升级。在选择和确定发展对象后，京津冀三地必须尽快制定切实可行的长远规划和发展策略，要研究分析各细分领域的国际竞争态势和技术发展趋势，制定发展目标、明确发展思路，提出各产业发展所需"差异化"政策，并积极争取获得国家支持，尽快组织实施。现代制造业的培育，既要有时间紧迫感，更要有科学发展策略，合理确定产业发展重点和推进次序，并出台相关配套的措施和实施细则，这无疑是非常重要的。

三、营造良好的市场环境

组织实施重大应用示范工程、运用政府采购政策，创造市场需求。现代制造业很多产品、技术还处在初期，不仅在技术研发阶段需要支持，进入市场以后仍然需要政府对市场消费进行引导和培育。有效的市场需求，决定了现代制造业最终能否发展壮大。因此京津冀三地除了支持创新活动外，还需要在现代制造业发展的初期帮助企业创造市场需求。一般来说，政府在对现代制造业市场的培育通常采取两种策略：一是通过重点示范应用工程，在产业初期培育相应的消费群体，由此创造市场需求；二是通过政府采购，对消费品实行优先购买或者对使用行为进行必要补贴，以此促进市场消费。

四、构建投融资支撑体系

促进科技和资本对接，构建全方位的现代制造业投融资支撑体系。任何产业的发展都离不开资金的支持，现代制造业技术多数不太成熟，风险大、投入高、回报周期长，更需要大量资金支持。京津冀三地服务现代制造业的金融体系并未全面建立，需要加快形成包括政府、银行、保险、风险投资、基金公司等金融机构在内的联合支撑体系。首先，要在整合现有政策资源和资金渠道的基础上，设立现代制造业发展专项基金，着力支持重大产业创新工程、重大创新成果产业化、重大应用示范工程、创新能力建设等。重点做好高成长性企业股权投资、小企业创业扶持、引导社会资本参与建设等工作。在风险可控的范围内，探索引进保险公司、社保基金、企业年金和其他机构投资者，积极推进知识产权质押融资、产业链融资、股权质押等金融产品创新。

参考文献

［1］毕桥，方锦清. 网络科学与统计物理方法［M］. 北京：北京大学出版社，2011.

［2］丰志培，刘志迎. 产业关联理论的历史演变及评述［J］. 温州大学学报，2005，18（01）：51－56.

［3］国家统计局国民经济核算司. 中国地区投入产出表（2007）［M］. 北京：中国统计出版社，2011.

［4］关峻. 产业结构网络中集聚系数的经济学含义研究［J］. 科技进步与对策，2014，31（10）：52－55.

［5］邢李志. 基于GLW模型的产业关联网络演化机制分析［J］. 科技进步与对策，2014，31（9）：70－74.

［6］试论新时期国家经济技术开发区如何培育发展战略性新兴产业——以北京经济技术开发区为案例［J］. 经济研究参考，2012（68）：44－48.

［7］邢李志. 基于复杂网络理论的区域产业结构网络模型研究［J］. 工业技术经济，2012（2）：19－29.

［8］邢李志，关峻. 基于Floyd改进算法的北京产业结构网络强关联模糊聚类分析［J］. 科技进步与对策，2013，30（7）：47－52.

［9］Stefancic H., Zlatic V. "Winner Takes It All": Strongest Node Rule for Evolution of Scale－free Networks［J］. Phys. Rev. E. Stat. Nonlin. Soft Matter. Phys，2005，72：036105.

［10］WEN Xian, XING Lizhi. Analysis of Structural Hole in Industrial Networks Based On Random Walk Process of Economic Shock［CA］. 2013 International Conference on Advanced Education Technology and Management Science，Hong Kong, China, December 1－2，2013.

（作者：邢李志，北京工业大学经济与管理学院）

第八章
京津冀现代制造业升级的低碳路径研究

环境问题正在全面深刻地影响中国经济发展的进程。全球气候变暖和环境资源恶化引起全世界广泛重视,各国达成高度共识并采取联合行动以减少温室气体排放、保护环境资源。中国作为世界上最大的发展中国家,同时也是世界上碳排放量最多的国家,在经济发展和生态保护这两个目标中如何进行权衡将是中国经济未来发展面对的一大挑战。中国在环境变化发展大会中做出了有关减排承诺,事实上构成了中国经济发展的外部硬性约束。①

在倡导低碳生活、生产的社会中,制造业发展面临的挑战最为严峻。人们普遍认为,过度消耗化石燃料是造成全球变暖的主要原因。那些高消耗、高排放、高污染,从而对环境负面影响最大的产业基本都集中于制造业。制造业碳排放量占到全部碳排放量80%以上。因此现代制造业升级问题除了包含技术进步、要素禀赋优化和产业结构调整等内容外,对中国而言,还意味着必须在更长远视界内考虑制造业产业升级与环境资源的相互作用,实质上是产业发展的环境外部约束问题。

有关京津冀地区经济协同发展的战略构想被学者们讨论多年,并被政府

---

① 我国政府承诺2020年单位GDP二氧化碳排放比2005年下降40%—45%,并在国民经济与社会发展"十二五"规划中提出了约束性的节能减排目标。

提升为国家战略，目前走到了具体实施的阶段。作为京津冀制造业协同发展战略的关键环节，现代制造业的升级发展三地必然需要考虑制造业目前和未来受到的环境约束问题。因此现代制造业的发展应该是环境友好的绿色升级之路。在京津冀一体化的大背景下，探讨现代制造业低碳升级的协同发展路径具有积极的现实意义。

本研究尝试探讨在低碳经济背景下京津冀地区现代制造业发展和升级的一些关键问题。它们包括，产业升级与低碳经济的关系是什么？二者能否协同发展？如果存在这种可能，它们之间的协同发展路径该如何规划？针对以上问题的分析与讨论有助于更好地理解京津冀现代制造业低碳发展的现状和存在的问题。

第一节 研究背景

低碳经济对京津冀现代制造业升级的影响是多重的。一方面，它体现在为保护生态资源、减少生产活动对环境承载能力破坏程度的需要，对包括现代制造业在内的整体经济活动需要在总量上进行直接和间接的约束。另一方面，由于自然和历史因素累积作用的结果，京津冀三地经济在生产技术水平、产业结构、生产要素禀赋等方面存在明显差异。这些客观现实为京津冀地区现代制造业协同发展提供了前提和机遇，也造成现代制造业活动面临不同的外部环境约束。再有，我国制造业的发展带有强烈的政策驱动特征。在京津冀经济一体化规划中，现代制造业作为关键产业之一，其发展目标和区域布局都已经比较明确。因此京津冀地区现代制造业升级在很大程度上同时体现了政府主导意图和外部环境制约的双重影响。

探讨低碳经济社会中京津冀地区现代制造业的升级问题，不仅讨论低碳经济对现代制造业整体的约束，还要考虑现代制造产业嵌入于京津冀地区经济系统内这个基本事实，即现代制造业的发展与升级除受到本地环境与资源条件的约束，还要受到来自技术水平、产业结构、要素禀赋、政府政策规划等因素的影响。

本节将从低碳经济本质、制造业产业升级和三地经济发展目标定位等方面介绍现代制造业产业升级问题的研究背景。

一、来自低碳经济的整体约束

低碳经济代表了一种新的经济发展方式,具有丰富的内涵。"低碳经济"一词最早出自英国政府能源白皮书《我们能源的未来:创建低碳经济》(2003)。它基于生态经济的角度,认为人类的经济活动不仅仅是被界定在市场的框架之内,而是活动在政治、文化、政府、资源、环境、生态之间的(杨志,2011),因此社会生产方式应当从透支环境资源的传统模式转向环境友好的可持续发展方式。这既涉及新能源、新材料的开发、清洁能源和清洁技术的应用,也与新能源产业的产生和传统产业的改造密不可分。在2009年底召开的联合国哥本哈根世界气候大会上,世界各国将发展低碳经济作为全球应对气候变化、转变经济发展方式的头号战略。从技术层面上来看,低能耗、低排放、低污染是低碳经济发展方式对现代产业发展和技术进步提出的要求,转变传统依赖于资源和投入的粗放式增长方式,在产业总量、产业结构、能源结构和能源使用效率等方面都提出了更高的标准。

与其他国家相比,我国面临的生态与环境约束更为严峻。由于经济快速发展的需要,我国对能源需求量也不断增加(见图8-1)。中国2010年能源需求量占世界能源需求总量的19%,达到24.16亿吨标准油当量(Mtoe)。尽管我国在"十一五"和"十二五"发展规划中已经明确了节能减排目标,但IEA(2012)预测这个数字仍然会以每年1.9%的速度增长,远高于世界平均1.2%的能源需求增长速度。

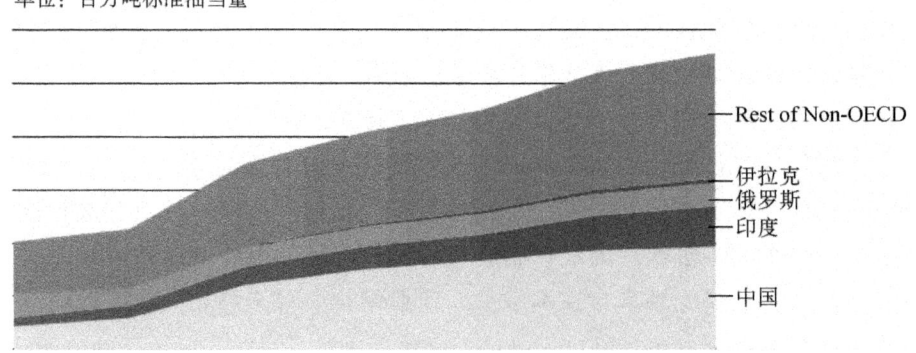

图8-1 中国及部分非OECD国家的能源需求量(1990—2035)

注:2015—2035年数据为预测值。

资料来源:International Energy Outlook 2012.

由于我国的能源结构仍然主要依赖于传统的化石能源，这种能源结构造成我国碳排放量居高不下，2007年我国二氧化碳排放量已经超过美国跃居世界首位[①]。2010年这一状况进一步加剧，我国二氧化碳排放量大大超过列第二位的美国（见图8-2）。

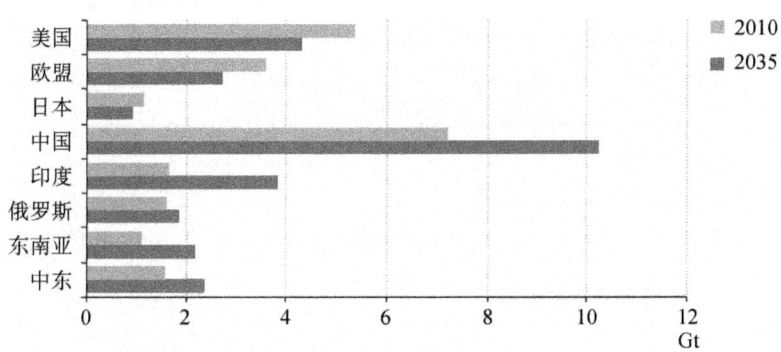

图8-2　部分国家和地区与能源相关二氧化碳排放量

注：2035年为预测值

资料来源：International Energy Outlook 2012.

近年来京津冀地区经济增长强劲，能源消费量随之不断增长，但增长速度波动较为频繁，且差异性较大（见图8-3、图8-4）。其中北京市的能源消耗量增长一直低于全国平均水平，天津市的能源消耗量增长则远高于同期全国平均水平。而河北省能源消耗量围绕平均线上下浮动。

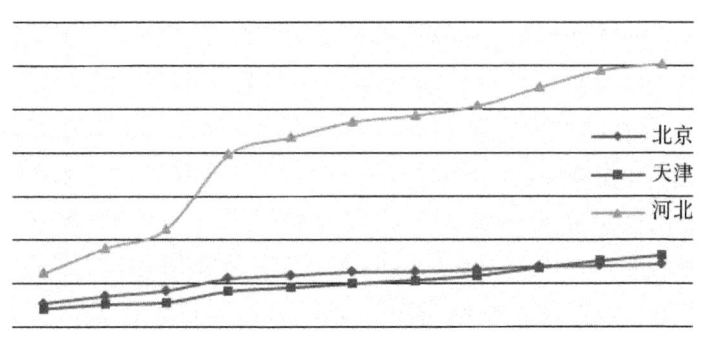

图8-3　京津冀三地能源消费总量

数据来源：《中国能源统计年鉴2013》。

---

① 联合国开发计划署. 中国人类发展报告2009 [M]. 北京：中国对外翻译出版公司，2010：25-26.

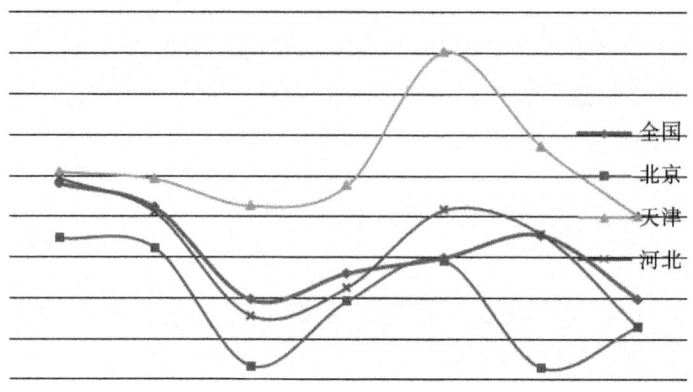

图 8-4 京津冀三地和全国能源消费量增长速度（2000—2012）

数据来源：《中国能源统计年鉴 2013》。

二、京津冀现代制造业升级发展

现代制造业升级是现代产业升级的核心问题。对产业结构升级的研究起始于配第－克拉克定理。该定理阐述了产业收入与劳动力结构的演进趋势，即随着人均国民收入水平的提高，劳动力会由第一产业向第二产业再向第三产业转移，其主要特征表现为第一产业比重的缩小和第三产业比重的扩大（Colin Clark, 1940; Simon S. Kuznets, 1941）。刘易斯（William Arthur Lewis）的"二元结构论"、赫希曼（Albert Otto Hirschman）的不平衡增长理论，以及罗斯托（Walt Whitman Rostow）的主导部门理论等都是从不同产业收入结构和劳动力结构分析了产业升级问题。钱纳里（Hollis B. Chancery, 1970）通过对 20 世纪五六十年代世界各国的实证研究认为，要实现经济发展，需要全部要素的总体协调，以及全面的结构转换。近年来，越来越多的学者开始运用全球价值链理论研究产业结构升级问题（Gereffi, 1999; Kaplinsky, 2000; J. Humphrey, H. Schmitz, 2002）。在实证研究中，学者们主要使用三次产业结构指标、霍夫曼比例指标、重化工程度指标、工业加工度程度指标、智力技术密集型集约化程度指标、新兴产业产值比重指标、基础产业超前系数、生态环保产业的进程指标和产业水平满足率指标来测量产业结构升级（宋锦剑，2000）。有学者从供需均衡角度讨论产业需求结构对产业结构升级形态的影响，但仍然使用三次产业比重变化来测算结构升级（徐德云，2008）。张耀辉（2002）认为，产业升级的真正含义应是"高附加值产业代替低附加值产业的过程"。产业升级的过程实质上是产业创新与产业替代的过程，而产业创新是产业升级的主要方面。从这个角度来说，现代制造业升级问题正切中现代产业升级的本质。

学者研究发现，京津冀地区存在着严重的产业结构趋同现象（张子麟和武建奇，2007；母爱英等，2010）。刘安国等（2013）从不完全竞争视角探讨了京津冀地区制造业转移与产业结构优化问题。从专业化和效率两个维度的研究发现，北京和天津在专用设备制造业、通用设备制造业、交通运输设备制造业、通信设备、计算机及其他电子设备制造业、仪器仪表及文化、办公用机械制造业等方面存在严重的产业同构现象（吕典玮，2010）。而这些被认为存在严重产业同构现象的产业基本上属于现代制造业范畴。

但是上述有关产业升级和京津冀地区现代制造业产业结构问题的研究并没有考虑到产业升级与外部环境支撑两者之间的实际作用。在日益关注经济发展与资源环境之间平衡问题的今天，这种单纯基于产出量的研究是在不完全信息条件下进行的，其结论带有较大的片面性，因而在政策意义上必然存在明显的局限性。

三、京津冀三地的功能定位

"十一五"时期，为加快京津冀区域的发展，国家发改委于2006年编制了《京津冀都市圈区域综合规划》，从国家层面上正式启动了京津冀区域规划。根据规划，京津冀都市圈的定位是：以我国首都为中枢，具有京津双核结构特征和较高区域和谐发展水平的新型国际化大都市圈；以区域创新体系和国家创新基地为支撑，自主创新能力强，拥有基础产业、高端制造业与服务业等完整产业体系的现代化都市经济区；以技术、信息、金融、客货交流枢纽为依托，是我国北方地区最具影响力和控制力的门户地区。规划中对京津两市城市功能进行了明确定位，将北京定位为"国家首都、国际城市、文化名城、宜居城市"，将天津定位为"国际港口城市、北方经济中心、生态城市"（祝尔娟，2009）。而天津市目前正在将"建设成以高新技术产业和现代制造业为主的现代制造和研发转化基地"的目标进一步提升为"现代制造业中心"和"北方金融创新运营中心"（天津"十三五"规划研究）。

根据资源条件和城市功能定位的不同，未来京津冀三地产业发展将各有侧重。北京市将以发展第三产业特别是生产性服务业和文化创意产业为重点，而第二产业将继续走高端化发展道路。天津市以发展重化工业、高新技术产业和现代物流业为重点,未来最具活力的产业将是汽车、电子、石化、航空航天、现代造船、现代制药及仓储物流业。河北省近年来重点发展"十大支柱产业",包括钢铁、医药、石油、装备制造、建材以及纺织等。

三地重点发展的这些行业当中,均涉及现代制造业,因此需要在现代制造业发展利益和目标方面进行协调。北京市区域内现代制造业的发展应以产业扩散与结构升级为目标,在创新和先进制造技术方面培育世界一流竞争优势。天津拥有先进的制造技术和手段,应利用和发挥产业集聚与经济转型的优势,建设高水平的现代制造中心。河北省在区域中具有明显的低成本优势和基础制造业优势,其利益点在于实现现代制造业产业承接与制造业整体提升。

第二节 数据收集与使用模型

一、研究对象

低碳经济下现代制造业产业升级路径问题,需要了解低碳经济与现代制造业升级之间的经济关联,实质上是探讨环境对现代制造业产业的影响和约束。

尽管京津冀三地存在密切的地缘关系,但是官方对现代制造业的内涵和外延的界定并没有形成一致意见。北京市认为,现代制造业就是用现代科学技术武装起来的制造业,是现代科学技术与制造业相结合的产物。现代制造业的实质是制造业结构的升级优化,是指采用高技术和先进适用技术对原材料(采掘业的产品和农产品)进行加工或再加工、装备制造以及对零部件装配的工业的总称。[①] 在北京市委、市政府《关于振兴北京现代制造业意见》(京发〔2003〕3号)中,明确指出了汽车产业、微电子集成电路产业、光机电一体化产业和生物工程与新医药产业是重点发展的四大产业。目前北京市统计局是根据《现代制造业、现代服务业统计标准(试行)》(京统发

---

① 参见 北京市统计局:《规模以上现代制造业、高技术制造业主要统计指标解释》,http://www.bjstats.gov.cn/tjzn/rdwd/201412/t20141202_283867.htm

〔2005〕81号）将现代制造业分为电子信息产业、机电产业、交通运输设备产业和医药产业四大类83小类。天津市并没有针对现代制造业的明确定义，但其强调工业中航空航天、石油化工、装备制造、电子信息、生物医药、新能源新材料、轻纺和国防等八大优势产业的地位。河北省统计局也同样没有对现代制造业制定专门的统计口径。

为了使京津冀地区现代制造业升级研究建立在统一的、坚实的数据基础上，根据可比性原则和数据可获取性原则，本研究将现代制造业范围限定为医药、交通、电信和机电四类产业，具体统计口径见表8-1。

表8-1　　　　　　　　　　京津冀现代制造业构成与分类

大类	具体行业（2012年以后）	具体行业（2008—2011年）
医药类	医药制造业	医药制造业
交通类	汽车制造业	交通运输设备制造业
	铁路、船舶、航空航天和其他运输设备制造业	
电信类	计算机、通讯和其他电子设备制造业	通信设备、计算机及其他电子设备制造业
机电类	金属制品业	金属制品业
	通用设备制造业	通用设备制造业
	专用设备制造业	专用设备制造业
	电气机械和器材制造业	电气机械和器材制造业
	仪器仪表制造业	仪器仪表及文化、办公用机械制造业

作者采取产业结构、能源结构和能源效率等指标来测度现代制造业升级现象。其中，现代制造业各子产业增加值比重的相对变化能反映现代制造业结构升级的主要内容，是学者们最常使用也是最为重要的传统指标。能源结构和能源效率指标则反映了现代制造业对环境的友好程度。使用它们则是考虑到了制造业生产可能对环境造成的负外部性，因此有必要考察现代制造业产生的全部社会成本。在本文中，能源结构和能源效率指标，与产业结构指标一起构成衡量和比较现代制造业升级水平的指标。

本文使用现代制造业碳减排量作为衡量低碳经济对制造业经济活动影响的指标。根据已有文献的研究可知，造成碳排放量变动的原因可以划分为直接效应和间接效应两类。

直接效应包括人口、产业规模和技术进步等直接作用于生产活动中碳排放量的影响因素，反映了人口规模效应、产业规模效应和技术进步效应。

直接效应中的影响因素可以选取人口，人均产值、能源效率和碳排放系数等指标。通常效应是产出规模增加会导致对能源消费的增多，从而造成碳排放量的增多。能源效率（Energy efficiency）是指提供单位水平服务需要消费的能源量，能突出反映技术进步对低碳经济的贡献。尽管提升能源效率可能会抑制经济增长，但它被公认是实现大规模二氧化碳减排成本最低的方法之一（IEA，2012）。考虑到能源效率概念内涵的复杂性以及数据可得性的限制，它并不是一个适用的指标。本研究采用能源强度，即单位增加值的能源消费量，作为能源效率指标的代理指标。

间接效应是指通过产业结构和能源消费结构调整对该产业碳排放量的间接影响。间接效应中的影响因素可分为产业结构和能源消费结构。在本文中运用现代制造业子行业增加值比重来刻画产业结构因素，用现代制造业子行业不同类型能源消费比重来代表能源消费结构因素。

二、数据来源

本研究涉及使用数据主要取自 2008—2013 年度的《北京统计年鉴》、《天津统计年鉴》、《河北经济年鉴》、《中国能源年鉴》、《中国工业经济统计年鉴》、《中国高技术统计年鉴》等。由于北京、天津、河北三地各类年鉴中存在着部分数据缺失和口径不对应等问题，作者在分析过程中对数据进行了必要处理，将在后文中详细注明。

其中，《天津统计年鉴》中仅提供了 2008 年的分行业增加值数据，缺少 2009—2012 年分行业的增加值数据。《河北经济年鉴》中也同样仅提供了 2008 年分行业的增加值数据，缺失其余年份数据，但是在河北省历年经济公报中出现了分行业工业增加值增长率。作者对天津、河北的增加值缺失数据进行了技术处理。对天津市现代制造业增加值使用分行业产出值数据进行了估算，对河北省现代制造业增加值则直接根据历年的增加值率计算得出。作者在计算现代制造业碳排放量时使用的折标煤系数和碳排放因子取自《中国能源统计年鉴 2013》。

三、研究方法

本研究使用 LMDI 分解方法来测算京津冀地区现代制造业碳减排的影响因素，影响因素和分解层次是相互关联的，并都受到数据可得性的限制。其中人口指标使用第二产业就业人口，人均产值指标使用第二产业人均增加值数据，能源强度指标用各行业单位增加值能源消费量来代表，产业结构和能源消费结构各自用增加值比重和不同类型能源消费比重来表示。

在这里使用的一般指数分解分析（IDA）等式为：

$$C_t = \sum_{ijt} C_{ijt} = \sum_{ijt} P_t \cdot \frac{Q_t}{P_t} \cdot \frac{Q_{it}}{Q_t} \cdot \frac{E_{it}}{Q_{it}} \cdot \frac{E_{ijt}}{E_{it}} \cdot \frac{C_{ijt}}{E_{ijt}} = \sum_{ij} P_t \cdot R_t \cdot S_{it} \cdot I_{it} \cdot M_{ijt} \cdot U_{ijt}$$

式中：C 表示现代制造业各行业总碳排放量；P 表示第二产业就业人口（万人）；Q 表示第二产业增加值，与 P 一起衡量产业整体规模效应；$S_i = Q_i/Q$ 表示现代制造业子行业 i 增加值占第二产业增加值比重，衡量产业结构效应；$I_i = E_i/Q_i$ 表示 i 行业的能源消费强度，衡量能源效率效应；$M_{ij} = E_{ij}/E_i$ 表示 i 行业中 j 种能源消费比重，衡量能源消费结构效应；$U_{ij} = C_{ij}/E_{ij}$ 表示 j 种能源的碳排放系数，在本研究中 U_{ij} 仅与 j 有关，代表碳排放因子，在本研究中为固定值。

t 表示本研究考察的时间段为 2008—2012 年。

当碳排放量从 C_0 变化到 C_t 时，其变化量的分解可有两种形式，乘积形式和加法形式。

乘积分解模型见式（1）

$$D = \frac{C^T}{C^0} = D_{pop} \cdot D_{act} \cdot D_{str} \cdot D_{int} \cdot D_{min} \cdot D_{emf} \tag{1}$$

式中：D_{pop} 表示人口规模效应；D_{act} 表示产业规模效应；D_{int} 表示能源强度效应；D_{mix} 表示衡量能源消费结构效应；D_{emf} 表示碳排放因子效应。由于本研究中设定不同能源的碳排放因子为固定值，因此该效应为零，在数值上表示为固定值 1。

根据 LMDI 分解方法（Ang，2005），各分解因素的计算公式如下：

$$D_{act} = \sum_{ij} = \frac{(C_{ij}^T - C_{ij}^0)/(\ln C_{ij}^T - \ln C_{ij}^0)}{(C^T - C^0)/(\ln C^T - \ln C^0)} \ln\left(\frac{R^T}{R^0}\right)$$

$$D_{pop} = \sum_{ij} = \frac{(C_{ij}^T - C_{ij}^0)/(\ln C_{ij}^T - \ln C_{ij}^0)}{(C^T - C^0)/(\ln C^T - \ln C^0)} \ln\left(\frac{P^T}{P^0}\right)$$

$$D_{str} = \sum\nolimits_{ij} = \frac{(C_{ij}^T - C_{ij}^0)/(\ln C_{ij}^T - \ln C_{ij}^0)}{(C^T - C^0)/(\ln C^T - \ln C^0)} \ln\left(\frac{S_i^T}{S_i^0}\right)$$

$$D_{int} = \sum\nolimits_{ij} = \frac{(C_{ij}^T - C_{ij}^0)/(\ln C_{ij}^T - \ln C_{ij}^0)}{(C^T - C^0)/(\ln C^T - \ln C^0)} \ln\left(\frac{I_i^T}{I_i^0}\right)$$

$$D_{mix} = \sum\nolimits_{ij} = \frac{(C_{ij}^T - C_{ij}^0)/(\ln C_{ij}^T - \ln C_{ij}^0)}{(C^T - C^0)/(\ln C^T - \ln C^0)} \ln\left(\frac{M_{ij}^T}{M_{ij}^0}\right)$$

$$\Delta C = C^T - C^0 = \Delta C_{pop} + \Delta C_{act} + \Delta C_{str} + \Delta C_{int} + \Delta C_{mix} + \Delta C_{emf} \quad (2)$$

加法分解模型见式（2）：

各分解因素计算公式如下：

$$\Delta C_{pop} = \sum\nolimits_{ij}(C_{ij}^T - C_{ij}^0)/(\ln C_{ij}^T - \ln C_{ij}^0)\ln(\frac{P^T}{P^0})$$

$$\Delta C_{act} = \sum\nolimits_{ij}(C_{ij}^T - C_{ij}^0)/(\ln C_{ij}^T - \ln C_{ij}^0)\ln(\frac{R^T}{R^0})$$

$$\Delta C_{str} = \sum\nolimits_{ij}(C_{ij}^T - C_{ij}^0)/(\ln C_{ij}^T - \ln C_{ij}^0)\ln(\frac{S_i^T}{S_i^0})$$

$$\Delta C_{int} = \sum\nolimits_{ij}(C_{ij}^T - C_{ij}^0)/(\ln C_{ij}^T - \ln C_{ij}^0)\ln(\frac{I_i^T}{I_i^0})$$

$$\Delta C_{mix} = \sum\nolimits_{ij}(C_{ij}^T - C_{ij}^0)/(\ln C_{ij}^T - \ln C_{ij}^0)\ln(\frac{M_{ij}^T}{M_{ij}^0})$$

对于碳排放量的估算方法，本文采用了 IPCC（2006）介绍的估算固定源和移动源中化石燃料燃烧排放 CO_2 的 3 种方法中的第 1 种方法，即根据燃烧的燃料数量以及缺省排放因子来估算 CO_2 排放。该方法相对简单易行，对数据质量、技术要求不高，适合运用于对京津冀地区区域联系紧密但差异性较大的复杂情形。

第三节　数据分析

一、碳排放总量

在 2008—2012 年，京津冀地区现代制造业碳排放数量随地区呈现出差异性。北京与天津现代制造业的碳排放量相似，且变化相对平稳。其中北京现代制造业碳排放量在 2011 年出现峰值 151 万吨。天津现代制造业碳排放量整体上小幅上升,峰值出现在 2010 年,达到 159 万吨。河北省现代制造业的碳排放量远大于北京市和天津市,并且波动较大。在 2011 年达到最高值 514.11 万吨,但在 2012 年又大幅下降至 448.72 万吨。

由图 8-5 可见,2008—2012 年间河北省现代制造业碳排放量的波动明显大于北京市和天津市的同期波动,并呈现出先上升后下降的趋势。这种差异是河北省现代制造业规模因素造成,还是产业结构调整造成,或者是技术进步因素所导致,这一问题值得进一步探讨。

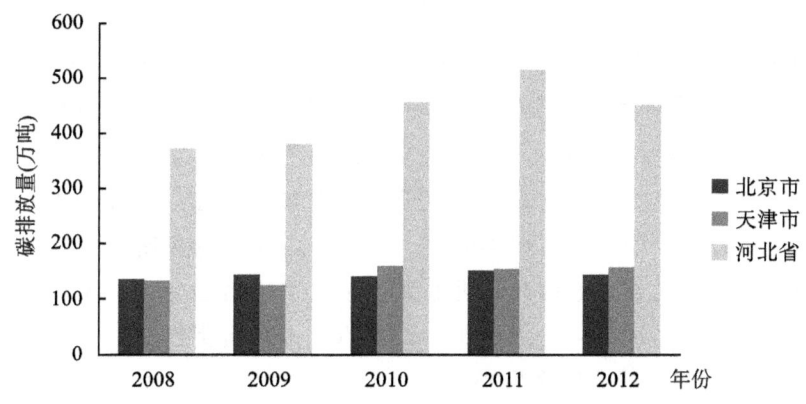

图 8-5 2008—2012 年京津冀三地现代制造业碳排放量变化

二、现代制造业产业结构

从总量来看,2008—2012 年间天津市现代制造业增加值远高于北京市和河北省。在 2012 年天津市现代制造业增加值总量超过北京市现代制造业增加值总量一倍以上,也大大超过了河北省同口径现代制造业增加值。从现代制造业增加值增长率来看,京津冀地区现代制造业成长迅速。其中北京市现代制造业年均增长率为 11.5%,天津市为 15.8%,河北省为 12.6%,三地均与本地区的第二产业增长同步。

但应注意到,京津冀三地的现代制造业在各自第二产业中的比重存在很大差别。其中河北省现代制造业的比重仅为 15% 左右,远远低于北京市(40%)和天津市(55%),说明河北省工业结构仍以传统的基础制造业为主。具体数据见图 8-6。

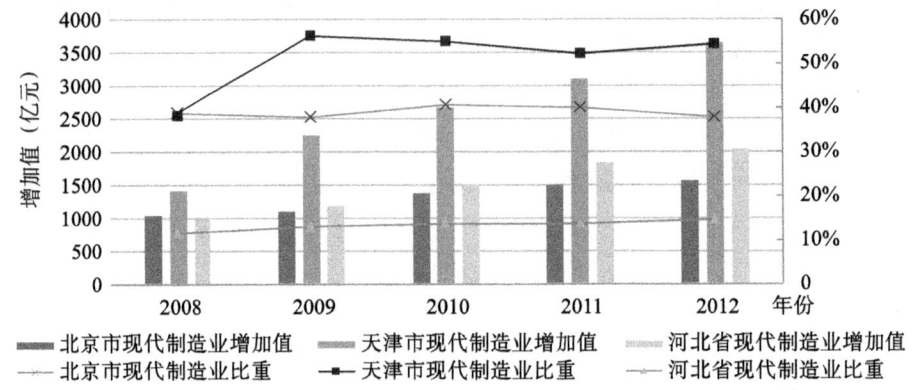

图 8-6 2008—2012 年京津冀地区现代制造业增加值及占第二产业比重

从现代制造业结构来看,京津冀三地也差别明显。北京市现代制造业中医药类行业和交通类行业比重明显高于天津市和河北省,且有加速扩大的趋势。而电信类行业的比重在逐年缩小。天津市医药类行业比重明显小于北京市和河北省,交通类、电信类和机电类行业比重均衡且变化不大。河北省现代制造业的结构呈现出"一大一小"的特点,即机电类行业一家独大,比重超过50%,电信类行业比重极小。

由于机电类制造业属于碳排放强度较高的行业,因此河北省现代制造业产业结构特征是其碳排放量远高于北京市和天津市的原因之一(见图 8-7)。

三、现代制造业能源效率[①]

京津冀现代制造业的能源消费强度均低于全国全行业平均水平。其中河北省偏高,但在年来下降迅速。北京市和天津市的能源消费强度也呈下降趋势,但在 2010—2012 年则没有明显改善。这可能是因为北京市和天津市的现代制造业本身的能源消费强度已经很低,达到了技术上的瓶颈,很难获得进一步下降的空间。

北京现代制造业医药类、交通类、电信类行业能源消费强度呈下降趋势,机电类行业强度则有所上升。

天津现代制造业四大类行业能源强度都有明显改善。其中医药类行业和交通类行业下降显著,但由于该两类行业所占比重较小,所以对现代制造业总体能源消费强度贡献有限。

---

① 本部分内容参考了《京津冀现代制造业能源消费及效率研究》的部分成果。

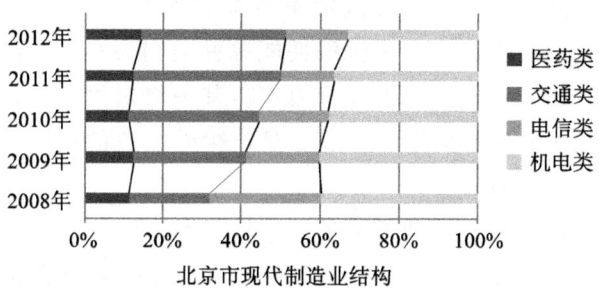

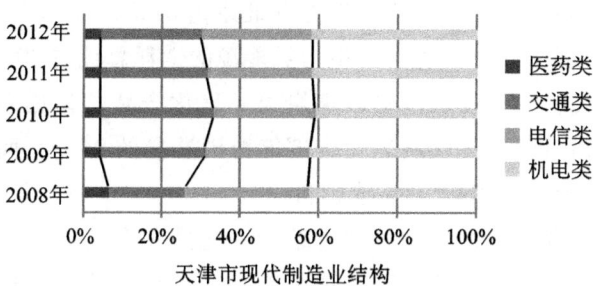

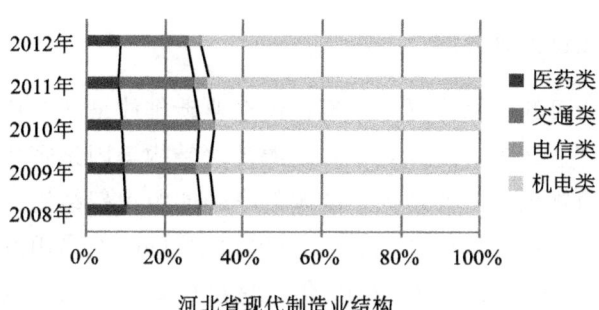

图 8-7 2008—2012 年京津冀地区现代制造业结构

河北省现代制造业能源强度整体上大大高于北京市和天津市，虽然仍远低于全国平均水平，但大致相当于北京市现代制造业能源强度的 2 倍以上。其中医药制造业能源强度远远高于其他现代制造业。

四、现代制造业能源消费结构

考察能源消费结构有助于理解和分析现代制造业碳排放量变动情况。由于不同种类能源的碳排放因子存在较大差异，因此一个产业的碳排放量不仅与其消费能源的总量有关,还与其消费能源的种类和结构存在密切的关系。本文中将京津冀三地现代制造业所消耗能源种类归为6类,即煤炭类、焦化产品类、油品类、天然气、热力和电力等。其中煤炭类、焦化产品类、热力和电力等三类能源的碳排放因子较高,是产生碳排放的重要能源类型,而天然气是公认的低碳燃料。

京津冀三地现代制造业的能源消费结构见图8-8。

从图8-8中可见,北京市和天津市现代制造业的能源消费结构比较相似,均以煤炭类和油品类能源为主,虽然比重呈下降趋势,但2012年仍然占到现代制造业全部能源消费的三分之二以上(北京占67%,天津占70%)。焦化产品类和天然气比重最小,热力类和电力类能源的消耗总计占30%左右。

河北省现代制造业能源消费以煤炭类、焦化产品类和热力类为主,这三种能源消费占到河北省现代制造业全部能源消费量的94%,而电力类能源消费占5%。这四类能源都属于高碳燃料。

京津冀三地现代制造业能源消费结构变化的一个共同特征是煤炭类能源消费的比重均有不同程度的下降,这可能是导致京津冀三地现代制造业碳排放量下降的一个重要的结构性因素。

五、碳排放量因素分解

由上述分析可知,京津冀三地现代制造业碳排放量的变化与现代制造业增加值规模、产业结构、能源效率和能源消费结构等因素密切相关。然而由于三地在增加值规模、产业结构、能源效率和能源消费结构等方面存在较大差异,这些因素对不同地区现代制造业碳排放量影响的作用方向和大小也各有不同。并且考虑到在2008—2012年,这些因素又都在发生着显著变化,因此有必要从整体上针对上述几种因素对2008—2012年三地现代制造业碳排放量变化的影响进行分解,以便考察造成三地现代制造业碳排放变动的主导因素及地区间差异的原因,为后面探讨现代制造业的共同但有区别的升级路径奠定研究基础。

运用LMDI分解方法(Ang,2003),我们可以得到北京市、天津市和河北省三个地区的指数对数分解结果,分析如下:

(一)乘数分解结果

乘数分解法得出的数值反映的是各个因素对碳排放量增长的贡献率。如果该因素的值大于1,表明该因素在研究期间对碳排放量变化的贡献是正向

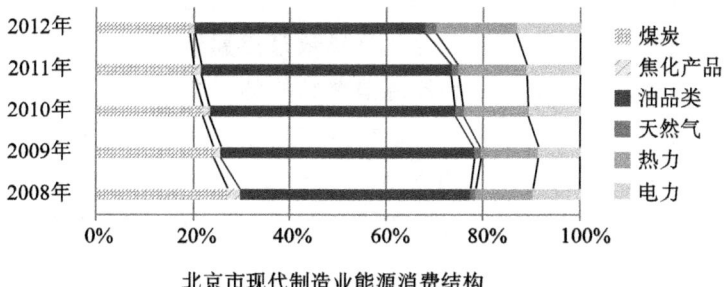

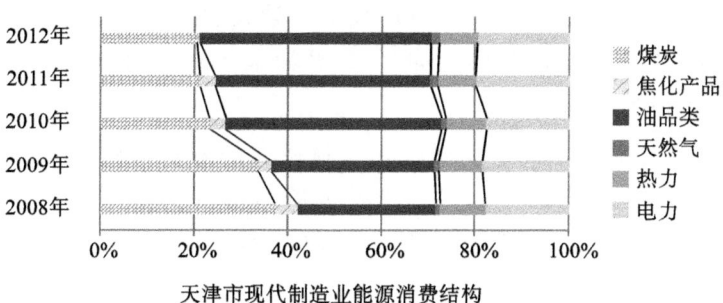

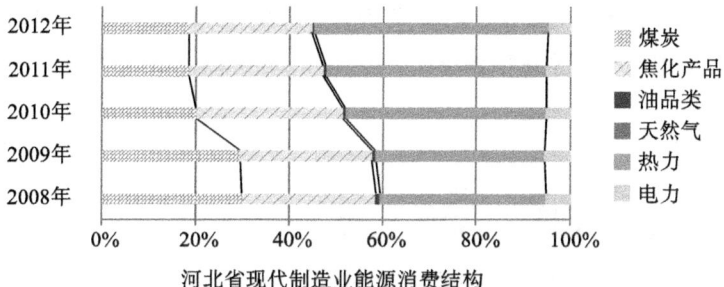

图 8-8 2008—2012 年京津冀地区现代制造业能源消费结构

的,即该因素导致了碳排放量的增长。反之如果小于 1,则表明该因素在研究期间对碳排放量变化的贡献是负向的,即对碳减排的贡献是积极的。

由图 8-9 可知,从京津冀整个地区来看,2012 年现代制造业碳排放量相对于 2008 年均出现了增长。其中北京现代制造业碳排放量增长了 4.6%,天津现代制造业碳排放量增长 17.5%,而河北省现代制造业碳排放量增长最快,达到 21.1%。

从影响因素乘数分解结果来看,京津冀三地现代制造业碳排放分解因素人口规模(D_{pop})、产业规模(D_{act})、产业结构(D_{str})等的值均大于 1,只有能源效率（D_{int}）和能源消费结构（D_{mix}）的值小于 1。数据说明，人口规模、产业规模和产业结构因素的变化是导致京津冀地区现代制造业碳排放量增加的主要原因，而能源效率和能源消费结构的变化是导致碳排放量下降的主要原因。其中，产业规模和产业结构因素对京津冀地区现代制造业碳排放增长的贡献最大，而能源效率因素对现代制造业碳排放量下降的贡献最大。能源消费结构因素的作用尽管有助于降低现代制造业的碳排放量，但是从效果上看作用甚微。

但是如果分地区来考察，可以得到有关地区间差异的更多信息。

对北京市现代制造业碳排放量增长贡献最大的因素是产业规模（D_{act}），贡献率达到 50.2%。对碳排放量下降贡献最大的因素是能源效率因素（D_{int}），贡献率为 32%。

天津市现代制造业碳排放量增长贡献最大的因素有两个，分别是产业规模（D_{act}）和产业结构（D_{str}），二者贡献率之和达到 87%，同时人口规模（D_{pop}）的贡献也达到 21% 左右。而能源效率因素（D_{int}）的作用是 51%。

对河北省现代制造业而言，因素间贡献率相对较为均匀。其中人口规模因素（D_{pop}）为 19.5%，产业规模因素（D_{act}）为 34%，产业结构因素（D_{str}）为 25.2%，能源效率因素（D_{int}）为 38.6%。

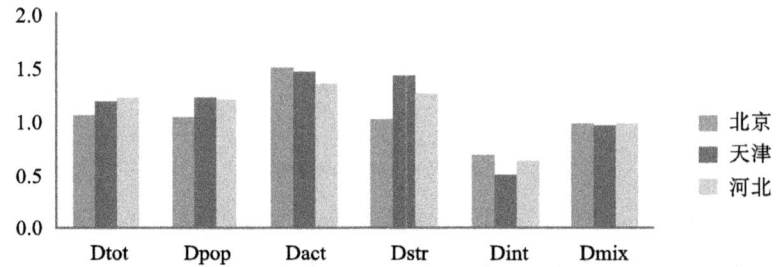

图 8-9 京津冀地区现代制造业碳排放影响因素比较（乘数分解）

针对不同地区现代制造业碳排放量影响因素进行逐年分解，以考察各影响因素的变化情况，此时各因素值所代表含义是该因素在后一年对前一年碳排放量变动的贡献。

从图 8-10 可以看出，北京市现代制造业产业规模（D_{act}）对碳排放量贡献率起伏较大，2010 年最高（16%），2011 年最低（2.4%），平均贡献率在 10% 左右，与北京市现代制造业的增长趋势基本一致。产业结构的变动

(D_{str})对碳排放量贡献作用虽然要弱于产业规模因素,但是在作用方向上发生了根本的变化,即从 2009 年 (5%) 和 2010 年 (6.6%) 的碳排放增加型因素,在 2011 年 (-1.3%) 和 2012 年 (-7.2%) 转变为碳排放降低型因素。这说明北京市近年来现代制造业产业结构调整对降低碳排放产生了积极效果。能源效率因素(D_{int})对现代制造业降低碳排放也产生了积极的效果。但是从逐年数据来看,这种效果并不稳定。这可能与能源运用技术进步有关。

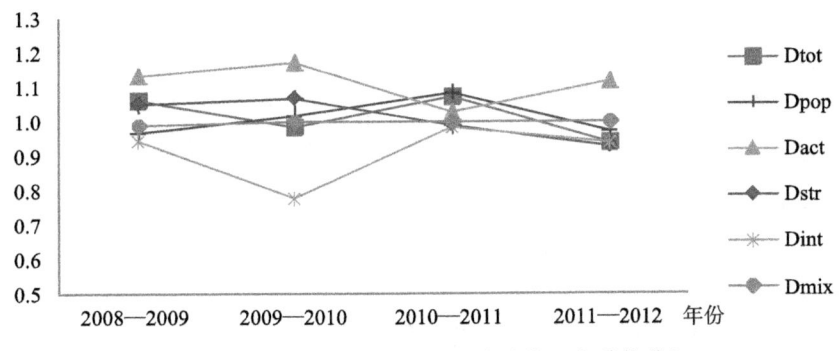

图 8-10 北京市现代制造业碳排放因素乘数分解

从图 8-11 可以看出,天津市现代制造业碳排放分解中的人口规模(D_{pop})历年来一直是稳定的碳排放增加型因素,这也反映出天津市现代制造业在解决就业方面发挥了积极作用。产业规模因素也同样是导致天津市现代制造业碳排放增加的因素,最高值出现在 2010—2011 年 (17.1%),最低值出现在 2008—2009 年 (4%)。产业结构因素(D_{str})并没有呈现出明确的作用方向。在大多数年份里,能源效率因素(D_{int})都对降低天津市现代制造业碳排放产生了明显的积极效果,除了 2009—2010 年外,其余年份的作用均在 10% 以上 (2008—2009 年为 41%;2010—2011 年为 16.6%;2011—2012 年为 11.7%)。

从图 8-12 可以看出,河北省与天津市现代制造业碳排放影响因素相似,其现代制造业碳排放因素分解中人口规模(D_{pop})是稳定的增加型因素。产业规模因素(D_{act})对碳排放增加的作用近年来呈现先高后低的趋势,最高值出现在 2010—2011 年 (16.2%),2011—2012 年急剧下降至 0.5%。产业结构因素(D_{str})对碳排放量的影响基本上是增加性的。而能源效率因素对降低碳排放的效果逐年加强,2011—2012 年达到 22%。

由上述分析可知,京津冀地区现代制造业碳排放分解因素当中,产业规

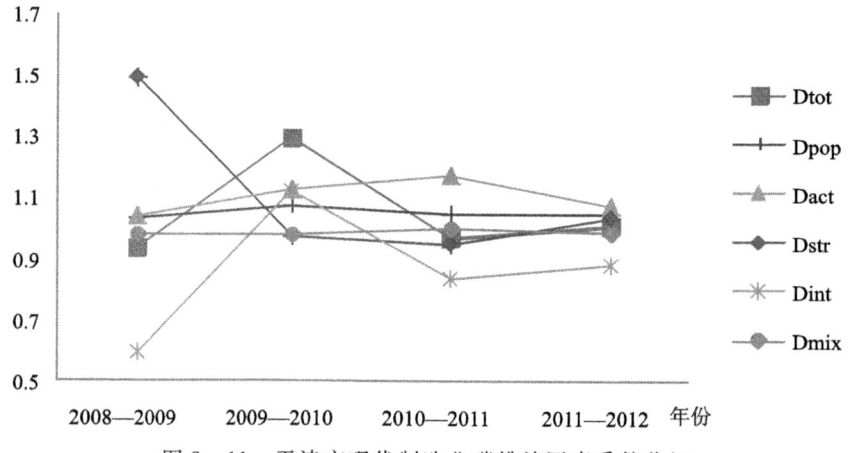

图 8-11 天津市现代制造业碳排放因素乘数分解

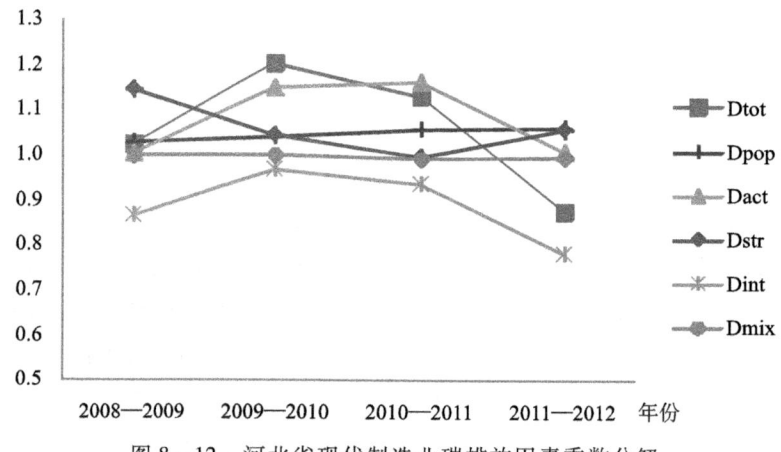

图 8-12 河北省现代制造业碳排放因素乘数分解

模是导致现代制造业碳排放量增加的共同的强力因素,而能源效率则是导致碳排放量下降的强力因素。能源消费结构的变化会降低现代制造业的碳排放,但效果并不显著。人口规模在天津市和河北省是导致现代制造业碳排放增加的因素。而产业结构的变化对现代制造业碳排放的影响并不确定,见表8-2。

表8-2　　　　　京津冀地区现代制造业碳排放分解因素影响效果

分解因素效果 （大小、方向）	人口规模 （D_{pop}）	产业规模 （D_{act}）	产业结构 （D_{str}）	能源效率 （D_{int}）	能源消费 结构（D_{mix}）
北京市	弱，不确定	强，正	中，由正转负	强，负	弱，负
天津市	中，正	强，正	中，不确定	强，负	弱，负
河北省	中，正	强，正	弱，正	强，负	弱，负

注：上面表格中对分解因素效果的评价标准是，若该因素贡献率绝对值小于5%，作用大小标志为"弱"；若贡献率绝对值小于10%但大于5%，则标志为"中"；若贡献率绝对值大于10%，则标志为"强"。

"正"表示该因素导致现代制造业碳排放量增加；"负"指该因素导致碳排放量降低；"不确定"系指该因素在不同年份对碳排放量的影响方向不同。

（二）影响因素加法分解结果

加法分解法与乘数分解法的不同在于，加法分解是针对现代制造业碳排放绝对量进行分解，其单位是万吨碳，而乘数分解法是对碳排放变化幅度进行分解，其单位是百分比。实质上二者所反映的经济含义是基本相同的，只是度量尺度不同（见图8-13）。

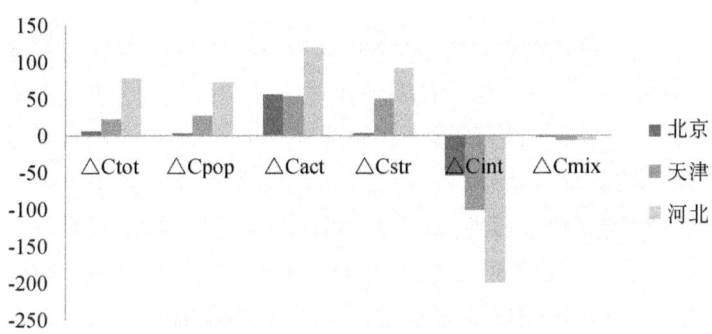

图8-13　京津冀地区现代制造业碳排放因素比较（加法分解）

由数据可知，2008—2012年，北京市现代制造业碳排放量共增加6.209万吨。其中产业规模因素导致碳排放增加56.41万吨，而能源效率因素导致碳排放减少53.62万吨，其他因素对碳排放量的影响比较微弱。

2008—2012年，天津市现代制造业碳排放量共增加23.15万吨。其中人口规模导致碳排放量增加27.29万吨，产业规模导致碳排放量增加54.12万吨，产业结构变化导致碳排放量增加50.46万吨，而能源效率进步则极大地降低碳排放量达到101.16万吨。能源消费结构调整减少了7.56万吨。

2008—2012年，河北省现代制造业碳排放量共增加78.06万吨。其中人口规模因素导致碳排放量增加72.78万吨，产业规模因素碳排放增加119.64万吨，产业结构变化增加碳排放91.75万吨，能源效率改进减少碳排放199.29万吨。而能源消费结构调整仅减少碳排放不到7万吨。

（三）对影响因素分解结果的分析

上述两种分解方法得到的结果都表明，人口规模和产业规模是导致现代制造业碳排放增加的主要因素。人口规模指标衡量的是就业的增长，而产业规模反映的是人均增加值，即劳动生产率。根据这两个因素之间的联系，其综合效果能反映出整体产业的规模效应。在2008—2012年，京津冀三地这两个因素对现代制造业碳排放增加量贡献率之和均超过50%。

这种规模效应似乎与低碳经济的要求是相悖的。现代制造业升级意味着其产业规模的扩大，而根据上述发现的联系，这种规模扩大效应会造成碳排放量的增加。正如部分学者们所批评的那样，工业经济的发展似乎不得不以牺牲环境为代价。或者反过来说，保护环境必须以抑制经济增长为代价。

但这种结论是相当片面的。因为在我们的分析中发现，产业规模效应并不是影响碳排放量的唯一因素。还有产业结构、能源效率和能源消费结构等因素会抵消、减小甚至扭转生产与环境之间的这种矛盾关系，即现代制造业产业升级与碳排放的"脱钩"问题。

在本研究中，产业结构是指现代制造业内各子行业的相对比重关系。它对现代制造业碳排放的影响是中等程度的，但影响方向并不明确。其最终效果取决于不同碳排放强度行业之间地位的相对变化。如果碳排放强度低的行业的比重相对扩大，则产业结构因素会降低整体现代制造业的碳排放水平。研究发现，北京市现代制造业碳排放研究中产业结构因素发挥积极作用。如果反之，则会提高现代制造业的碳排放水平，如在天津市2009—2011年和河北省2010—2011年发现的产业结构因素对碳排放的作用。

前面分析结果表明，能源效率因素对现代制造业碳排放有较强的抑制作用。能源效率反映了能源投入和产出之间的关系，它不仅代表了各地能源使用技术水平，还反映市场与消费者需求状况，因此其含义十分复杂，可以挖掘的潜力极大。从数据上看，河北省现代制造业能源效率远低于北京市和天津市，具有进一步提升的空间。天津市的能源效率因素对碳减排的作用效果十分明显。而北京市能源效率因素作用较弱，似乎在一定程度上已经受到约束。

能源消费结构反映了现代制造业使用能源类型及其比重的变化。如果能源消费结构侧重于用碳排放因子较低的能源替代碳排放因子较高的能源，或者引入并扩大可再生能源的使用，这都会有助于能源消费结构因素降低现代制造业碳排放水平。京津冀三地现代制造业能源消费结构中煤炭类能源比重的下降可以部分地解释能源消费结构因素对现代制造业碳排放水平的降低作用。

综上所述，通过研究发现，京津冀地区现代制造业发展与其碳排放减排目标之间在实质上并不矛盾，反而存在很广阔的可以协同优化的空间。关键问题在于，如何在现代制造业得到发展的同时，将其碳排放水平有效地控制在环境资源承载能力的合理范围内，或者至少使得现代制造业碳排放水平的增加慢于产业规模的增长。

上述发现具有十分丰富的政策含义。现代制造业产业升级政策及路径的设计、实施和评估除了关注就业、产业规模和产业结构等传统经济变量外，还要纳入能源效率和能源消费结构等指标，以内化产业升级的社会成本。积极采用高效率的能源运用技术和低碳排放类的能源，平衡由于就业和产业规模扩大造成的碳排放水平的上升。

第四节　京津冀现代制造业升级低碳路径

一、主要发达国家"低碳经济"发展

（一）美国的"低碳路径"

美国制定了《安全低碳能源经济路径图》，提出考量能源政策的新框架。认为要实现气体排放的大幅减少，需要做到两点：（1）通过直接投资"推动"技术创新；（2）通过市场信号、标准和刺激方案"拉动"创新沿正确的轨道进行。

提出的建议包括：（1）建立贯穿整个经济的碳价格。可以实现最低成本的碳减排；（2）建立应对能源安全与气候变化挑战的公共财政承诺；（3）提供针对私有部门的能源刺激方案，推广低碳燃料和技术，破除其使用障碍；（4）积极参与国际上关于气候变化与能源安全议题的讨论；（5）实行更加密集、更有利于转型的土地使用模式，投资必要的基础设施和技术评测实现交通系统的转型。

(二) 英国"低碳经济"

英国在 2003 年能源白皮书中提出"低碳经济",并作为英国能源战略的首要目标,后来在《气候变化法案》(2008)、《英国低碳转型计划:能源和气候国家战略》(2009)、和《碳计划:实现低碳未来》(2011)中把低碳经济上升为国家重大战略。除了制订相关法律以加强低碳经济的法律保障外,英国政府还准备出台一系列政策推动低碳经济发展。如碳预算制度、气候变化税、绿色方案(Green Deal)、可再生供暖激励(Renewable Heat Incentives)、低碳社区挑战赛(Low Carbon Communities Challenge)等。政府还实行节能信托、碳信托基金和绿色银行等方式融资,推动产业的低碳式发展、能源结构调整以及低碳技术的创新。

(三) 日本"低碳社会"

2004 年日本环境省发起"面向 2050 年的日本低碳社会情景"研究计划。并于 2008 年发布了《面向低碳社会的 12 大行动》,对住宅、工业、交通、能源转换等都提出预期减排目标,并制订相应的技术与制度安排。通过改革工业结构、资助基础设施以鼓励节能技术与低碳能源技术创新的私人投资,通过投资化石能源的减排技术装备形成了国际领先的烟气脱硫环保产业。

二、京津冀现代制造业低碳化升级路径

鉴于现代制造业在京津冀地区经济协同发展规划中的战略地位,政府决策者所面临的挑战是,如何结合当前京津冀地区协同发展战略中对现代制造业发展的不同目标定位和具体情况,并借鉴国外发达国家在推动低碳经济方面的成功经验和案例,合理设计现代制造业升级的路径,使现代制造业转变单纯依靠规模扩张的成长方式,在得到充分发展的同时达到预期设定的碳减排目标。

设计现代制造业的低碳化升级路径应为决策者建立一个低碳式转型发展模式,解决可能出现的各种问题。为了实现这一意图,政府应该:(1) 设计未来的愿景。即为现代制造业在京津冀地区的协同发展设计一个清晰的愿景,所有政策都将以之作为考量标准;(2) 完善和加强相关的法律和政策设计,使现代制造业的发展始终沿着正确的轨道前进;(3) 对现代制造业低碳升级进行管理。确保在低碳升级期间,现代制造业能继续满足国内需求,发挥对国民经济的引导作用。同时一些短期因素的冲击(如能源价格变动)不至干扰和影响最终目标。

（一）设计现代制造业低碳化发展的未来愿景

为现代制造业设计清晰的低碳化升级愿景，有助于获得产业界、公众的认可与支持。同时这一愿景也应随着实践的不断深入而加以调整。

这一愿景应该包含这样一些内容：现代制造业作为先进技术和知识密集型行业，对环境应当是友好的，其在生产、消费和运输过程中不应对环境产生不利的影响。新技术和新能源能为现代制造业提供新机遇，使其不会受到能源价格危机的冲击等。依据现代制造业在北京市、天津市和河北省区位定位不同，这一愿景可以进一步分解和具体化。

实现这一愿景，需要卓有成效的行动。政府应完善法律环境，动用财政承诺以提供可持续的激励措施，使企业有理由相信政府会矢志不移地努力实现这一愿景。

（二）完善法律环境，加强政策支撑力度

决策者应实施与长期愿景相一致的、有利于技术改进和实践的政策。这些政策和措施应有助于将现代制造业低碳升级的社会收益和成本内部化，释放正确的政治和经济信号，提高现代制造业内部的创新能力。具体的行动方案有：

1. 建立基于现代制造业低碳升级的公共财政支持制度。政府应对现代制造业的低碳升级提供长期的资金支持。重点放在以下几个领域：一是传统高碳行业的现代化改造。这一点对高碳行业特别集中的河北省尤为重要；二是加大低碳能源技术研发的资金投入，提高能源使用效率；三是对现代制造业使用新能源技术和新能源燃料进行财政补贴和税收优惠，促进能源使用多样化；四是加强对天然气的使用（天然气是含碳量最低的化石燃料）。这样不仅可以防御能源市场风险带来的冲击，而且可以改善能源消费结构，提高三地现代制造业的碳减排效果。

2. 建立和完善京津冀地区碳交易制度。运用市场机制，京津冀三地现代制造业在碳减排方面的比较优势得以充分利用，碳排放权得以高效配置，实现碳排放成本最低。但也要注意防止出现碳排放低端锁定现象。

3. 对使用低碳技术和低碳燃料的企业和职工进行培训。降低低碳技术和低碳燃料的人工成本，为现代制造业升级转型提供必要的优质人力资源。

（三）现代制造业低碳升级的管理

在现代制造业低碳升级期间，短期利益与长期目标之间可能会一直存在冲突，地区之间也会存在利益分配、成本分摊等问题。政府应该：

1. 建立有效的地区间现代制造业升级协调机构和机制，可在京津冀地区层面上建立统一的产业规划领导小组，对包括现代制造业在内的主导产业进行统筹规划和合理布局。尽可能避免出现三地现代制造业结构雷同、重复投资现象。

2. 政府还应该确保负责管理项目的机构具备相当资质和能力，以便对项目的长期价值进行客观的评估。

3. 京津冀地区现代制造业的低碳化升级并非一蹴而就的事情，需要在京津冀地区协同发展的大局下进行统一部署和规划，还要充分发挥市场机制的调节作用，打破市场垄断和行政上的、地区间的分割，实现资源的合理流动和优化配置。

参考文献

[1] 杨志等. 生态资本与低碳经济，中国财政经济出版社，2011年12月.

[2] 彭星，李斌. 全球价值链视角下中国嵌入制造环节的经济碳排放效应研究，财贸研究，2013.06.

[3] 张向阳，朱有为. 基于全球价值链视角的产业升级研究，外国经济与管理，2005.

[4] 联合国开发计划署. 中国人类发展报告2009. 北京：中国对外翻译出版公司，2010：25-26.

[5] Ang, B. W., Liu, F. L., Chew, E. P., 2003. Perfect Decomposition Techniques In Energy And Environmental Analysis. *Energy Policy* 31.

[6] International Energy Agency, World Energy Outlook 2012.

[7] Gereffi Gary, Kaplinsky Raphael. The Value of Value Chains: Spreading the Gains from Globalization. *IDS Bulletins*, 2001, (3): 54-71.

[8] Schmitz Hubert, Knowing. Commodity Chain Analysis and the File Approach: Comparison and Critique. *Economy and Society*, 2000, 29, (3): 390-417.

(作者：王涛，北京工业大学经济与管理学院)

第九章
京津冀生产性服务业与制造业协同发展
——嵌入关系及协同路径选择

京津冀都市圈是继长三角和珠三角之后的第三大经济体,2012年其生产总值占全国的11.04%。由于都市圈内北京市的政治、经济、文化、科技地位,天津市的经济、科技和地缘优势,河北省的资源、能源基础,使该经济体具有巨大的发展潜力,受到国家的高度重视。"十二五"规划强调重点发展京津冀都市圈,近期,习近平总书记也指出努力实现京津冀一体化发展,突出了京津冀都市圈的战略地位。而京津冀都市圈整体竞争力的提高须依靠生产性服务业和制造业的协同发展,为此,作者首先对京津冀生产性服务业与制造业的现状进行了分析,然后采用投入产出法对其嵌入关系进行实证分析,并对实证结果进行了解释,在此基础上提出了京津冀生产性服务业与制造业协同发展的路径选择。

第一节 京津冀生产性服务业与制造业现状

目前,京津冀都市圈中北京市三大产业比例由2007年的1.1∶27.5∶71.4

变为 2012 年的 0.8∶22.8∶76.4；天津市三大产业比例由 2007 年的 2.1∶57.6∶40.3 变为 1.3∶51.7∶47.0；河北省三大产业比例由 2007 年的 13.2∶52.8∶34.0 变为 2012 年的 12∶52.7∶35.3。目前北京市以服务业为主导产业，且服务业发展迅速，其中交通仓储业，信息传输、计算机服务和软件业，金融业和科研技术等生产性服务业为支柱产业，制造业中汽车制造业、医药业、电子信息、石油化工、专用设备制造业等高端制造业占主导地位。天津市服务业远落后于北京市，但发展较快，交通仓储业、金融业、科学技术等生产性服务业在第三产业中占重要地位，其第二产业占据比较优势，其中航空航天、石油化工、装备制造、电子信息、生物医药、新能源新材料、轻纺和国防八大优势产业占全市规模以上工业的比重为 90.7%，高新技术产业占规模以上工业的 29.9%。河北省服务业发展水平在京津冀中最低，而第二产业具有比较优势，其中钢铁工业、石化工业、装备制造业、食品加工业、医药业、建材、纺织业为其支柱产业。综上，京津冀产业结构成明显的梯度层次分布，北京市生产性服务业占绝对优势，高端制造业占重要地位，天津市高端制造业和生产性服务业占比较优势，而河北省重工业、基础制造业占比较优势，而生产性服务业发展滞后。

由京津冀发展现状可知，都市圈内各地区生产性服务业与制造业存在明显的产业梯度，如北京市第三产业占绝对优势，但制造业所占比重最低；天津市制造业与第三产业均具有比较优势；河北省制造业占比最高，但第三产业最落后。仅对京津冀现状进行简单分析还不够，还必须对都市圈内生产性服务业与制造业的嵌入关系进行实证分析，才能看出京津冀三地各自生产性服务业与制造业的嵌入程度及在各产业方面的优劣势，从而选择京津冀生产性服务业与制造业协同发展的路径。

第二节 文献综述

关于生产性服务业与制造业的互动关系。制造业发展增加对生产性服务业的需求，从而提升生产性服务业生产率；生产性服务业作为制造业的高级投入要素，对提升制造业创新和竞争力有积极意义，二者是相互影响的。陈宪和黄建锋（2004）从分工的角度考察了生产性服务业与制造业之间关系的动态演进，认为信息技术是生产性服务业与制造业融合的"黏合剂"。邱灵、申玉铭和任旺兵（2008）利用北京 1997 和 2002 年的投入产出表计算了生产性服务业与制造业的投入产出关联度，发现制造业对生产性服务的中间需求呈上升趋势，生产性服务业投入对提升制造业水平有正向作用。此外，胡晓鹏和李庆科（2009）利用 1997 和 2002 年的投入产出表对比了江苏、浙江和上海三地生产性服务业与制造业之间互动影响的区域差异。马风华（2009）采用投入产出表阐述了 OECD9 国和中国的制造业与生产性服务业的互动关系、特征和形成原因。唐强荣、徐学军和何自力（2009）从生物学角度尝试建立了一个能反映生产性服务业和制造业共生关系的模型。

关于京津冀生产性服务业与制造业协同创新发展的研究极少，其中王朝阳、夏杰长（2008）从制造业与服务业区域融合的机制、京津冀制造业和服务业的产业优势与区域分工、京津冀制造业和服务业融合的重点地域三维度探讨了京津冀制造业与服务业的区域融合；邓丽姝（2006）从区位商角度探讨了京津冀制造业与服务业的互动发展关系；张旺、申玉铭（2012）利用主成分分析法、空间基尼系数、克鲁格曼专业化指数三种方法分析了对京津冀生产性服务业集聚发展状况进行了分析；谭冰清，张宁宁（2011）利用博弈论模型探讨了京津冀现代服务业与制造业的进化博弈；杜传忠，王鑫，刘忠京利用耦合协调度模型对京津冀和长三角地区生产性服务业和制造业耦合度进行了测算。纵观之，各学者主要对京津冀制造业和宏观的服务业的互动关系或就生产性服务业单方面进行研究，而未就京津冀细分了的生产性服务业与制造业的嵌入关系进行深入研究。因此本文利用投入产出法对京津冀生产性服务业与制造业的嵌入关系进行实证分析，同时从理论上对京津冀制造业与生产性服务业嵌入关系及互动机理进行分析，最后在产业链维度、价值链维度、城市空间维度及基于以上三种维度下的互动关系网络视角下提出了京津冀生产性服务业与制造业协同发展的创新路径。

第三节 京津冀制造业与生产性服务业协同创新发展的机理

一、京津冀生产性服务业与制造业的嵌入关系

随着经济发展，生产力提高，产业分工加剧，京津冀研发、设计、营销、售后服务等部分从制造业中分离出来形成生产性服务业，通过不断发展

又以关系性和结构性两种方式嵌入制造业，贯穿于整个产业链的上、中、下游环节，由微笑曲线理论可知，位于上游的研发、设计和下游的营销、售后服务在整个价值链中占据核心地位，因此生产性服务业为制造业创造了核心价值。属于关系性嵌入的生产性服务业主要包括物流服务、制造维修服务、客户关系管理、营销服务、销售代理服务等，通过此类嵌入，可利用生产性服务业的规模经济效应降低制造业的成本，同时能够使制造过程更具持续性和协调性，进一步降低两者信息和知识交换的成本。属于结构性嵌入的生产性服务业主要包括财务服务、人力资源、研发服务、采购服务等。通过专业化的生产性服务业结构性地嵌入，为制造业提供更多的智力支持，增加了制造业的生产和资源配置效率。

二、京津冀生产性服务业对制造业竞争力提升的作用机理

目前，京津以高端制造业和生产性服务业为主导，而逐渐细化的产业链分工要求京津的高端制造业专注自己的核心能力，并不断嵌入越来越多的知识密集型、达到专业化和规模化的生产性服务业，既完善了产业链，降低了成本，又增加了整个产业的附加值。从产品升级角度分析，由于创新具有不确定性、周期长等特性，而现在市场需求复杂多变，更新换代速度不断提高，因此京津冀制造业已经不能通过单独创新来抢占市场，只有通过与生产性服务业协同创新，将创新任务分解都每个细小的环节，降低每个环节的创新任务量和难度，然后将创新环节整合在一起，形成最终新产品，才能降低创新风险，加快创新速度，提高京津冀制造业企业应对市场变化的能力。同时金融、风险投资、法律等生产性服务嵌入京津冀制造业，能提高制造业企业的组织管理水平，增加人力资本输入，加快产业链上的资源流动，优化资源配置。因此，生产性服务业的嵌入能够增加整个产业的附加值，降低制造业企业的生产、交易成本，降低创新风险，加快创新速度，完善产业链功能，优化资源配置，从而提高制造业的竞争力。

第四节 京津冀生产性服务业与制造业的嵌入关系实证分析

作者选用 2007 年北京市、天津市、河北省投入产出表进行数据分析，由于学术界对制造业和生产性服务业有多种定义方法，为了避免歧义，作者在以下分析中按照传统分类方法将第二产业细分为采掘业、制造业、电力煤气及水的生产和供应业、建筑业 4 类,将第三产业分为生产性服务业和消费性服务业 2 类,其中将生产性服务业界定为交通运输及仓储业、邮政业、信息传输、计算机服务和软件业、金融业、租赁和商务服务业、研究与试验发展业、综合技术服务业和水利、环境和公共设施管理业 8 个部门。作者选用投入产出分析方法中的直接消耗系数、中间投入率、中间需求率等指标,按照当年不变价格分析京津冀区域内制造业与生产性服务业之间的嵌入关系。

一、京津冀地区制造业和生产性服务业之间直接消耗系数

直接消耗系数是指某一产品部门(如 j 部门)在生产经营过程中单位总产出直接消耗的各产品部门(如 i 部门)的产品或服务的数量。可以反映两个产业部门之间的依赖度,直接消耗系数越大,说明某一部门对另一部门的依赖性越强。由表 9-1 可知,北京、天津、河北三地制造业对生产性服务业的直接消耗系数分别为 0.0608,0.1377,0.0762;而生产性服务业对制造业的直接消耗系数分别为 0.2671,0.2642,0.1830,远大于京津冀制造业对生产性服务业的直接消耗系数,由此知京津冀地区生产性服务业在产业结构中起到的作用主要是拉动制造业的作用,且北京、天津的生产性服务业对制造业的拉动作用显著优于河北省;而京津冀地区制造业对生产性服务业的依存度并不十分明显。

表 9-1　　　　京津冀制造业、生产性服务业的直接消耗系数

产业部门 j 产业部门 i	北京		天津		河北	
	制造业	生产性服务业	制造业	生产性服务业	制造业	生产性服务业
制造业	0.5115	0.2671	0.5125	0.2642	0.4632	0.1830
生产性服务业	0.0608	0.2199	0.1377	0.2215	0.0762	0.1270

数据来源:根据 2007 年北京市、天津市、河北省投入产出表计算所得。

二、京津冀地区整体生产性服务业对制造业内部各产业的中间投入率

中间投入率是指该产业部门在一定时期内(通常为一年),生产过程中的中间投入与总投入之比。可以反映各产业在自己的生产过程中,为生产单位产值的产品需从其他各产业购进的原料在其中所占的比重。由表 9-2 可以看出,京津冀整体生产性服务业对制造业内部各产业部门中间投入水平天

津高于北京，河北省最低。这表明北京、天津制造业对生产性服务业的带动能力比较强，而河北省处于劣势，其中天津又优于北京。分析认为北京市整体制造业比较薄弱，服务业占绝对优势，而天津、河北制造业具有比较优势，因此北京制造业对生产性服务业的带动作用弱于天津；而天津市制造业与生产性服务业均具有比较优势，因此在此数据项分析中优势明显；而河北省第二产业占绝对优势，但其制造业仍以重工业和基础制造业为优势产业，附加值低，对高附加值的生产性服务业需求低，而其第三产业又处于绝对劣势地位，因此在此数据项分析中表现最差。其中，北京、天津、河北整体生产性服务业对制造业内部各产业部门中间投入比重占前三位的分别为石油加工、炼焦及核燃料加工业、食品制造及烟草加工业、非金属矿物制品业；石油加工、炼焦及核燃料加工业、仪器仪表及文化办公用机械制造业、交通运输设备制造业；仪器仪表及文化办公用机械制造业、非金属矿物制品业、化学工业。表明京津整体生产性服务业偏重向高端制造业投入，即高端制造业对生产性服务业的带动作用更显著，其中与北京、天津相比，河北省还有一定差距，其高端制造业与整体生产服务业都有待提高。

表9-2　京津冀整体生产性服务业对制造业内部各产业部门中间投入率　　单位:%

产业部门	北京	天津	河北	产业部门	北京	天津	河北
石油加工、炼焦及核燃料加工业	19.43	22.40	5.42	工艺品及其他制造业	5.34	6.66	3.87
食品制造及烟草加工业	9.22	9.26	5.43	木材加工及家具制造业	5.24	7.19	3.67
非金属矿物制品业	8.27	13.03	7.41	纺织服装鞋帽皮革羽绒及其制品业	5.11	6.38	3.07
化学工业	7.77	14.00	6.03	纺织业	5.09	8.51	4.20
仪器仪表及文化办公用机械制造业	6.12	17.39	7.73	交通运输设备制造业	4.77	16.39	4.14
通用、专用设备制造业	6.02	10.28	5.42	金属制品业	4.37	13.17	3.26
电气机械及器材制造业	5.85	10.70	4.12	造纸印刷及文教体育用品制造业	4.36	10.18	3.90
金属冶炼及压延加工业	5.65	14.15	5.70	通信设备、计算机及其他电子设备制造业	3.54	13.69	3.69

数据来源：根据2007年北京市、天津市、河北省投入产出表计算所得。

三、京津冀地区整体制造业对生产性服务业内部各行业的中间需求分析

中间需求率是由投入系数所决定的、其他产业（包括该产业本身）在经济活动中对某产业产出消耗之和。反映了各产业部门的总产品中有多少作为中间产品，即原材料为各产业的需求。表9-3列出了京津冀整体制造业对生产性服务业内部各行业的中间需求系数。分析可知，京津冀制造业对交通运输及仓储业、信息传输、计算机服务和软件业、综合技术服务业等技术密集型生产性服务业需求较多。其中对交通运输及仓储业综合技术服务业的中间需求都较高，主要因为天津、河北制造业比重高，产品流动性强，本身对交通运输需求大，而现今制造业都向高端制造业发展，因此对综合技术服务需求也很大。而北京第一、二产业处于劣势，因此需要从河北、天津引进资源，且北京是首都，需要承担沟通全国各省市的责任，因此对交通运输及仓储的中间需求很高，且北京高端制造业占优势，产业分工更加细化，需要更高端的生产性服务业与之配套，因此对信息传输、计算机服务和软件业、综合技术服务业等高端生产性服务业中间需求较高。对三地区单独分析可知，北京市制造业对生产性服务业需求远高于天津、河北，表明北京市制造业中高端制造业占主导地位，需要更多生产性服务业与之配套。但三地区对研究与试验发展业、金融业等极高端生产性服务业的中间需求都不是很高，这表明京津冀研发事业及金融业的发展并不够完善，与制造业的配套还不够紧密，而这两个生产性服务业部门又是附加值极高的产业部门，对制造业产业链的升级能起到至关重要的作用，如果不能实现此两者的快速发展并将其与制造业配套，将会对京津冀制造业的发展、升级起到限制作用。

表9-3 京津冀整体制造业对生产性服务业内部各行业的中间需求系数

产业部门 \ 地区	北京	天津	河北
生产性服务业	0.2778	0.0549	0.0379
交通运输及仓储业	0.0416	0.0403	0.0216
邮政业	0.0007	0.0003	0.0003
信息传输、计算机服务和软件业	0.0980	0.0023	0.0054
金融业	0.0124	0.0016	0.0022
租赁和商务服务业	0.0285	0.0038	0.0024
研究与试验发展业	0.0240	0.0013	0.0007
综合技术服务业	0.0703	0.0048	0.0045
水利、环境和公共设施管理业	0.0025	0.0005	0.0007

数据来源：根据2007年北京市、天津市、河北省投入产出表计算所得。

第五节 实证结果

由京津冀投入产出表分析可知,北京、天津高端制造业和生产性服务业在地区产业中占优势地位,其中北京生产性服务业优于天津,但制造业却处于比较劣势地位;而河北省基础制造业占据比较优势地位,但其生产性服务业十分薄弱。通过对直接消耗系数和中间投入的分析可知,京津冀制造业对生产性服务业的拉动作用强于生产性服务业对制造业的拉动作用。其中,京津高端制造业对生产性服务业的拉动作用更明显,且天津市制造业对生产性服务业的拉动作用比北京更明显,而河北省生产性服务业和高端制造业比较薄弱,主要依靠基础制造业拉动生产性服务业发展。通过中间需求的分析可知,京津冀制造业对技术密集型生产性服务业需求较高,其中三地区对交通运输及仓储业综合技术服务业的中间需求都较高,但对于具有极高附加值的研究与试验发展业、金融业中间需求并不高,这表明京津冀高端生产性服务业对制造业的嵌入有限,使得制造业服务化程度较低,不利于京津冀产业升级。

以上从实证分析角度阐述了京津冀生产性服务业和制造业之间的嵌入关系,深刻地揭示了京津冀各自生产性服务业和制造业的优劣势及嵌入程度,为京津冀生产性服务业与制造业协同发展路径选择提供了依据。京津冀可以根据各自在生产性服务业和制造业的优劣势在城市空间维度进行协同发展,构建合理的产业布局,形成产业集聚,使京津冀各地可以实现错位、互补发展;同时建立公平、一体化的市场竞争环境,打破地方保护政策,促进京津冀都市圈市场一体化;此外通过打造便捷的交通网络体系,有效缩短京津冀时空距离,使京津冀生产性服务业与制造业更有效的沟通。另外,京津冀生产性服务业与制造业也要加强在产业链维度的协同发展,深化京津冀产业链分工,从而提高京津冀制造业附加值,同时促使生产性服务业进一步细化、专业化;促进价值链升级,通过京津冀生产性服务业与制造业的协同创新,促进产业价值链升级;最后建立人才合作机制,为协同发展服务。

第六节　京津冀制造业与生产性服务业协同发展的路径选择

一、基于城市空间维度的路径

（一）构建合理的产业布局，形成产业集聚

京津冀都市圈内城市特点鲜明，资源具有多元化，差异化的特点，应明确各城市的优势，确定自身的发展战略。在第四次工业革命来临之前，服务业高度发展的北京应该更加突出自身科技创新和研发设计功能，尤其是低碳、节能环保技术的研发、创新，依托众多的科研院校及金融服务机构形成研发聚集地和金融服务区，在北京郊区重点扶持汽车、医药、电子信息，生物技术等高端制造业产业集聚，形成生产性服务业、高端制造业的集聚发展。着力发展生产性服务功能较强的金融、营销、设计、法律、咨询等产业。

天津应注重高端制造业、交通物流业的发展，重点建设滨海新区，形成石油化工业、医药业、汽车制造业、冶金等高端制造业的产业集聚地，同时兼顾物流业、研发、金融等生产性服务产业的集聚发展。而河北省利用劳动力及资源优势，利用北京市和天津市产业转移契机，承接更多的制造业份额，为两个中心城市提供物质、人力资本支持，同时注重制造业的集聚发展，如重点打造保定、廊坊等地制造业产业集聚地。在发展过程中北京和天津两个中心城市发展要注重产业互补、错位发展，避免重复建设及过度竞争。

总之，京津冀都市圈内城市要在制造业与生产性服务业上形成合理分工，通过互补式布局，达到协同发展的目的。

（二）建立公平、一体化的市场竞争环境，打破地方保护政策

目前京津冀存在普遍的地区垄断和行业垄断，各地区倾向实行地区保护主义，为了避免市场竞争，不愿深化开放性的市场改革，严重制约京津冀都市圈的市场一体化进程，不利于京津冀生产性服务业与制造业的协同发展。为此京津冀都市圈应效仿欧盟协商建立中央政府，对都市圈经济发展及生产性服务业和制造业产业布局进行统筹规划，集中管理，解决矛盾，分配利益。各地方政府根据中央政府的战略规划，开展具体工作。由中央及地方政府牵头，形成权威行业协会、产业战略发展联合会、跨地区人才培养与交流项目等，加强跨地区的产业交流、学习和联盟。同时应重视区域市场一体化

的制度供给，跳出行政分割陷阱，建立公平合理的区际利益分配机制，创造公平健康的市场竞争环境，通过规范化的市场制度保证公平竞争，从而减少交易成本和强化市场的资源分配机制。加快京津两市养老保险、医疗保险、生育保险等社会保障制度的衔接，建立两市统一的社会保障制度。完善两市劳动就业政策，打破就业的城乡和区域壁垒，形成两市统一规范的劳务用工制度。三地政府应积极通过协商、谈判、签署合作备忘录等手段打破地方保护政策，鼓励跨地区并购、交叉控股等商业形式，创造平等的竞争环境。

（三）打造便捷的交通网络体系

为了促进京津冀生产性服务业和制造业的协同发展，必须加强京津冀联系，保证京津冀人流、物流、信息流的高速顺畅，为此必须构建高效快捷的交通系统，既要完善城际交通和城际交通，还要注重城市与城际交通的衔接。首先，要加快城市间陆海空交通网络的建设，利用地缘优势加快发展京津冀城市间的高速公路网、轨道交通网、航道、支线航空网建设，不断增强城市群内产业之间的联系。其次，还要注重城市内部交通网络的建设。北京、天津两大核心城市要建成以地铁、轻轨及地面公交为主、辅以公共自行车等环保交通工具的城市交通网络系统。努力实现京津公共交通政策的一体化，如高速公路联网收费。京津冀油、气、电同价，通讯费、银行跨地区手续费基本一致等。城际铁路为京津同城打下了坚实的基础，下一步应打造"京津卡"用于京津城际列车上，推出公交化的月票、年票等；中小城市要构建以公交为主、以公共自行车为辅的城市交通网络系统，优化交通体系。最后，要不断完善城际与城市交通系统的衔接，主要包括城际与城市轨道交通的衔接。高速公路与城市的对接，铁路与机场、港口的衔接，打造一体化交通网络体系，提高人流、物流的转移效率。

二、基于产业价值链维度的路径

（一）产业链分工

京津冀首都圈制造业与生产性服务业进一步深化分工，使生产性服务业获得更多的规模优势和专业化优势。如天津滨海区的汽车制造业，其研发、设计过程可通过与北京的研发中心合作，降低研发风险；其关键零部件及中间产品的制造可通过新区内零部件供应商和第三方研发机构完成各自模块的创新；原材料的采购和物流环节，利用信息信息技术服务平台和电子商务进行交易、金融等综合服务活动，利用物流管控系统，由第三方物流公司根据公司的生产动态为企业定做并及时调整物流方案，并进行实时监控，保证物料准时供应，降低库存成本；将汽车产品的市场营销和售后服务等生产性服务活动交给专业的汽车营销、销售及售后服务团队，通过其专业化经营对产业链上的相应环节进行服务创新和再分工，增加该环节的增加值，也进一步提高制造业的增加值；在其他组织与管理服务环节，可以通过资金筹集、信贷运用、金融租赁及保险、投资活动与金融服务业相互渗透，提升制造业竞争力，利用专业化的人力资源服务公司进行人员招聘、人事管理、培训教育等服务，增加企业的专业化人才，提高人力资本及聘用效率等。总之，通过对产业链更深度的水平、垂直分工，加强产业链网络的密度和延展度，进行迂回生产，增加整个产业链的附加值，提高制造业的竞争力，同时使京津冀生产性服务业不断细化、专业化。

（二）价值链升级

京津冀生产性服务业与制造业协同发展还要注重价值链升级，不断提高生产性服务业和制造业各环节的知识含量，提高产业附加值，从而提高京津冀都市圈的整体竞争力。为此，京津冀应成立产业企业联盟，联合产业内企业，建立企业知识管理系统，进行知识获取、生成、管理和应用及创新，通过三地知识的流动和共享，大幅度提高企业的知识存量。通过京津冀制造业和生产性服务业的互动，进一步促进产品和服务的创新升级。通过整个产业链的协同整合作用，完成最终产品的创新升级，在此过程中增加创新环节，整合各环节的创新，优化资源配置，提高整个产业链的附加值，促进整个产业链的升级。在这种不断的梯次升级中实现生产性服务业与制造业深度融合，最终实现产业的整体升级，从而提高京津冀生产性服务业与制造业的整体竞争力。

（三）建立人才合作机制，为协同创新服务

制造业与生产性服务的协同少不了产业升级与创新，而创新离不开人才。北京与天津拥有众多高校，教育资源丰富，人力资源素质高。而河北省由于地缘优势的存在，具有接收北京、天津人才资源扩散的有利条件。河北省劳动力资源丰富，有潜力为北京市和天津市提供人力资本和智力资本。完善北京、天津高素质人才培养和输送基地，这对整个京津冀都市圈的发展将会起到突出的作用。为此，应大力开发三地的人才合作机制，促进京津冀人才培养一体化，人才流动自由化，人才信息网络化。制定跨省级、跨地区、跨县级的整体人才合作规划，鼓励京津冀生产性服务业和制造业企业积极实施人才联合培养方案,实现高校与高校、高校与企业、企业与企业之间的良性互动和人才联合培养机制,促进人才流动。加快京津户籍制度的改革,促进省市之间户籍制度的规范化和一体化,以消除户籍制度对人才流动的政策障碍,促进京津冀人才的自由流动。建立人才协调合作机制,通过统一的网上人力资源市场和区域间人才中介服务机构的合作交流,实现人才市场信息共享与互动。

参考文献

[1] 张琰. 生产性服务业与制造业价值链变化的分析 [J]. 计算机集成制造系统, 2008 (1).

[2] 孙久文. 北京参与京津冀区域合作的主要途径探索 [J]. 河北工业大学学报, 2013 (3).

[3] 刘明宇, 芮明杰, 姚凯. 生产性服务价值链嵌入与制造业升级的协同演进关系研究 [J]. 中国工业经济, 2010 (8).

[4] 黄莉芳. 中国生产性服务业嵌入制造业关系研究基于投入产出表的实证分析 [J]. 中国经济问题, 2011 (1).

[5] 刘鹏, 刘宇翔. 基于产业价值链的生产性服务业与制造业的融合 [J]. 经济问题探讨, 2008 (17).

[6] 胡凯, 余珊萍, 周鹏. 生产性服务业与制造业空间布局升级间相关性分析 [J]. 统计与决策, 2011 (5).

[7] 邓丽姝. 京津冀制造业和服务业的互动发展 [J]. 经济管理, 2006 (23).

[8] 张淑莲. 基于合作博弈的京津冀区域经济协作研究 [J]. 河北师范大学学报, 2011 (1).

[9] 李进才. 江苏省生产性服务业与制造业的灰色关联分析 [J]. 对外经贸, 2012 (6).

[10] 林昆鹏, 唐粼, 姚星. 生产性服务业与制造业产业关联效应研究——以四川省投入产出表的分析为例 [J]. 宏观经济研究, 2012 (11).

[11] 林高榜, 肖文, 徐静. 生产性服务业与制造业关联效应的实证研究——以浙江省为例 [J]. 学海, 2014 (4).

(作者:谢光亚、杜君君,北京工业大学经济与管理学院)

第十章 京津冀现代制造业协同的影响因素及协同模式研究

当前京津冀协同发展已上升到国家战略,为寻求区域经济增长方式的转变,突破现有区域经济社会发展中产生的一系列人口、环境和经济约束,建立长效的区域协同发展机制,首都经济圈一体化发展成为全国关注的重要问题。京津冀有着得天独厚的知识创新资源、区位地理优势以及制造业基础等,使得该区域高端制造业的发展有着巨大前景。然而在很长时间内,京津冀制造业协同发展却成效较小,三地经济发展呈现出明显的差异,表明并没有很好地实现协同。例如北京仅单纯将重工业向河北转移,并没有很好地疏解非首都功能。总之,三地区制造业协同发展面临着三个主要问题:一是没有一个通盘顶层规划,明确三者各自的功能定位;二是对三者各自的发展优势不明晰,使得功能角色重合较大;三是没有明确协同的真正含义,使得三者发展仍处于割裂状态。因此,明确三者在协同中的功能定位,在现有功能区划分基础上根据各区域优势细化各区域功能,进而对影响京津冀制造业协同的关键因素进行梳理与评价,具有很重要的理论与实践意义。

本研究项目的主旨在于依据对2014年6月前京、津、冀三地现代制造业(微电子、光机电、生物医药、汽车产业)协同情况的调研资料,从区域现代制造业协同功能定位、协同影响因素、发展模式路径的梳理分析，归纳出各地在现代制造业协同中的发展特征与规律，确立其在京津冀及全国的发展地位和发展趋势，寻求京津冀成为经济增长第三极的发展路径。

第一节 京津冀现代制造业协同现状

从《北京城市总体规划（2004—2020 年）》中可以看到，北京、天津以及河北的唐山、承德、张家口、保定、廊坊、秦皇岛、沧州七座城市是京津冀现代制造业发展的核心区域。"十一五"规划末到"十二五"规划中后期（2009—2014 年），京津冀现代制造业的发展规模与发展水平平稳较快增长，各地现代制造业呈现出较强的发展势头，尤其 2014 年更是发展的机遇期，京津冀现代制造业协同发展作为"十三五"规划的重要内容被正式纳入。

一、京津冀区域现代制造业部门的产值对比分析

京津冀三地现代制造业总产值情况见表 10-1 和图 10-1、图 10-2、图 10-3。

表 10-1　　　　　　　　2012 年京津冀现代制造业总产值

北京	总产值（亿元）	占比（%）	天津	总产值（亿元）	占比（%）	河北	总产值（亿元）	占比（%）
总计	15596.21	100.00	总计	23427.50	100.00	总计	43048.65	100.00
微电子	2054.87	13.18	电子信息	2935.27	12.53	微电子	356.31	0.83
光机电	1929.09	12.37	航空航天	275.34	1.18	光机电	3849.13	8.94
汽车	2521.49	16.17	光机电一体化	2085.28	8.90	汽车	1463.09	3.40
生物医药	543.34	3.48	生物技术和医药	805.24	3.44	生物医药	629.56	1.46
			新材料	710.18	3.03			
			新能源和节能材料	229.17	0.98			
			环境保护	34.96	0.15			
			汽车	1728.84	7.38			

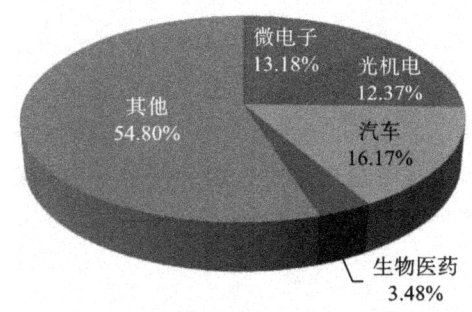

图 10 - 1　2012 年北京现代制造业总产值占比

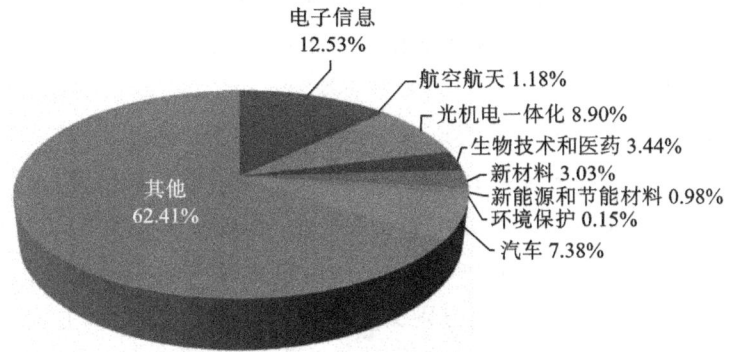

图 10 - 2　2012 年天津现代制造业总产值占比

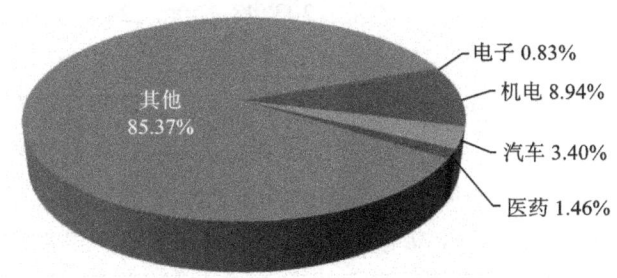

图 10 - 3　2012 年河北现代制造业总产值占比

北京市确定电子、机电、汽车和医药产业为四大现代制造业，这四大产业已占到全部北京工业总产值的一半，这表明北京城市功能定位下的相关产业结构和布局已初步形成，取得了阶段性成果，即国务院所要求的充分发挥科技优势，加快发展高新技术产业，适度发展现代制造业。天津确立了七大现代制造业，其中电子、机电、汽车和医药四大产业的工业总产值占比较大,其他三类占比较小,所以在后续分析中将仍以电子、机电、汽车和医药四大产业作为分析对象。根据天津未来以高新技术产业和现代制造业为主的现代制造和研发转化基地这一定位,其现代制造业总产值占其工业总比重仍有进一步加大的空间。而河北多年来在京津冀制造业协同中处于产业链上游,以能源、原材料和装备制造为主,现代制造业占全部工业总产值比重较小,尚不足15%,表明河北仍为脱离以传统产业和高污染工业为主的产业结构现状。

二、京津冀区域现代制造业结构和规模变化趋势

京津冀三地现代制造业结构和规模变化趋势主要体现在三地企业单位数以及主营业务收入与利润情况的变化,以下按三地区分别说明。

(一)北京

如图10-4、图10-5所示,2013年北京电子、机电、汽车、医药四大现代制造业企业数量分别为296家、1004家、216家、188家,同比分别增长-1.33%、0.30%、3.35%、7.43%,较2009年增长-32.57%、-49.55%、-47.70%、-16.44%;而2013年北京电子、机电、汽车、医药四大现代制造业主营业务收入分别为2593.85亿元、2257.14亿元、3287.61亿元、609.69亿元,同比分别增长5.08%、9.62%、27.98%、15.97%,较2010年分别增长1.72%、8.22%、46.07%、65.15%;利润方面,四大产业2013年分别实现利润113.84亿元、203.48亿元、291.42亿元、109.93亿元,同比分别增长23.49%、11.43%、29.39%、27.63%,较2010年分别增长60.22%、-11.77%、71.91%、87.95%。由此可以看到北京现代制造业企业数量在"十二五"初期有明显降低,然而主营业务收入却有大幅增长,表明在政府和市场的作用下进一步淘汰了落后产能,实现了产业良性发展。其中汽车和医药产业规模增长较快,电子产业本身规模已经较大,所以增长不明显。从利润来看,电子、汽车和医药产业增长较快,机电产业较2010年有所降低,这与现代制造业技术研发比例较高和产业发展阶段特性有一定的关系,其利润与营业收入比例均较低。

(二)天津

如图10-6、图10-7所示,2012年天津电子、机电、汽车、医药四大现代制造业企业单位数分别为537家、622家、132家、279家,同比分别增长7.62%、5.60%、7.32%、-32.45%;2012年天津电子、机电、汽车、医

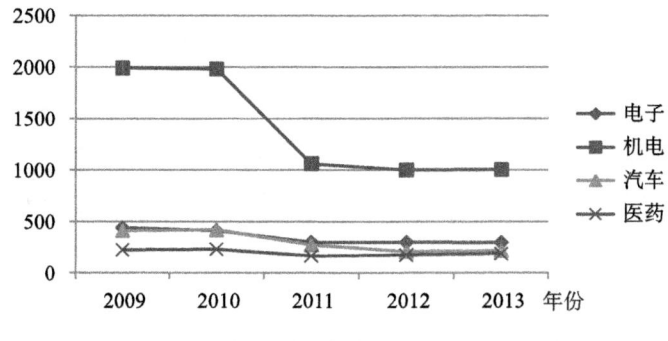

图 10-4 北京现代制造业企业数量（家）

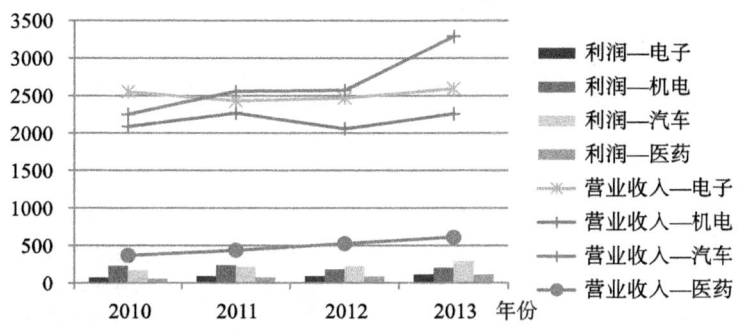

图 10-5 北京现代制造业主营业务收入与利润（亿元）

药四大现代制造业主营业务收入分别为 2923.41 亿元、2051.81 亿元、850.65 亿元、1668.46 亿元，同比分别增长 22.90%、8.95%、35.96%、-20.44%，较 2009 年分别增长 66.30%、117.53%、152.51%、11.32%；利润方面，四大产业 2012 年分别实现利润 289.37 亿元、207.50 亿元、257.28 亿元、229.18 亿元，同比分别增长 45.65%、-5.48%、-17.53%、48.92%，较 2010 年分别增长 293.06%、126.55%、15.43%、345.10%。与北京相比，天津近年来各现代制造业发展更为迅速，其中机电和汽车产业规模增长较快，而医药产业利润增长较快，其增长均在 100% 以上。近年来在政府的主导下，其高水平的现代制造业研发转化基地已初步形成，京津便捷的交通使得两地同城效应明显，吸引众多企业和项目落户，使天津有望在京津冀地缘优势的作用下成为北方现代制造业中心地位。

（三）河北

如图 10-8、图 10-9 所示，2012 年河北电子、机电、汽车、医药四大现代制造业企业数量分别为 136 家、2066 家、402 家、197 家，同比分别增

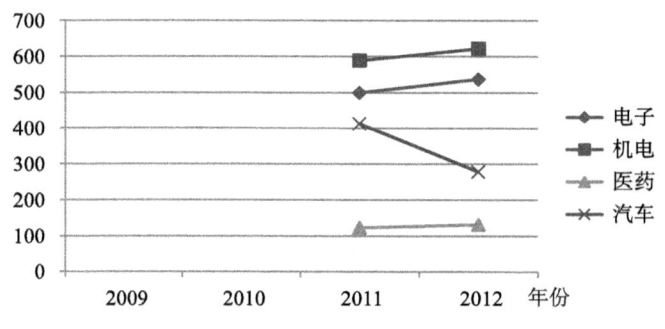

图 10-6 天津现代制造业企业数量（家）

注：因统计年鉴中相关数据缺失故仅有 2011—2012 年数据。

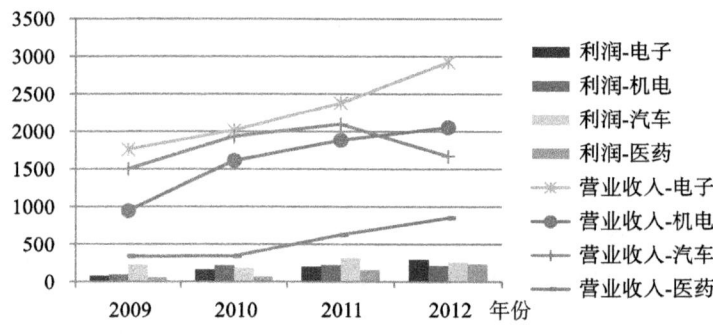

图 10-7 天津现代制造业主营业务收入与利润（亿元）

长 28.30%、-6.94%、-18.79%、4.23%，较 2009 年增长 12.40%、-17.92%、-23.72%、-0.51%；而 2012 年河北电子、机电、汽车、医药四大现代制造业主营业务收入分别为 335.8 亿元、3753.8 亿元、1479.5 亿元、744.8 亿元，同比分别增长 10.39%、-6.41%、-7.49%、17.73%，较 2009 年分别增长 94.45%、65.62%、72.65%、96.03%；利润方面，四大产业 2012 年分别实现利润 17.28 亿元、262.61 亿元、172.38 亿元、52.51 亿元，同比分别增长 -18.24%、-32.03%、8.59%、8.43%，较 2010 年分别增长 11.48%、39.43%、187.21%、10.72%。河北有着深厚的装备制造和原材料等产业基础，四大产业中机电和汽车产业规模较大，近年来着力于优化产业结构淘汰落后产能，表现为其企业单位数虽没有增长，但利润增长较快，电子和医药产业规模较小但增长速度较快。然而由于河北常年来以低附加值的加工和重污染行业为主，与京津两地相比，其现代制造业发展仍然较为落后。

综上所述，京津冀现代制造业发展整体平稳增长，产业结构优化效果显

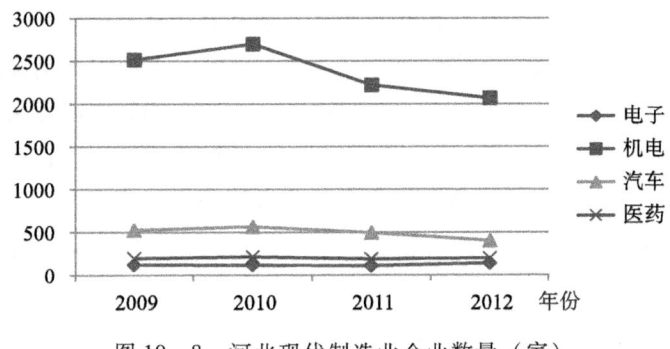

图 10-8　河北现代制造业企业数量（家）

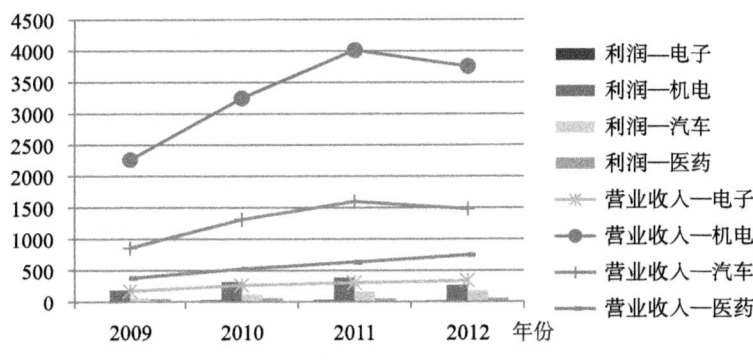

图 10-9　河北现代制造业主营业务收入和利润（亿元）

著，但三地仍呈现不平衡发展状态，天津现代制造业规模有待进一步增加，能够吸引更多北京和其他地区优良企业和项目落户，河北制造业仍处于较低端位置，其劳动密集和资源密集的制造业仍占绝大多数，并没有很好地享受京津冀现代制造业协同带来的机会。因此京津冀现代制造业协同仍需进一步加强。

三、京津冀现代制造业劳动力比重和流动的动态分析

一个国家和区域发展现代制造业的目的之一就是要解决劳动力就业问题，此外，北京作为首都和特大城市，缓解首都人口压力也是京津冀制造业协同发展的目标，同时，劳动力是促进产业发展的重要因素。因此分析劳动力在京津冀区域间流动，对该区域现代制造业协同发展有较强的参考意义。

2009—2013 年京津冀三地常住人口数量持续上升。2009 年北京、天津、河北常住人口分别为 1860.0 万人、1228.2 万人、7034.0 万人，而 2012 年变为 2069.3 万人、1413.2 万人、7287.5 万人，增长 11.25%、15.06%、3.60%。除自然增长外，很大程度上这一增长率是由外地人口向本地迁移造成的。河北拥

有丰富的劳动力资源，其人口数量远大于京津两地，但人口增长率却远低于京津，北京人口已经远远超过承载能力，由于北京的一系列限制措施使得天津人口增长率比北京更高。图 10-10、图 10-11、图 10-12 分别为京津冀三地四大现代制造业从业人员年平均数。三地从业人员年平均数变化较小，其总数分别约为 55.70 万、61.81 万、82.27 万人，这表明与人口增长相比京津冀现代制造业吸纳劳动力数量的增长能力较低，尤其河北尚有更多的就业机会。

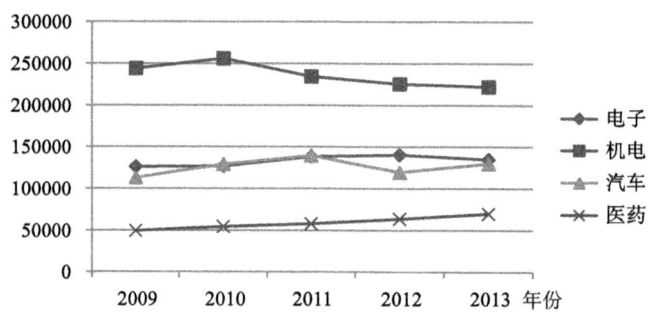

图 10-10 北京现代制造业从业人员年平均数（人）

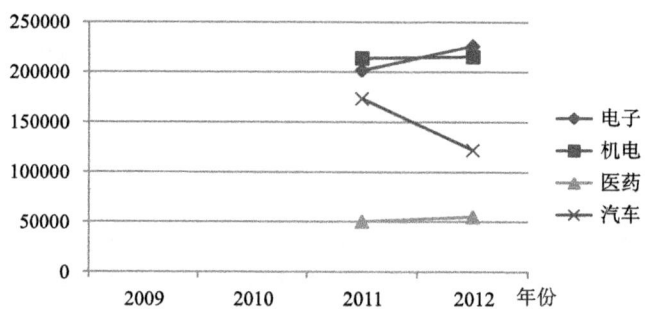

图 10-11 天津现代制造业从业人员年平均数（人）

注：因统计年鉴中相关数据缺失故仅有 2011—2012 年数据。

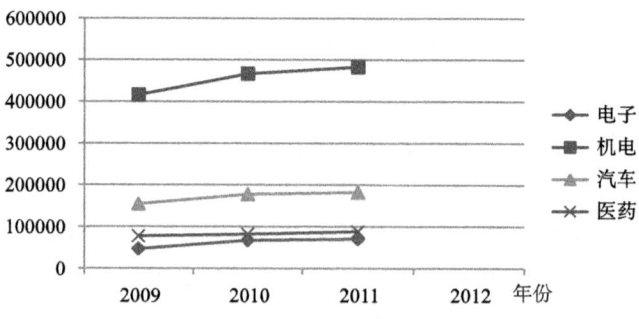

图 10-12 河北现代制造业从业人员年平均数（人）

注：因统计年鉴中相关数据缺失故尚无 2012 年数据。

第二节 京津冀现代制造业协同发展的影响因素

一、京津冀制造业经济因素

(一) 劳动力

中国在产业发展的初级生产要素上具有明显的优势,尤其是对于劳动密集型的制造产业来说,最大的比较优势就是劳动力优势。同其他发展中国家相比,中国的劳动力受教育水平排在前列,但在工资水平上却存在很大的差距。美国工人每小时工资约为16美元,墨西哥约为4美元,而在中国约为0.5美元,显而易见,中国的劳动力成本具有很大程度上的竞争优势。虽然中国经济正在快速发展,中国工人的工资水平也在不断提高,但是中国的劳动力优势仍会保持相当长的一段时间。现代制造业的特点是科技含量高,对高学历、高专业技术的人才需求数量较高,因此各层次劳动力资源能否在三地合理分配,很大程度决定了京津冀现代制造业协同发展的成效。表10-2显示了2012年京津冀地区制造业职工人数及高级劳动力比较情况。

表10-2　　　　　2008年京津冀地区制造业劳动力比较

地区	现代制造业职工数(万人)	万人中大专以上学历人数(人)	万名就业人员专利申请量(件)	万人中R&D科学家和工程师数(名)
北京	55.7	3205.89	97.02018079	517.31
天津	61.8	2169.07	55.12407415	338.84
河北	82.3	792.51	9.912518015	78.47

从表10-2中可以看到,北京现代制造业发展侧重于研发方面,其制造业职工人数相对津冀两地较少,但从大专以上学历人数、R&D科学家和工程师及专利申请量上居于首位。河北主要以制造为主,对高学历、高技能劳动力的吸纳能力不强,因此与京津相比其专利申请量较低,而从职工数来看,与河北整个制造业规模相比现代制造业吸纳的职工数并没有与京津两地拉开差距。天津制造和研发两者较为平衡,制造业职工数较北京高,而高学历劳动力人数、R&D科学家和工程师数以及专利申请量上次于北京。这表明京津冀现代制造业的协同过程中,劳动力的分配仍有不合理的地方,北京

和天津对现代制造业的"虹吸"作用较强，大量的研发人员和高技术人才被吸引到北京和天津两地，而河北劳动力中高层次人才比例不高，且由于工资水平等较京津低而大量外流，使得劳动力资源分配不均。

（二）资源

现代制造业能够不断吸收国内外的高新技术成果，并将先进技术、制造模式及管理方式综合应用于研发、设计、制造、监测和服务等全过程，具有技术含量高、经济效益好、创新能力强、资源消耗低、环境污染少等特点。但矿产、土地、能源等传统资源对于制造业发展仍然起举足轻重的作用，对于京津冀现代制造业协同而言离不开资源的整合和合理利用。

对于矿产资源，京津两地矿产储量极小，而河北矿产资源丰富，因此，京津冀区域现代制造业协同的必要性和优势都十分明显。表10-3列出了京津冀主要矿产资源储量，显示出河北资源储量远远大于京津两地。可以说，如何利用河北的资源优势对京津冀现代制造业协同发展至关重要。

表10-3　　　　截至2013年底京津冀主要矿产资源储量汇总表

地区	煤炭（万吨）	铁矿（万吨）	铅矿（万吨）	锌矿（万吨）	钼矿（万吨）	水泥用灰岩（万吨）	白云岩（万吨）	石膏（万吨）
北京	215.22	100.42	0.00034	0.00149	0.00073	32.89	0.75	—
天津	38275	97	—	—	—	20988	2145	—
河北	2035500	903600	99.15	362.45	78.54	657400	131100	88900

数据来源：北京、天津、河北国土资源局网站。

对于土地资源，京津冀现代制造业协同的一个主要目标为疏解首都压力，将部分功能外移。北京作为特大型城市，中心城区人均用地紧张，空间环境资源不足。对于土地利用情况的划分，一般划分为农用地、建设用地和未利用地。根据2007年北京土地地籍调查显示，北京市农用地为10998.4平方公里，占67.02%；建设用地为3325.57平方公里，占20.26%；未利用地为2086.6平方公里，占12.72%。虽然截至2007年底，尚有1759平方公里的未利用地可供开发利用，但北京市土地的利用率已经高达87.28%。2014年1—6月北京建设用地7702.80公顷，其中新增建设用地294.66公顷，其中半数以上为农用地转用，未利用土地以及耕地正在快速地减少，平均每年减少两个百分点，建设用地在未来将会越来越紧张。相比之下天津和河北土地资源宽裕。根据2006年普查结果，天津市共有土地1191731.9公顷，其中农用地 706537.5 公顷，建设用地 348694.8 公顷，未利用土地 136499.6 公顷，分别占比 59.29%、29.26%、11.45%，农用地和未利用土地均较多，近几年城市建设用地年均增长 2.55%。河北省行政辖区面积 1888.48 万公顷，未利用土地 355.17 万公顷，尚有非常充足的土地资源，为承接京津两地现代制造业增量提供了良好的空间条件。

（三）研发能力

现代制造业以高新技术为先导、高附加值产品为主体，传统优势产业为基础，其重要特征是科技含量高、技术创新能力强、行业产业规模大，能够带动区域制造业快速发展。研发环节是现代制造业产业链的关键环节，京津冀协同中的研发布局决定了该区域现代制造业发展水平的高低。表 10-4 展示了 2012 年京津冀科技活动投入程度，R&D 人员投入量和 R&D 经费投入量分别代表了该地区科技活动在人力和财力上的投入程度，北京在这两个指标上远远高于津冀两地区，研发经费支出占 GDP 比重达 5.95%，体现了北京创新中心的地位。天津在研发方面稍弱于北京，近几年在生物芯片、膜技术、电动汽车等重点研发领域进行深入突破，吸引了一批研发项目落户，其中与北京的研发既有承接互补，也有一些同构的部分。河北在研发方面弱于京津两地，当前主要侧重于承接研发成果转化和制造。总之，京津冀三地具备了研发到成果转化整个过程的条件，但存在的问题主要体现在北京研发创新辐射效应不强，三地在研发上仍有很多同构不互补的现象，没有很好地利用三地协同优势进行研发资源整合。

表 10-4   2012 年京津冀科技活动投入程度

地区	R&D 人员投入量（人年）	R&D 经费投入量（亿元）	R&D 经费支出占 GDP 比重（%）	地方财政科技拨款占财政支出比重（%）
北京	235493	1063.36	5.95	4.11
天津	89609	360.49	2.80	3.57
河北	78532.5	245.77	0.92	1.10

二、京津冀制造业产业关联度与互补性因素

2012 年北京完成工业增加值 3033.3 亿元，天津实现工业增加值 6122.3 亿元，河北完成工业增加值 12511.6 亿元。

北京在规模以上企业中，高技术制造业、现代制造业完成增加值 699.2

亿元和 1396.1 亿元，分别增长 23.0% 和 13.1%，占规模以上企业工业增加值的比重分别为 23.1% 和 46.0%。

天津在电子信息、航空航天、光机电一体化、生物技术和医药、新材料、新能源和节能材料、环境保护、汽车八大高新技术产业完成工业增加值 8804.3 亿元，比上年增长 6.0%，占全市规模以上企业工业增加值的 37.6%。

河北在钢铁、装备制造、石油化工等战略支撑产业不断发展壮大，对工业生产的带动作用增强，完成增加值 22814.0 亿元，增长 5.4%；占规模以上企业工业增加值的 53.0%。现代制造业实现增加值 390.2 亿元，较上一年略有下降，下降 4 个百分点。

可以看到，京津冀三地制造业各有侧重，京津冀现代制造业协同发展能很好地弥补各省份在相关支持产业和支柱产业发展上存在的劣势。然而与长三角等地相比，京津冀在产业支撑上有较大的瓶颈，例如北京周边地区城市化进程缓慢，这与北京的制造产业发展很难衔接，北京周边能与其产业衔接的中等城市数量很少，小型城市的产业水平低下，大城市与中小城市的产业就如同一道悬崖峭壁，中心城市的能量很难辐射和发散出来。因此，产业的传递梯度落差大，甚至形成了产业断层。此外，京津冀三地产业集聚程度较低，企业之间缺少产业关联性，不能形成良好的分工与协作。中小企业为大企业提供专业化的供应配套较少，三地尚没有完全形成上、中、下游产品配套发展的产业链。

三、区位交通因素

京津冀处在"东中西"互动的交汇点上，这一独特地理位置使其对全国区域经济协同发展中起重要作用。北京作为首都，拥有最多的经济和创新资源，天津拥有加工制造业优势和港口优势，河北拥有丰富的资源和研发转化加工配套条件，因此区位交通因素在京津冀协同中起着连接作用，具有重要地位。

"交通先行"在京津冀协同发展中的地位已成为三地政府的共识，三地各自交通网络均不断完善。截至 2013 年底，北京道路总里程达到 28808 公里，其中高速路 923 公里，轨道交通 465 公里。围绕北京已经初步形成了以国道、市道为骨架，县道、乡道为支脉，纵横交错、四通八达的公路网系统，为京津冀现代制造业的吸收和辐射提供了良好条件。天津道路总里程

6462 公里，蓟平、津汕、京津塘二线等多条高速公路基本建设完毕，中心城区快速路建设继续推进，京津城际铁路全线贯通。河北近年来交通发展速度较快，与北京的连接更为便捷，例如，2014 年北京 40 余条公交线路跨省通往河北，京港澳高速京石段年内完成改扩建，地跨京、冀两地的北京新机场已完成审批。总之三地之间交通联动正在加速，"一小时经济圈"的概念已现雏形。根据正在编制中的京津冀一体化交通方案，2020 年，京津冀三地将形成 9000 公里高速公路网和主要城市 3 小时公路交通圈，9500 公里的铁路网和主要城市 1 小时高铁交通圈，首都机场客流量将突破一亿人次，首都新机场一期工程将投入使用。

四、京津冀现代制造业协同制度与政策因素

京津冀三地各自均出台了一系列政策措施鼓励现代制造业发展，例如北京早在 2003 年出台了《关于振兴北京现代制造业的意见》，构建"一轴一带多园区"产业发展格局等。天津市从高新技术产业政策、人才政策和行业发展政策三个方面制订了一系列优惠政策，包括《天津开发区促进现代制造业发展的暂行规定》等。河北也从加强对外开放和战略合作、整合资源、完善知识产权和人才政策，以及制定和定期修订当前优先发展的高技术产业化重点领域指南、引进技术消化吸收目录、高技术产品政府采购目录等多方面进行政策扶持。这里主要分析京津冀制造业协同相关政策措施。

京津冀协同发展已上升为重大国家战略。2014 年 2 月 26 日习总书记召开座谈会对京津冀协同发展作出重要指示，现代制造业的协同发展是重要方面。国务院已成立"京津冀协同发展领导小组"和相应办事机构，中共中央政治局常委、国务院副总理张高丽担任该小组组长。从顶层设计上，国家发改委正在编制的京津冀区域规划将于年内出台。京津冀三地已签署了十三项相关协议，包括北京与天津签署的《共建滨海—中关村科技园合作框架协议》、《关于共同推进天津未来科技城京津合作示范区》等，北京与河北签署了《共同打造曹妃甸协同发展示范区框架协议》、《共建北京新机场临空经济区》等协议。特别是在 2015 年 4 月 30 日，中共中央政治局召开会议，审议通过了《京津冀协同发展规划纲要》，三地协同发展迎来实质利好期，更为三地现代制造业协同发展带来推动力量。

第三节 京津冀现代制造业协同发展的模式

综观目前区域经济和城市化发展态势，以经济一体化为主导的一体化区域成为国家或地区参与全球合作与竞争的基本单位。京津冀现代制造业协同本质上也是区域经济一体化，是不同行政区域间建立的一种多方面合作机制，最终消除区域壁垒，推动区域经济一体化发展。很多学者针对京津冀特点提出了不同的协同发展思路，包括"国际城市—国际港口—冀中平台"、"研发—转化—生产"、"高端制造—高端服务"等。这些思路大致可分为三种模式，即基于产业链的产业联动模式、基于市场的产业联动模式、基于创新的产业联动模式。

一、基于产业链的产业联动模式

产业链包含企业上下游之间从原料到用户的完整过程，是由相关企业和机构结成的一种产业空间组织形式，包括研发、设计、采购、原料加工、生产、销售等多个环节，在当今时代绝大部分产业链都既是跨产业部门的，也是跨区域的。区域间基于产业链的协同模式是指基于各个地区客观存在的区域差异，协调地区间专业化分工和多维性需求的矛盾，形成区域间产业合作以打通产业链上下游各个环节，将其在使整个区域进行优化配置，从而实现区域竞争力的提升。

基于产业链的协同能很好解决当前京津冀产业同构、割裂等问题。在这一模式下，京津冀现代制造业的协同并不是单纯的产业转移，如将北京汽车产业直接搬到河北等，而是形成三地在同一产业链上的分工协作，这样可以避免因完全同构而造成不必要竞争以及重复建设造成的浪费，还可以最大限度地节约并有效地利用资源，形成结构合理的庞大的区域产业链和网络。例如，北京作为环渤海区域的现代制造业中心，其产业链向外延伸，通过总部基地的形式使其生产基地或新增项目向外延伸，津冀两地围绕产业链对接北京一部分功能，扩大产业链条，最终使京津冀区域在全球产业链中逐渐向上游发展，占据有利位置。

二、基于市场的产业联动模式

市场一体化概念最早由 Vajcla 和 Machlup 分别于 1971 年和 1975 年提出，

即"完全的市场一体化意味着对任何市场元素的适度流动性,买方和卖方对于所交易对象的来源地和销售地无差异"。国务院发展研究中心专家对地区之间市场一体化的定义是"一个完整区域内不同地方的市场主体之行为受到同一的供求关系的调节,是不同区域之间的'经济边界'逐步消失的过程"。

在这一模式下,京津冀现代制造业基于市场的区域产业协同是指三地间产品和要素实现自由流动和无歧视,实现地区间市场化的融合,能促进更广范围的分工、竞争、规模经济。习总书记就推进京津冀协同发展提出的要求中,第七点即为要着力加快推进市场一体化进程,下决心破除限制资本、技术、产权、人才、劳动力等生产要素自由流动和优化配置的各种体制机制障碍,推动各种要素按照市场规律在区域内自由流动和优化配置。京津冀一体化虽很早就提出来,但至今未能形成协同局面的一个关键原因就是市场分割,由于北京的首都地位使京津冀长期处于"强政府、弱市场"态势,资本市场、劳动力市场等均受到严格限制。

三、基于创新的产业联动模式

前文已经提到现代制造业的重要特征是科技含量高、技术创新能力强,研发环节是其关键环节。区域协同创新主要指科技创新在区域内部实现各地区联动发展,一方面使创新资源在各区域各个产业生产环节上协同整合,促进地区间优势互补合作共赢,另一方面利用知识溢出效应使创新成果在整个区域扩散,促进整个区域技术水平的提高。

京津冀现代制造业基于创新的协同包括三点:其一是创新资源共享,通过合作平台搭建、共建基地等形式,促进专家交流,研究成果开放共享等;其二是创新合作,针对共同面临的热点、难点科学问题和产业共性关键技术需求,在重点领域探索开展实质性研究合作,建立科技型中小企业集聚创新创业示范区;其三是成果转化方面,北京拥有最多的创新资源,定位在全球科技创新中心,天津和河北应更多地承接成果转化,打造创新成果孵化转化区,充分利用京津冀各自优势在区域内优化创新全过程。

第四节　区域间制造业协同发展功能定位、发展模式、发展路径

一、国外案例

（一）美国东北部城市群

美国东北部城市群位于美国东北部大西洋沿岸，是世界六大城市群之一，该城市群从波士顿到华盛顿，以波士顿、纽约、费城、巴尔的摩、华盛顿几个大城市为核心，人口6500万人，占美国总人口的20%；制造业产值占全美的70%，城市化水平达到90%以上。该城市群与京津冀类似，由一个或多个中心城市向外发展。该城市群形成于1870年后，以纽约、费城两个特大城市为轴线核心而形成，随后在1920年工业化后期迅速发展，城市边界不断向外蔓延，最终于1950年逐渐形成现在的城市群雏形。这其中几大城市各有特点：华盛顿作为美国首都，在其中起着枢纽和政治中心的所用，以便捷的交通连接了整个城市群其他城市；纽约是美国人口最多的城市，是世界上最主要的商业和金融中心，也是美国工业中心之一，服装、印刷、化妆品、机器制造、军火和石油加工等均位居重要地位，其港口、机场和铁路货运量巨大；波士顿曾是美国主要加工制造中心，在20世纪70年代实现向科技创新驱动的转型，有哈佛大学、麻省理工等世界最好的高等学府，使其成为城市群中科学、技术和思想的中心；巴尔的摩与美国首都十分接近，借助海港城市的地理优势拥有便利的运输条件，其制造业的现代化和机械化水平很高。

美国东北部城市群为京津冀现代制造业协同发展提供的借鉴之处在于，首先，该城市群的迅速发展得益于合理的专业化区域分工，例如纽约提供金融商贸服务，波士顿借助高等学府优势发展高科技产业，巴尔的摩借助首都临近优势吸收了很多政府项目，使国防工业发展较快。此外，这些城市之间以便捷的城际交通体系相连，使得这些城市既分工明确又紧密联系。其次是城市间的管理协调问题，京津冀协同中的问题很大程度上在于各地政府之间管理的割裂，而美国东北部城市群根据不同城市的功能和特点成立了专业性的城际管理机构，例如纽约和新泽西州共同成立的港务局等。

（二）日本关西城市群

日本关西城市群以大阪、京都和神户三个城市为中心，加上围绕着它们的城市群所组成，是创新型城市群的典范。其发展从20世纪90年代开始，初期目的为将东京圈经济发展向关西地区转移，一方面疏散东京圈压力，另一方面避开东京所处的地震带。与美国东北部城市群相比，日本关西城市群的三个核心城市特色更为明显：大阪是日本第二大经济中心，也是阪神工业区的中心，是重工业、化学工业发达的综合性工业城市，主要以造船、汽车、机械和钢铁产业为主。神户与大阪相邻，拥有日本最大的集装箱贸易港口，自二战前就是日本屈指可数的重工业城市。自阪神地震重建后医药产业迅速发展，成为该城市的支柱产业之一。另外，神户是一个高度国际化的城市，其开放性氛围也促进了文化创意产业集群的发展。京都被称为日本东方文化的中心，其历史建筑风貌保存相当完好，是一座具有悠久历史和诸多文化遗产的城市，出于保护古迹考量该城市限制商业设施规模，因此该城市主要以文化创意产业和旅游业为主，而工业以传统产业、出版印刷、食品饮料、机械仪器、电子产业为主，大部分企业在京都只设运营总部和研发中心，将生产工厂设在其他地区或海外，京都也拥有较多的大学和地方金融业企业，因此该地区也聚集了大量创业公司，例如京都西部的京都研究园区。

日本关西城市群为京津冀现代制造业协同发展提供的借鉴之处在于，首先，该区域结构与京津冀十分相似，京都的文化和创新、神户的港口优势、大阪的工业规模特点可分别对应北京、天津、河北，但该区域发展较为平衡，各城市根据自身优势在专业化分工下承担各自机能，其功能分配上的平衡值得京津冀借鉴。其次，关系城市群制造业和相关产业的发展有明确的定位，以科技创新和文化创意为主导的区域协同模式已经基本形成。再次，该城市群制造业的发展和布局充分考虑了环境和历史文化因素，尤其京都实现了高新技术研发和传统文化并行的局面，这值得发展中面临环境问题和文化流失的北京借鉴。此外，与美国东北部城市群类似，该城市群也有专门协调机构，即关西经济联合会，下设23个委员会，城市群中主要公司和研究团体均为其成员，对各城市政府、企业、研究项目等的协同中起重要作用。需要承认的是，京津冀现代制造业协同面临的现状与之有所区别，目前需要由北京作为主要核心城市带动周围城市发展，三者地位并不一致。

二、国内案例

长三角城市群近年来已成为国际公认的六大世界级城市群之一，是我国制造业最为活跃的区域之一，主要以上海为中心，南京、杭州、合肥为副中心，以及周围的 20 余个城市组成，已形成了沪宁—沪杭—杭甬高新技术产业带、长江下游与河口两岸地区重化工和装备工业产业带、环杭州湾重化工和临港工业产业带。该区域制造业的发展起源于改革开放初期，其外向型经济和地理位置吸引了大批外资，大量外资投向电子信息制造业。随着近年来的发展，长三角地区已形成较为完整的产业链，发展了多种优势现代制造业，例如上海已形成微电子、汽车、精品钢材、精细化工、船舶、生物医药和中药等产业集群；浙江发展电子、现代医药、石化和纺织等标志性产业集群；江苏在电子信息、汽车、能源和冶金领域形成具有国际影响力的集群。此外江浙沪三地在竞争的同时也共同在电子、石化等领域协同发展。目前该区域产业链已本地化，且已初步形成大中小等级完备、层级清晰的城镇体系。

长三角作为我国制造业协同方面发展最好的区域，其对京津冀现代制造业协同发展的借鉴之处主要体现在产业链协同和城市布局协同上。在产业链协同方面，以上海为中心周围城市产业配套，形成了城市带与产业带相互促进的轴线协配关系，注重产业链上下游招商引资，这种从整个区域视角构筑的产业一体化使产业链不断完善，促进该区域整体在全球产业链中的地位不断提高。在城市布局协同上，虽然不可否认的是长三角区域内部城市间差距仍比较明显，但该城市布局比较完备，通过典型的圈层辐射模式利用上海等大城市的优势促进周围城市的发展，已形成了由特大城市、大城市、中等城市、小城市、县城、县属镇和乡级镇组成的七级城镇体系，且大中小城市数量合理，有利于控制核心城市人口和经济的盲目膨胀，实现各级城市产业之间的合理分工。京津冀还没有形成梯度，首都外围仍有贫困带，中心城市功能过于集中使得对周围区域现代制造业发展的"虹吸"效应远大于扩散效应，因此，长三角区域的发展对疏解北京城市功能有很好的借鉴作用。

第五节　京津冀制造业协同发展的对策

一、顶层设计中需指明京津冀现代制造业协同发展模式和定位

北京城市功能定位和相关产业结构和布局已初步形成，天津的现代制造

业工业总产值占其工业总比重仍有进一步加大的空间,而河北要脱离以传统产业和高污染工业为主的产业结构现状。应该认识到京津冀现代制造业协同不是单纯的几大产业在各区域分配,也不是将北京现有存量单纯向外转移,协同模式制定需明确协同目标和各自优势定位。北京作为环渤海地区中心,未来要朝着现代制造业创新中心的方向发展,但不提经济中心一词不代表不发展制造业。天津未来将依靠港口优势和临近北京优势大力发展特色现代制造业,打造高端制造业基地并发展技术研发。河北未来应进一步淘汰落后产能,积极以承接和合作方式吸收京津两地现代制造业增量,为京津冀现代制造业发展提供合理的大中小城市布局。因此,未来京津冀现代制造业应采用双中心圈层辐射式发展模式,即以京津为中心,发挥各自优势并互补实现错位发展,进而逐渐向外扩展,既能带动河北发展,也能借助河北资源和制造优势。

二、建立地区间政府统筹协调机制

京津冀现代制造业发展整体平稳增长,产业结构优化效果显著,但京津冀制造业协同发展中存在三地仍呈现不平衡发展状态这一问题,应该认识到京津冀制造业协同发展缓慢的一个很重要原因是各自为政,仅有顶层设计不够,需要一个实现三地统筹的长效机制。需要看到京津冀地区与长三角、日本关西等城市群的不同,北京作为首都有其特殊性,政治壁垒是造成三地统筹协调不足的重要原因,因此需要一个较高级别的区域协调机制。当前虽然已经由中央牵头设置了协调办公室,但为跨区域政府和产业协同提供政策保障的具体措施仍需继续摸索和完善,在具体措施方面应向关西经济联合会等类似机构进行借鉴。

三、建立紧密合作机制

京津冀制造业协同发展中,京津冀产业的传递梯度落差大,产业集聚程度较低,企业未能形成良好的分工与协作。中小企业为大企业提供专业化的供应配套较少,三地尚没有完全形成上、中、下游产品配套发展的产业链。针对这一问题,应当加快建立京津冀产业紧密合作伙伴关系,加强三地经济和信息化方面的沟通和协调,推进区域性的资源配置、产业转移和产业对接,促进信息技术改造和提升传统产业,定期开展工作交流互访、人员代培,联合举行企业推介、人才招聘、合作论坛等活动。

四、突出三个对接合作

当前京津冀产业发展中存在着同构、割裂等问题。为此,应当结合北京城市功能以聚集为主转向扩散为主,本着双方互利共赢的原则,推进扩散对接,将不适应首都功能和发展要求的产业逐步向天津、河北地区扩散。根据北京与天津、河北等地区存在的经济差异和市场缺口,推进互补对接,加强在科技研发、高科技产业、战略性新兴产业、农副产品加工等领域的合作。根据京津冀地区不同的资源禀赋,加强产业尤其是主导产业配套协作,推进连锁对接,在京津冀地区形成具有竞争力的产业链条。

五、打造产业合作通道

当前,在交通、信息交流等基础设施建设方面,对区域整体发展有利但对本区域发展影响不明显的基础设施建设方面重视不够。针对这一问题,应当加快京津冀现代制造业基础设施一体化步伐,共建区域科技基础条件平台,相互开放现有的产业研发、测试平台等基础设施和信息公共服务平台,以无偿或最优惠、协作开发、最大化资源效用为原则,逐步形成共建共用、运行高效、服务环渤海、辐射全国的京津冀产业公共基础平台网络。

参考文献

[1] 赵弘. 北京大城市病治理与京津冀协同发展 [J]. 经济与管理, 2014, 28 (3): 5-9.

[2] 许文建. 关于"京津冀协同发展"重大国家战略的若干理论思考——京津冀协同发展上升为重大国家战略的解读 [J]. 中共石家庄市委党校学报, 2014, 16 (4): 14-19.

[3] 纪韶. "十二五"期间京津冀都市圈农民工流动就业影响因素——微观决策模型分析视角 [J]. 经济学动态, 2012, (8): 24-30.

[4] 张贵, 王树强, 刘沙等. 基于产业对接与转移的京津冀协同发展研究 [J]. 经济与管理, 2014, 28 (4): 14-20.

[5] 国务院发展研究中心课题组. 国内市场一体化对中国地区协调发展的影响及其启示 [J]. 中国工商管理研究, 2015, (12): 22-25.

[6] 陆瑶. 大城市群发展中的政府协调机制研究 [D]. 西南交通大学, 2007.

[7] 沈玉芳,刘曙华,张婧等.长三角地区产业群、城市群和港口群协同发展研究 [J].经济地理,2010,30 (5):778-783.

[8] 崔铁宁,黎彬.首都经济圈一体化协调发展分析和机制对策 [J].北京工业大学学报 (社会科学版),2014,14 (3):33-37.

第十一章
京津冀现代制造业能源消费及能源效率研究

气候变化是关乎人类生存和各国发展的重大问题,是 21 世纪人类面临的最严峻的挑战之一。全球气候变暖已经成为不争的事实,而变暖的主要原因是人类活动尤其是工业革命以来以掠夺式消耗自然资源为特征的人类活动引起的化石能源燃料燃烧以及毁林、土地利用导致的温室气体排放。为了减缓气候变化,大幅度减少温室气体排放需要各国的共同努力。在 2009 年召开的《联合国气候变化框架公约》缔约方第 15 次会议——哥本哈根世界气候大会上,我国政府承诺到 2020 年单位 GDP 二氧化碳比 2005 年减排 40%—45%,并将这一行动目标作为约束性指标纳入国民经济和社会发展中长期规划。2013 年中国已实现单位 GDP 二氧化碳排放比 2005 年累计下降 28.56%,非化石能源占一次能源消费比重已经达到 9.8%。

京津冀地区是我国新的经济增长点,现代制造业是京津冀地区经济增长的重要驱动力,也是京津冀产业结构升级的重要途径和方向。但是现代制造业的快速发展也带来了污染加剧、环境恶化、雾霾严重的不良后果。因此,提高现代制造业的能源使用效率,优化现代制造业的产业结构,不仅是促进京津冀地区节能减排的有效途径,而且还是实现京津冀地区协同发展的必由之路。

第一节 数据统计分析口径及概念界定

一、现代制造业的类别划分及统计口径

按照中国国家统计局《国民经济行业分类》（GB/T4754-2002）的标准，将国民经济中的三大产业按照门类、大类、中类和小类划分，其中工业由采矿业，制造业，电力、热力、燃气、水的生产和供应业构成。制造业由（大类代码由13至43）30个行业大类构成。

关于现代制造业的类别划分及统计口径，直到2005年8月北京市统计局为适应建立北京市大都市统计指标体系的需要，实现对现代制造业发展状况的监测评价，满足北京市、区、县功能定位和区县绩效评估的要求，根据现代制造业基本内涵和主要特征，从北京市的实际情况出发，遵循统计分类的一般性原理，以及数据的可采集性和可操作性，将符合基本要求的行业归并为现代制造业。2012年北京市统计局出台了《新的现代制造业等新兴产业统计分类》（京统发［2012］43号），将现代制造业具体分为电子类、机电类、交通类、医药类和其他类共五大类。《新的现代制造业等新兴产业统计分类》的出台进一步明确了现代制造业行业及结构在统计中的分类，解决了从统计资料中无法提取现代制造业相关数据进行统计分析、横向比较等实证研究的难题。

现代制造业各行业的具体构成如表11-1所示。

表11-1 现代制造业统计分类

行业代码	行业名称	行业代码	行业名称
	一、电子类	3932	广播电视接收设备及器材制造
3911	计算机整机制造	3940	雷达及配套设备制造
3912	计算机零部件制造	3951	电视机制造
3913	计算机外围设备制造	3952	音响设备制造
3919	其他计算机制造	3953	影视录放设备制造
3921	通信系统设备制造	3961	电子真空器件制造
3922	通信终端设备制造	3962	半导体分立器件制造
3931	广播电视节目制作及发射设备制造	3963	集成电路制造

续表

行业代码	行业名称	行业代码	行业名称
3969	光电子器件及其他电子器件制造	3839	其他电工器材制造
3971	电子元件及组件制造	3841	锂离子电池制造
3972	印制电路板制造	3842	镍氢电池制造
	二、机电类	3849	其他电池制造
3311	金属结构制造	3871	电光源制造
3412	内燃机及配件制造	3879	灯用电器附件及其他照明器具制造
3421	金属切削机床制造	3891	电气信号设备装置制造
3431	轻小型起重设备制造	3899	其他未列明电气机械及器材制造
3432	起重机制造	4011	工业自动控制系统装置制造
3433	生产专用车辆制造	4012	电工仪器仪表制造
3434	连续搬运设备制造	4013	绘图、计算及测量仪器制造
3467	衡器制造	4014	实验分析仪器制造
3471	电影机械制造	4015	试验机制造
3473	照相机及器材制造	4019	供应用仪表及其他通用仪器制造
3475	计算器及货币专用设备制造	4021	环境监测专用仪器仪表制造
3479	其他文化、办公用机械制造	4022	运输设备及生产用计数仪表制造
3542	印刷专用设备制造	4023	导航、气象及海洋专用仪器制造
3545	照明器具生产专用设备制造	4025	地质勘探和地震专用仪器制造
3561	电工机械专用设备制造	4026	教学专用仪器制造
3562	电子工业专用设备制造	4027	核子及核辐射测量仪器制造
3591	环境保护专用设备制造	4028	电子测量仪器制造
3595	社会公共安全设备及器材制造	4029	其他专用仪器制造
3720	城市轨道交通设备制造	4041	光学仪器制造
3743	航空、航天相关设备制造	4090	其他仪器仪表制造业
3811	发电机及发电机组制造	4330	专用设备修理
3812	电动机制造	4350	电气设备修理
3819	微电机及其他电机制造	4360	仪器仪表修理
3821	变压器、整流器和电感器制造		三、交通类
3822	电容器及其配套设备制造	3610	汽车整车制造
3823	配电开关控制设备制造	3620	改装汽车制造
3824	电力电子元器件制造	3630	低速载货汽车制造
3825	光伏设备及元器件制造	3660	汽车零部件及配件制造
3829	其他输配电及控制设备制造	3711	铁路机车车辆及动车组制造
3831	电线、电缆制造	3713	铁路机车车辆配件制造
3833	绝缘制品制造	3741	飞机制造

续表

行业代码	行业名称	行业代码	行业名称
3742	航天器制造		五、其他类
4343	航空航天器修理	1320	饲料加工
	四、医药类	1495	食品及饲料添加剂制造
2710	化学药品原料药制造	2330	记录媒介复制
2720	化学药品制剂制造	2632	生物化学农药及微生物农药制造
2740	中成药生产	2651	初级形态塑料及合成树脂制造
2750	兽用药品制造	2652	合成橡胶制造
2760	生物药品制造	2653	合成纤维单（聚合）体制造
2770	卫生材料及医药用品制造	2661	化学试剂和助剂制造
3581	医疗诊断、监护及治疗设备制造	2664	信息化学品制造
3583	医疗实验室及医用消毒设备和器具制造	2911	轮胎制造
3584	医疗、外科及兽医用器械制造	3024	轻质建筑材料制造
3586	假肢、人工器官及植（介）入器械制造	3052	光学玻璃制造

资料来源：北京市统计局（京统发［2012］43号）《新的现代制造业等新兴产业统计分类》。

由于现代制造业中其他类的数据较难采集，因此本文只针对医药类、交通类、电信类和机电类共四大类进行描述和分析。京津冀地区中天津和河北的现代制造业参照北京现代制造业的类别划分和统计口径，也分为医药类、交通类、电信类和机电类共四大类别。具体分类见表11-2。

表11-2　　　　　　　　京津冀现代制造业分类

大类	具体行业（2012年以后）	具体行业（2008—2011年）
医药类	医药制造业	医药制造业
交通类	汽车制造业	交通运输设备制造业
	铁路、船舶、航空航天和其他运输设备制造业	
电信类	计算机、通讯和其他电子设备制造业	通信设备、计算机及其他电子设备制造业
机电类	金属制品业	金属制品业
	通用设备制造业	通用设备制造业
	专用设备制造业	专用设备制造业
	电气机械和器材制造业	电气机械和器材制造业
	仪器仪表制造业	仪器仪表及文化、办公用机械制造业

二、能源效率的界定及局限性

早在1995年的全球峰会上,世界能源委员会就将"能源效率"明确定义为"减少提供同等能源服务的能源投入",用以区别之前所谓的"节能"概念。早期只是一味强调能源使用数量的绝对减少,而现在则强调通过能源利用的技术进步来提高能源效率。

能源效率的提高可以理解为使用较少的能源提供相同数量的服务或使用相同数量的能源可以提供更多数量的服务。我们用能源强度作为衡量能源效率的指标。能源强度,可以定义为单位GDP所消耗的能源数量。能源强度和能源效率的效应是反向的,能源强度越高,说明单位GDP能源消耗的数量越大,能源效率越低;相反,能源强度越低,说明单位GDP能源消耗的数量越小,能源效率越高。

提高能源利用效率,不但可以减少能源进口国家的能源进口需求或减缓能源进口的增长,而且在实现大规模二氧化碳减排的各项措施中是成本最低的,在经济增长和减少能源消费方面发挥着重要作用。

但是利用能源强度来衡量能源效率高低的方法也存在局限性。缺点是无法区分不同因素的影响,比如国家或区域经济结构的变化;服务业与制造业相比能源强度更低,而不是能源效率较低。另外,还有一些国家比如韩国,尽管有很高的能源强度,但是在使用能源方式上更加有效率。

第二节 京津冀现代制造业能源消费及能源效率分析

一、京津冀现代制造业能源消费情况分析

(一)京津冀现代制造业产业结构比较

京津冀地区现代制造业总体上呈现高速增长的态势。从图11-1中可以看出,天津现代制造业增加值一直居京津冀地区首位,2012年达到3623.87亿元,河北2035.36亿元,北京为1538.76亿元。

2012年和2008年相比,北京现代制造业增加值增长45.5%,天津增长28.9%,河北增长105.5%。其中,河北现代制造业增加值一直高速增长,2012年比2011年增长12%,北京在2012年有所降低,比2011年下降

4.8%，天津 2012 年比 2011 年增长 17.7%。

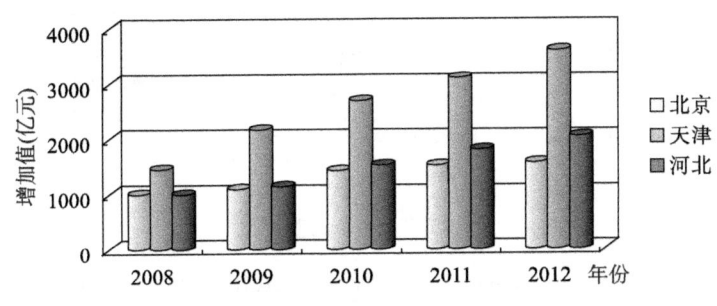

图 11-1 2008—2012 年京津冀现代制造业增加值

从现代制造业产业结构上来看，北京市现代制造业中交通类增加值增长迅速，交通类规模以上工业增加值从 2008 年的 211.15 亿元上升到 2012 年的 566.14 亿元，平均增速为 28%，2012 年占北京市现代制造业工业增加值的 36.8%。虽然近年来机电类增速有所下降，但 2012 年机电类规模以上工业增加值达到了 506.8 亿元，占北京市现代制造业工业增加值的 33%。而医药类比重变化不大，从 2008 年的 115.27 亿元增长到 2012 年的 222.19 亿元，增加了将近一倍，2012 年占北京现代制造业工业增加值的 14.4%。电信类规模以上工业增加值有所下降，从 2008 年的 289.39 亿元下降到 2012 年的 243.64 亿元，2012 年占北京现代制造业工业增加值的 15.8%（见图 11-2）。

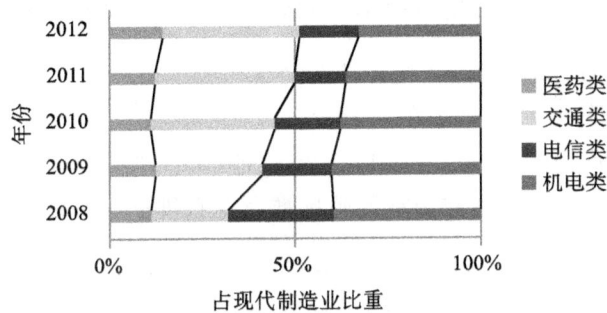

图 11-2 2008—2012 年北京市现代制造业产业结构

天津现代制造业产业结构主要是以机电类为主，2012 年规模以上工业增加值达到 1511.52 亿元，占天津现代制造业工业增加值的 41.7%。其次是电信类和交通类，2012 年分别占天津现代制造业工业增加值的 28.2% 和 25.6%，2012 年医药类工业增加值只有 162.99 亿元，所占份额最少，占天津现代制造业工业增加值的 4.5%（见图 11-3）。

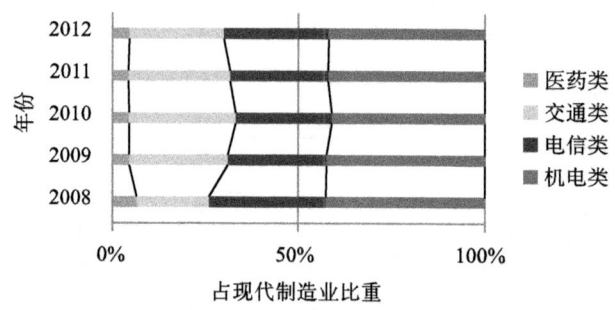

图 11-3 2008—2012 年天津市现代制造业产业结构

河北机电类占现代制造业工业增加值的比重最大,而且有逐渐上升的趋势,2012 年机电类规模以上工业增加值 1438.27 亿元,占河北现代制造业工业增加值的 70.7%,其次为交通类占 17.5%,医药类占 8.5%,电信类所占比例最小,只占 3.3%(见图 11-4)。

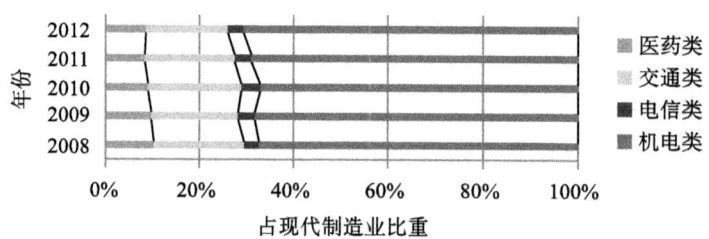

图 11-4 2008—2012 年河北省现代制造业产业结构

(二)京津冀现代制造业能源消费结构比较

从京津冀现代制造业能源消费结构上来看,河北能源消费总量最大,2011 年超过 700 万吨标准煤,2012 年也超过 600 万吨标准煤,而北京和天津能源消费总量较小,基本在 200 万吨标准煤左右徘徊(见图 11-5)。

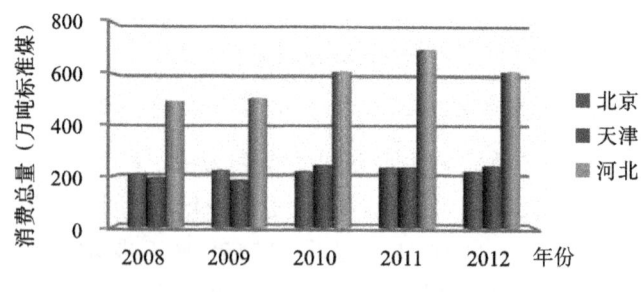

图 11-5 2008—2012 年京津冀能源消费总量

从图 11-6、图 11-7 及图 11-8 中可以看出，北京、天津和河北的现代制造业能源消费结构中机电类所占比重最大，都超过 50%，其中河北机电类能源消费总量最大，达到 386.54 万吨标准煤，占河北现代制造业能源消费总量的 63.3%。其次为交通类，北京交通类能源消费总量最多，2012 年达到 70.79 万吨标准煤，占北京现代制造业能源消费总量的 32.1%。而医药类和电信类的能源消费总量相对较小，其中北京和天津医药类的能源消费总量大约 20 万吨标准煤，占本地能源消费总量的 10% 左右。而河北医药类能源消费总量较大，2012 年达到 113 万吨标准煤，占河北能源消费总量的 18.5%。京津冀地区电信类的能源消费总量大约在 20 万吨标准煤，都小于本地能源消费总量的 10%。

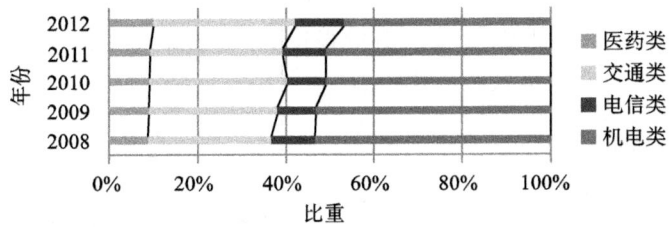

图 11-6　2008—2012 年北京市现代制造业能源消费结构

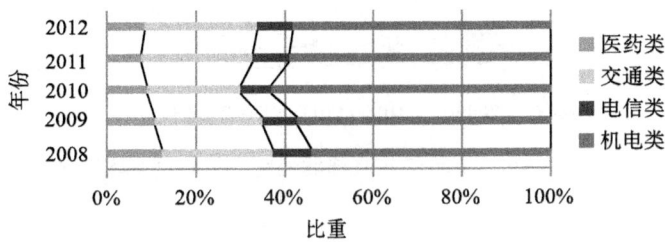

图 11-7　2008—2012 年天津市现代制造业能源消费结构

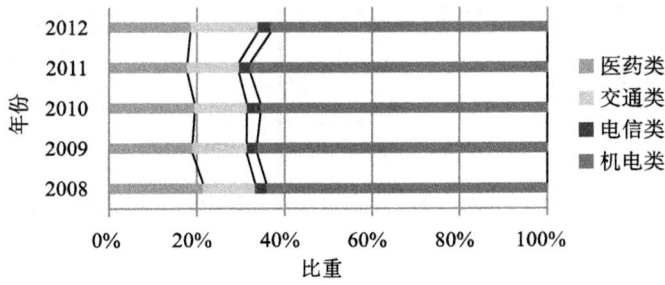

图 11-8　2008—2012 年河北省现代制造业能源消费结构

二、京津冀现代制造业能源效率分析

从京津冀现代制造业能源消费强度或能源利用效率上来看,京津冀现代制造业的能源消费强度均低于全国全行业平均水平。北京、天津和河北三地的现代制造业的能源消费强度总体上均呈大幅下降趋势,其中河北省偏高,但近年来下降迅速。北京市和天津市的能源消费强度也呈下降趋势,但到2010—2012年没有明显的改善。这可能是因为北京市和天津市的现代制造业本身的能源消费强度已经很低,达到了技术的瓶颈,很难进一步下降。北京现代制造业医药类、交通类、电信类行业能源消费强度呈下降趋势,机电类能源消费强度则有所上升。天津现代制造业四大类行业能源强度都有明显改善。其中医药类行业和交通类行业下降显著,但由于这两类行业所占比重较小,所以对现代制造业总体能源消费强度贡献有限(见图11-9、图11-10、图11-11、图11-12)。

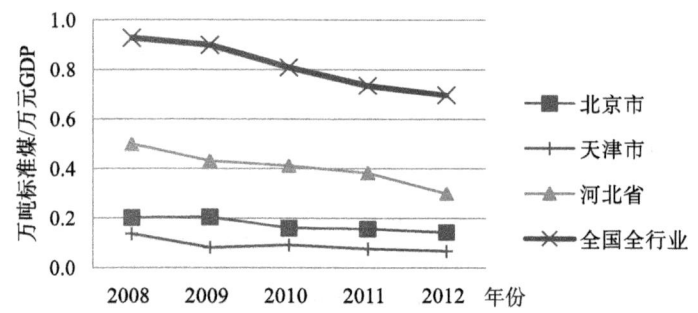

图 11-9　2008—2012 年京津冀地区现代制造业能源强度

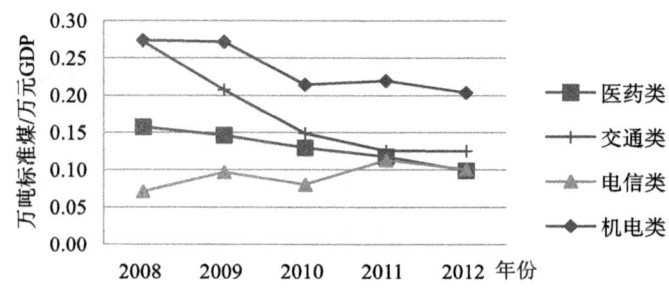

图 11-10　2008—2012 年北京市现代制造业能源消费强度

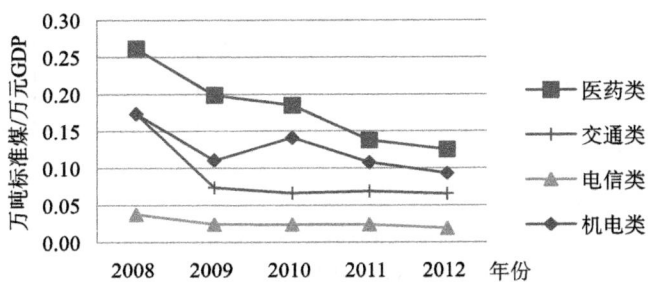

图 11-11 2008—2012 年天津市现代制造业能源消费强度

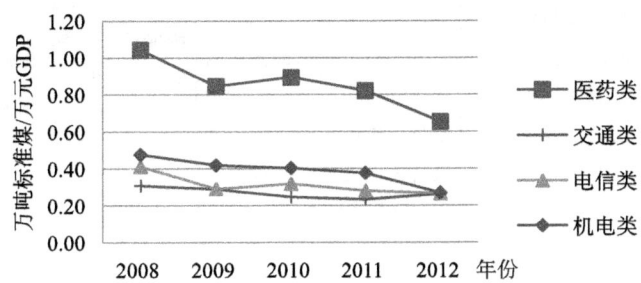

图 11-12 2008—2012 年河北省现代制造业能源消费强度

三、"十二五规划"有关京津冀现代制造业能源效率指标与政策

由于机电类包含的行业较多,"十二五规划"中并没有把机电类单独划为一类,列明其能源效率的指标与政策,因此本文只包含医药类、交通类和电信类的能源效率指标和政策。从表 11-3 中可以看出,中国对现代制造业的各个大类都制定了非常详细的能源效率指标,北京制定的指标比较详细具体,且标准相对较高;天津只对交通类制定了比较详细的能源效率指标,而医药类和电信类没有制定相关的指标和政策,河北也制定了比较详细的能源效率指标和政策,但标准相对较低。

表 11-3　"十二五规划"有关京津冀现代制造业能源效率指标与政策

能源效率指标与政策	中国	北京	天津	河北
医药类	单位工业增加值能耗较"十一五"末降低 21%,单位工业增加值用水量降低 30%。	到 2015 年,生物医药规模以上企业能耗总量控制在 55 万吨标准煤左右;生物医药规模以上企业消耗新鲜水总量控制在 1300 万立方米左右	无	万元产值能耗降低率达到 15% 以上,达到全国和省内先进水平

续表

能源效率指标与政策	中国	北京	天津	河北
交通类	与2005年相比，营运车辆单位运输周转量的能耗和二氧化碳排放分别下降10%和11%，营运船舶单位运输周转量的能耗和二氧化碳排放分别下降15%和16%。与2010年相比，民航运输吨公里的能耗和二氧化碳排放均下降3%以上。	力争2012年上市新车执行国家第五阶段机动车排放标准，并按地方标准配套供应相应油品。2011年起，新增公交车提前实施国家第五阶段排放标准。力争2012年前新能源车示范应用5000辆。自2013年起，凡在京新销售的非道路柴油机动力机械执行国家第三阶段排放标准。	到2015年，公共交通分担率达到30%以上。更新淘汰老旧高耗能车辆7500部，港口生产单位吞吐量综合能耗下降10%。	2012年以前全省实行国Ⅲ排放标准，严格实施第四阶段机动车排放标准，加快实施第五阶段排放标准。
电信类	2015年单位电信业务总量综合能耗比2010年下降10%，新建大型云计算数据中心的PUE值达到1.5以下。电子信息行业工业增加值能耗比2010年下降18%。	软件和信息服务业能源消费量力争控制在210万吨标准煤左右；与2010年相比，软件和信息服务业万元增加值能耗降低10%（约束性指标）。	无	主要行业大中型企业数字化设计工具普及率达到85%，关键工序数控化率达到70%以上。高耗能、高污染企业普遍建立环境监测和污染监控信息系统。党政机关核心业务信息化覆盖率达到70%以上，网上行政服务覆盖率达到80%以上。

资料来源：根据《中华人民共和国国民经济和社会发展第十二个五年规划纲要》和北京、天津和河北三地十二五规划整理。

第三节 京津冀现代制造业能源消费影响因素分解

一、研究方法与数据来源

(一) 研究方法与变量说明

1. 现代制造业能源消耗测算方法。本文运用政府间气候变化专门委员会 (IPCC) 温室气体排放清单指南中的方法,估算京津冀现代制造业能源消耗,表达式如下:

$$E = \sum_i F_i \times \alpha_i = \sum_i F_i \times [I_i \times M_i / 10^9] \tag{1}$$

(1) 式中,E 为现代制造业能源消耗总量(万吨);i 为能源消费类型;F_i 为 i 类能源的终端消费量(万吨标准煤);α_i 为 i 类能源消耗系数(以每吨标准煤计);I_i 为第 i 类能源消耗因子(kg/TJ);M_i 为 i 类能源的平均低位发热量(KJ/kg)。其中,各类能源消耗系数根据《中国能源统计年鉴》中的各类能源平均低位发热量及《2006 年 IPCC 温室气体排放清单指南》中的碳排放因子求得。表 11-4 为各类能源的折标准煤系数。

表 11-4　　　　　　　　能源折标准煤系数

能源种类	折标准煤系数(吨标准煤)
煤炭	0.7143
汽油	1.4714
煤油	1.4714
柴油	1.4571
天然气	1.3300(千克标准煤/立方米)
电力	0.1229(千克标准煤/千瓦时)

注：数据来源于《IPCC 报告》和《中国统计年鉴 2008》(GBT 2589—2008)。

2. 数据来源。本研究使用的数据主要取自 2008—2013 年度的《北京统计年鉴》、《天津统计年鉴》、《河北经济年鉴》、《中国能源年鉴》、《中国工业经济统计年鉴》、《中国高技术统计年鉴》等。由于北京、天津、河北三地各类年鉴中存在着部分数据缺失和难以对应等问题,本研究在分析过程中对该数据进行了必要处理,具体处理方法及对结果的可能影响将在后面详细注明。

其中《天津统计年鉴》中仅提供了 2008 年的分行业增加值数据，缺少 2009—2012 年分行业的增加值数据。《河北经济年鉴》中也同样仅提供了 2008 年分行业的增加值数据，其余年份没有提供准确数据，但是在河北省历年经济公报中提供了分行业工业增加值增长率。在研究中本书对上述天津、河北的增加值缺失数据进行了分别处理。对天津市现代制造业增加值使用分行业产出值数据进行了估算，对河北省现代制造业增加值则直接根据历年的增加值率计算得出。

（二）能源消耗因素分解方法说明

指数因素分解法是一种在国际上被广泛接受的分析能源与环境问题的方法，可用于分析产业能耗与碳排放的影响因素。其实质是将二氧化碳排放和能源消耗的计算公式表示为几个因素指标相乘的形式，并根据不同确定权重的方法进行分解，以计算各个指标的增量余额。根据确定权重方法的不同，指数因素分解法可以分为 Laspeyres 指数法、简单平均分解法（SAD）和自适应权重分解法（AWD）。在简单平均分解法的实际应用中，Ang 等人提出的对数平均迪氏指数法（LMDI）是应用最为广泛的方法。主要原因在于：第一，它可运用到部分残缺数据集的分解上，并可以对所有因素进行无残差分解，将交叉效果分配至各组；第二，LMDI 方法与聚合方法是一致的，指数在两步计算中所得到的值等于用相同的数据在一步计算中得到的值；第三，LMDI 方法和其他分解方法比较在实施方面有非常实用的优势，特别是在加法和乘法形式之间有直接的关系；第四，分解方程具有相同的数学形式，而无需考虑要素的数量。

由于京津冀现代制造业统计数据区间的局限性，本书采用 LMDI 方法计算现代制造业能源消耗，分析探讨影响各年度能源消耗的关键因素，即产业规模、能源效率、能源结构和人口效应。这里的人口指标使用第二产业就业人口数，人均产值指标使用第二产业人均增加值数据，能源强度指标用各行业单位增加值能源消费量来表示，产业结构和能源消费结构各自用增加值比重和不同类型能源消费比重来表示。

在这里使用的一般指数分解分析（IDA）等式为：

$$E_t = \sum_i E_{it} = \sum_{it} P_t \cdot \frac{Q_t}{P_t} \cdot \frac{Q_{it}}{Q_t} \cdot \frac{E_{it}}{Q_{it}} = \sum_i P_t \cdot R_t \cdot S_{it} \cdot I_{it} \qquad (2)$$

（2）式中，E_t 表示 t 年现代制造业的能源消耗总量（万吨）；P_t 表示第

t 年第二产业就业人口（万人）；Q_t 表示第 t 年第二产业增加值（亿元），与 P 一起衡量产业整体规模效应；Q_{it} 表示第 t 年现代制造业 i 部门增加值；E_{it} 表示第 t 年现代制造业 i 部门的能源消费量（万吨标准煤）。

现定义，

$R_t = Q_t/P_t$，即 t 年现代制造业人均增加值，反映现代制造业的产业规模效应；

$S_{it} = Q_{it}/Q_t$，即 t 年现代制造业 i 部门在第二产业中比重，反映产业结构效应；

$I_{it} = E_{it}/Q_{it}$，即 t 年现代制造业 i 部门的能源效率效应。

根据 LMDI 乘数分解方法（Ang，2005），各分解因素的计算公式如下：

$$D = \frac{E^T}{E^0} = D_{pop} \cdot D_{act} \cdot D_{str} \cdot D_{int}$$

$$D_{pop} = \sum_{ij} \frac{(E_{ij}^T - E_{ij}^0)/(\ln E_{ij}^T - \ln E_{ij}^0)}{(E^T - E^0)/(\ln E^T - \ln E^0)} \ln\left(\frac{P^T}{P^0}\right)$$

$$D_{act} = \sum_{ij} \frac{(E_{ij}^T - E_{ij}^0)/(\ln E_{ij}^T - \ln E_{ij}^0)}{(E^T - E^0)/(\ln E^T - \ln E^0)} \ln\left(\frac{R^T}{R^0}\right)$$

$$D_{str} = \sum_{ij} \frac{(E_{ij}^T - E_{ij}^0)/(\ln E_{ij}^T - \ln E_{ij}^0)}{(E^T - E^0)/(\ln E^T - \ln E^0)} \ln\left(\frac{S_i^T}{S_i^0}\right)$$

$$D_{int} = \sum_{ij} \frac{(E_{ij}^T - E_{ij}^0)/(\ln E_{ij}^T - \ln E_{ij}^0)}{(E^T - E^0)/(\ln E^T - \ln E^0)} \ln\left(\frac{I_i^T}{I_i^0}\right)$$

其中，D 表示现代制造业能源消耗量的变动率；D_{pop} 表示人口规模效应；D_{act} 表示产业规模效应；D_{str} 表示产业结构效应；D_{int} 表示能源强度效应。

二、京津冀能源消费影响因素分解分析

本文运用 LMDI 模型，对 2008—2012 年北京、天津、河北的现代制造业能源消费的影响因素进行分解，分别求得人口效应、产业规模、能源效率和能源结构对能源消耗的贡献值。

（一）北京市能源消费影响因素分解分析

从图 11-13 可以看出，由乘数分解法得到的北京市现代制造业所导致的能源消耗量总效应为 1.066，其中主要增量因素为北京现代制造业产业规模所带来的效应，贡献率为 1.507，超过了北京现代制造业能源消耗量总效应。人口效应和产业结构效应为次要增量因素，其中人口效应的贡献率为

1.025，产业结构效应的贡献率为1.018。能源强度主要为减量因素，贡献率为0.678。2009—2010年北京能源消费中能源强度的贡献率最为显著，贡献率为0.7777，说明北京现代制造业能源强度的下降和能源利用效率的提高对北京市能源消费总量的下降发挥了重要作用。

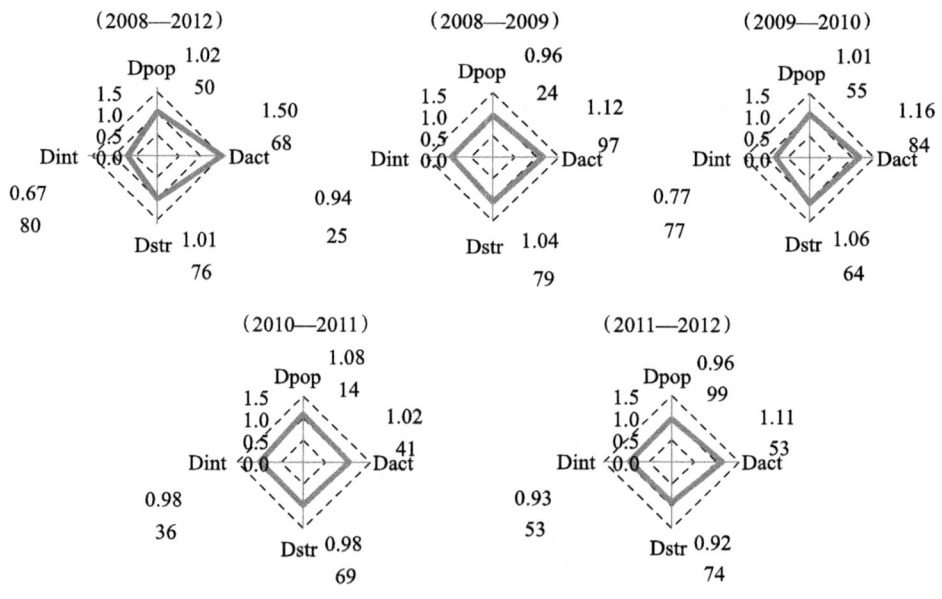

图11-13　2008—2012年北京能源消费影响因素乘数分解

（二）天津市能源消费影响因素分解分析

从图11-14可以看出，由乘数分解法得到的天津市现代制造业所导致的能源消耗量总效应为1.251，其中主要增量因素为产业规模所带来的效应，贡献率为1.475，超过了天津现代制造业能源消耗量总效应。产业结构效应和人口效应为次要增量因素，其中产业结构效应的贡献率为1.442，人口效应的贡献率为1.217。能源强度主要为减量因素，贡献率为0.483。

（三）河北省能源消费影响因素分解分析

从图11-15可以看出，由乘数分解法得到的河北省现代制造业所导致的能源消耗量总效应为1.233，其中主要增量因素为产业规模所带来的效应，贡献率为1.344，超过了河北省现代制造业能源消耗量总效应。产业结构效应和人口效应为次要增量因素，其中产业结构效应的贡献率为1.254，人口效应的贡献率为1.197。能源强度主要为减量因素，贡献率为0.611。

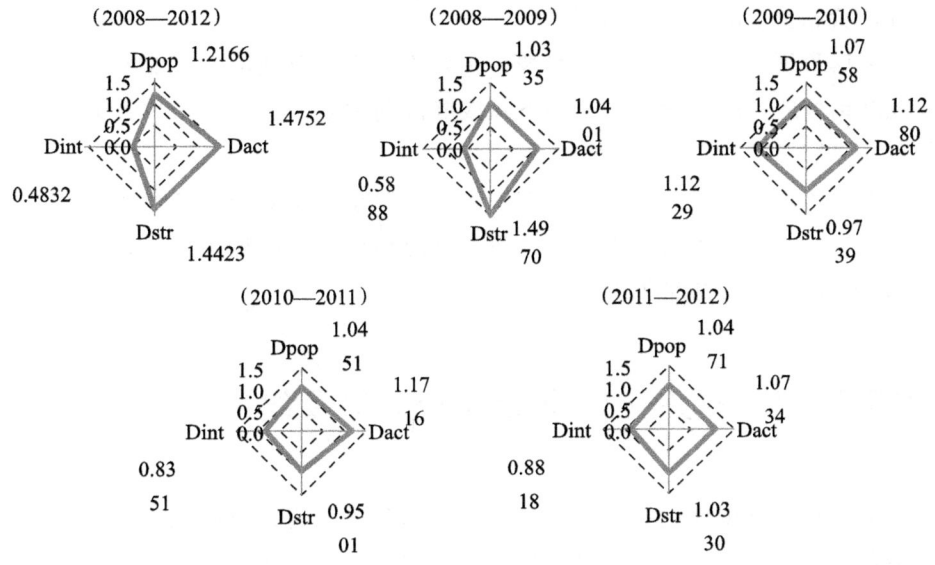

图 11-14 2008—2012 年天津能源消费影响因素乘数分解

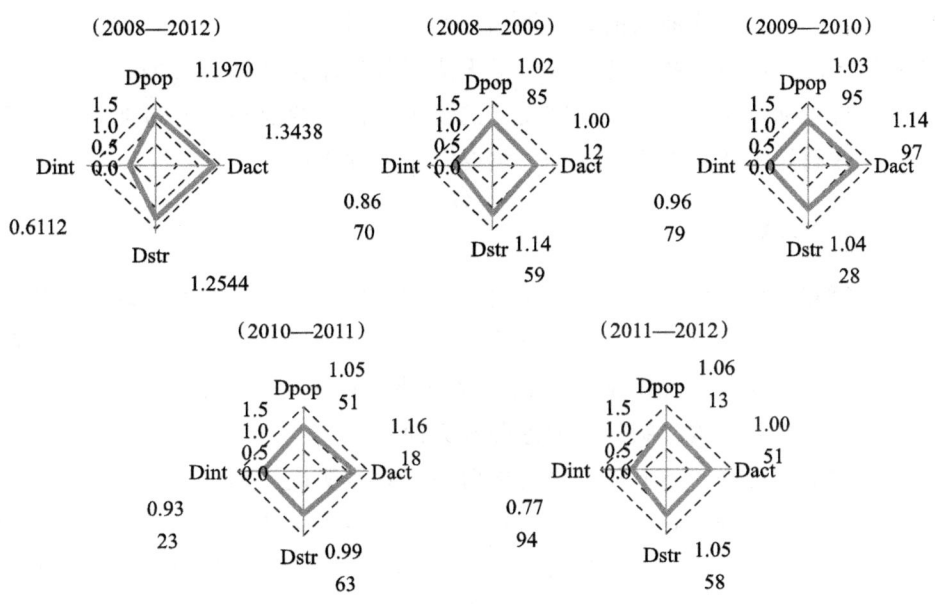

图 11-15 2008—2012 年河北能源消费影响因素乘数分解

通过分析可以得出以下结论:

北京市现代制造业能源消费增长主要来源于人均产出,即产业规模效应。而能源消费强度的下降或能源利用效率的提高是导致北京市现代制造业能源消费总量下降的主要原因。

天津市现代制造业能源消费增长主要来源于人口效应、产业规模效应和产业结构效应，能源消费强度的下降或能源利用效率的提高是导致天津市现代制造业能源消费总量下降的主要原因。

河北省现代制造业能源消费增长主要来源于人口效应、产业规模效应和产业结构效应，能源消费强度的下降或能源利用效率的提高是导致河北省现代制造业能源消费总量下降的主要原因。

第四节　从协同的视角提出发展对策及建议

关于京津冀现代制造业能源消费的结构分解表明，只有减少京津冀现代制造业的人口效应、产业规模效应和产业结构效应所带来的消极影响，提高能源利用效率才能降低京津冀现代制造业的能源消费总量。然而，不考虑北京、天津和河北不同地区的差异性和现实性，通过简单一刀切的方法减少京津冀地区的人口规模和产业规模，则无法实现京津冀地区经济增长和环境改善的双重目标。应该从区域协同发展的视角探讨京津冀现代制造业降低能源消费，提高能源效率的有效途径，主要有三种方式：

一、产业转移

京津冀能源消耗的迅速增长主要是由京津冀现代制造业产业规模的快速增长引起的。然而盲目控制现代制造业产业规模的增长来减少能源消耗量的做法也是不可取的。现代制造业仍然是京津冀地区经济增长的重要驱动力，也是京津冀产业结构升级的重要途径和方向。

京津冀地区处于不同的经济发展阶段，只有明确三地的功能定位、形成区域间产业合理分工和上下游联动机制，才能促进京津冀协同发展。北京的产业结构以服务业为主导，2013年北京服务业比重达到76.9%，研发产业产值规模全国最大，技术市场交易量占全国40%以上，文化创意产业位居全国前列。因此，北京市未来产业发展的重点是高端服务业，制造业应该集中在高端制造业、产品开发和技术研发环节。天津处于工业化后期，工业实力较强，产业发展的重点应该是高端制造业和现代制造业。河北处于工业化中期，应该立足现实，承接京津地区的产业转移，发展与京津地区高端制造业相配套的现代制造业。

北京通过产业转移的方式缓解自身的资源和环境压力。一方面，北京把锻铸造、家具、钢材、建材化工、汽车等制造业转移到河北，并逐步形成"北京技术研发——河北成果转化"的新模式，另一方面，通过疏解部分行政性、事业性、服务性机构和社会公共服务等非首都核心功能，带动周边新城及河北大中小城市发展。通过产业转移和非核心功能的疏解，不但可以有效控制北京的人口规模和产业规模，有效解决北京的"大城市病"问题，引导首都优质资源合理配置，而且可以通过京津冀地区错位发展，推动河北省产业转型升级，促进劳动力、资本、技术等要素的跨地区流动，从而解决区域发展面临的环境困境。

二、技术转移

京津冀现代制造业的能源效率的对比表明，北京和天津相对河北来讲，能源效率更高。这不仅是因为北京和天津重工业和能源消耗多的产业比河北少，而且还意味着北京和天津新能源技术水平更高，使用新能源技术的力度更大。北京和天津地区新能源科技水平发达，基础设施完备，人力资本丰富。这里集中了全国1/3左右的国家重点实验室和工程技术研究中心，拥有超过2/3的"两院"院士，聚集了以中关村国家自主创新示范区为代表的10多家国家级高新区和经济技术开发区，是我国重要的科技创新源头。而河北正好相反，科技水平和基础设施比较落后。要实现京津冀协同发展，不仅要平衡京津冀三地的利益关系，而且要通过技术转移等方式提高河北新能源技术的应用、开发和推广，这有助于京津冀地区改善自身能源效率并减少碳排放。

三、资金转移

河北在京津冀地区的产业转移过程中一直处于被动承接京津地区过剩产能的角色。如果北京把高污染高能耗的产业和企业转移到河北，虽然减少了北京的碳排放，改善了首都的环境质量，但仅依靠行政命令的产业转移，却可能给河北带来了更加严重的环境污染，反过来加重北京和天津的环境负担。产业转移的过程应该是产业转型升级的过程，京津地区应该对河北加大技术和资金的转移和支持。另外，河北为了实现国家节能减排的目标，满足首都环境改善的需求，缩减淘汰了数以千万吨计的钢铁、水泥、平板玻璃等过剩产能，而这些正是处于工业化中期的河北主要财政收入和利益增长点。因此，中央和京津地区应该建立生态补偿机制对河北进行补偿，使其成本与收益相匹配。

在京津冀地区产业转移、技术转移和资金转移的过程中，要处理好政府和市场之间的关系。京津冀一体化进程一直没有实质性进展的最重要原因是行政干预力量过强，市场发育不充分所致。首先，政府应该着力加强顶层设计，建立稳定可持续的推进机制。另外，产业转移、技术转移和资金转移都要遵循市场化的规律，通过市场化的方式，使环境的外部成本内部化，成为生产者决策的有效约束条件。政府要将城市功能疏解和空间布局优化结合起来，产业转移要与现代化交通网络系统建设、教育医疗等公共服务疏解同步进行，只有推动区域、市场、交通、公共服务等全方位的一体化，才能真正实现京津冀区域的协同发展。

参考文献

［1］胡小娟，赵倩．中国制造业出口贸易方式碳排放——基于投入产出法的分析［J］．经济与管理研究，2014（4）．

［2］刘安国，张英奎等．京津冀制造业产业转移与产业结构调整优化重点领域研究——不完全竞争视角［J］．重庆大学学报（社会科学版），2013（19）5.

［3］刘清春，孔令群，安泽扬．中国制造业能源相关的碳排放因素分析［J］．中国人口资源与环境，2014（5）．

［4］牛鸿蕾．中国工业结构调整对碳排放的关联效应测算分析［J］．工业技术经济，2014（2）．

［5］谭飞燕，张雯．中国产业结构变动的碳排放效应分析——基于省际数据的实证研究［J］．经济问题，2011（9）．

［6］祝尔娟．北京在推进京津冀协同发展中应发挥核心引领带动作用［J］．中国流通经济，2014（12）．

［7］赵弘．北京大城市病治理与京津冀协同发展［J］．经济与管理，2014（3）．

［8］B. W. Ang. The LMDI approach to decomposition analysis: a practical guide, Energy Policy 33 (2005) 867 – 871.

［9］Nicolas Mairet, Fabrice Decellas. Determinants of energy demand in the

French service sector: A decomposition analysis, Energy Policy 37 (2009) 2734 – 2744.

[10] Li Li, Changhong Chen. Energy demand and carbon emissions under different development scenarios for Shanghai, China, Energy Policy 38 (2010) 4797 – 4807.

[11] IPCC. Climate Change 2007: The Physical Science Basic [M]. Cambridge: Cambridge University Press, 2007: 16 – 21.

(**作者**：姜伟，北京工业大学经济与管理学院)

第十二章
京津冀现代制造业研发投入与创新产出效率评价
——以生物医药制造业为例

第一节 引　言

现代制造业是国家竞争力的重要体现，也是当今国家科技创新能力的综合体现，是新产业革命的重要技术基础，更是当今国际科技和经济激烈竞争的制高点。争夺现代制造业发展制高点和现代制造业发展主动权已经成为各国战略目标。随着经济全球化和产业结构的不断升级，京津冀的现代制造业得到了很大发展，逐渐占据了这些城市产业结构的主导地位。北京市主要发展汽车产业、装备制造产业、电子信息制造业等支柱产业，重点发展高端、高效、高辐射力的现代制造业；天津市是北方重要的制造业发展基地，目前已经形成以先进制造业为主，以滨海新区为主的现代制造业和研发转化基地，重点发展电子、汽车、冶金、航空航天等产业；河北省制造业的发展比北京、天津两个城市相对落后，但整个产业构成中制造业仍占主体地位，重点在黑色金属冶炼及加工业、交通运输设备业、普通机械制造业等产业。京津冀现代制造业的发展，促进京津冀区域竞争力提升，是我国发展潜力最大的经济增长中心。

尽管近年来京津冀的现代制造业发展迅猛，但是自主创新能力依然不足，缺乏高端核心技术。深层次原因在于自主迎新意识不强，研发投入不足或研发投入不当，导致创新产出不理想。发达国家经验证明，研发投入能进创新产出，但是事实上，京津冀之间的研发投入与创新产出效率具有差异性。如何审视和准确评价京津冀的现代制造业研发投入与创新产出效率，已成为推进京津冀一体化协调发展的一个重要问题。作者以生物医药制造业为例，运用灰色关联和数据包络方法对京津冀现代制造业研发投入与创新产出效率进行定量分析，并提出对策建议。

第二节 相关研究综述

一、现代制造业界定

现代制造业是用现代技术武装起来的制造业，是采用高技术和先进适用技术对原材料（采掘业的产品和农产品）进行加工或再加工，以及对零部件装配的工业的总称。振兴现代制造业的实质在于推动制造业结构的升级优化。现代制造业包括两大类：一是高新技术产业中的制造业。这是高新技术发展成熟而形成的新型制造业形态，是现代制造业的典型形态。二是先进适用技术制造业。它是传统产业通过高新技术或现代管理手段改造提升后的一种产业形态。现代制造业至少具备三个特点：一是工艺、装备、材料高技术化，产品科技含量和附加值较高；二是符合现代社会可持续发展理念，具有资源节约、有利环保等特征；三是产业链条长，关联度高，对国民经济带动作用大，能迅速成为产业发展的重要支撑。因此，现代制造业含有高新技术制造业。

二、研发投入和创新产出

研究与开发（R&D）支出与生产力之间的关系一直是 Schultz 和 Griliches 早期著作中探索的主题。之后，出现大量这方面的实证研究和理论研究。Schultz（1961，1981）等、Blaug（1976）认为教育可提高劳动者技术水平，进而促进劳动生产率的提高，最终有利于推动经济增长。以研发为基础的内生增长模型是索洛以来内生化新古典经济增长模型的重要分支，代表人物有 Romer（1990）、Grossman 和 Helpman（1991）、Aghion 和 Howitt（1992），他们从技术进步内生化考虑，认为单独的研发促进技术知识的增长，进而推动经济长期发展。尽管这些研究从理论上建立了两者之间的联系，但是生产力和研发支出之间关系的性质在行业层面上没有完全回答。研发经费投入一直是衡量竞争力的一项重要指标，研发经费投入对创新产出的影响引起了国内外学者的普遍关注。

大量文献探讨了研发投入与创新产出这一问题。衡量创新产出的指标较多，专利和新产品销售收入都是较为常用的指标。Acs 等（2002）认为，专利作为创新中间产出，而新产品销售收入可以作为创新的最终产出。Griliches（1990）认为，专利数包含大量技术、发明创新信息，数据容易获得，但是它也具有相应缺点，有的考虑技术保密的原因，不愿意申请专利，有的专利很难直接反映创新活动经济价值。新产品销售收入也是不错的指标，它能够较好地体现创新成果的商业化价值。衡量创新投入的指标则选用多数学者采用的研发人员全时当量和研发经费支出。

最早研究研发投入和专利数量关系的两位学者 Schmookier（1966）和 Scherer（1965），利用行业专利数据研究后认为，两者间表现为高度同步。Pakes 等（1980）利用美国面板数据研究发现研发投入和产出间显著相关，研发投入对专利的弹性为 0.6。即使考虑研发投入滞后效应也如此。Pilar（2003）、Ike（2010）认为，R&D 经费投入会促进新产品产出，提升企业创新产出。

由于中国专利制度实行较晚和数据缺乏，国内学者探讨该领域较晚。从研究的方法来看，有的采用灰色关联法（张华平，2013），有的采用单位根检验、协整和格兰杰因果关系检验（刘和东和梁东黎，2006；陈春晖和曾德明，2009；古利平等，2006），有的采用相关性检验（王庆元等，2010；张小蒂等，2008），有的采用零膨胀泊松回归法（朱平芳等，2005）；从研究的对象看，有的针对高技术产业（张华平，2013；李晨，2009；黄静等，2010），有的针对大中型工业企业（刘和东等，2006；周亚虹等，2012）；从研究的数据来看，有的采用时间序列（陈春晖等，2009），有的采用截面数据（郑艳民，2012），有的采用面板数据（黄静和逄淑媛，2009）；从研究的区域分，有的研究单个省份（刘和东等，2006），有的研究全国（王庆元等，

2010);从研究的结论来看,有的认为两者间呈正相关性,存在长期均衡关系和某个方向的格兰杰因果关系,存在一定滞后阶数;有的研究认为,两者间关系不大,甚至存在反作用。任海云(2011)认为,研发投入对企业创新绩效影响并不全是积极的,有的甚至可能是负面的。其他形式投资对提高企业绩效比 R&D 投资更有效。由于无效资源配置,R&D 经费投入不能有效利用。

第三节 数据和方法

一、数据采集

基于研究的需要,在指标选择上,要考虑以下几点:一是指标的代表性,即指标应能反映变量的本质特征;二是数据的可获得性,即指标数据易于获取和更新;三是简明性,即指标应尽可能少,便于推广和应用。至此,本文采用高技术产业的"新产品销售收入"和"专利申请数"[①] 作为创新产出指标。衡量研发投入的指标则选用多数学者采用的研发人员全时当量和研发经费支出,考虑到研发经费投入不能涵盖所有的新产品创新投入问题,所以作者将新产品开发经费支出[②]作为衡量研发投入的指标之一。此外,作者也将技术改造与获取经费支出作为研发投入的度量指标,同时考察上述各项研发投入指标与创新产出之间的关系,具体见表 12-1 所示。所用数据均摘自历年《中国高技术产业统计年鉴》,涉及年份为 1997—2012 年共计 16 年,研究对象为生物医药制造业,相关的统计数据见表 12-2 和表 12-3。

[①] 采用专利申请数比专利授权数更能准确反映创新真实水平,因为前者更少受到专利机构人为影响,减少由于不确定因素带来的异常波动,而且前者反映当期创新产出水平。专利分发明、实用新型和外观三种,其中发明专利原创性最高,更能反映创新产出的实质。采用发明专利申请数进行检验,发现结果类似,因此本文采用高技术产业的"专利申请量"作为创新产出指标之一。

[②] 新产品开发经费支出是指报告年内在企业科技活动经费内部支出中用于新产品研究开发的经费支出,包括新产品的研究、设计、模型研制、测试、实验等费用支出。

表 12-1　　生物医药制造业研发投入和创新产出的度量指标

变量	度量	指标单位	代码
研发投入	R&D 人员全时当量	万人	X_1
	R&D 经费内部支出	万元	X_2
	新产品开发经费支出	万元	X_3
	技术改造与获取经费支出	万元	X_4
创新产出	新产品销售收入	万元	Y_1
	专利申请数	件	Y_2

表 12-2　　1997—2012 年京津冀三地创新产出数据

年份	新产品销售收入（万元）			专利申请数量（件）		
	北京	天津	河北	北京	天津	河北
1997	10205	9356	77014	1	11	14
1998	5794	46706	89110	1	13	18
1999	44749	40388	108515	3	12	4
2000	59074	19196	153880	1	62	22
2001	96615	84423	133393	13	59	18
2002	193586	137412	133907	16	41	22
2003	202347	121889	130515	18	100	24
2004	162784	260442	130082	15	187	79
2005	183135.7	175073	170626	66	300	114
2006	160919.2	270606.1	237582.7	25	336	130
2007	377113.8	337407	290122.8	22	234	106
2008	483266.9	381888	265463	114	875	202
2009	762674.7	584651.7	375065.1	264	1301	229
2010	633168.6	692388.9	496716.7	141	1062	187
2011	1065771	1082035	579809	368	1454	269
2012	1270707	1407073	1027467	367	1552	254

表 12-3　　1997—2012 年京津冀三地研发投入数据

年份	R&D 人员全时当量（万人/年）			R&D 经费内部支出（万元）		
	北京	天津	河北	北京	天津	河北
1997	4821	2977	730	1881	3103	7952
1998	4558	2320	1223	697	6014	12470
1999	4726	2338	1210	1330	5089	12405

续表

年份	R&D人员全时当量（万人/年）			R&D经费内部支出（万元）		
	北京	天津	河北	北京	天津	河北
2000	4374	1895	1768	5042	4756	12244
2001	6173	2502	1555	11433	8056	20971
2002	4973	2472	2577	12009	12800	17276
2003	6209	1935	3125	8301	12642	24983
2004	7509	2504	2744	8682	14198	22610
2005	8591.46	3463.8	3468.64	13684.5	36317.7	27460.2
2006	6466.68	3124.17	3296.23	10574.8	44764.6	29272.6
2007	8420.71	4433.34	2815.02	24267	36956.3	35509.3
2008	8039.53	5675.55	3007.93	26286.9	31824.1	33472.8
2009	3225	2426	3650.4	454718.9	189529.6	77715.8
2010	1811.64	1801.727	4211.146	368388.2	220546.8	90835.7
2011	3308.504	3877.073	4586.508	741990.8	321477.5	118243.6
2012	4026	4369	4792	922229	392072	154272

年份	新产品开发经费支出（万元）			技术改造与获取经费支出（万元）		
	北京	天津	河北	北京	天津	河北
1997	934	2822	5646	2156	1014	48634
1998	608	1322	5631	602	5515	67335
1999	515	3386	6717	4035	2686	25449
2000	2359	5061	14173	276	7418	28284
2001	4391	5580	14368	1471	4174	10059
2002	7911	13176	12289	9361	14234	42201
2003	4079	10909	16788	18855	16792	48747
2004	6372	10357	18399	9691	7048	16658
2005	12760.1	17358.4	22548.1	3621.7	15713.8	13449.6
2006	12741.4	47398.3	23729.7	3941.1	12526.2	12363.5
2007	22836.2	40162.1	28431.1	2976.5	14478.3	19285.4
2008	23425.8	46872.2	27967.8	4137.3	7992.7	27448.5
2009	61148.1	33267.3	47293.5	3595	6466.3	16332.8
2010	77072.1	58862.4	55330.2	1783.7	6510.6	21866.2
2011	105053.1	72719.4	74196.9	6357.4	32904.5	21114
2012	144817	95169	97763	5552	11090	28364

二、研究方法

(一) 灰色关联法

考察投入与产出关系的研究方法有很多，其中灰色关联分析法是比较有效的一种，该方法对数据量多少没有太高的要求，且无需服从典型分布，在系统数据资料较少的情况下，也能得出比较满意的结果，可以弥补回归分析等方法大样本要求的缺陷，具有较强的实用性。灰色关联度是两个系统或两个因素间关联性大小的量度，在系统发展过程中，若两个因素的变化态势一致性高，则两者的关联度就大，反之，关联度就小。灰色关联分析法的步骤主要包括：确定参考数据序列与比较数据序列的表示方式和计算关联系数与关联度。在分析参考数据序列与比较数据序列的关联程度时，首先分析数列中各个因素之间的关联程度，用关联系数表示，其计算公式如下：

$$\eta_i(k) = \frac{\min\min|x_0(k)-x_i(k)| + \rho\max\max|x_0(k)-x_i(k)|}{|x_0(k)-x_i(k)| + \rho\max\max|x_0(k)-x_i(k)|} \quad (1)$$

公式（1）中，$|x_0(k)-x_i(k)|$ 为第 k 个数 x_0 与 x_i 的绝对误差，$K=1, 2, \cdots, n$，$i=1, 2, \cdots, m$。$\min\min|x_0(k)-x_i(k)|$ 为两级最小差。其中，$\min|x_0(k)-x_i(k)|$ 是第一级最小差，表示 $x_i(n)$ 序列上找各数与 $x_i(k)$ 的最小差，即跑遍 k 选最小者。$\min\min|x_0(k)-x_i(k)|$ 为第二级最小差，表示在各序列找出的最小差基础上寻找所有序列中的最小差，即跑遍 k 选最小者。$\max\max|x_0(k)-x_i(k)|$ 是两级最大差，其含义与最小差类似。ρ 为分辨系数，$0<\rho<1$，它的作用在于调整比较环境的大小，当 $\rho=0$ 时，环境消失；当 $\rho=0$ 时，环境被"原封不动"地保持着，因此，一般取 $\rho=0.5$。

关联系数的数值较多，信息过于分散，不便于比较，为此有必要将各个关联系数集中为一个值，求平均值，此结果称为关联度，其计算过程见公式（2）。通常，关联度越接近于 1，说明关联性越强。当关联度大于 0.6 时，关联性显著；当关联度大于 0.85 时，关联密切。

$$r_i = \frac{1}{n}\sum_{k=1}^{n}\omega_i\eta_i(k) \quad (2)$$

公式（2）中，ω_i 为第 i 个关联系数的权重，本研究取 1。对于单位不一、初值不同的序列，在计算关联系数前应进行无量纲化处理。本研究采用均值化公式进行无量纲化处理，见公式（3）。

$$x_i{'} = \frac{x_i}{\frac{1}{n}\sum x_i} \quad (3)$$

(二) 数据包络分析法

数据包络分析（DEA）是一种应用数学规划模型，对具有多个投入和多个产出的"部门"或"单位"的相对有效性或效益进行评价的分析方法。DEA 方法不仅可以对各决策单元（DMU）的技术有效性和规模有效性进行评价或排序，还能分析各决策单元（DMU）非 DEA 有效的原因，并提出改进方向，是一种应用非常广泛且有效的系统评价方法。

本文使用 C^2R 模型对京津冀现代制造业研发投入与创新产出效率进行评价。该模型的分析思路如下：假设有 n 个区域，称为 n 个决策单元 DMU_j，$j=1,2,3,\cdots,n$，每个决策单元都有 m 种投入和 p 种产出，设 DMU_j 的投入为 $X_j=(X_{1j},X_{2j},\cdots,X_{nj})^T$，产出为 $Y_j=(Y_{1j},Y_{2j},\cdots,Y_{nj})^T$，基于投入的评价 DMU 总体效率的具有非阿基米德无穷小的 C^2R 模型如公式（4）、公式（5）和公式（6）所示。

$$\min[\theta - \varepsilon(\sum_{i=1}^{t} S_i^- + \sum_{r=1}^{k} S_r^+)] \tag{4}$$

$$\sum_{j=1}^{n} \lambda_j x_{ij} + S_i^- - \theta x_{ij} = 0 \tag{5}$$

$$\sum_{j=1}^{n} \lambda_j y_{rj} + S_r^+ - y_{ij} = 0 \tag{6}$$

其中，x_{ij} 为第 j 个决策单元对第 i 种类型投入的投入量；y_{ij} 为第 j 个决策单元对第 i 种类型产出的产出量；S_i^- 和 S_r^+ 为松弛变量；S_i^- 表示投入冗余，S_r^+ 表示产出不足；ε 为非阿基米德无穷小量，可取 $\varepsilon = 10^{-6}$；θ 为综合效率（TE），可分解为技术效率（PTE）和规模效率（SE）。θ 值越大，综合效率越高；当 $\theta=1$ 时，决策单元 DMU 为 DEA 最有效；当 $\theta<1$ 时，决策单元 DMU 为 DEA 无效。

第四节 结果和分析

表 12-4 列出了京津冀生物医药制造业投入与新产品销售收入（Y_1）的关联度，从中可知：京津冀生物医药制造业投入与新产品销售收入（Y_1）的关联度均大于 0.6，说明京津冀各自生物医药制造业的 R&D 人员全时当量（X_1）、R&D 经费内部支出（X_2）、新产品开发经费支出（X_3）和技术改造与获取经费支出（X_4）分别与新产品销售收入（Y_1）的关联显著，即投入对产出有显著的影响。其中，北京的 R&D 人员全时当量（X_1）、新产品开发

经费支出（X_3）和技术改造与获取经费支出（X_4）等与新产品销售收入（Y_1）的关联度都大于 0.85，说明北京的 R&D 人员全时当量（X_1）、新产品开发经费支出（X_3）和技术改造与获取经费支出（X_4）等投入对新产品销售收入（Y_1）的产出具有重要的影响。同样的，天津的 R&D 经费内部支出（X_2）投入对新产品销售收入（Y_1）的产出具有重要的影响以及河北的 R&D 人员全时当量（X_1）投入对新产品销售收入（Y_1）的产出具有重要的影响。

表 12-5 列出了京津冀生物医药制造业投入与专利申请数（Y_2）的关联度，从中可知：京津冀生物医药制造业投入与专利申请数（Y_2）的关联度均大于 0.6，说明京津冀各自生物医药制造业的 R&D 人员全时当量（X_1）、R&D 经费内部支出（X_2）、新产品开发经费支出（X_3）和技术改造与获取经费支出（X_4）分别与专利申请数（Y_2）的关联显著，即投入对产出有显著的影响。其中，北京的 R&D 经费内部支出（X_2）与专利申请数（Y_2）的关联度都大于 0.85，说明北京的 R&D 经费内部支出（X_2）投入对专利申请数（Y_2）产出具有重要影响。

表 12-6 列出了 2010—2012 年京津冀生物医药制造业效率分析，从中可知：（1）从全国平均值的动态变化来看，2010—2012 年三年间京津冀生物医药制造业综合效率、技术效率和规模效率均呈现逐年上升趋势。东部地区的综合效率、技术效率和规模效率呈现先降后升趋势。中部地区的综合效率和规模效率呈现上升趋势，而技术效率呈现先升后降趋势。西部地区的综合效率呈现先升降后趋势，技术效率呈现逐年上升趋势，规模效率呈现逐年下降趋势；（2）从区域来看，整体上 2010 年到 2012 年三年间，东部地区、中部地区和西部地区的综合效率、技术效率或规模效率都没有明显的优势；（3）从京津冀的动态变化来看，京津生物医药制造业已达到效率前沿，2010—2012 年的综合效率、技术效率和规模效率均为 1，而河北的生物医药制造业综合效率和技术效率呈现先降后升趋势，规模效率呈现逐年下降趋势。同时反映了北京和天津生物医药制造业的 DEA 有效、技术有效和规模有效，说明北京和天津生物医药制造业发展具有相对优越性，投入资源的组合结构相对合理。在投入产出技术效率方面，不存在投入冗余和产出不足；在规模报酬方面，处于最佳状态，因此同时为技术有效和规模有效。河北的规模效率三年来都大于 0.9，而综合效率和技术效率仅在 2012 年大于 0.8，说明相比之下，河北的生物医药制造业效率低，需要统筹规划，合理配置资源，提高资源利用效率。

表 12-4　京津冀生物医药制造业投入与新产品销售收入的关联度

区域	X_1	X_2	X_3	X_4
北京	0.865	0.824	0.951	0.869
天津	0.742	0.884	0.788	0.796
河北	0.853	0.811	0.816	0.737

表 12-5　京津冀生物医药制造业投入与专利申请数的关联度

区域	X_1	X_2	X_3	X_4
北京	0.781	0.885	0.830	0.785
天津	0.730	0.843	0.772	0.760
河北	0.724	0.800	0.794	0.673

表 12-6　2010—2012 年京津冀生物医药制造业效率分析

DMU	2010 年				2011 年				2012 年			
	EFF	TE	SE	RTS	EFF	TE	SE	RTS	EFF	TE	SE	RTS
北京	1	1	1	—	1	1	1	—	1	1	1	—
天津	1	1	1	—	1	1	1	—	1	1	1	—
河北	0.651	0.655	0.994	irs	0.608	0.612	0.993	irs	0.857	0.866	0.99	drs
辽宁	0.704	0.73	0.965	irs	1	1	1	—	0.79	1	0.79	irs
上海	0.912	0.954	0.956	drs	1	1	1	—	1	1	1	—
江苏	1	1	1	—	0.786	1	0.786	drs	0.793	1	0.793	drs
浙江	0.924	0.929	0.995	drs	0.964	1	0.964	drs	0.975	1	0.975	drs
福建	0.952	1	0.952	irs	0.735	0.768	0.956	irs	0.792	0.795	0.997	drs
山东	0.906	1	0.906	drs	0.966	1	0.966	drs	1	1	1	—
广东	0.776	1	0.776	drs	0.639	0.73	0.875	drs	0.73	0.804	0.909	drs
广西	1	1	1	—	0.518	0.604	0.858	irs	1	1	1	—
海南	1	1	1	—	1	1	1	—	1	1	1	—
东部平均	0.902	0.939	0.962		0.851	0.893	0.95		0.911	0.955	0.954	
山西	0.925	1	0.925	irs	1	1	1	—	0.733	0.734	0.998	irs
内蒙古	0.366	1	0.366	irs	0.776	1	0.776	irs	1	1	1	—
吉林	1	1	1	—	0.796	0.817	0.975	irs	1	1	1	—
黑龙江	0.326	0.345	0.946	drs	0.611	0.621	0.984	irs	0.633	0.637	0.993	irs
安徽	1	1	1	—	1	1	1	—	1	1	1	—
江西	1	1	1	—	1	1	1	—	1	1	1	—

续表

DMU	2010 年				2011 年				2012 年			
	EFF	TE	SE	RTS	EFF	TE	SE	RTS	EFF	TE	SE	RTS
河南	0.891	1	0.891	drs	0.996	1	0.996	irs	1	1	1	-
湖北	1	1	1	-	1	1	1	-	1	1	1	-
湖南	0.877	0.877	1		1	1	1	-	1	1	1	-
中部平均	0.82	0.913	0.903		0.909	0.938	0.97		0.929	0.93	0.999	
重庆	0.747	1	0.747	drs	1	1	1	-	1	1	1	-
四川	1	1	1	-	1	1	1	-	1	1	1	-
贵州	1	1	1	-	0.854	0.863	0.989	irs	1	1	1	-
云南	0.978	0.978	0.999	irs	0.706	0.747	0.946	irs	1	1	1	-
陕西	0.613	0.637	0.961	drs	0.935	1	0.935	irs	0.814	0.839	0.97	drs
甘肃	0.209	0.212	0.985	irs	0.294	1	0.294	irs	0.758	1	0.758	irs
宁夏	1	1	1	-	1	1	1	-	1	1	1	-
新疆	1	1	1	-	1	1	1	-	0.13	1	0.13	irs
西部平均	0.818	0.853	0.962		0.849	0.951	0.895		0.838	0.98	0.857	
全国平均	0.729	0.814	0.889		0.782	0.865	0.911		0.804	0.882	0.916	

注：EFF 为综合效率；TE 为技术效率；SE 为规模效率；RTS 为规模报酬；- 为规模报酬不变；drs 为规模报酬递减；irs 为规模报酬递增。数据中不包括青海和西藏。

第五节　结论和建议

创新产出依靠研发资源的投入，其中 R&D 人员全时当量、R&D 经费内部支出、新产品开发经费支出和技术改造与获取经费支出是至关重要的创新投入资源。生物医药制造业在京津冀一体化或协调发展中具有举足轻重的地位。因此针对京津冀现代制造业研发投入和创新产业的效率评价至关重要。研究结果表明，京津冀生物医药制造业的 R&D 人员全时当量、R&D 经费内部支出、新产品开发经费支出和技术改造与获取经费支出等研发投入都与其新产品销售收入和专利申请数等创新产出关联性显著，都可以作为影响京津冀生物医药制造业创新产出的主要因素；北京和天津的生物医药制造业效率无论在全国还是东部、中部和西部等地区的比较中都是最优，而河北的生物医药制造业效率明显差于北京和天津，且与全国其他省（市）相比，也存在着差距。

作者提出建议如下：（1）政府在指导京津冀生物医药制造业协调发展过程中，需要消除行政分割及障碍，建立良好的市场竞争环境，并通过制度建设保障市场竞争的公平、公正，从而保证市场机制在京津冀资源配置中的基础性作用。政府还要注重加强生物医药领域的跨地区合作，进一步推动生物医药制造业的一体化进程。继续加大研发人员、研发资金投入，新产品开发经费支出和技术改造与获取经费支出加大人才引进，尤其加大科技领军人才引进、使用和激励，促进专利或新产品产出。（2）坚持公平竞争、机会均等、利益兼顾、适度补偿的基本原则，完善相关法律法规，制定对生物医药制造业的监督管理机制，形成完善统一的京津冀地区协调机制。（3）京津地区应该利用自身的区位优势和资源优势，在区域内进行合理的产业结构调整和转移，形成开放度大、集群率高、承接能力强的合理的产业布局及产业链。北京应以发展高新技术产业和发展第三产业为中心，带动制造业和都市农业的发展。天津则要利用港口优势，大力发展制造业、现代物流业及海洋经济等。河北应从自身条件出发，坚持发展自身基础产业，同时加快发展第三产业，并要积极承接北京、天津的产业转移，提升自身产业结构。

参考文献

[1] Acs Z J, Anselin L, Varga A. Patents and innovation counts as measures of regional production of new knowledge [J]. Research policy, 2002, 31 (7): 1069 – 1085.

[2] Blaug M. The empirical status of human capital theory: a slightly jaundiced survey [J]. Journal of economic literature, 1976: 827 – 855.

[3] Boubtane E, Coulibaly D, Rault C. Immigration, unemployment and GDP in the host country: Bootstrap panel Granger causality analysis on OECD countries [J]. Economic Modelling, 2013, 33: 261 – 269.

[4] Erickson G, Jacobson R. Gaining comparative advantage through discretionary expenditures: The returns to R&D and advertising [J]. Management Science, 1992, 38 (9): 1264 – 1279.

[5] Grossman G, Helpman E. Innovation and growth in the global economy, 1991 [J]. 1991.

[6] Hausman J A, Hall B H, Griliches Z. Econometric models for count data with an application to the patents – R&D relationship [J]. 1984.

[7] Kar M, Nazlıoǧlu Ş, Aǧır H. Financial development and economic growth nexus in the MENA countries: Bootstrap panel granger causality analysis [J]. Economic Modelling, 2011, 28 (1): 685 – 693.

[8] Konya L. Exports and growth: Granger causality analysis on OECD countries with a panel data approach [J]. Economic Modelling, 2006, 23 (6): 978 – 992.

[10] Chou M C. Does tourism development promote economic growth in transition countries? A panel data analysis [J]. Economic Modelling, 2013, 33: 226 – 232.

[11] Pakes A, Griliches Z. Patents and R&D at the firm level: a first look [M] //R & D, patents, and productivity. University of Chicago Press, 1984: 55 – 72.

[12] Beneito P. Choosing among alternative technological strategies: an empirical analysis of formal sources of innovation [J]. Research Policy, 2003, 32 (4): 693 – 713.

[13] 刘建数, 艾建军, 李春花. 京津冀一体化背景下现代制造业应用型人才培养研究 [J]. 人力资源管理, 2011 (5): 172 – 172.

[14] 王彤, 黄鲁成. 北京现代制造业发展的 SWOT 分析 [J]. 统计与决策, 2005 (08X): 113 – 115.

[15] 魏洁云, 江可申, 李雪冬. 中国高技术产业创新投入与产出的关联测度分析 [J]. 数量经济技术经济研究, 2014, 31 (1): 77 – 92.

[16] 张华平. 高技术产业创新投入与产出灰关联分析 [J]. 中央财经大学学报, 2013, 3: 012.

[17] 马岳红. R&D 投入对中国高技术产业的影响——基于静态和动态的面板数据模型的实证研究 [J]. 中国科技论文在线. http://www.paper.edu.cn.

[18] 陈春晖, 曾德明. 我国自主创新投入产出实证研究 [J]. 研究与发展管理, 2009, 21 (1): 18 – 23.

[19] 王庆元, 张杰军, 张赤东. 我国创新型企业研发经费与发明专利申请量关系研究 [J]. 科学学与科学技术管理, 2010, 31 (11): 5 – 12.

[20] 张小蒂,王中兴. 中国 R&D 投入与高技术产业研发产出的相关性分析 [J]. 科学学研究,2008,26 (3): 526 – 529.

[21] 朱平芳,徐伟民. 上海市大中型工业行业专利产出滞后机制研究 [J]. 数量经济技术经济研究,2006,22 (9): 136 – 142.

[22] 李晨. 高技术产业研发投入对技术创新绩效的影响研究 [D]. 杭州:浙江大学,2009.

[23] 黄静,吴和成,李慧. 基于面板数据的高技术产业 R&D 投入产出关系研究 [J]. 科技进步与对策,2010,27 (16): 58 – 62.

[24] 周亚虹,贺小丹,沈瑶. 中国工业企业自主创新的影响因素和产出绩效研究 [J]. 经济研究,2012 (5): 107 – 119.

[25] 任海云. 公司治理对 R&D 投入与企业绩效关系调节效应研究 [J]. 管理科学,2011,24 (5): 37 – 47.

[26] 郑艳民,张言彩,韩勇. 区域创新投入,产出及创新环境的数量关系研究——基于省级截面数据的实证分析 [J]. 科技进步与对策,2012,29 (15): 35 – 41.

(作者:黄斌,北京工业大学经济与管理学院)

下篇

两届学术研讨会纪要

2013年京津冀制造业发展学术研讨会纪要

会 议 通 知

"2013年京津冀制造业发展学术研讨会"
通 知

尊敬的学者，您好！

由北京工业大学经济与管理学院、北京现代制造业发展研究基地主办的"2013年京津冀制造业发展学术研讨会"，预定于2013年11月25日，在北京工业大学召开。本次研讨会将为关心京津冀制造业协同发展、协同创新的高教院所、政府部门、研究和咨询机构的专家学者提供一个交流的机会。

我国"十二五"规划纲要提出，"推进京津冀、长江三角洲、珠江三角洲地区区域经济一体化发展，打造首都经济圈"，这标志着京津冀区域经济合作和一体化已上升为国家发展战略。"十二五"已经过半，目前京津冀都市圈制造业发展怎样？存在什么问题？"十三五"期间，怎样围绕"十二五"规划的战略目标和发展基础，结合京津冀都市圈的区域特点、发展现状和存在问题，提出优势互补，协调发展的相关政策建议，做好制造业发展规划，为实现京津冀都市经济圈制造业快速发展出谋献策，为政府的战略规划或政策制定提供参考和辅助支持。我们真诚地邀请您参加此次研讨，相信您的参与会使研讨会更加精彩！

一、研讨主题

"京津冀都市经济圈制造业发展问题与对策"

二、研讨内容

研讨内容可以围绕主题：京津冀都市经济圈制造业发展问题与对策，展开广泛的讨论。例如：

1. 京津冀都市圈制造业协同发展现状、问题及趋势，产业融合，产业链发展，产业的集群和物流的发展等问题；

2. 京津冀都市圈制造业可持续发展，绿色制造发展等问题；

3. 京津冀都市圈制造业产业结构调整和升级问题，发展思路和设想规划等问题；

4. 资源约束条件下，京津冀都市圈制造业优势互补发展思路与战略规划等问题。

三、研讨会安排

1. 时间

2013年11月25日全天研讨：

8：30—9：30 报到（报到及研讨会前互相交流阶段）

9：30 开始研讨（互动发言），17：30 研讨结束

午餐、晚餐免费提供

2. 地点

北京工业大学建国饭店三层会议室

3. 参会注册

姓　　名		手　　机	
单　　位		邮　　箱	
职务/职称		地址邮编	

北京工业大学经济与管理学院
北京现代制造业发展研究基地
2013年11月19日

会议议程

2013年京津冀制造业发展学术研讨会议程

地点：11月25日，建国饭店大宴厅
时间：8：30-9：30，大会报到，9：30-12：00，学术研讨
主持人：黄鲁成、蒋国瑞

一、座谈交流（上午）

时间	研讨内容	发言人	参加人员
9：30-10：30	研讨交流：围绕京津冀制造业发展现状、问题分析、政策建议、发展战略与规划等相关议题以座谈的形式进行讨论和交流	来自北京、天津、河北和其他省市的高校、政府部门和研究院所的代表	全体参会人员
10：30-10：45	茶歇		全体参会人员
10：45-12：00	研讨交流：围绕京津冀制造业发展现状、问题分析、政策建议、发展战略与规划等相关议题以座谈的形式进行讨论和交流	来自北京、天津、河北和其他省市的高校、政府部门和研究院所的代表	全体参会人员
12：00-13：00	午餐	建国饭店一楼餐厅自助餐	

二、专题报告（下午）

时间：13：30-17：30
主持人：张永安、关峻

作者	单位	报告题目
蒋丽娜、单晓红	北京工业大学	京津冀都市圈微电子发展设想和规划
李剑玲	北京联合大学	京津冀经济圈制造业国际化人才培养探析
臧维、白玫、金实青	北京工业大学	2013年北京汽车工业发展现状的SWOT分析
宗刚、叶青	北京工业大学	京津冀经济圈如何实现制造业软着陆
汤京华、李坚	北京工业大学	京津冀都市圈制造业发展现状及对策
王虹、林玲	北京工业大学	北京制造业经济发展与能源消耗、CO_2排放的关系分析
任海英、王红旭	北京工业大学	"医药分开"对北京医药制造业流通领域的影响
李柏文	云南民族大学	旅游制造业概念辨析及其培育与发展研究——以京津冀地区为例
陈阵	北京工业大学	京津冀都市圈生产性服务业发展设想和规划
李豪、武玉英	北京工业大学	我国新能源汽车充换电基础设施预测模型
李静、蒋国瑞	北京工业大学	北京新能源汽车基础设施建设问题分析及政策建议
胡喆、庞婷、何喜军	北京工业大学	基于SEM的京津冀制造业生产要素协同创新关系及影响研究
李俊涛、杜同、蒋国瑞	北京工业大学	京津冀制造业产业协同创新理论模型
龙海云、陈建、蒋国瑞	北京工业大学	北京新能源汽车产业发展的关键影响因素分析
饶毓书、胡应兰	北京工业大学	京津冀制造业协同创新机制研究

参会单位：

参会单位有北京信息科技大学经济与管理学院、中国电子信息产业发展研究院、华北电力大学工商管理学院、内蒙古大学经济管理学院、北京市人民政府办公厅、北京市经济和信息化委员会、天津市工业和信息化委员会、河北省工业和信息化厅、工信部赛迪研究院产业政策研究所、工信部赛迪研究院规划研究所、北京市产业经济研究中心、北京市住房保障办公室、中国财政经济出版社、文化部全国文化信息资源建设管理中心、信息产业部电子科学技术情报研究所、河北大学管理学院、河北大学经济学院和北京联合大学工商学院、北京工业大学科技处、北京工业大学经济与管理学院。

参会人员：

参会人员共计70人，分别来自北京、天津、河北和内蒙古四省市，其中含教师34人，政府及科研院所人员15人，学生21人。

专家发言要点

叶强（北京市经济和信息化委员会研究室副调研员）：首先介绍一下北京工业发展情况。北京现在处于创新驱动、内涵发展的阶段，与天津、河北处于不同阶段。从北京经济的内部结构来看，2012年，第三产业已经占到76.4%，第二产业仅占18.5%。人们普遍认为北京不能没有制造业，但是制造业作为实体经济的主体和承载创新的平台，应维持在一个合理的份额。2012年，北京工业增加值是3100亿元，同比增长7%；利润是1200亿元，同比增长6.4%；万元工业增加值能耗同比下降8.4%。前三季度全市工业增加值同比增长8.3%，高技术制造业和现代制造业增加值分别增长10.6%和10.1%，分别占到全市工业增加值的2.7%和4.9%。目前北京工业转型升级和调整退出的任务重大。国家制定了不符合首都功能定位的工业行业调整、生产工艺和设备退出指导目录，而北京制定的标准比国家标准增加了20项。同时工信委和市财政局发布了《北京市新型工业化产业示范基地管理实施规范》，制定了生态化园区的建设标准和推进市级工业开发区生态化的法律法规。2013年提出了207家调整退出企业目录，前三季度已经完成183家企业退出，2014年还准备退出300家，2016年底退出1200家。近期还有信息、电镀、铸造、建材等行业将考虑优先退出。还有一项是全面开展工业企业能耗水耗污染物排放情况调查。北京有一个农村工业大院，农村利用集体土地发展产业化，院内有制造业企业1200多家，2012年度废水排放大约250万吨。摸清工业大院的情况后，将对其进行治理。然后，软件和信息服务业总量规模稳健增长，前三季度营业收入3273亿元，同比增长9%；信息技术服务外包保持平稳增长。1—8月信息技术服务外包实现收入16.4亿美元，同比增长17.2%；移动互联网和O2O领域成为互联网巨头投资并购重点领域。此外是信息化，实施"宽带北京2013"专项行动，其中一项就是完善政务云和信息共享主题库，推进政务信息资源向社会开放。此外还有中小企业，即将发布《北京市促进中小企业发展条例》，推出中小企业公共服务平台和小企业创业基地管理办法及实施细则，1—8月中小企业的贷款额达到3400亿元，同比增长14.2%。最后还有一块是关于国防科工的，正在做的项目是与海军共建蓝鲸园，位于大兴国家军民结合基地，承接军转民和民参军的项目落地转化。

北京市制造业发展主题是转型升级、创新驱动。第一个特点是企业创新持续活跃，如北航的钛合金复杂构件激光成型技术，获得2012年国家技术发明一等奖，首钢总公司等3家企业被评为2012年度国家技术创新示范企业；第二个特点是高端制造业水平比以往有所提升，主要是电子、汽车、医药产业增长较快，高端制造业形成了多行业协调发展的良好局面。第三个特点是以中关村为代表的战略性新兴产业集群。但科技成果转化率很低，据科技部统计，高校的科技成果转化不超过10%，存在大量"垃圾专利"，这是今后需要重点关注的一块。

北京的发展要实现三个层次的重构：一是发展思路上的重构，做到三个转变，即从过去注重功能集聚特别是经济功能集聚向功能疏解和辐射转变，从过去更多强调外省市保障首都向首都主动支持周边地区发展转变，从过去强调服务首都自身向通过服务区域、服务全国来实现自身发展转变。二是城市功能上的重构，要下决心疏解一批不符合首都发展定位的城市功能，包括一般性产业功能，部分教育、医疗、养老等方面的社会公共服务功能，以及小餐饮、小批发等生活服务功能等。三是产业发展的重构，在京津冀全范围内进行产业分工合作布局，北京除了一些高新技术产业、金融业、文化创意产业及其他必要的生产性服务业和生活性服务业外，要切实调整转移一批产业项目。

京津冀合作主要包括三个层面：第一个层面是京津冀的协同发展，三个地区分别制定各自发展规划，年底前上报；另一个层面是渤海湾经济带，由发改委制定了一个包括独立创新产业、发展生态环境等6个方面的规划。第二个层面是京津双城合作，也在推进当中。目前，破解北京交通拥堵、大气污染、等"大城市病"，都要把北京放在一个更大范围内来考虑。京津冀这三个地方合在一起正好是政治、经济、文化于一体，北京是政治中心、文化中心，天津是北方经济中心，河北是重要的产业基地，正好可以融为一体。而这三个地方地缘相近、人缘相亲，文化也比较容易沟通。所以，京津冀合作已经有了一个很好的基础。第三个层面是要坚持互利共赢，发挥各自比较优势，同时还要坚持协同发展，促进区域经济社会一体化。

关于京津冀合作的重点领域，应该主要有以下七个：一是优化区域内的功能布局，明确各自在区域中的功能定位和发展方向，形成一个有机的功能共同体；二是优先推进交通基础设施一体化，把京津冀作为一个整体进行海陆空综合交通体系建设；三是整体构建区域生态环境屏障，协同落实好国家已发布的《大气污染防治行动计划》及京津冀地区实施细则，建立大气污染联防联控合作机制以及监测预警信息共享机制，探索建立重污染天气的应急联动预案；四是共同打造创新发展战略高地，支持中关村与津冀共建高新技术产业园；五是深入开展产业对接协作，考虑将六大工业行业的部分产业链向津冀地区延伸，在旅游、商贸、物流、农业等方面加强合作；六是合作共建战略性功能区，如临空经济示范区、京津产业新城、京北生态经济区等；七是着力加强京津双城合作发展，在共建天津滨海—中关村科技园、打造京津科技新干线、探索金融活动同城化等方面推进合作。

牛晓东（华北电力大学工商管理学院院长、教授）：京津冀地区具有强大的科技、人才、地理、资金优势，是密不可分、高度互补的经济地带，具有深厚的合作基础和广阔的发展前景。京津冀区域协调发展不仅必要，而且及时可行，必将极大地造福于该地区的广大人民群众。华北电力大学的学者非常关注能源电力方面，同时国家也是高度关注节能减排、气候变化、空气污染。

第一，环境影响。有关资料显示，由于环境的影响，全球每年的人口死亡数量增加200万至300万人，疾病增加，肺癌患者增加50%，这还是在吸烟人数降低的状态下。近期研究发现，空气中的PM2.5将会影响生育，影响下一代。能源当中也是这样，国家的运力50%都是在运煤，煤炭的运输和使用对环境的破坏巨大，同时浪费了宝贵的物流资源。另外，现在大量使用的燃煤，包括北京的郊区，农村也在使用，然后造成二氧化硫、二氧化碳、氮氧化物的总体排放量很大，所以煤的燃烧是雾霾的首要推手，这是有数据支撑的。包括农村的秸秆燃烧，对雾霾都有助推作用，但是最主要的还是燃油和燃煤。严重的雾霾与能源结构有很大的关系。目前，造成大气污染的主要污染物为二氧化硫，除此之外，还有氮氧化物、烟尘等。在主要终端能源使用中产生单位电能热量，煤炭排放二氧化硫最多。中国已成为世界能源消费第一大国，2012年煤炭消费占能源消费总量的66.4%，原油占比达到18.9%，因此能源结构不够清洁，长期以来大量煤炭直接燃烧，使用大量劣质燃油和低标准尾气排放。数据显示，中国煤炭燃烧产生的二氧化硫、氮氧化物、烟尘排放量约占排放总量的86%、56%、74%，产生的PM2.5占总量的50%至60%。在这样的背景下，我们应更多关注一些重大问题，比方新能源汽车。为此，国家提出，"为环境作贡献"、"以电代煤"、"以电代气"、"电从远方来"、"电从绿色来"的号召。实际上"以电代气"考虑的不是污染，是天然气短缺。国家的天然气生产，每年增长15%，但消耗年增长在30%以上，所以天然气作为不可再生资源比较短缺，同时将火电厂改为燃气电厂，也是为了改善环境。

第二，装备制造业的新增长点，应该是绿色设备制造业，包括电力生产设备、绿色节能设备等。这是符合国家政策要求，同时有很大的潜力。电力生产设备如光伏发电、风力发电、清洁能源发电、小型燃气电站，包括最新的绿色电力开关以及绿色变电站。电力消耗设备如电动汽车、电动机车、传动运输设备、电锅炉、电炊具等，这些都对天然气有替代有作用。

第三，调查研究。保定有很大的光伏发电厂家，排名全国第一，北京也有绿色的电气设备制造厂家，应该对这些厂家进行调查研究，给出效果分析、替代方式、发展战略、政策建议，进行宣传和推广。

葛新权（北京信息科技大学经济与管理学院院长、教授）：做好京津冀经济圈制造业，首先，必须基于发展循环经济。从循环经济角度讲，改革开放三十几年取得了显著成绩，技术水平、人民生活水平等各方面获得极大提高，但是代价也非常大。国内许多地区存在较严重的水污染、土壤污染、大气污染等问题，影响社会经济发展与人民生活。过去国人有一种理念，即先污染后治理。这种导向比较普遍，实际上要不抓住机会，就是失去机会，所以带来的后果很严重。众所周知，关于京津冀地区，中央高层非常重视，习近平总书记2013年5月14日至15日在天津考察工作时，对京津冀一体化发展寄予厚望，指出要积极推进京津冀区域合作，促进优势互补、共赢发展，要谱写新时期社会主义现代化的京津"双城记"。这个讲话后一周内，天津、北京人士纷纷前往河北签署协议。2013年8月，习近平总书记在北戴河主持河北发展问题座谈会时，又提出要推动京津冀协同发展。做到协同发展，必然要选择发展循环经济，具体来说，应正确处理"动脉经济"与"静脉经济"关系，大力发展"静脉经济"。实际上，循环经济，讲理念、讲理论、讲宏观很普遍，但真正落实效果不理想，没有落在产品上，所以发展现代制造业还得把循环经济这个理念融进来，包括节能减排、绿色制造、低碳生活、低碳消费等文化观，这样才能实现可持续发展。用循环经济理念建设与发展京津冀经济圈的现代制造业是有价值。从局部来讲，一个城市搞循环经济可能会受到限制，但从京津冀地区来讲，基于循环经济发展现代制造业是必须的，也是有前景的。

特别要强调，在基于循环经济发展京津冀地区制造业、建立制造业联盟实现协同发展时，要进行需求分析，即基于循环经济理念、互补的需求分析，正确处理各方利益。三地的优势是不一样的，需求也是不一样的，这些需求能不能形成互补需求至关重要。从循环经济的角度来说，制造业联盟不仅关注经济利益，更重要的是要关注资源、生态、环境、社会责任利益等一系列的分析。从博弈角度来讲，京津冀地区联盟要想发挥作用，最重要的是正确处理利益矛盾问题。实际上，任何一个联盟中有不同利益主体，不同主体的作用不可替代，但地位与作用是不同的。因此，为了联盟整体与长期利益，有的主体还要做出些牺牲。但是这个联盟要长期发展下去，必须建立并执行补偿机制才行。现实中，正是缺少这种机制，导致一些联盟运行困难，甚至解体。所以，京津冀地区制造业联盟要做好，一定要建立利益补偿机制。

关于人才问题。在发展京津冀地区制造业循环经济中，人才是关键。比如一直强调企业是创新的主体，但企业，尤其是一般中小国企，缺少资金、技术，实际上是缺人才。如今大量优秀毕业生拼命挤进政府部门、事业单位、央企，很少的人不得已去中小企业。一个国家创新，仅仅依赖央企是不够的。因此，建立一个就业导向、一个制度设计应该是最优秀的人才去企业，去中小企业，这样才能从根本上、整体上发挥企业创新主体作用，提高国家创新能力。唐山落后产能淘汰，其实是应对雾霾的临时办法，但势必影响就业，这又牵扯产业结构调整，但没有技术、没有人才。这说明发展京津冀经济圈制造业人才是最重要的。

以循环经济理念发展京津冀地区现代制造业，会产生积极根本性的变化，如制造业由卖成品逐步向租赁产品、提供服务转变。这种转变对用户，对资源、生态和环境都有好处。而在环保产业这个领域，德国环保产业对德国的贡献是非常大的。从创新角度来看，这种转变是创新方法，而创新就是要加强创新方法研究与推广应用，如环保技术、产品开发等都是非常重要的。例如，发展节能汽车，表面上汽车尾气排放减少了，但它使用电池对环境同样产生排放，怎样治理也是需要考虑的。所以，只要有人类活动，一个问题的解决，同时还会产生另一个新的问题。因此，提前有个预案很重要。总之，京津冀地区现代制造业发展，一定要把循环经济的理念放进去，建立联盟利益补偿机制与政策，重视人才，鼓励脚踏实地创新。

郝丽萍（天津市工业和信息化委员会综合处副调研员）：天津是一个老工业基地，曾经创造了新中国多个第一，例如第一台电视机、第一只手表等。近几年天津市主要抓住"滨海新区开发开放"的历史机遇，围绕高端产业引领发展、大项目好项目支撑发展、创新驱动转型发展，实现了速度、质量和效益的同步增长。2012年工业产值达到24000亿元，预计2013年产值规模达到27000亿元，工业利润突破2000亿元，固定资产投资完成4500亿元。

天津市工业发展有如下特点：一是产业结构不断优化。发展壮大了航空航天、石油化工、装备制造、电子信息、生物医药、新能源新材料、国防科技、轻工纺织等八大产业。八大产业增加值占工业增加值的90%，其中装备制造业增加值2013年年底有有望突破万亿元，是天津第一大支柱产业，在全市工业增加值中的占比接近39%。同时，天津产业基地加速形成，建成了航空、电子信息、石油化工、汽车、装备制造、资源综合利用、软件等七个国家新型工业化产业示范基地，并培育壮大了五家千亿集团。二是创新能力加速提升。全面建成了十大产业技术研发平台。国家级、市级企业技术中心分别达到34家和410家。累计引进了50家国家级大院大所，曙光、神州通用、中新杯等列入国家高级专项。高性能计算机、神州大型关系数据库、超导传输等一批核心技术实现了产业化。三是工业经济运行质量稳步提高。2013年前三季度天津市工业企业实现利润约1200亿元，到年底预计利税突破3000亿元，工业利润突破2000亿元，工业能耗下降7%左右。四是项目建设加速推进。从2007年以来，累计实施工业项目3180项，总投资达到18000亿元。截至2012年，已经完成投资15000亿元，其中实施的十级重大施工项目200项，总投资7500亿元。这些投资项目相继投产对工业发展发挥了重要作用。固定资产投资近几年增长迅速，2007年首次过千亿元，到2012年过4000亿元，预计达到4500亿元，相当于五年翻一番。五是智慧天津建设步伐加快。互联网出口宽带现在达到了1800G，光纤用户达到341万户，同时4G网络开始试用，三网融合推进。此外，还实施了以一张网、一朵云、一个基础数据库、一个单位中心为核心内容的电子政府科技工程，建立了统一的政务云中心。同时，引进了阿里巴巴、当当网、58同城等18家国内外知名电商企业，打造了贵金属、金融资产交易等15个电子商务平台。

天津市下一步目标是围绕着转型升级打好攻坚战，主要是坚持五个发展，就是高端发展、创新发展、节约发展、融合发展和规模发展，做大做强先进制造业，不断提高产业能级集中度，打造天津工业经济的升级版。主要措施是实现五个转型。一是向结构优化转型，加快构筑以高新技术为引领、战略性新兴产业为支撑的现代产业体系，加快改造传统产业，淘汰落后产能；加快研发一批高端产品，培育一批高端品牌；构筑高端产业高地。二是向创新驱动转型，建设和完善一批企业为主题，市场为导向，产学研相结合的技术创新体系；促进创新要素向企业集聚，全面增强科技引领、应用转化、品牌创造、标准制造力，争创天津制造和天津创造的双优势。三是向质量效益转型，把发展的重点放在提升质量效益水平上，逐步实现内涵式增长，加快推动企业的技术改造，加快产品升级换代，不断提高产品的技术含量增加值。四是向绿色低碳转型，主要是坚持走绿色、循环、低碳发展路线，树立设计、开发绿色，生产过程清洁，资源利用高效，环境影响最小的生态理念，加快构建资源节约和环境友好两型城市。五是向制造服务转型，深度推进信息化和工业化融合，加快构建数字化企业，大力推广数字设计、数字仿真、数字制造，加快推动制造模式向数字化、网络化、智能化的转变。同时，促进先进制造业与生产服务业的融合发展，打造一批电子商务平台，不断推动大型企业电子商务规范发展，做大做强一批生产服务业龙头企业，推进制造模式向全球制造、敏捷制造转型，实现制造服务化、商务平台化、流程智能化。

针对京津冀制造业发展应该实现五个对接。一是规划对接，加快建立三地跨区域联动机制，统筹整个区域经济的重大事项，负责协调区域合作中经济出现的矛盾和问题，制定加快区域发展的整体规划，突出统筹协调、一体化发展的理念，对区域内产业发展进行合理布局，使京津冀地区逐步形成关联紧密、开发互补的区域新格局，建立比较完善的区域产业发展体系，不断提高整个区域的产业能级和核心竞争力。二是基础设施对接，加快完善区域间基础设施建设，加快启动区域间高速路、快速路、城际铁路建设，积极统筹区域内港口、铁路、公路、机场等交通设施建设布局，真正形成现代化区域交通体系。同时，要加快三地的规划网络建设，搭建互联互通的信息化平台，用信息化手段促进区域间的合作交流。三是重点产业对接，应该根据三地不同的城市定位，在京津冀经济圈形成优势互补的、总部制造的基地产业联盟，实现京津冀各城市间合理的产业分工和功能合作。比如说，北京可以利用其信息、研发、人才等首都资源优势，发展准入经济；天津可以利用现代化的产业优势，发展形成次一级的制造业工程；河北具有制造业和加工自身的条件,可以重点发展制造业的生产、加工环节。四是科技创新对接,加快京津冀的科技合作,构建京津冀区域创新体系,建立京津冀科技联盟协调机制,促进京津冀高校、科研院所、国家各部委以及跨国公司研发中心的广泛合作。近几年,天津也引进了首都50个大院大所,对天津科技研发水平的提高发挥了重要作用。五是人才对接,充分利用首都高校的教育资源,建立区域教育合作的协调机制,建立京津冀人才需求信息平台。根据社会需求和京津冀的教育优势在招生、就业等方面统筹规划,为产业的发展提供了人才支撑。

毛红领(河北省工业和信息化厅办公室副主任):河北省是内环京津、外环渤海,区位比较独特。全省国土面积18.8万平方公里,海岸线长度为487公里。2012年全省总人口7288万人。2012年全省生产总值完成26000亿元,同比增长9.6%;全省财政收入3497亿元,同比增长15.3%;全社会固定资产投资完成16000亿元,增长24.4%;全年社会交易品零售总额8000亿元,增长17.8%。

河北省的工业发展历史悠久,从汉代甚至追溯更早就有冶炼的历史,河北钢铁工业的发展是长期历史形成的结果。河北工业在全国占有重要地位,中国第一袋水泥、中国第一台蒸汽机车、中国第一条标准轨距铁路、中国第一件卫生陶瓷均出产于河北。"十二五"以来,河北省工业实现了跨越式发展并取得了标志性的成功:2011年,河北省全部工业增加值、规模以上工业增加值双超万亿元;2012年,河北省的规模以上工业企业增加值进入全国第六位,河北的GDP一直居全国第六位,工业居全国第七位,2012年居全国的第六位。河北工业有以下特点:第一,工业基础比较雄厚:2012年全省工业企业完成增加值12511亿元,占全省47.1%,其中规模以上工业企业增加值11069亿元。唐山、石家庄、邯郸、沧州、保定五个市增加值超千亿元。第二,工业体系完整:全省工业涵盖全部41个工业大类,并且形成了以钢铁、装备制造、石油化工、食品、医药、建材、纺织服装等行业为主导的比较完善的工业体系,另外,在新能源汽车、新材料、生物医药等新兴产业领域也形成了相对优势,其中钢铁、纺织服装、石油化工、建材等产业规模均居全国前十位。第三,工业支撑性强:2012年河北省第一产业、第二产业和第三产业的比重分别是12%、62.7%、35.3%,第二产业比全国平均水平高7.3%,凸显了工业的重要性。第四,结构调整初见成效,2011年到2013年,不断加大传统产业梯度改造,省级技改基金累计投入17.5亿元、实施技改项目2471个，累计淘汰炼铁产能1181万吨、炼钢产能1716万吨、水泥产能8107万吨、玻璃产能4206万重量箱，分别占到国家淘汰总量的25%、36%、22%、47%和53%，已经提前完成国家"十二五"过剩产业淘汰任务。河北六大高耗能产业占全省规模以上工业的比重已经由2010年的49.2%下降到2012年的44.3%。

河北近几年在推动工业发展方面采取了一些有力措施：第一，大力实施工业技术改造。省政府专门出台了关于加快工业企业技术改造工作的政策措施，制订了企业技术改造的具体措施。在2011年和2012年，省财政分别拿出7.5亿元、10亿元支持企业技术改造，2013年财政拿出11亿元，11个市级市拨出专项基金6.42亿元推动企业技术改造，技改专项基金效益也有显现。第二，深入开展对标行动。省政府出台了关于在全省范围内开展对标行动的几点意见，对标行动就是引导工业企业瞄准国内或是国际高端行业在管理、技术、装备等方面推动企业进行生产，三年来先后实施了万名企业家培训工程，建立工业企业对标普及培训、企业管理提升专利培训等活动，省市两级累计培训了25.5万人次，建立了63个行业和1074项对标指标，创建了一批省级对标企业，中央创优减排节能简报专门介绍河北的做法。第三，积极化解过剩产能。河北省提出了进一步加快淘汰落后产能工业的实施意见，建立和完善了目标分解、集中听众、层级验收、公告通报制度，每年都超额完成国家下达的任务指标。第四，着力推进工业节能减排，加强工业监督评估和审查，积极推进能源管理、清洁生产、资源规模并用，35家企业能源管理中心和8家企业清洁生产项目被列为国家重点示范项目，承德市列入国家工业互惠充分利用试点基地，清河金属再生获批建设国家稀有金属再生示范基地，河北钢铁集团唐钢公司等四家企业被列为国家第一批"两型"试点企业，峰峰集团煤化电、胜华化工列入国家级工业循环经济示范工程。第五，加快发展民营经济、中小企业。河北省先后出台一系列关于进一步支持民营经济发展的政策措施，截至2012年，全省民营经济增加值占GDP的64.8%，民营企业上缴税金占全部财政收入的67.3%，民营经济比重越来越大。第六，做强做大现有工业，省政府出台了关于做强产业集群、促进现有工业发展的实施意见，以产业集群为重点，推动现有工业加快发展。第七，大力推进信息化建设，先后出台了促进信息化与工业化深度融合，网上行政服务，大社保信息共享，互联网发展，网络与信息安全等一系列指导性意见，全省制造业90%建设管理基地，85%设立门户网站，48%不同程度共用了电子商务，数字化设计工具普及率和关键工具涉及率分别达到76%、72%。

此外，关于河北2013年前三季度工业经济运行情况：规模以上工业实现增加值8500亿元，同比增长11.1%，高于全国平均水平1.5%，增速比上半年回落0.2个百分点，河北工业的一个特点就是工业结构进一步优化，从数据上看，六大高耗能产业增加值增长9.2%，规模以上工业增速是11.1%，装备制造业增加值增长12.9%，高于全省平均水平0.8个百分点，高新技术产业增加值增速是15.6%，增幅更高，也就说明河北工业正在调整结构，结构在进一步优化。

李惠茹（河北大学经济学院教授）：关于京津冀一体化一直是研究的热点，但是到目前也还没有真正进入一体化运作中。其中京冀合作是从北京申办奥运会开始的，北京需要将部分产业疏解出去，河北是首选之地。京津冀脆弱的生态环境迫使三地不得不整体考虑加快打造"首都经济圈"，推进京津冀一体化进程。显然首都要解决环境诉求，打造生态型城市需要河北的配合与支持，因为污染具有跨界性，京津冀在环境问题上是一体化的，所以需要联防联控协同保护与治理，说明原来一体化是可以实现的。河北如何在一体化中寻找新的发展机会，也可以说北京如何将河北作为经济腹地谋求新的发展空间，这是个双向协调合作问题。河北特别渴望与北京合作，把协同发展落到实处。河北的指导思想是立足于完善产业链，加快转型升级进行转移产业的承接。比如，电子信息生产制造业、技术研发、文化创意产业、印刷业和出版业相关行业，文化创意产业中的如动漫游戏业、设计服务业、现代传媒业，软件业的延伸和服务外包业，新能源产业航天信息、冶金新材料、物探数据处理等高新技术产业、机械制造业，通用设备制造业、电气机械和器材制造业、专用设备制造业、石油加工、炼焦和核燃料加工业、化学原料和化学制品制造业、非金属矿物制品业、铁路、船舶和其他运输设备制造业、黑色金属冶炼和压延加工业等。河北有承接的基础，北京应考虑对这些产业进行产业链的延伸，作为与河北进行合作的契机。同时河北也做好了国家部委机构（事业机构、分支机构）、社团组织、央企总部的转移与承接，商贸集散地功能的转移与承接，医疗公共服务业的转移与对接，高等教育公共服务的转移与对接，健康养老产业的转移与承接等。

河北进行产业升级必须主动。现在解决大气污染问题成为发展方式转变的一大引致因素，即使不是雾霾也必须解决产能过剩，进行产业结构的优化升级，因为这是经济发展的必然。河北省现在必须做到"去重增轻"，借助首都的科技优势，通过经济的协同发展，促使河北产业结构转型和升级。无论是现代制造业，还是其他产业，都应放在京津冀协同发展的大格局中，充分利用河北这一经济腹地，加快推进京津冀一体化。其中建立协同发展的平台和载体是首先要做的工作。任何发展问题都应放在可持续发展下，放在循环经济、低碳经济、可持续发展的背景下。现代制造业也要考虑如何打造成循环型产业。

会议论文摘要

题目：京津冀制造业协同发展机制研究

作者：何喜军、饶毓书、蒋国瑞

摘要：本文分析京津冀制造业协同发展现状、问题及原因；依据优势互补、合作共赢的原则，设计京津冀制造业协同发展机制；最后提出对策建议。本研究努力为京津冀制造业区域一体化发展提供理论支持，为京津冀制造业规划与发展决策提供参考。

题目：京津冀制造业生产要素协同创新影响因素及对策研究——基于SEM的实证研究

作者：武玉英、胡喆、蒋国瑞

摘要：本文分析京津冀制造业主要生产要素即人力资源、自然基础设施、经济资本和科技资源的协同创新关系及其影响因素，建立京津冀制造业生产要素协同创新影响因素指标体系；设计生产要素协同创新路径，通过结构方程模型（SEM），揭示要素之间的内在关系；最后提出京津冀制造业协同发展的政策建议。

题目：北京制造业经济发展与能源消耗、二氧化碳排放的关系分析

作者：王虹、林玲

摘要：近年来北京在节能减排方面取得了很大成绩，但在以制造业为代表的主要耗能行业，节能减排的水平与发达国家相比还存在一定差距，进一步节能减排的任务依然较重。为继续推进制造业节能减排，有必要对北京制造业经济—能源—环境系统的各个组成部分及其内在关系进行深入了解。本文针对北京制造业经济、能源消耗、二氧化碳排放所构成的经济—能源—环境系统进行描述性分析与量化分析。描述性分析即对制造业历年的经济增长、能源消耗、二氧化碳排放变动趋势一一进行考察；量化分析即从制造业经济—能源—环境系统的两个"接口"出发：一个"接口"是经济活动对资源的汲取，另一个"接口"是经济活动向环境的废弃物排放，应用协整与误差修正模型对制造业增加值、能耗总量、二氧化碳排放量之间的数量关系进行测度，挖掘其中潜在的规律性。分析结果表明：北京在保持制造业经济

增长的同时，实现了制造业能源消费总量下降、二氧化碳排放增速放缓，以"十一五"时期节能减排效果最为显著。从长期来看，北京制造业的经济增长对其能源消耗和二氧化碳排放均有一定程度的负影响，但影响力度不大；短期的均衡调整过程中，制造业的能源消耗与二氧化碳排放还受经济之外的其他多种因素影响。

题目： 关于北京新能源汽车产业发展的思考

作者： 韩新伟、何喜军、蒋国瑞

摘要： 发展新能源汽车产业是北京汽车产业实现转型升级的重要战略举措，目前北京新能源汽车产业的发展还处于市场培育期，存在着诸多制约因素。本文分析了我国和北京市新能源汽车产业的发展现状和存在的主要问题，并从八个方面提出了促进北京新能源汽车产业发展的建议和措施。

题目： 京津冀新能源汽车产业协同发展对策研究

作者： 武玉英、龙海云、蒋国瑞

摘要： 本文分析京津冀新能源汽车产业发展现状；通过 SWOT 分析，指出京津冀三地各自的优势、劣势、机会和挑战；探讨京津冀新能源汽车产业存在的问题及协同发展的必要性；提出优势互补、合作共赢、产业对接协同发展的对策与建议。

题目： 京津冀都市经济圈关键产业部门研究

作者： 袁永科

摘要： 本文通过分析京津冀三地的 2007 年投入产出表，得到三地的关键产业部门和区域一体化下的关键产业部门。在京津冀区域一体化下，共有 8 个关键产业部门，其中与北京市相同的有 6 个，与天津市相同的有 7 个，与河北省相同的有 7 个。根据 2007 年我们国家的经济形势，进一步分析了这些关键产业部门的情况，并指出三省市产业既有一定的相关性（产业排名），也有一定的差异性。最后提出了三条建议。

题目： 京津冀都市圈微电子产业发展设想

作者： 蒋丽娜、单晓红

摘要： 京津冀都市圈尚处于成长阶段，多个产业共同发展，区域间互相合作是促进其成熟的重要途径，微电子产业作为其重点发展的领域，在区域合作中发挥着重要的作用。本文在国内微电子产业的发展现状分析，以及京津冀都市圈、珠江三角洲、长江三角洲的发展状况对比分析的基础上，探讨了京津冀都市圈微电子产业发展的优势和缺陷，并提出了京津冀都市圈微电子产业未来区域合作模式和发展设想,从而为京津冀都市圈微电子产业的发展方向提供了思路。

题目:"医药分开"对北京医药制造业和流通领域的影响

作者:任海英、王红旭

摘要:随着北京市"医药分开"改革的实施,北京几家三甲医院先后试点取消了15%的药品价格加成和挂号费、诊疗费,设立医事服务费,其他医院将陆续执行此项政策。"医药分开"不可避免地使北京市医药制造业流通领域发生变革。本文在定量研究各个流通环节价格的基础上,着重论述北京药品流通供应网络中的结构变化,并预测北京药品制造业和流通领域可能出现的新趋势。

题目:旅游制造业概念辨析及其培育与发展研究——以京津冀地区为例

作者:李柏文

摘要:旅游制造业是旅游业中高附加值的产业形态,旅游制造业的专业化和规模化是旅游业发展成熟的标志,这对中国旅游业的转型升级和世界旅游强国的建设具有重大的意义。目前,人们对旅游制造业和旅游装备制造业的概念存在误解、误传和误用的现象,即把旅游终端消费品的制造业和装备制造业混为一谈。厘清二者的关系有助于对旅游制造业的规范研究和科学发展。目前,国家鼓励旅游制造业尤其是旅游装备制造业的发展,京津冀地区具有雄厚的制造业基础、首都区位条件和旅游产业首位度,应大力培育发展具有基础性的旅游装备制造业,优先发展旅游信息技术和旅游健康产品制造业,重点发展旅游交通、旅游地产和户外运动设施设备制造业,创新发展室内休闲与旅游环保科技产品制造业,发展旅游用品、纪念品和演艺设施设备制造业,降低我国旅游制造业对外依赖程度,摆脱旅游业沦为"打工产业"的地位。

题目:京津冀都市圈生产性服务业发展设想和规划

作者:陈阵

摘要:本文分析了京津冀都市圈生产性服务业发展特点,给出了京津冀都市圈生产服务业产业布局,阐述了京津冀都市圈生产性服务业战略发展设想与规划。

题目:北京汽车工业发展现状的SWOT分析

作者:臧维、白玫、金实青

摘要:汽车工业在北京整个工业的地位举足轻重,2010年北京现代汽车的创收占北京工业 GDP 增长总数的 40%。因此，北京汽车工业的发展关系到北京整个城市工业和服务业的发展。本文通过对北京 2010—2012 年间的宏观环境、竞争环境及产业内部环境的调查，利用 SWOT 方法对北京市汽车工业的现状进行分析，进而给出具有一定实用价值的发展建议。

题目： 京津冀汽车产业集群发展分析

作者： 臧维、白玫

摘要： 目前，京津冀汽车产业集群已经成为我国六大汽车产业集群之一。我们利用标准差的方法对京津冀汽车产业集群进行分析，发现各区内的发展并不均衡，集群度偏低。通过文献归纳以及实地调研，找出了集群度偏低的原因，并提出发展建议。

题目： 京津冀经济圈如何实现制造业软着陆？

作者： 叶青、宗刚

摘要： 本文通过分析京津冀战略地位及区域经济发展现状，阐述京津冀应选择的发展战略和模式，论述制造业软着陆的可能性，最后指出发展高端制造业和现代服务业结合的产业发展战略是解决制造业软着陆的唯一路径，并探讨了这一路径具体的实现方法。

题目： 京津冀经济圈制造业国际化人才培养探析

作者是： 李剑玲

摘要： 本文介绍了京津冀经济圈制造业的发展状况，并对现代制造业人才的需求进行了分析，然后对国际化人才的培养进行了探讨，最后对京津冀经济圈制造业国际化人才的培养提出了对策和建议。创新国际化人才培养模式，培养具有创新能力的京津冀经济圈制造业国际化人才，有利于促进京津冀经济圈制造业的可持续发展。

题目： 京津冀都市圈制造业发展现状及对策

作者： 汤京华

摘要： 京津冀都市圈是我国参与国际竞争和现代化建设的重要地区，其制造业的发展对全国制造业有着重要的引领作用。随着工业化和城市化的快速推进，以大城市为中心的都市圈制造业已经成为各国经济发展的主流，京津冀都市圈制造业既面临发展机遇，也面临着竞争和挑战。本文从经济、科技以及资源环境保护等层面分析京津冀都市圈制造业的发展现状和存在问题，并提出重视引进技术的消化吸收和技术创新；鼓励和扶植比较优势的产业开展科技活动；加快能源节约技术的开发和推广应用等切实可行的措施建议。

2014年京津冀制造业协同发展学术研讨会纪要

会 议 通 知

第二届京津冀制造业协同发展学术研讨会
会议通知

CBTHM 2014：The Conference of Coordinated Development of Beijing – Tianjin – Hebei Manufacturing

11月22—23日（星期六、日），2014年，北京

一、背景和意义

京津冀协同发展是重大国家战略，中央高度重视，已经成立了高规格的专家咨询委员会，为科学决策提供智力支持。北京为协调京津冀一体化发展，设立了区域协同发展改革领导小组，同时增设了14个京津冀区域协同发展专项小组，天津、河北的领导也非常重视，纷纷围绕京津冀区域一体化

发展进行调研、协商和规划。京津冀制造业协同发展是京津冀协同发展的重要组成部分。在制造业领域，积极探索京津冀区域制造业产业协同发展、优势互补、产业对接及污染防治、节能减排的有效途径，聚集区域制造业协同发展，探索"1＋1＋1＞3"的共赢之路。诚请京津冀政府机关、高校和科研院所等相关研究领域专家学者参会并做主题演讲或专题报告，汇集专家智慧，共享研究成果，增强京津冀三地制造业相关企业协同合作和良性互动，推动京津冀制造业协同绿色发展的战略部署落到实处。

二、研讨主题

京津冀制造业产业结构调整及产业协同绿色发展研究

三、会议主席

李京文：中国工程院院士，中国社会科学院学部委员，俄罗斯科学院外籍院士，北京工业大学学术委员会副主任兼经济与管理学院名誉院长，北京现代制造业发展研究基地首席专家兼负责人。

四、活动时间

2014年11月22—23日（星期六、日）

五、研讨地点

北京工业大学国际交流中心（北工大建国饭店）

六、主办单位

北京工业大学
北京联合大学
中国社会科学院数量经济与技术经济研究所
天津财经大学
河北科技大学

七、承办单位

北京现代制造业发展研究基地
北京工业大学经济与管理学院

八、支持单位

北京市哲学社会科学规划办公室
北京市经济和信息化委员会
天津市工业和信息化委员会
河北省工业和信息化厅

九、会议征文

会前征集论文，会后与第一届会议相关资料一并出版发行。来稿要求如下：

1）论点明确，文字简洁，数据可靠，中、英文均可。引文请注明出处，参考文献置于文末。

2）论文请注明作者姓名、工作单位、通信地址、邮政编码、手机号码和 E-mail 地址，稿件电子文档请采用 Word 格式。

联系邮件：xiandaizhizaoye@126.com
会务组联系人：王庆华，电话：67392164

北京现代制造业发展研究基地
北京工业大学经济与管理学院
2014.10.20

会议手册

CBTHM 2014: The Conference of Coordinated Development of Beijing – Tianjin – Hebei Manufacturing

地点：北京工业大学建国饭店
2014.11.23

主办单位
Sponsor

北京工业大学
Beijing University of Technology
北京联合大学
Beijing Union University
中国社会科学院数量经济与技术经济研究所
Institute of Quantitative & Technical Economics, Chinese Academy of Social Sciences
天津财经大学
Tianjin University of Finance and Economics
河北科技大学
Hebei University of Science & Technology

承办单位
Organizer

北京现代制造业发展研究基地
Research Base of Beijing Modern Manufacturing Development
北京工业大学经济与管理学院
Schoolof Economics and Management, Beijing University of Technology

支持单位

Supporter

北京市哲学社会科学规划办公室

Beijing Planning Office of Philosophy and Social Science

北京市经济和信息化委员会

Beijing Municipal Commission of Economy and Information Technology

天津市工业和信息化委员会

Tianjin Municipal Commission of Industry and Information Technology

河北省工业和信息化厅

Industry and Information Technology Department of Hebei Province

第二届京津冀制造业协同发展学术研讨会会议日程

11月23日（周日）	
7：30－8：30	会议注册 地点：北工大建国饭店三层兰花茉莉厅
8：30－9：30	开幕式 地点：北工大建国饭店三层兰花茉莉厅
9：30－10：00	与会代表合影 地点：北工大建国饭店
9：30－10：00	上午茶歇 地点：北工大建国饭店三层兰花茉莉厅厅外
10：00－12：00	第二届京津冀制造业协同发展学术研讨会主题演讲 地点：北工大建国饭店三层兰花茉莉厅
12：00－14：00	自助午餐（凭餐券入场） 地点：北工大建国饭店一层馥苑
14：00－17：30	分论坛一：京津冀制造业协同发展战略与规划 地点：北工大建国饭店三层芙蓉厅
14：00－17：30	分论坛二：京津冀制造业协同发展产业对接、运行机制和保障措施 地点：北工大建国饭店三层牡丹厅
14：00－17：30	分论坛三：京津冀制造业与生产性服务业融合及污染防治的协同与合作建设 地点：北工大建国饭店三层玫瑰厅
15：00－15：15	下午茶歇 地点：芙蓉厅、牡丹厅、玫瑰厅厅外
18：00－20：00	自助晚餐（凭餐券入场） 地点：北工大建国饭店一层馥苑

第二届京津冀制造业协同发展学术研讨会议程

11月23日（周日）

时间	内容
7:30－8:30	会议注册
8:30－9:30	开幕式 地点：北工大建国饭店三层兰花茉莉厅 介绍嘉宾 蒋国瑞，北京工业大学教授，北京现代制造业发展研究基地执行负责人 致开幕词 李京文院士、北京现代制造业发展研究基地首席专家兼负责人 嘉宾讲话 主办单位、支持单位领导、代表致辞
9:30－10:00	与会代表合影 地点：北工大科技楼前 茶歇 地点：北工大建国饭店三层兰花茉莉厅门口

上午主论坛

论坛主题：京津冀制造业产业结构调整及产业协同绿色发展研究

地点：北工大建国饭店三层兰花茉莉厅

主论坛主席：程光，北京联合大学机电学院院长、教授

时间	内容
10:00－10:20	演讲主题：京津冀制造业协同创新发展战略研究：基于安德森－弗里德曼模型的政策设计 演讲嘉宾：卢政营、罗永泰，天津财经大学
10:20－10:40	演讲主题：京津冀协同发展与制造业竞争力提升 演讲嘉宾：武义青，河北经贸大学研究员、副校长
10:40－11:00	演讲主题：基于京津冀一体化下的产业协同机制研究 演讲嘉宾：唐少清、李剑玲、陈建斌，北京联合大学商务学院
11:00－11:20	京津冀区域发展布局与产业协同策略的思考 演讲嘉宾：韩景元，河北科技大学经济管理学院教授、院长
11:20－11:40	演讲主题：高端制造业与生产性服务业协同度模型及其应用研究——基于京津冀都市圈数据的实证分析 演讲嘉宾：蒋建军、储芳芳，北京工业大学
11:40－11:50	李院士为主题发言嘉宾发证书

续表

	分论坛一：京津冀制造业协同发展战略与规划 地点：北工大建国饭店三层芙蓉厅 主持人：韩景元教授
14：00-14：10	主持人宣布分论坛研讨开始，并介绍参加分论坛研讨的嘉宾
14：10-17：10	嘉宾研讨（每位嘉宾15—20分钟）（排名不分先后）： 题目：京津冀协同创新体系的战略思考 赵艳华、赵士雯，天津财经大学 题目：京津冀制造业服务化协同发展研究 罗永泰，天津财经大学 题目：高端科学仪器研发与京津冀制造业的协同发展分析 孙秀芳，北京联合大学机电学院 题目：京津冀协同发展与制造业竞争力提升 武义青，河北经贸大学 题目：京津冀新能源汽车产业协同发展对策研究 武玉英、龙海云、蒋国瑞，北京工业大学经济与管理学院 题目：京津冀制造业国际化人才培养模式研究 李剑玲、王卓、丁杰，北京联合大学商务学院 题目：京津冀协同发展背景下科技创新人才流动研究 何勤、刘雅熙，北京联合大学管理学院 题目：基于资源视角的京津冀现代医药制造产业协同发展研究 于畅、臧维，北京工业大学经济与管理学院
17：10-17：20	交流研讨
17：20-17：30	会议总结

续表

	分论坛二：京津冀制造业协同发展产业对接、运行机制和保障措施 地点：北工大建国饭店三层牡丹厅 主持人：牛东晓教授
14：00-14：10	主持人宣布分论坛研讨开始，并介绍参加分论坛研讨的嘉宾
14：10-17：10	嘉宾研讨（每位嘉宾15—20分钟）（排名不分先后）： 题目：加快推进我国制造业转型升级的对策建议 邓晓虹、黄满盈，北京联合大学，首都师范大学 题目：京津冀制造业差异性及协同性研究 袁永科、郭红，北京工业大学经济与管理学院 题目：资源分配视角下的京津冀一体化协调机制 刘玉斌、纪方、易蓉，天津财经大学 题目：智能CAPP系统中工艺路线和切削参数的优化 刘伟，北京联合大学机电学院 题目：京津冀制造业协同创新理论模型及发展对策研究 武玉英、李俊涛、蒋国瑞，北京工业大学经济与管理学院 题目：京津冀制造业协同发展机制研究 单晓红、饶毓书、蒋国瑞，北京工业大学经济与管理学院 题目：京津冀现代制造业生产要素协同创新研究 何喜军、蒋国瑞，北京工业大学经济与管理学院 题目：京津冀产业协同发展文献研究 洪涓、赵一凡，北京工业大学经济与管理学院
17：10-17：20	交流研讨
17：20-17：30	会议总结

续表

	分论坛三：京津冀制造业与生产性服务业融合及污染防治的协同与合作建设 地点：北工大建国饭店三层玫瑰厅 主持人：刘玉斌教授
14：00－14：10	主持人宣布分论坛研讨开始，并介绍参加分论坛研讨的嘉宾
14：10－17：10	嘉宾研讨（每位嘉宾 15—20 分钟）（排名不分先后）： 题目：河北省工业结构与节能减排的关系研究 陈薇、张燕、马娇，河北科技大学 题目：河北省结构转型升级的节能量测算分析 张燕，河北科技大学经济管理学院 题目：京津冀域际绿色建造运营管理协同：一个利益概念框架设计尝试 何继新，天津城建大学经济与管理学院 题目：Study on Content Definition, Measure Methods and Status of Carbon Information Disclosure in Chinese Enterprises Chen Hua, Wang haiyan Beijing Union University 题目：京津冀制造业生态产业链构建研究 刘文芝、鲍泓，北京联合大学管理学院 题目：京津冀都市圈产业结构差异与生态补偿机制研究 郑海霞，北京联合大学管理学院 题目：京津冀协同发展下人力资源市场体系构建研究 何勤雍、华中，北京联合大学管理学院 题目：河北省产业结构调整的节能空间分析 张燕、刘力军、刘欣，河北科技大学经济管理学院京津冀可持续发展研究中心
17：10－17：20	交流研讨
17：20－17：30	会议总结

专家发言要点

李京文（中国工程院院士、北京工业大学经管学院名誉院长、北京现代制造业发展研究基地首席专家兼基地负责人）：首先对与会人员表示感谢。这个会是由几个大学的老师建议召开的。先是北京现代制造业发展研究基地提出建议，后来得到北京、天津、河北几个大学的支持，除了北京工业大学，还有天津财经大学、河北科技大学等，后来还有一些大学知道这个信息后主动参加，包括北京信息科技大学、华北电力大学。承办单位是北京工业大学经济与管理学院和北京现代制造业发展研究基地。主办单位包括北京工业大学、北京联合大学、中国社会科学院数量经济与技术经济研究所、天津财经大学、河北科技大学。研讨会也得到了北京市哲学社会科学规划办公室、北京市经济和信息化委员会、天津市工业和信息化委员会、河北省工业和信息化厅的支持。他们是这次研讨会的支持单位。

现在参加会议的同志包括了这几个单位的老师、同学，包括博士后、博士生、硕士研究生和个别本科生。可以说这个会得到了大家的支持、受到了领导的重视。为筹备举办这个研讨会他们都做了一些准备，但是准备不很充分。有很多同志提供了论文，这些论文将在会上分享，最后对问题再继续讨论。

京津冀地区的协同发展很早就已经开始了，目的是互相协作与共同发展。自从习近平主席视察北京市并就京津冀的发展作出重要指示以及将京津冀协同发展上升为国家重大发展战略以后，三地的经济，尤其是制造业得到了更快发展。随着世界经济的发展，出现了很多区域经济板块，特别在城市发展中，很多城市都已经发展起来，整个城市圈成了城市带，这些城市圈和城市带成为国家发展的增长极，成为发展的带动因素。如日本的东京城市圈（狭义），占日本国土面积的3.5%，但是它聚集着全国27%以上的人口，GDP占全国的31.7%。这个大都市圈对国家和地区的发展起了很重要的推动作用。

中国的发展也出现了很重要的经济区，具体有长三角经济区、珠三角经济区、京津冀都市圈，三大经济区的GDP占全国GDP的50%以上。所以说，经济圈、经济区是加快国家经济发展的重要推动力量，也是一个途径。而北京工业大学作为科研单位，作为高校，对京津冀地区的研究很早就开始了，而京津冀的学校联合起来研讨这个问题，今天是第二次。第一次关于京津冀地区现代制造业发展对策的研讨会是在2013年11月25日召开的，会议有北京、天津、河北的70多位专家参加，收到20多篇论文，对深入探讨京津冀协同发展的理论与实践起了一定作用。这次京津冀地区现代制造业发展研讨会，目的是进一步发展京津冀地区的制造业，推动京津冀地区的经济社会发展，并促进其在全国经济发展中发挥更大作用。

报名参加这次会议的同志有90多名，收到论文20多篇，论文质量较高，作者将在这次会上作重点演讲，大家共享研究成果。这次研讨会将探讨京津冀现代制造业发展的特点、机制、生成、推动发展的措施，希望大家在会上各抒己见。在我的讲话之后，除了各单位的领导同志作开幕致辞以外，还请了几位论文提交者在大会上做主题发言。由于时间限制，比较重要的论文会在大会上分享一下。今天下午分成几个会场，把其他的论文和优秀的论文也进行分享，并展开讨论，希望这次会能取得更多的成果。经过大家的共同努力，制造业的发展肯定会为京津冀发展起更大的作用，让京津冀地区为国家的发展和民族的振兴作出贡献，为中华民族的伟大复兴作出突出贡献。

我代表主办单位向参加大会的领导表示衷心的感谢，感谢他们长期以来的支持以及对工作的关心。同时，感谢今天到会的全体同志，感谢大家积极参加研讨论，为会议提供高水平的论文。在会后将把所有的论文集中起来，正式出版一本论文集，以便扩大会议的影响。大家有什么意见可以随时提出，办会议也是很粗糙，时间匆忙，希望大家有什么意见随时向工作人员反映。

下面第一个致辞的是北京工业大学副校长聂祚仁教授。聂校长是我们会议的东道主，是全国著名的学者，教育部长江学者特聘教授，国家自然科学基金杰出青年基金获得者，国家863计划新材料技术领域主题专家组成员，国家自然科学基金委专家评审组专家，我们欢迎聂校长给我们致辞

聂祚仁（北京工业大学副校长教授）：谢谢李院士，各位领导，各位嘉宾，感谢各位专家学者来到我们北京工业大学，参加京津冀制造业协同发展学术研讨会。我们北京工业大学前身是20世纪60年代的一个传统的工科院校，校址坐落在北京的工业区，当时北京要办北京自主的、培养自己人才的学校。北京工业大学经过了多年的发展，抓住了两个机遇：第一个是1996

年的国家"211工程",当时是第一批进入国家"211工程"行列的;第二个是 2008 年奥运会建设发展机遇,我们建设奥运场馆,今天开会所在的建国饭店,就是当时为奥运羽毛球场馆配套的建设,是给运动员用的。这两个机遇使得我们从一个传统的工科院校,转变为现在多学院、研究型的大学,从原来的单一的工科院校发展成为现在拥有理、工、文、管、法多学科、多专业的院校。到现在为止,学校有 18 个博士点、19 个博士后流动站。可以说,我们的学科除了军事和农业,基本上都覆盖了,从传统的制造业建设,到现在的新型产业,再加上工业之外的文化创意、人文、社科和经管。

很荣幸有这么一个机会,在这里举办京津冀制造业协同发展的学术研讨会,我谨代表北京工业大学向各位的到来表示热烈的欢迎和诚挚的问候!

同时,也特别希望我们各位专家学者的研讨不仅给我们学校的相关学科,也为咱们北京市的发展提出重要建议。北京工业大学是北京市属高校,北京市有什么政策要出台就会叫我们帮忙论证或提出意见方案,我们经常要完成北京市布置的"作业"。今年以来,京津冀协同发展上升为国家重大发展战略,从暑假开始,研究京津冀协同发展的项目、京津冀城市圈发展的项目挺多的,研究目的是回答京津冀到底应该怎么发展的问题。这样一个城市圈的发展,中央现在最关心的就是环境,排在第一位,然后是基础设施。但是环境的发展需要基础设施支持,这也受到我们制造业发展的影响。

到底制造业要在这个城市圈里面怎样发展,我们真诚希望在座的诸位专家学者能够给出建议,我们也希望这次会议从某些方面,能够为政府提供更好的发展建议和对策,发挥我们专家学者的重要智囊作用。再一次祝愿大家能够取得很好的成绩,祝会议圆满成功,谢谢大家!

王祥武(北京市哲学社会科学规划办公室主任):我谨代表北京市哲学社会科学规划办公室向大家致以问候!制造业是国家富强和民族复兴的基石。当前,加快传统制造业产业更新换代和在科技进步中实现实体经济的转型与复苏已经成为世界发达国家重要发展战略;今年 2 月习近平总书记强调,实现京津冀协同发展,是一个重大国家战略,并作出了重要指示,为深化区域合作注入了强大活力和动力,使得京津冀协同发展提到了一个前所未有的高度。因此,本次研讨会适应了新的形势,是在制造业领域落实重大国家战略的实际行动。

多年来,北京现代制造业发展研究基地、北京工业大学经济与管理学院结合北京市的区域特点、研究能力和经济发展特征,对北京现代制造业产业结构，产业链优化、改造和升级进行了深入研究，为北京经济可持续发展，为北京逐步建成国际一流的和谐、宜居之都，作出了应有的贡献。

去年主办的"2013年京津冀制造业发展学术研讨会"，结合京津冀都市圈的区域特点、发展现状和存在问题，提出优势互补、协调发展的相关政策建议，为实现京津冀都市圈制造业快速发展出谋划策，为政府的战略规划或政策制定提供决策参考和辅助支持。研究京津冀协同发展必须把三地的专家学者组织到一起，同时也不仅限于学者研究，更需要政府部门的参与和支持，需要企业等各方面的协同合作。

今天召开的"2014年京津冀制造业发展学术研讨会"，来自京津冀高校、科研院所及政府等机构的专家学者聚集在一起，共同探索京津冀区域制造业产业协同发展、优势互补、产业对接及污染防治、减排的有效途径。汇集专家智慧，共享研究成果，增强京津冀三地制造业相关企业协同合作和良性互动，推动京津冀制造业协同绿色发展的战略部署落到实处，是非常有意义的。这是一个很好的交流平台，通过这个平台，大家畅所欲言，献言献策，共同探索京津冀制造业协同发展的"1＋1＋1＞3"的共赢之路。一定有利于京津冀协同发展重大国家发展战略在制造业领域全面落实，有利于推动京津冀区域经济的快速发展。

鲍泓（北京联合大学副校长）：今天的会议是积极响应京津冀协同发展的国家战略。为了落实制造业全面协同发展，应该探索京津冀区域产业协同战略规划，研究优势互补，产业对接及污染防控的有效途径，增强京津冀三地协同合作。举行此次活动，汇聚专家智慧，共享研究成果，这不仅是落实国家战略需要，而且是京津冀地区自己采取的"保护家园"行动，具有非常重要的意义。

北京联合大学作为主办单位之一，校领导很重视，很多老师都参加了这次会议。联合大学是北京地区比较年轻的一所学校，创建于1978年，当时正是天津市委书记林乎家调到北京当市委书记，促成依托北京地区的北大、清华，也包括北工大等高校，创建了36所大学分校。1985年整合了大部分分校由教育部批准成立北京联合大学，学校是一所地方综合性大学，学科门类齐全，学科专业随北京经济社会建设需要不断调整，30多年来，为北京地区培养近20万名大学毕业生。目前，联合大学还是北京市高考招生大户，每年招收7000余名学生，约占北京市高考招生总数的1/10。本次大会的主题是京津冀产业结构调整及产业对策协调发展研究，我对此也非常感兴趣，所以借这个机会提几点看法：

第一，目前对京津冀来讲，是机遇和挑战并存。京津冀的协同发展是国家的重大战略，中央高度重视，也是因为京津冀地区存在的重大问题带来的挑战。京津冀的人口密集，产业特别是传统制造业对环境、交通产生了重大负面影响。因此，京津冀制造业协同发展是京津冀协同发展的重要组成部分。目前，京津冀转移产业以传统制造业为主，这些企业多为资源消耗型企业。通过这种协同发展可以实现优化京津冀产业结构和产业对接转移。最近在南方江浙一带考察，并在常熟参加了"中国智能车未来挑战赛"，南方地区产业基本上是按规划以园区和园区群的方式发展的，尽管是跨省、跨市的园区，但各园区有侧重、有特点，又互相形成上中下游产业链的园区群结构。李克强总理最近在南方考察时，又提出大众创业，随着互联网和技术的推进，给京津冀地区带来了重要的机遇。

第二，机遇对大家来讲是均等的。习近平总书记在"两院"院士大会讲话中提出了大数据、云计算和移动互联网等技术将催生新的产业，推动传统产业的结构调整和升级改造。例如，北京刚成功举行了 APEC 会议，出现了"APEC 蓝"现象，不仅保证了会议的顺利举行，提升了中国的国际影响。而且这期间京津冀地区共同采取降低污染、减少交通拥堵的措施，甚至包括山东、内蒙古两省区的协同努力，提供了大量的数据，可用大数据分析方法为今后解决京津冀污染和交通问题提供重要参考。同时，习总书记说军用无人机、无人驾驶汽车和服务机器人可能是第三次工业革命的切入点。北京联合大学正在组织团队大力研究无人驾驶智能汽车，在国家自然科学基金委组织的"中国智能车未来挑战赛"上，北京联合大学在北汽提供的两辆国产汽车基础上研发的智能汽车"京龙2号"和"京龙1号"分别获得了第三名和第四名的好成绩，中央电视台新闻节目对参赛的唯一一辆新能源智能汽车作了全赛程的直播。目前中国在该领域与世界先进水平相比，在概念上、技术上并不落后，但是在应用和产业化方面是落后的。今天从北四环过来，经过鸟巢和北四环校区，看到了庆祝中国智能车未来挑战赛取得好成绩的横幅，当然也看到一队有十几辆非常"拉风"的新车在鸟巢附近拍照视频，这是美国新推出的特斯拉纯电动汽车，显然国外纯电动汽车已经进入北京。所以，在这里要呼吁，中国自己的企业和主管部门要加大发展国产新能源汽车。

第三，常熟市是一个县级市，该县年总产值达 3000 亿元，有一百多个产品产量在全国排名第一。常熟市政府每年支持此赛事，目标也是产业化，但他们并不是要把汽车生产放在这里,他们计划建立未来智能汽车的智能零部件生产基地。智能汽车的产业有非常宽的价值链,在产业链的各个环节都是大有可为的。这产生了一点启示,希望京津冀的产业转移要伴随高科技含量,实现智能制造,应和现代服务业结合,实现制造业的产业链的扩展,并按功能分别落在京津冀,而不是制造厂的简单迁移,真正促进京津冀协调发展和三地共赢。

武义青(河北经贸大学副校长):首先感谢主办方提供这样一次难得的交流和学习机会。京津冀协同发展一个重要的前提是共识,形成共识的前提是交流;而学术具有先导性,通过学术交流形成学术共识,以学术共识推动社会共识,以社会共识推动决策共识。习近平总书记2月26日讲话,把京津冀协同发展上升到重大国家战略,并提出7点要求,为京津冀协同发展指明了方向。与此同时,也提出了许多新的课题,需要深入研究,学术界责无旁贷。

自从习近平总书记"2·26"讲话以来,社会各界对"京津冀"的关注呈前所未有之势。CNKI文献库中,从1982年第一篇主题为京津冀的文献以来,截至现在一共发表了12597篇文献,其中2014年以来是5202篇,2014年发表的文献大概占所有文献的41%,是2013年全年的5倍。期刊论文情况大体也是这样。2014年以来,发表题为有关京津冀的论文804篇,2013年是200多篇,2014年大概是2013年的4倍。任何事物都有一个从量变到质变的过程,通过有关京津冀文献的大数据分析可以看出社会各界对这一问题认识的变化。在对京津冀发展的关注当中,论文发表比较多的前40家机构都在京津冀地区,从三地的分布情况来看:北京有15家机构,天津8家机构,河北17家机构。北京的15家机构中,国字头的(包括中国社会科学院的3家研究机构和北京大学、中国人民大学等7所高校)就占了10家,而市属高校科研机构只占5家(包括北京工业大学);天津8家机构,其中发文量最多的是部属高校(南开大学、天津大学);而河北17家机构中,有16家是省属院校科研机构。这表明,京津的国字头机构对京津冀关注较多、地方机构关注较少,而河北的地方机构关注最多。这是一个很有意思的现象,值得思考。

关于京津冀协同发展的目标和任务,我认为,京津冀协同发展的最终目标是一体化,其中经济一体化是最根本的。经济一体化的要素有三:一是距离,二是密度,三是分割。距离指的是经济距离,反映通达性;密度是指每平方公里的产出，反映经济活动强度；分割一般指语言、种族、体制等影响。从京津冀各城市的"距离"来看，13个城市之间的空间距离没有变化，但是从2000年到2012年城市之间的经济联系越来越密切，这主要得益于高速公路和铁路等交通条件的改善，人流、物流从一个城市到达另一个城市所花费的时间缩短了。随着京津冀交通一体化规划的实施，断头路的打通，交通条件的进一步改善，必将有力地促进京津冀协同发展。从"密度"来看，京津冀经济密度远低于长三角、珠三角，但是京津冀地区内部的差距却是最大的，并呈上升趋势，而长三角地区内部差距呈下降趋势。这是京津冀地区存在的一个突出问题！北京、天津的经济密度与河北的比例是8∶1，差距是7倍。而从京津冀13个城市情况来看，河北承德、张家口最低，每平方公里300多万元，北京、天津是一个多亿，北京、天津与承德、张家口的比例大约是35∶1，差距巨大。从人均公共财力来看，北京、天津大约是河北的5倍。河北与京津公共财力的巨大差距导致了三地公共服务差距悬殊。

2014年8月份《北京青年报》的记者对河北涞水的蓬家磨村和北京房山的郑家磨村作了一个调研，发表了一篇题为《京冀两村庄，一路之隔两种日子》的文章。文中指出，两村最近两户房子相距110米，一侧是护林苗木补贴一亩300元，另一侧是3500元；一侧是村支书月工资400多元，另一侧是1200元；两村风俗习惯都是一样的，但道路情况、住房条件相差悬殊。涞水2012年的农民人均纯收入是5000多元，在河北135个县中排名第102位，另有33个县比涞水收入还低。习近平总书记2013年元旦前夕到河北阜平县看望慰问困难群众、考察扶贫开发工作，该县农民人均纯收入只有3000多元，全省倒数第二位（收入最低的是涞源）。在河北，除了唐山和廊坊，其他9市都有国家级贫困县。在国家新一轮的扶贫攻坚规划中，首都周边就有一个"燕山—太行山连片特困地区"，该片区包括33个县，其中22个在河北，占该片区县的2/3。通过蓬家磨村与郑家磨村的对比，两村一路之隔，相隔100多米，但差距悬殊，可见行政分割对京津冀经济一体化的影响。

京津冀协同发展的任务，主要有五个方面：一是治理"大城市病"，二是破解环首都贫困带，三是改善生态环境，四是打造新的经济增长极，五是建设世界级城市群。这五个方面是相互关联的，比如，"大城市病"与贫困带的关系：贫困带不除，"大城市病"无解，因为人口等要素流动是由经济规律决定的。

关于京津冀制造业竞争力走势。2013年京津冀地区全部工业增加值为

23410.3亿元，占本地区生产总值的38%；占全国工业增加值的11%，其中北京占2%，天津占3%，河北占6%。京津冀工业中，北京占15%，天津占29%，河北占56%。

制造业是工业的主体。从京津冀地区来看，制造业竞争力呈下降趋势。市场占有率由2006年的9.57%下降到2012年的8.34%，下降了1.23个百分点；竞争优势系数由2006年的1.07下降到2012年的0.97，下降了0.1，由2006年高于全国平均水平7%下降到2012年低于全国平均水平3%。

从京津冀三地来看，北京的制造业竞争力下降较快。市场占有率由2.76%下降到1.49%，下降了1.27个百分点；竞争优势系数由1.02下降到0.75，下降了0.27，由高于全国平均水平2%下降到低于全国平均水平25%，具有竞争优势（竞争优势系数高于全国同行业平均水平）的行业由6个减少到2个，减少了4个。

天津的制造业竞争力也呈下降趋势。市场占有率由2.85%下降到2.48%，下降了0.37个百分点；竞争优势系数由1.2下降到1.04，下降了0.16，由高于全国平均水平20%下降到高于全国平均水平4%，具有竞争优势的行业由14个减少到12个，减少了2个。

河北的制造业竞争力略呈上升趋势。市场占有率由3.96%上升到4.37%，上升了0.41个百分点；竞争优势系数由1.03上升到1.04，上升了0.01，由高于全国平均水平3%上升到高于全国平均水平4%，具有竞争优势的行业由13个增加到17个，增加了4个。

从京津冀地区资产规模最大的三个制造业行业来看，该地区钢铁行业（黑色金属冶炼及压延加工业）主营业务收入占全国同行业1/5强，市场份额略有下降，竞争优势也有所下降；汽车行业（交通运输设备制造业）主营业务收入占全国1/10强，市场份额明显下降，竞争优势也明显下降；电子行业（通信设备、计算机及其他电子设备制造业）主营业务收入占全国比重由2006年的13.75%降至2012年的7.62%，下降了6.13个点，竞争优势也急剧下降。

总的来讲，北京的钢铁、汽车、电子三大行业的市场占有率和竞争优势均呈下降趋势；天津除钢铁行业市场占有率上升外，汽车、电子行业市场占有率均呈下降趋势，钢铁、汽车、电子三大行业的竞争优势也呈下降趋势；河北除钢铁行业竞争优势呈下降趋势外，钢铁、汽车、电子三大行业的市场占有均呈上升趋势，汽车、电子行业的竞争优势也呈上升趋势。

京津冀制造业竞争力下降，主要是由于它们处于全球产业链的低端，而随着生产要素成本的上升，这些产业的附加值不断减少，利润空间被挤压甚至亏损。因此，适应"新常态"，必须增强企业自主创新能力，提高产品附加值，使产业链不断向"微笑曲线"两端延伸；着眼于提升产业国际竞争力，围绕"钢铁"、"新能源汽车"、"生物制药"、"机器人"等若干重大领域，支持一批骨干企业建立京津冀产学研协同创新共同体，推动京津冀创新驱动发展。

刘权（工信部电子认证服务中心常务副主任、中国电子认证服务联盟秘书长、研究员）：去年也参加了2013京津冀制造业协同发展学术研讨会感到荣幸。关于制造业这个领域，刚才各位领导已经说过了，最近国家各个部门以及各个地方，尤其是北京，关于京津冀一体化的相关研究成果是比较多的。从环境、资源等方面来看，北京市经济发展面临非常严峻的局面，北京需要周边兄弟省市的支持，需要京津冀协同发展。京津冀协同发展确实遇到了比较好的契机，一是国家和京津冀各个层面大力支持，去年北京市提出制造业外迁，河北的各个城市积极制定有关政策承接北京的制造资源甚至学术资源。北京大学在河北的最南部搞了几个相关的战略研究基地，为河北解决人才短缺问题提供了很好的思路。另外，目前来看协同发展，赶上了难得的技术发展机遇，包括移动互联网、工业互联网等等，技术上具备了支持京津冀协同发展的基础。

对下一步的发展，本人提出几个建议：第一，京津与河北要劣势共弥，优势互补。京津有科技、资金、人才优势，河北有土地、人力优势，而另一方面，京津有城市人口压力和发展空间劣势。京津也应该疏散出一些高科技产业转移到河北，一方面引领河北高科技产业发展，另一方面疏解城市交通、人口、住房压力。第二，高校在产业模式或产业布局上的研究应更多些，研究如何应用用网络的技术和手段向生产的深度和广度进军，这一波4.0版的工业革命，意大利的北部、奥地利、瑞士北部、法国东部组成了第四代工业革命的火车头，中国有被世界抛弃的趋势。中国制造业现在最要干的事情是模式创新和技术创新。京津冀一体化发展过程中应抓住3D打印、电动汽车、智能装备等产业发展机遇，积极创新，探索出一条适合京津冀实际的发展道路，避免落后于形势。第三，工业4.0版展现了一幅全新的工业蓝图：在一个"智能、网络化的世界"里，服务互联网技术将渗透到所有的关键领域，创造新价值的过程逐步发生改变，产业链分工将重组，传统的行业界限将消失，并会产生各种新的活动领域和合作形式。京津冀协同发展需要紧跟趋势，需要搭建京津冀物理信息系统管理平台，建设较高水平的京津冀信息基础设施，支持京津冀制造业协同发展。最后预祝第二届京津冀制造业协同发展学术研讨会取得圆满成功。

唐建国（北京市经济和信息化委员会研究室（政策法规处）处长）：京津冀产业协同发展规划这个话题应该说在这个简短的时间内也说不了太多，京津冀产业或者制造业协同发展不仅是中央的殷切希望，其实更是三地这么多年发展的客观需求。年初以来，三地密切合作深入研究共谋大计，北京和河北签订"1+6"战略协议，与天津也签了6份协议，明确了三个突破口，把4个区域作为下一步工作的重点。就北京而言，按照总书记的指示，不提经济中心不等于不抓经济工作，放弃大而全的产业结构，但是要构建高精尖的经济结构。在经济工作会上，市政府也提到，要瘦身健体。经信委也提出要做好舍与得这篇大文章。一段时间以来，经信委也做了一些工作，取得广泛的社会关注。对于京津冀产业合作，值得圈点的有这么三件事：第一件事是以市政府名义出台了两个目录，或者说负面清单。7月份，发布新增产业的禁止和限制目录，一、二、三产业都有，重点是第二产业。10月份，市政府又发了淘汰退出污染工艺设备目录，就是落实大气污染防治条例，针对存量产业，做了明确划分，有的是即刻禁止，有些是明年禁止，有些是2016年禁止，社会上引起的震动还是比较大的。第二件事是起草构建高精尖产业行动计划，前几天向市政府领导也做了汇报，核心是3458战略，高精尖产业核心落在产品上，说北京不干什么事是容易的，说干什么事情是难的，到底要做什么，经信委提出了五大类产品和八大专项。第三件事就是建设北京曹妃甸现代产业试验区，目前初步研究了规划方案，一些合作项目也在接洽过程中。应该说北京现代制造业发展研究基地与北京市经信委联系是比较密切的，之前蒋院长带着经管学院的一个团队支持经信委做北京生产要素支撑发展潜力研究、北京工业用地的效率研究。今天特别高兴，北京、天津和河北几所高校联合主办京津冀制造业发展学术研讨会，感受到学术界务实的风气，目前已经有丰硕的工作成果。马上就将启动"十三五"规划编制了，希望北京现代制造业发展研究基地结合"十三五"京津冀制造业发展布局，深入开展课题研究。

毛红领（河北省工业和信息化厅办公室副主任）：在党中央、国务院的重视和领导下，京津冀迎来了协同发展的春天。在座京津冀三地的专家学者共同研讨京津冀制造业的协同发展，是一件大事，也是一件好事。刚才，高校、工信部以及北京、天津的同志们都讲了很好的意见，很受启发。本人提出以下观点：

第一，河北需要发展。这个发展有三个层面：首先，河北经济相对于京津还比较落后，还需要发展。北京、天津人均GDP达到1.5万美元，已经进入工业化后期。河北的人均GDP现在还是0.5万美元。另外河北有"燕山—太行山特困连片地区"、黑龙港流域等贫困地区，环首都50公里以外都是贫困地区。大家都能看到记者的报道，有些县十分贫困。习总书记就曾去过河北的阜平，那是一个国家级贫困县。河北现在确实还需要发展。其次，河北的产业结构还需要升级，升级就是一种新的发展。河北经济的症结不在于重，而在于低，产业水平低下。河北必须加快经济转型升级，加快产业转型升级，而转型升级本身就是一个发展。最后，京津冀要建设生态文明，也需要河北发展。因为河北能源消耗比较大，污染排放强度高，又处于环绕京津这样一个特殊位置，所以为解决这些问题，必须推动河北产业转型，由此就需要河北发展。

第二，河北正在转型。河北省委八届五次全会提出打好河北工业转型升级攻坚战，省委八届六次全会提出绿色崛起，不为GDP。在这样的思想指导下，河北取得了很大的成绩。概括起来有三个亮点：首先，运行止跌趋稳。2014年一季度工业增长率达3%多，去年还是10%，1—10月工业经济增长率5.1%，基本上稳定下来，而民营经济发展加快，增加值增长7.4%，上缴税金增长7.4%。小微企业逐步发展壮大，预计新增1600家。其次，结构向好调整。主要有六个优化：一是产业结构进一步优化。体现在两升两降，装备制造业、高新技术产业占工业比重同比提高1.7、0.6个百分点；六大高耗能产业占比同比下降1.7、2.6个百分点。河北省前几年都是0.1、0.2左右这么降，今年一年就降了这么多，这个幅度是很大的。二是投资结构进一步优化。全省工业投资占固定资产投资的50.1%，技改投资占工业投资的65.7%。这个分量都是很重的。三是布局结构进一步优化。石钢搬迁、渤海钢铁向沿海转移，钢铁行业加快向资源富集区和沿海转移。水泥行业优化一带，就是燕山—太行山一带，退出两圈，就是环首都圈、环省会圈，取得了重大进展。另外河北省新增百亿元以上产业集群4个。四是组织结构进一步优化。中小微企业铺天盖地、大型企业顶天立地的局面进一步形成。1—9月份全省新增小微企业3万多家，与此同时，一些企业开始强强联合。2014年以来企业整合重组步伐特别快。五是技术结构进一步优化。邯钢汽车板、津西钢板桩等一批精品钢产品投放市场,泰华伟业机器人等一批高端项目开工建设。六是所有制结构进一步优化。民营经济增加值占GDP的67%,同比提高1.2个百分点,上缴税金占财政收入的71.3%,同比提高1.8个百分点。最后,绿色崛起加速。绿色崛起加速有两个特点:一是节能降耗效果显著。1—9月全省工业增加值能耗同比下降9.4%,预计全年下降8.5%,超目标3个百分点以上。压减能耗的任务完成得很好。河北去年以来,大刀阔斧压减过剩产能。截至10月底,淘汰炼铁过剩产能完成国家任务的380%,淘汰炼钢过剩产能完成国家任务的170%,淘汰水泥过剩产能完成国家任务的1431%,淘汰平板玻璃完成国家任务的101%。省人代会上定的河北压减"6643",2014年的任务已经全部完成。河北为此也付出了巨大的代价,这也是为什么经济一直往下降的原因之一。这是和河北大刀阔斧压减产能分不开的。大家都埋怨河北为何搞那么多钢铁,河北也想搞大飞机、大轮船、大汽车、大装备这样的好项目,但这样的项目都被"虹吸"去了,所以河北也很难。二是资源综合利用取得较快进展。承德尾矿资源综合利用在工信部试点推动下,取得很大成就,见效明显。

第三,河北大有希望。河北有着悠久的工业发展史,是中国近代工业发祥地之一,中国第一座现代化煤井、第一条标准轨距铁路、第一台蒸汽机车、第一袋机制水泥、第一件卫生陶瓷均诞生于河北。在现代,大家觉得河北工业应该要高端发展、加快发展、绿色发展。根据国家的要求,想打造全国新型工业化示范基地、产业转型升级试验区、华北先进制造业基地、北方重要的现代服务业基地和现代农业先行区。协同发展就是整合资源、互利共赢。而不是关起门来各自为战。对河北来讲,应该做到以下六点。一是规划衔接。区域上重点打造曹妃甸、渤海新区等,曹妃甸应该建设世界一流的钢铁、石化、装备制造基地,打造首都功能扩展区和示范区。渤海新区要发展汽车、石化、管道装备等产业,发展循环经济和现代农业,打造京津冀南部增长极。张承地区重点打造生态功能区、绿色制造区。从布局上看,很显然有一个"示"字形的产业带,即张承地区、京津唐地区、沿京广线、沿京沪线、沿海一带。此外,在五大产业链上和北京、天津共同发展——汽车,新能源装备,智能终端,大数据,现代农业。二是政策倾斜。再要做的就是争取政策的倾斜,争取国家对河北更多政策支持,争取京津的配合。对河北给予一些特殊政策。人才为何往京津涌流,产业之外的政策不容忽视,比如教育、科研、医疗等方面的政策，京津就好的多。三是产业协同。河北要利用北京的技术优势、人才优势、市场优势，利用天津的港口优势、市场优势，一起打造京津研发——河北制造模式、总部和制造基地模式、共建园区模式等。四是项目支持。当前河北和京津一起建立了一批示范性项目，除了加快建设这批项目外，还应该把更多的好项目特别是京津增量项目布局河北。五是市场统一。市场对产业的协同发展很重要，不能就产业的协同谈协同，应该打破市场分割，让市场去指导制造业协同。六是自强不息。河北还要毫不动摇地加强技术改造、强化创新驱动、促进两化融合、化解过剩产量、繁荣民营经济、推动工业强基、深化节能减排。河北真的是大有希望。希望各位专家学者到河北走一走、看一看。

罗永泰（天津财经大学工商管理研究中心主任，教授）：京津冀制造业协同发展研讨会给三地专家提供了很好的学习交流机会。这次论坛主题是协同发展战略规划、产业对接、运行机制，以及制造业与生产性服务业的融合和绿色协同合作等，论坛议题很有意义。

制造业在京津冀的产业中占比非常大，在京津冀协同发展中占有重要的位置，是京津冀协同发展中的重点。京津冀面临着产业转型升级，尤其是结构调整，布局优化，任务十分艰巨，难度很大。

现代制造业在服务过程中和生产性服务业相结合，使得制造业产业链更长。尤其是在现代制造业的产业链中，产生企业新的利润点。例如IBM、海尔等企业主要的赢利点并不在制造环节，而在服务环节。而且这种变化趋势将会进一步扩大，这方面的研究也在不断创新。

京津冀制造业协同发展要面对着新产品、新材料的战略升级。在京津冀协同发展中，有些处于产业低端的加工制造业，需要转型升级，需要向能源替代、机器人制造等高端方向发展，这就需要京津冀三地发挥各自优势形成研发制造服务产业集群。

韩景元（河北科技大学经济管理学院院长）：首先祝贺本次研讨会的顺利召开，对大家的积极参与表示欢迎。京津冀协同发展是三地各界人士共同关注的问题。我们强调三地协同发展是一个过程，也是一个不断寻求和扩大共同利益的过程，这是一体化的基础。今天各界学者、领导坐在一起探讨这个本身就是非常重要的事情。河北科技大学今年成立了校级研究机构——京津冀可持续研究发展中心，很荣幸聘请到李院士作为研究中心的主任，衷心希望与三地政产学研机构共同推进京津冀协同发展研究，为京津冀协同发展献策。最后欢迎大家有机会到石家庄、到河北科技大学讲学交流与指导工作。

对京津冀区域发展布局与产业协同策略提出以下几个基本观点：第一，京津冀是三地博弈，寻求和扩大共同利益非常重要。第二，京津冀一体化要尊重的规律，不能违反规律，应循序渐进。第三，不要对传统产业抱有过多的幻想，应该注意到科技革命所带来的产业革命对京津冀协同发展所带来的机会和挑战。因为在颠覆性技术面前，传统优势企业的生存与创新都会面临很大的困难，新企业的产生有很多机会，应注意科技革命和产业革命所带来的变化。

应该深入研究以下问题：

第一，京津冀独特性。内有北京、天津两个直辖市，北京还是中国首都。是世界上独一无二的一个区位。但是利益各方的利益博弈和理念的差异使规划的制定和实施面临巨大的困难。随着中央对京津冀区域发展的重视，京津冀协同发展问题进入实质性操作阶段。

第二，资源承载力约束与布局。北京的城市建设规划、经济发展规划是"摊大饼"模式，带来的是越来越严重的人口、交通和环境等压力。如果按照这样一个模式发展下去，会影响到京津冀区域的可持续发展和潜力的发挥。因为北京功能和人口过度集中带来的主要问题，首先还是资源承载力的问题，特别是水资源，京津冀区域的资源与环境能够承载多少人口与产业的聚集？如何分布才合理？实际上，京津冀的协同发展已有一定的条件，如果继续以北京为中心进行首都经济圈规划布局只能强化北京的压力，而天津滨海新区、曹妃甸的发展已有一定基础，首都经济圈规划应顺势而为，要为首都人口与功能疏解创造条件。我认为，首都经济圈应该按增长极结合功能区及行政区划分，第一是首都经济圈核心区，含首都及河北省环首都经济圈区域及天津部分区域，经济发展以高新技术产业为中心进行产业布局。第二是沿海经济带，含天津滨海新区和河北省沿海区域，工业要优先在沿海布局，是资源约束的要求，也是提升竞争力的要求。第三是中南经济区，就是含石家庄、衡水、邢台、邯郸（对接中原经济区）等区域，按照公路和铁路的"轴"进行布局。第四是张承经济区，除张家口、承德外，还可含内蒙古的部分区域，形成一个按资源层次推进、港口腹地呼应的布局方案。

第三，基础设施。基础设施应先行，为京津冀一体化创造条件。如果以一体化为目标，就要把其视为一个过程。区域经济一体化的实现能实现资源的优化配置，实现区域间的协调发展和共同富裕。它有四个阶段，第一个是贸易一体化，第二是要素一体化，第三是政策一体化，第四是完全一体化，基本判断是现在处在一体化的第二阶段，要素一体化阶段。这个阶段要打破行政障碍，基础设施统一规划先行，不仅仅是交通基础设施，要考虑产业革命的要求，信息基础设施的布局一定要提到日程上来。以河北为例，由于河北独特的地理区位，人们自然认为，北京交通四通八达（缺出海口），只要和北京连通，自然也就会连通全国、连通世界，这就形成河北严重依赖首都的交通体系，使得河北省自身存在的南部和北部的经济联系薄弱的状况得不到根本改善，又加重了北京的负担。近几年河北已经注意到这个问题，然后开始就是利用这些机会去组建自己的交通体系，又和北京、天津互联互通，但又不依赖北京。而京津冀协同发展创造了一个难得的机遇，把京津冀基础设施提升一个更高的水平，创造要素自由流动的条件。

第四，产业布局规划。环北京高新技术产业带，河北内环北京、天津，外环渤海湾，有吸纳两地和国外的科技资源的优势，从而有机会依托科技创新能力，发展创新驱动型经济，赢得竞争优势。同时，北京是全国综合创新能力最强的城市，是全国高技术中心，也是跨国公司研发机构集聚地，生产制造活动和高新技术实验活动将优先转移到环北京地区，像廊坊、保定等。另外，河北的保定、廊坊、唐山等区域有较好的经济科技基础，大中型企业规模和创新能力都比较强，这些地方可以利用北京、天津科技创新资源，走创新发展经济之路，实现跨越式发展。

沿海产业带，以天津滨海新区开发建设为契机，建设京津冀沿海港口开放产业带，京津冀沿海港口城市间构造"1小时交通圈"，通过高速公路、铁路以及机场和沿海港口体系，向主要经济腹地及周边经济发达地区辐射，形成以港口为中心，港口城市为载体，综合运输体系为动脉，港口重化工业为支撑，海陆腹地为依托，同时实现彼此间相关联系、密切协调、有机结合、共同发展，进而推动区域繁荣，实现陆地经济和海洋经济的结合。

沿线产业带，继续发挥京广、京秦、京深、京沈等铁路和高速公路沿线产业带在全省经济发展中的主轴作用，巩固和提高沿线中心城市的经济实力和地位，加大京九、京包、朔黄、邯济等铁路和石黄、京张等高速公路沿线的经济开发力度，发挥后发优势，加快发展特色区域经济，培育壮大主导产业，推进产业结构的高级化，实现超常规发展。

第五，产业协同发展。产业协同发展不能仅以现有产业存量来考虑重新配置的问题，而应该着眼于发展的观点，在发展当中协同，就是着眼于提高京津冀产业全球竞争力，制定统一的产业发展规划，尤其是战略新兴产业发展规划，重点应该放到这个地方来，应该把京津冀产业的核心竞争力做系统的评价。应该说目前京津冀的产业国际竞争力还不强，需要依据提升国际竞争力来制定京津冀产业发展规划。

创新驱动是京津冀产业发展的主旋律，《"十二五"国家战略性新兴产业发展规划》中的七个产业，都与第三次工业革命密切相关，因为它认为整个世界处在第三次工业革命的前期，京津冀发展的重点就是战略性新兴产业，是新的工业革命，德国叫工业4.0，要抓住第三次工业革命的机会，应该把重点聚焦在第三次工业革命，京津冀的协同应该把它作为一个主要方面来做，3D打印、新能源技术、新能源汽车等等一系列革命性的变革，机会和挑战并存，所以应该抓住机遇。

葛新权（北京信息科技大学经济与管理学院院长，教授）：中央非常重视京津冀地区一体化，张高丽副总理主抓这项工作，成立了专家委员会。因此，京津冀地区制造业协同发展研究课题非常重要，应抓住京津冀地区一体化这个机遇，并为一体化作出贡献。对于京津冀地区制造业协同发展研究，谈几点想法。

第一，制造业协同发展要支撑并服务于整个京津冀一体化建设，需要分析一体化对制造业协同发展有哪些机遇、挑战和要求，以及制造业协同发展在哪些方面能够为一体化作出贡献。

第二，在研究制造业协同发展过程中应以循环经济理论为指导，并应用循环经济理论、规则、方法与技术。同时，把"动脉经济"与"静脉经济"关系融入制造业协同发展研究中。北京信息科技大学得到北京市教委批准，设立了基于世界城市的北京循环经济体系建设的协同创新计划项目，并开展了相关研究，愿意为制造业协同发展与循环经济做些事情。

第三，关于协同理论创新。协同发展实践需要协同理论指导，协同不是简单合作、联盟，或虚拟组织的合作与联盟。现在，协同很时髦，但到底什么是协同、什么是协同发展、什么是协同创新，还没有人能讲清楚。为此需要组织力量就协同及协同理论做基础性研究，取得理论或认识突破，从而设计出科学合理有效的协同机制与协同政策，以及实现协同发展方法、技术与途径。

第四，还必须研究制造业排放问题。制造业是一体化的一部分，要讲清楚制造业协同发展对一体化的贡献，同时搞清楚制造业的排放，实施节能减排以寻求最小或可接受的排放约束的协同发展。因为，刚才专家领导也讲到了,京津冀地区现在面临雾霾这个严重问题。所以,制造业协同发展必须要考虑排放问题,为节能减排作出贡献。

第五,基于制造业网络化、产业集群、绿色制造等,以及考虑与其他产业的关系,对京津冀三地区的资源、人才、技术、贸易以及民生等社会环境及区位优势做精细化分析,进行制造业协同发展的跨学科学研究,同时需要组建跨学科研究队伍,应用大数据与社会复杂系统等交叉学科研究方法进行研究。

第六,要解决好制造业的协同发展中不同利益主体关系,在京津冀地区协同发展共同利益下,兼顾各方利益。否则,这个地区协同发展是不可持续的。不同利益主体要形成一种合作、竞争关系,合作中有竞争、竞争中有合作,体现共同的利益,确保各自利益。找到这个平衡点是很难的,考虑到不同的主体中有强势、有弱势主体,以及纵横、内外不同层次的利益主体的强弱势。从合作博弈的机制与规则解决协同发展中的利益问题是没有问题的,达到共赢局面也是没有问题的。但对弱势主体要给予必要的补偿。否则地区协同发展就走不下去。在治理雾霾等大气环境污染问题上,京津冀地区的利益主体是地区地理位置决定的,别无选择,建立补偿机制尤为必要和重要。

第七,文化是生产力,在东西方文化交流中,影响是相互的。但不可否认,西方文化对中国的影响大一些。如美国的文化对中国的影响,它在中国获得的利益是巨大的。就目前来讲,中国的文化没有充分发挥出应有的作用,时而还有负面的东西。同样研究与推进京津冀地区制造业协同发展,要考虑分析京津冀三地区文化差异与文化共同点,以形成新的协同文化,将对协同发展起到不可替代的作用。也就是说,要研究文化博弈,因为文化差异决定思维、行为,所以要把协同研究提高到文化层面,营造一种文化环境,对协同可持续发展才能起到根本的作用。事实反复印证了文化是软实力,任何问题的解决光靠制度是不够的,因为它是刚性的,还需要文化,文化是制度的润滑剂。制度的成本是巨大的,制度本身就不是万能的,一定会有或会留下一些漏洞,而这些漏洞正是靠文化解决的。协同发展可以出台一系列的法律法规,以及管理办法等,但这不可能解决全部问题,所以必须重视营造协同文化。例如,生活垃圾处理,强调人们习性,还有中国人口众多,各地文化习俗差异较大等很难去平衡,所以在这个时候没有一个很好的文化,生活垃圾问题是不可能解决的。所以,一句话"成也文化,败也文化"。特别是党的十八届四中全会明确提出国家依法治国,这里面也需要文化。法律、法规这个是必须的,刚性的,没有文化也是不行的,因为制度与文化互补形成一张一弛，体现刚性中软性，共性中个性。毫无疑问文化是润滑剂。

牛东晓（华北电力大学经济与管理学院院长，教授）：华北电力大学主要是为国家电力能源产业培养人才的一所高等学校。自从国家提出推动能源生产和消费革命的这样一个要求之后，各级有关领导，多次对华北电力大学进行指示。其中主要的一点就是，学校具有电力能源特色，学校地处北京和河北（保定有一个校区）。所以，这个学校更加应该义不容辞地为京津冀协同发展作出自己的贡献。我们深感责任巨大，任务光荣。在学校的统一部署下多次开会研讨如何为京津冀协同发展服务。今天在国家高度重视京津冀协同发展的背景下，北工大在这里召开京津冀制造业协同发展的会议是恰逢其时，表示祝贺，同时，确实给了一个向大家学习的机会，非常感谢。

就目前科学技术发展，首先，习总书记在今年6月13日召开的中央财经领导小组第六次会议上强调要高度重视能源革命，提出了推进能源体制改革。作为一个以培养电力能源人才为主的学校，也在反复地思考，怎样为京津冀能源发展作出应有的贡献。第一，应大力加强能源教育，培育正确的能源消费观，高度重视能源领域的知识创新。第二，要大力提倡绿色能源的使用推广，通过发展绿色低碳的各种能源装备、协调管理、保证能源的安全供给和需要，同时改善环境、保障人民群众的身体健康。在绿色能源装备方面，京津冀已成为中国的绿色电力制造基地，比如风电、太阳能、电动汽车、充电站等都在建设，这些将在北京有较大规模地推广。第三，对于传统火力发电，加大力度进行新旧替换，引入超低排放设备，提高节能减排水平，这将为减少环境污染发挥重大作用。第四，新能源装备研究生产，都在快速地进行更新换代。如分布式能源电站的制造建设、大型新式储能设备的研究开发、新型智能电网设备的生产、新型太阳能设备的研发等。

由于能源是人类永恒的需要，人类永远需要各种能源装备，在能源装备制造发展方面，京津冀区域内具有国内领先的能源高校和研究机构，具有强大的能源研发能力，应该统一布局规划，发挥各自优势，形成极具竞争力的研究、制造、销售、服务一体化的现代化能源发展体系，可以为国家能源事业发展多出一份力量。所以也希望在李京文院士的领导下，密切合作，群策群力，为京津冀协同发展作出贡献。

周桂元（中国财政经济出版社经济理论出版中心主任，编审）：非常高兴在北京工业大学经济与管理学院和各位学者探讨京津冀制造业协同发展的问题，并有机会向专家学者请教。中国财政经济出版社是国家财政部直属出版机构，有着近60年的历史，一贯支持高水平的学术著作出版，有一支过硬的编辑队伍。中国财政经济出版社和北京工业大学经管学院的不少老师有着长期良好的合作关系，出版了许多老师们关于研究制造业问题的成果。这些成果的出版，传播了老师们的学术思想，为理论研究和实际工作提供了重要参考。非常希望有机会和在座的专家学者老师合作，竭诚为出版各位专家学者老师的著作做好服务。

京津冀协同发展，是以习近平同志为总书记的党中央在新时期推动中国特别是华北地区可持续发展的大战略，是中国整体发展一盘棋的重要布局。京津冀三地各有所长，各有所短，协同发展，应该是三地共同发展，三地合作共赢。北京发展快一些，必须要带动周边地区一起发展，北京的可持续发展离不开河北、天津的支持与理解，没有河北、天津的发展，北京也不可能持续发展。这之间有着非常密切的关系。三地的协同发展有很多方面，今天，从制造业一个方面来探讨三地的协同发展，抓住了一个非常重要的点。制造业是一个国家的基础产业，代表一个国家的综合实力。制造业还是运用高科技、承载劳动者大量就业的重要行业。刚才的专家也介绍过河北省还有不少贫困人口，许多贫困地区是革命老区，这些老区为新中国建立做出了贡献。好多同志也都是河北人。河北发展中的许多问题既要从自身来考虑，也要从周遍地缘特点、国家给河北的定位、河北为保京津发展所做的贡献来考虑。在革命时期，好多老百姓跟共产党走，做出巨大牺牲。如今共产党已经执政60多年，如果今天在繁华似锦的首都周边的河北还有那么多贫困的百姓，试想一下，如果不尽快解决，党的执政基础是不是会发生动摇呢？不要把党的执政基础仅当成简单的一句话。应该说，三地协同发展，具有经济意义，也有重大政治意义。先富带动后富，先发展起来的地区有责任和义务帮助带动还落后的地区。当然，这不是"吃大户"，所以一定要协同发展，京津冀三地的产业要协同发展。而制造业产值在很多地区GDP中占很大比例。特别在河北，制造业升级换代，用现代高科技手段武装传统制造业，走绿色可持续发展之路，具有特别重要的意义。这也离不开京津地区科技、财力、行政等方面的支持和协作。这涉及三地的产值分配、劳动力资源配置、税收政策的协调、官员的政绩考核等等。只有互相支持，深刻协同，多站在对方的角度考虑，甚至要牺牲一些自己的局部利益、短期利益，才能协同，才能把事情做好。

会议论文摘要

主题发言论文摘要

题目：京津冀制造业协同创新发展战略研究——基于安德森—克鲁格曼模型的政策设计

作者：卢政营、罗永泰

摘要：京津冀一体化已经成为国家战略，制造业领域的协同创新发展将为京津冀一体化植入新的内涵。根据"要打破一亩三分地思维"的战略指引，本文借鉴安德森—克鲁格曼模型，探讨在产业层面建构京津冀制造业的整合机制，同时打破行政体制束缚的单一思维，考虑在要素、优势、价值链、技术等方面的互溶，形成京津冀制造业整合的集聚效应，促进资源和要素等合理流动，打造京津冀制造业活力开放区，规避市场分割的遮蔽效应。

题目：京津冀协同发展与制造业竞争力提升

作者：武义青

摘要：自从京津冀协同发展上升为国家重大发展战略以来，社会各界对"京津冀"的关注呈前所未有之势。本文提出了京津冀协同发展的目标和任务，分析了京津冀制造业竞争力走势，通过大量调研相关数据，说明了发展现状和存在的问题，指出了竞争力下降的原因，提出了适应"新常态"，必须增强企业自主创新能力，提高产品附加值，使产业链不断向"微笑曲线"两端延伸；着眼于提升产业国际竞争力，围绕"钢铁"、"新能源汽车"、"生物制药"、"机器人"等若干重大领域，支持一批骨干企业建立京津冀产学研协同创新共同体，推动京津冀创新驱动发展。

题目：基于京津冀一体化下的产业协同机制研究

作者：唐少清、李剑玲、陈建斌

摘要：京津冀一体化发展已经上升为国家战略，而产业协同是京津冀一体化的落脚点，也是京津冀一体化的动力，因此对协同机制研究就很重要。本文从京津冀区域各产业比较分析出发，寻找协同机制的突破点，然后选择可操作的运作策略，

题目：京津冀区域发展的布局与产业协同策略的思考

作者：韩景元

摘要：本文依据区域生产力布局的理论，提出了京津冀协同发展布局要重视沿海与腹地的配合，考虑资源约束，按增长极结合功能区及行政区划分为下面几个区域进行布局：首都经济圈核心区、沿海经济带、中南经济区、张承经济区，形成一个按资源层次推进港口腹地呼应的布局方案。在操作顺序上，主张按照区域经济一体化的发展阶段有序进行。在顶层设计的基础上先进行基础设施建设，为一体化创造条件。在产业协同发展策略上，建议出台统一的产业指导规划，着眼于提升产业国际竞争力、创新驱动，在发展中协同。

题目：高端制造业与生产性服务业协同度模型及应用研究——基于京津冀都市圈数据的实证分析

作者：蒋建军、储芳芳

摘要：本文分析了高端制造业与生产性服务业协同发展机理，建立高端制造业与生产性服务业的复合系统协同度模型，运用2005—2012年的数据对京津冀都市圈两业协同发展情况进行实证分析。研究表明：高端制造业是影响京津冀两业协同发展的主要因素；京津冀整体协同度一般处于三地各自协同度的最大值和最小值之间，地区之间的高端制造业与生产性服务业协同水平较低。针对京津冀协同发展存在的问题，从顶层设计、协作体系、创新机制等方面提出若干政策建议。

分论坛一：京津冀制造业协同发展战略与规划

题目：京津冀协同创新体系的战略思考

作者：赵艳华、赵士雯

摘要：实现区域协同创新不仅能够提高区域创新能力，也有利于促进区域的协调发展。本文从协同学视角分析了区域协同创新的内涵和特点，从京津冀创新资源条件的现实基础出发，分析了目前三地在协同创新方面存在的问题，并以此为基础构建了京津冀区域协同创新体系的战略框架。

题目：京津冀制造业服务化协同发展研究

作者：罗永泰

摘要：京津冀三地制造业各具优势。京津冀制造业服务化协同发展，是促进产业结构升级，保护环境的重要举措。北京的科技资源优势和央企众多优势有利于发展制造业服务化，保留研发设计、品牌服务和专业化服务等高端部分，将一般性的生产制造环节布局到津冀地区。天津、河北应发挥港口优势、交通优势，大力发展生产性服务业，促进京津冀制造业服务化协同发展。

题目：高端科学仪器研发与京津冀制造业的协同发展分析

作者：孙秀芳

摘要：近些年，北京制造业发展以"高端、高附加值、高标准"作为发展方向。高端科学仪器可拉动高端制造业，高端制造业的核心技术是高精尖的生产和测试仪器设备。高端科学仪器的研发又可以促进积累出的技术向制造业转化。北京是高校和科研院所云集的地区，北京地区有高端科学仪器仪表的研发人才储备，北京地区高端科学仪器研发可带动京津冀地区高端制造业协同发展。本文分析了高端科学仪器研发受到制约，从研发到制造到使用的渠道依然不畅的原因。并对突破高端仪器研发困局提出了三条建议。

题目：京津冀新能源汽车产业协同发展对策研究

作者：武玉英、龙海云、蒋国瑞

摘要：针对京津冀新能源汽车产业发展问题，本文在京津冀新能源汽车产业发展现状基础上，通过SWOT方法，分析北京、天津和河北的优势与劣势，机会和挑战；论证京津冀新能源汽车产业协同发展的可行性；找出京津冀新能源汽车产业协同发展存在的问题；提出优势互补、合作共赢、产业对接协同发展的对策与建议。

题目：京津冀制造业国际化人才培养模式研究

作者：李剑玲、王卓、丁杰

摘要：本文介绍了京津冀制造业的发展状况，并对现代制造业人才的需求进行了分析，然后对国际化人才的培养进行了探讨，最后对京津冀制造业国际化人才的培养提出了建议。创新国际化人才培养模式，培养具有创新能力的京津冀制造业国际化人才，进而促进京津冀制造业的可持续发展。

题目：京津冀协同发展背景下科技创新人才流动研究

作者：何勤、刘雅熙

摘要：京津冀一体化发展是区域发展的重要部分，必将受到多方的关注，而人才是发展的关键，如何促进京津冀科技创新人才的合作交流是亟待解决的问题，本文通过分析京津冀人才对GDP的贡献，确定不同水平的人才对GDP影响，从而针对不同层次人才的培养与作用提出建议，为京津冀科技人才的共享与交流提供思路。

分论坛二：京津冀制造业协同发展产业对接、运行机制和保障措施

题目： 加快推进我国制造业转型升级的对策建议：基于工程机械行业的经验启示

作者： 邓晓虹、黄满盈

摘要： 制造业转型升级是我国经济调结构、转变增长方式这场攻坚战中的难题。近年来我国工程机械行业的转型升级却创造了惊人的持续增长"奇迹"。究其原因，主要在于坚持改革创新，探索出一条不断促使企业转型升级的内外动力、推动力、拉动力、支撑力的新模式。本文在调查分析我国工程机械行业转型升级的新鲜经验及其存在问题的基础上，对我国制造业加快转型升级的驱动战略问题提出了对策建议：加强和完善企业技术创新体系建设；加快推进企业"两化"融合；鼓励企业间的兼并重组；促进制造业产业集群的发展；多渠道开拓国际市场。

题目： 京津冀制造业发展差异及协同研究——基于投入系数分析

作者： 袁永科、郭红

摘要： 本文基于投入产出表对京津冀制造业的发展差异及协同性进行研究。从投入系数来分析三个地区制造业差异的现状，同时构造了京津冀区域间投入表，通过区域间投入系数分析三地制造业的关联程度，结果表明，从原材料投入系数、最初投入系数来看，能源投入系数和生产服务投入系数的差异较大，通过京津冀区域间制造业投入系数分析可知，北京制造业和天津制造业的关联性较大，北京的制造业需要天津制造业的大量投入才能发展，而天津制造业需要北京生产服务业的投入才能快速发展，河北与京津两地的关联程度很低。根据以上分析，本文提出需要加大河北制造业与天津制造业、北京服务业的关联程度，从而实现京津冀三地的协同发展。

题目： 资源分配视角下的京津冀一体化协调机制

作者： 刘玉斌、纪方、易蓉

摘要： 京津冀资源环境一体化条件下，区域发展需要依托京津优势加强沿线城市及其开发区的协调机制建设，引导产业合理布局，以科技创新来带动资源合理流动和集群化发展，引导人力资源的合理流动，建立起组织——政策——平台的协调机制。

题目： 京津冀制造业协同创新理论模型及发展对策研究

作者： 武玉英、李俊涛、蒋国瑞

摘要： 针对京津冀制造业一体化协同创新的重大战略问题。本文通过分析京津冀制造业发展现状，发现研发设计、加工制造、营销服务三环节存在问题；探讨制造业协同创新的动力因素，构建京津冀制造业协同创新的理论模型，提出促进京津冀制造业一体化协同发展的相关政策建议，旨在实现生产要素互补、产业错位发展，达到区域共赢，实现一加一大于二的效果，从而提高京津冀制造业一体化的整体竞争力。

题目： 京津冀制造业协同发展机制研究

作者： 饶毓书、何喜军、蒋国瑞

摘要： 在京津冀一体化发展进入实质性提速和落实的新阶段，其协同发展的机制研究成为亟待解决的重要问题。文章分析了京津冀制造业发展现状，指出京津冀制造业协同发展存在的问题，构建京津冀制造业协同发展的决策机制、合作机制、协调机制和市场机制，最后提出相关对策建议，旨在为京津冀制造业协同发展的落实提供科学支持和决策参考。

题目： 京津冀现代制造业生产要素协同创新研究

作者： 何喜军、蒋国瑞

摘要： 在制造业领域，如何落实京津冀制造业协同发展是一个亟待解决的重要问题。本文分析京津冀制造业协同发展现状及问题，从研发设计、加工制造、营销服务三环节，构建京津冀制造业协同创新理论模型；从人力资源、基础设施、经济资本和科技资源四生产要素角度，建立生产要素协同创新评价模型，并依据优势互补、合作共赢的原则，分析京津冀制造业协同发展机制，最后提出促进京津冀制造业一体化协同发展的相关政策建议，旨在提高京津冀制造业一体化的整体竞争力。

分论坛三： 京津冀制造业与生产性服务业融合及污染防治的协同与合作建设

题目： 河北省工业结构与节能减排的关系研究

作者： 陈薇、张燕、马娇

摘要： 河北省作为濒临京津两市的经济大省，其自身经济的发展对周边地区具有举足轻重的作用，但河北省的工业结构状况并不容乐观。本文利用2005—2012年有关统计数据，分析了河北省工业的能源消耗强度和碳排放量。结果发现，随着河北省工业结构重型化趋势增加，能源消耗总量呈指数曲线增长，八年间增长了46%。而万元产值能耗由2005年的1.27吨标准煤下降到2012年的0.48吨标准煤，反映了节能意识及节能技术的进步。同时工业各行业产值、能耗强度对碳排放强度都有重要影响,其与碳排放强度的关联度系数基本超过0.6。此外,工业各行业对于碳排放的影响呈现出较大差异性。本项研究为通过结构调整实现节能减排目标提供了科学依据。

题目:京津冀域际绿色建造运营管理协同:一个利益概念框架设计尝试

作者:何继新

摘要:本文分析了京津冀域际绿色建造运营管理协同建设中面临的不同区域协同建设主体间绿色建造业务协同程度不高和过于强化自身主体利益两方面的挑战,提出通过基于协同主体利益概念框架进行域际绿色建造运营管理协同设计。主要研究的问题是,建立一个描述和分析协同系统的京津冀域际绿色建造运营管理协同概念模型,基于该模型实现绿色建造运营管理协同利益系统分析,以绿色生态和低碳协同的使命为目标,开展域际绿色建造运营管理协同系统框架设计。研究对于提升跨区域建设领域绿色建造管理模式由"各自为战"到"协同发展"的转型具有重要意义。

题目:Study on Content Definition, Measure Methods and Status of Carbon Information Disclosure in Chinese Enterprises

作者:Chen Hua, Wang haiyan

摘要:From the perspective of carbon disclosure goal, the paper defined the detail types of contents about carbon information disclosure, then constructed the carbon information disclosure index, by using the indices to 2011 annual report of A – share listed companies in Shanghai and Shenzhen Security Exchange, we found Chinese enterprises′ carbon disclosure scattered, industry structure quite different characteristics, quantity information and quality information asymmetry.

题目:京津冀制造业生态产业链构建研究

作者:刘文芝、鲍泓

摘要:京津冀地区因其独特的区位优势、雄厚的工业基础和经济实力、全国一流的技术装备和科研环境,而成为我国目前最具发展潜力和活力的经济核心区之一。制造业的发展在该区域国民经济和社会发展中有着特殊的地位。本文以产业链延伸理论为工具,结合区域经济学、生态经济等学科理论的知识,对京津冀制造业生态产业链的构建进行了探讨。

题目:京津冀都市圈产业结构差异与生态补偿机制研究

作者:郑海霞

摘要:京津冀协同发展已经成为经济新常态下促进该区域经济发展的必

然趋势。本文分析了京津冀地区产业结构的差异,在流域环境服务价值评估的基础上,提出跨界流域生态补偿机制框架和区域协同发展对策。利用水资源效益评估方法、支付意愿调查法、基于发展权限制的机会成本评估法等三种方法评估了密云水库流域生态服务的价值,提出了三种评估结果互相补充的生态补偿标准体系。研究利用断点模型、Tobit 模型和分位数回归(Quantile Regression,QR)模型方法,模拟了流域水质改善的最大支付意愿(WTP)的公共偏好,对比分析了不同支付层次、支付能力和收入水平的群体对流域水质改善的支付意愿的偏好,为精准化制定京津冀生态补偿与区域协同发展政策提供了科学依据。

题目:京津冀协同发展下人力资源市场体系构建研究

作者:何勤、雍华中

摘要:在国家实行京津冀协同发展的战略背景下,本文采用国家统计局及各地区统计局相关数据,针对统一人力资源体系建设在实现三地协同发展中的重要作用,对京津冀地区影响人力资源要素流动的主要经济、产业、教育以及科技卫生及生态环境因素做相关对比分析,并结合国外都市圈人力资源体系建设的经验,找出阻碍形成三地一体化人力资源市场体系的原因。最后得出当前亟待破除三地各自独立的人力资源制度,实行三地产业错位发展格局,改善津冀两地经济环境、教育环境和生态环境状况,从而实现三地协同发展。

相关新闻报道

第二届"京津冀制造业协同发展学术研讨会"在北京举行

　　由北京工业大学、北京联合大学、中国社会科学院数量经济与技术经济研究所、天津财经大学、河北科技大学联合主办,北京现代制造业发展研究基地、北京工业大学经济与管理学院承办的"第二届京津冀制造业协同发展学术研讨会"于 2014 年 11 月 23 日在北京工业大学建国饭店召开,来自北京、天津、河北等省市的相关单位的 100 余名领导、专家、学者出席。本届研讨会主题为"京津冀制造业产业结构调整及产业协同绿色发展研究"。与会者达成一个共识:京津冀制造业协同发展,需要集聚三地智慧,一起探索产业战略规划、优势互补、转型升级、两化融合等关键问题以及污染防控新路径。

　　中国工程院院士、北京现代制造业发展研究基地首席专家李京文先生主持开幕式并致辞。北京市哲学社会科学规划办公室王祥武主任、北京工业大学副校长聂祚仁教授、北京联合大学副校长鲍泓教授、河北经贸大学副校长武义青研究员、工信部电子认证服务中心常务副主任刘权研究员以及京津冀三省市经济和信息化委员会等单位的 15 位代表和嘉宾在开幕式上致辞或发言。研讨会第二阶段5位专家作了主题演讲,第三阶段设立了三个分会场,分别围绕"京津冀制造业协同发展战略与规划"、"京津冀制造业协同发展产业对接、运行机制和保障措施"、"京津冀制造业与生产性服务业融合及污染防治的协同与合作建设"等3个专题进行了学术交流,30多位专家学者作了专题报告。主要理论观点归结如下:

1. 制造业协同发展是京津冀协调发展这个国家重大战略中的重要组成部分,三地高校及研究机构、政府部门和相关企业要紧密的组织在一起,共同参与研讨。通过学术交流与研讨达到学术共识,以学术共识推动社会共识,进而推动决策共识。

2. 制造业在京津冀的产业中占比非常大,目前面临着产业结构调整、转型升级、布局优化的任务,这是在制造业领域落实京津冀协同发展最为重要的一环。

3. 京津冀制造业协同发展是一个多方博弈的过程,寻求共同利益最大化和各方利益均衡化是非常重要的两个方面;京津冀协同发展要遵循一体化的规律、循序渐进;不要对传统产业抱有过多的幻想,应该重视科技进步对产业所带来的机会和挑战。从本质来讲京津冀制造业协同发展就是一个求同存异、错位发展的过程,通过优势互补、合作共赢,实现$1+1+1>3$的效果。

4. 京津冀制造业产业转移要伴随高科技的发展而进行,要和现代服务业相融合,使之成为京津冀制造业协同发展的源泉和动力。现代制造业在服务化过程中和生产性服务业的联合,使得这个产业链更长更宽。尤其是在制造业的产业链中,集群研发、智能制造、产品销售等所涉及的企业交融,促使京津冀协同发展研究内容更加广泛、更加深入。

5. 河北经济远远落后于京津,产业结构需要调整,制造业需要快速发展。目前河北正在积极努力转型升级,提出绿色崛起,在节能降耗、资源综合利用等方面取得了积极进展。在京津冀协同发展的过程中还需要注重循环经济,绿色健康发展。

6. 从协同发展过程来讲,基础设施先行,要考虑配套的基础设施建设,为京津冀一体化创造条件。还要考虑人才、资源等生产要素的转移。

7. 京津冀协同发展需要营造良好的文化氛围,要分析三地区文化差异、文化共同点。因为文化差异决定行为、思维;特别是现在十八届四中全会,国家依法治国,这里面需要文化建设。因为文化是润滑剂,可以更好地发挥法律法规应有的作用。

第一届研讨会的主题为"京津冀都市经济圈制造业发展问题与对策研究",在此基础上,本届研讨会确定了"京津冀制造业产业结构调整及产业协同绿色发展研究"的主题,旨在对前次主题的深化。本届研讨会从多个角度对京津冀制造业协同发展进行剖析,会场学术气氛浓厚,与会代表积极踊跃提问发言,一批高水平研究成果在会上得到了充分交流,体现出当前对京津冀制造业协同发展的研究充满了激情与活力,使得研讨会取得圆满成功。

(2014 年 11 月 27 日,北京市哲学社会科学规划办公室网站)

第二届京津冀制造业协同发展学术研讨会在北京举行

由北京工业大学、北京联合大学、中国社会科学院数量经济与技术经济研究所、天津财经大学、河北科技大学联合主办,北京现代制造业发展研究基地、北京工业大学经济与管理学院承办的"第二届京津冀制造业协同发展学术研讨会"于 2014 年 11 月 23 日在北京工业大学建国饭店隆重召开。来自河北、天津、北京和其他省市的相关单位领导、专家、学者等 100 余名代表出席了本次会议。

大会开幕式由中国工程院院士、北京现代制造业发展研究基地首席专家李京文院士主持并致开幕辞。出席开幕式的有北京市哲学社会科学规划办公室王祥武主任、北京工业大学副校长聂祚仁教授、北京联合大学副校长鲍泓教授、河北经贸大学副校长武义青研究员等,十五位来自主办单位、支持单位以及嘉宾代表致词或发言。上午开幕式后,围绕主题有五位专家作了演讲。下午会议围绕三个专题进行了分会场学术交流:京津冀制造业协同发展战略与规划;京津冀制造业协同发展产业对接、运行机制和保障措施;京津冀制造业与生产性服务业融合及污染防治的协同与合作建设。共有三十多位专家学者作了报告。

第一届研讨会是在 2013 年 11 月 25 日举办的,其主题为"京津冀都市经济圈制造业发展问题与对策研究"。本届研讨会是在前一届研讨会的基础上,以"京津冀制造业产业结构调整及产业协同绿色发展研究"为主题进行深入研讨。本届研讨会从多个角度对京津冀制造业协同发展进行剖析,一大批高水平研究成果在会上得到了充分交流,会场学术气氛浓厚,与会代表积极踊跃提问发言,体现出当前大家对京津冀制造业协同发展问题的高度关注。

在相关单位领导和嘉宾的支持下,经过会务组的精心组织、合理安排和辛勤劳动,在全体与会代表共同努力和积极参与下,本届研讨会取得了圆满成功。

(2014 年 11 月 23 日,北京工业大学经济与管理学院报道)